AF559055

Das große Buch vom
Schach & Matt

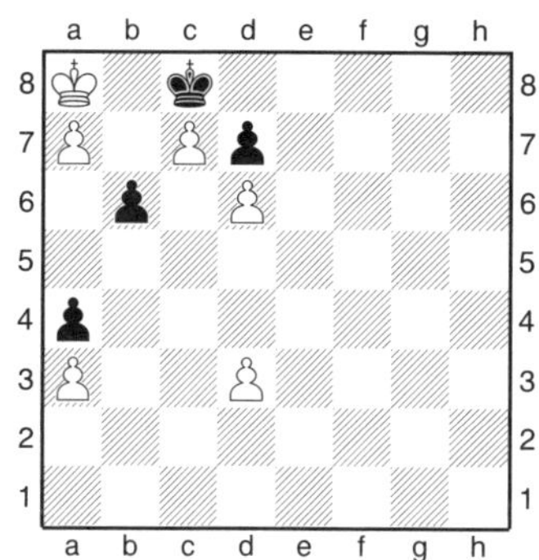

I. Matt in 6
Die Aufgabe, die jeder lösen kann!

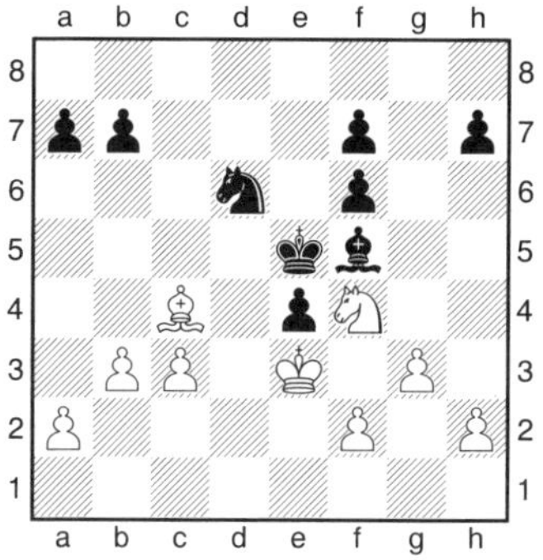

II. Matt in 2

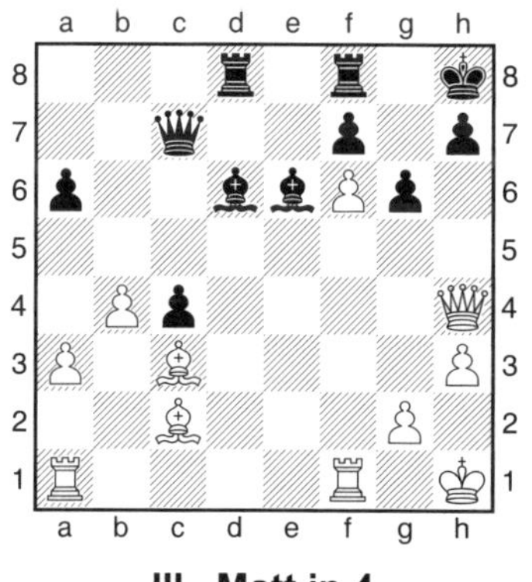

III. Matt in 4

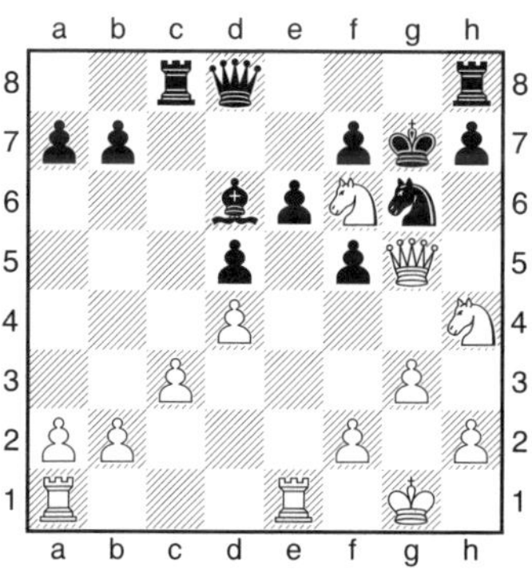

IV. Matt in 5

956 + 4 moderne und zwingende Mattstellungen von 1 – 11 Zügen

Martin Weteschnik

ISBN 978-3-940417-12-1

1. Auflage 2013

Ein Imprint des Schachverlag Ullrich, Zur Wallfahrtskirche 5, 97483 Eltmann

Inhalt

Kombinationen vom Innentitelblatt:

I.	1.d3–d4 b6–b5 2.d4–d5 b5–b4 3.a3xb4 a4–a3 4.b4–b5 a3–a2 5.b5–b6 a2–a1♕ 6.b6–b7# **V. Ropke**
II.	1.♘f4–d3+ e4xd3 2.f2–f4# **Baramidze – Klamp**, Hamburg 2005
III.	1.♗c2xg6 f7xg6 2.f6–f7+ ♗d6–e5 3.♕h4–f6+ ♗e5xf6 4.♗c3xf6# **Oltra Caurin – Kovacevic**, Open Valencia 1998
IV.	**1.♘h4xf5+ e6xf5 2.♘f6–h5+ ♔g7–g8 3.♕g5–h6 ♗d6–f8** **4.♖e1–e8 ♕d8–e7 5.♕h6–g7#** [4...♕d8xe8 5.♘h5–f6#] **Quadiri - Müller,Manfred**, Iljumschinow Cup Benasque (Blindenturnier) 2000

Erläuterungen

Trotz der Matts in 1 und 2 Zügen zu Beginn ist dies kein Buch für reine Anfänger, denn auch diese Aufgaben sind schwerer als in der Regel üblich. Die Kenntnisse eines Hobbyspielers oder zumindest einige Monate Spielpraxis werden vorausgesetzt. Solche Nutzer können mit dem Buch ein längeres Selbsttraining betreiben und ihre Spielstärke steigern.

Wenn nicht anders angegeben ist stets Weiß am Zug.

○ / ● bedeutet, dass es für beide Seiten Lösungen gibt.

Ein Zug wie z. B. **♕d8/♖h8xf8** heißt, dass alternativ zwei Figuren einen Stein auf dem gleichen Feld schlagen können.

Wir haben bewusst dort, wo es keine oder nur kurze Nebenvarianten gibt, auf Fettdruck verzichtet. So fallen die Lösungszüge weniger ins Auge, wenn Ihr Blick doch einmal über den Antwortbereich schweifen sollte.

Der Zusatz (Variante) hinter den Spielernamen bedeutet, dass diese Stellung nicht direkt aus der Partie, sondern aus einer Analysevariante dazu stammt.

Aus Platzgründen konnten nicht immer alle Varianten berücksichtigt werden, doch der Leser dürfte keine Mühe haben, das Fehlende selbst zu finden. Es werden nur die gesuchte Lösung und die ihr zugehörigen Nebenvarianten angegeben, nicht die schwächeren Nebenlösungen wie z. B. ein Matt in 7 Zügen in einer Stellung, die in 5 Zügen zwingend Matt wird.

Die zu den Stellungen genannten Mattwege entsprechen nicht unbedingt dem Verlauf der Partie. Erstaunlich oft finden selbst Meister nicht den schnellsten Mattweg, den wir stets verwendet haben. Auch wurden viele der Partien vorher aufgegeben, nur selten lässt sich ein Meister das Matt zeigen. Doch ist es – anders als in materiell verlorenen Stellungen – kein negativer, sondern im Gegenteil ein als sympathisch empfundener Zug, das Matt auf dem Brett auch herbeiführen zu lassen.

Alle Lösungen sind auf der rechten Seite zu finden, Sie brauchen also nie zu blättern. Wer die Aufgaben als Test verwenden will, sollte den Lösungsbereich abdecken.

Ab Matt in 3 Zügen sind Spieler und Turnier angegeben, ausgenommen in den Teildiagrammen zu Beginn, in denen manchmal Stellungen geringfügig verändert worden sind bzw. die Herkunft nicht bekannt war.

Mit ganz wenigen Ausnahmen sind die Aufgaben aus neuerer Zeit, sehr viele aus dem "3. Jahrtausend", also ab dem Jahr 2000. Viele Aufgaben sind zudem noch nie zuvor veröffentlicht worden.

Zum Schluss noch ein **Hinweis in eigener Sache**:

Alle Aufgaben wurden sorgfältig kontrolliert, doch gehört die Fehlersuche und -Kontrolle für Schachbücher zu den Problemen, die auch modernste Computertechnik noch nicht endgültig gelöst hat. Wenn uns also dennoch Fehler unterlaufen sind, bitten wir um Ihre freundliche Nachsicht!

Lieber Leser!

Wenn auf dem Schachbrett eine Mattdrohung erscheint, gibt es zwei Möglichkeiten. Entweder das drohende Matt kann unter Materialverlust abgewendet werden, auch wenn dies die Stellung ruinieren mag, oder der Mattangriff ist bei korrektem Spiel beider Seiten nicht mehr aufzuhalten. Man nennt dies ein zwingendes Matt.

Bei der Arbeit an einem gemeinsamen anderen Projekt stießen einige Autorenkollegen und ich auf einige überraschende Fakten in Sachen Matt, die uns dazu bewogen haben, dieses Buch zu verfassen:

- Eine große Anzahl von Mattstellungen in Taktiksammlungen ist keineswegs zwingend, auch wenn oft dieser Eindruck erweckt wird;
- Viele der Stellungen stammen aus sehr alten Partien, häufig aus der Zeit von ca. 1920 bis in die frühen 1970er Jahre;
- Die Analysen solcher Partien aus der Vor-Computer-Zeit sind häufig ungenau oder sogar fehlerhaft und berücksichtigen nur unzureichend die Ressourcen der Verteidiger;
- Layout und Aufbau vieler Sammlungen ist oft unkomfortabel für den Nutzer. Aufgaben und Lösungen sind getrennt, was dauerndes hin und her blättern erfordert. Oft fehlen auch Varianten, die zum Verständnis erforderlich sind.

Wir haben uns deshalb bemüht, eine benutzerfreundliche Sammlung moderner, computergeprüfter und vor allem zwingender Mattaufgaben zusammenzustellen, die von 1 – 11 Zügen ein breites Spielstärkespektrum abdecken.

Damit ist auch eine Trainingsidee verbunden. Vielen Schachfreunden fehlt die Präzision des Spiels. Man verlässt sich darauf, dass nach einem Angriff schon "irgendwie" ein Matt oder zumindest ein Vorteil zustande kommt. Bei Analysen wird nicht lange nachgedacht, sondern gleich der Computer befragt. Doch eigene Variantenanalyse und das Streben nach Präzision ist unabdingbar, wenn man sich verbessern will! Natürlich reicht es im praktischen Spiel oft, einen ausreichenden Materialvorteil zu erringen, was meistens den Gegner bereits zur Aufgabe bewegt. Im Training aber sollten wir die Meßlatte höher hängen und nach Perfektion streben, was mit Sicherheit unser Spielverständnis und unseren Spielerfolg steigern wird.

Unsere Trainingsmethode ist, dass der Leser versucht, stets den schnellsten Weg zum Matt (es mag auch manchmal mehrere gleichwertige Wege geben) zu finden und sich nicht mit Annäherungslösungen zufrieden gibt. Solche Präzision ist wichtig. In kritischen Stellungen hängt der Ausgang der Partie oft genug an einem einzigen Zug. Zudem lernt der Leser anhand der Stellungen sowohl einiges an Angriffs- wie auch an Verteidigungstechniken, was er für sein eigenes Spiel verwenden kann.

Einige Antworten auf häufig zum Thema gestellten Fragen finden sie auf den folgenden Seiten.

Kann Taktik veralten?

Oh ja! Taktik ist in starkem Maße abhängig von der Struktur der Stellung und das heißt auch von der Eröffnung. In den Offenen Spielen beginnt die Taktik bereits mit dem zweiten Zug, wenn auf 1.e2–e4 e7–e5 2.♘g1–f3 folgt. Keine Seite kann dies vermeiden. Taktische Motive wie ein Einschlag auf f7/f2 oder eine Springerattacke mit ♘g5/♘g4 oder dgl. sind nach wenigen Zügen jederzeit möglich, unabhängig davon, ob solche Angriffe korrekt sind oder nicht, und müssen daher stets erwogen und geprüft werden. In Halboffenen Spielen ist dies bereits unterschiedlich, Französisch z. B. bietet in vielen Abspielen kaum Raum für frühe taktische Aktionen, während der Sizilianer schnell zur Sache kommen kann. Und geschlossene Stellungen mögen jede Taktik für etliche Züge nahezu völlig ausschließen.

Da sich der Anteil der Offenen Spiele in den letzten Jahrzehnten drastisch verringert hat und Eröffnungen wie etwa das Königsgambit kaum noch vorkommen, sind viele Taktiksammlungen nicht oder zumindest nicht ausreichend auf die heutige Spielweise abgestimmt. Stellungen aus dem Bereich der geschlossenen und indischen Eröffnungen fehlen oder sind stark unterrepräsentiert. Deshalb ist frühestens ab den 1970er Jahren eine angemessene Verteilung gegeben.

Warum sollen wir uns so simple Sachen wie 1– und 2–zügige Matts anschauen?

Nun, zum einen steht am Ende auch der längsten Mattkombi stets ein 1-zügiges Matt. Diese "Zielvorgabe" gilt es möglichst frühzeitig zu erkennen. Und manchmal ergibt sich auch spontan eine Mattsituation, was selbst Topgroßmeister zuweilen übersehen, wie hier zwei Beispiele beweisen.

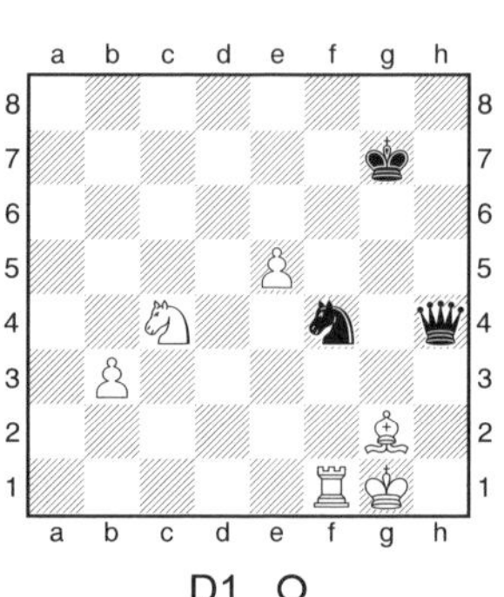

D1 ○

D1 stammt aus der Bundesligapartie

Fridman (2652) **– Firmian** (2517), 2010/11.

Nach z. B. 1.♖f1–f3/f2 hätte Schwarz erst noch beweisen müssen, ob die Partie zu gewinnen war. Doch es folgte **1.♘c4–e3?? ♘f4–e2#**.

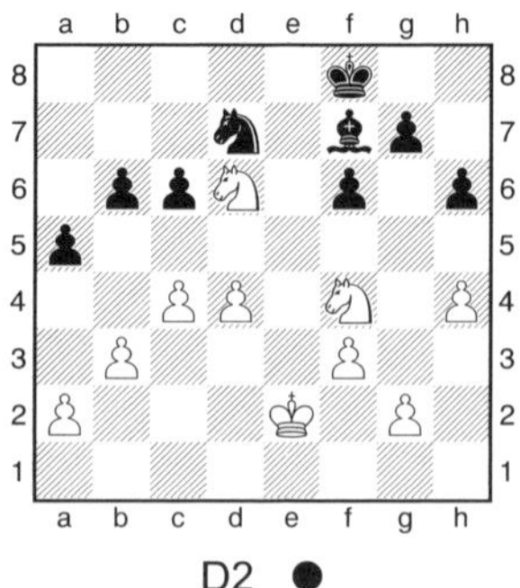

D2 ●

D2 ist eine Stellung aus der Partie

Tkachiev - Iwantschuk, Blitz WM Moskau 2009

Iwantschuk, seit langem einer der besten Spieler der Welt, zog **37...♗f7–g8??** und übersah damit völlig **38.♘f4–g6#**.

Tatsächlich haben wir bei der Planung des Buches gezögert, ob wir Einzüger hereinnehmen sollten. Aber bei der Materialsuche stellten wir fest, dass erstaunliche viele Matt 1 Situationen selbst bei Spielern gediegener Klubstärke spontan vorkommen.

Bei vollem Brett und einem Kopf voll von Varianten, Plänen und Befürchtungen ist es manchmal wirklich nicht leicht, ein solches Matt zu sehen. *D3* zeigt ein schönes Beispiel dafür:

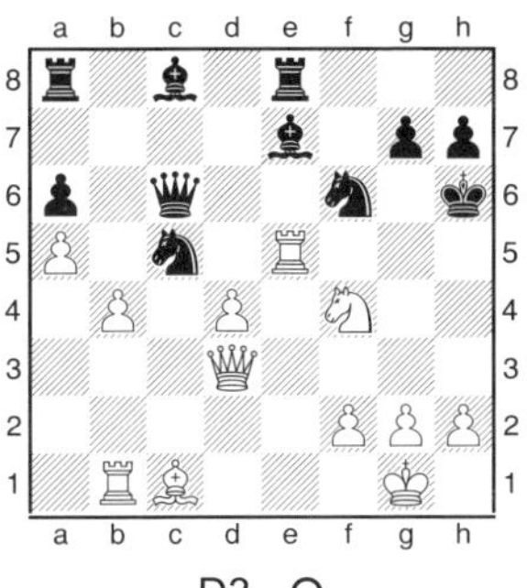
D3 ○

Holm (2183) - **Gähler** (2319)
Züricher Weihnachtsopen 2010

Weiß zog ***1.♘f4–d5+*** und Schwarz gab auf, nach 1...g7–g5 2.♗c1xg5+ ♚h6–g7 3.♗g5xf6+ ♝e7xf6 4.♕d3–g3+ ♚g7–f7 5.♖e5xe8 ♛c6xe8 6.b4xc5 usw. hätte er wohl auch verloren.

Doch **1.♘f4–g6#** hätte den g-Bauern blockiert und sofort gewonnen!

Ein Matt in 2 Zügen kann natürlich noch viel leichter übersehen werden, wie *D4* zeigt:

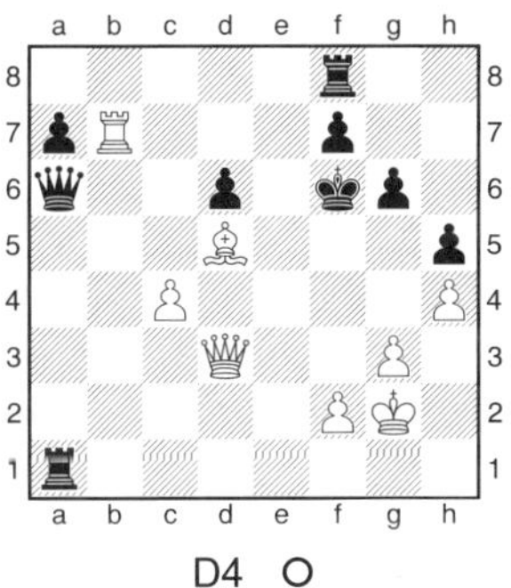
D4 ○

Weltmeister **Karpow** - **Chalifman**, Linares 1995

1.♕d3–f3+ startete ein Matt in 6 Zügen:

1...♚f6–g7 2.♖b7xf7+ ♜f8xf7 3.♕f3xf7+ ♚g7–h6 4.♕f7–f8+ ♚h6–h7 5.♕f8–g8+ ♚h7–h6 6.♕g8–h8#.

Das kann Weiß jedoch auch viel einfacher haben:

1.♕d3–d4+ ♚f6–f5 2.♕d4–f4#

[1.♕d3–c3+ ist ein kleiner Schnörkel, der zum gleichen Ergebnis führt: 1...♚f6–f5 2.♕c3–f3+ ♚f5–e5 3.♕f3–f4#]

Warum reichen die älteren Taktiksammlungen nicht aus?

Wir haben bereits anfangs erwähnt, dass die meisten der vorhandenen älteren Taktiksammlungen unzureichend sind und wollen diese Behauptung nun etwas näher erläutern. Viele Taktiksammlungen erwecken leider den Eindruck, dass ihre Mattangriffe zwingend seien, was nur allzu oft falsch ist. Oft handelt es sich nur um die Wiedergabe von Partieabschnitten, die keineswegs zwingend sind.

Diese "episodischen" Aufgaben vermitteln dem Leser ein falsches Bild, was die Komplexität und Variantenvielfalt des taktischen Spiels anbelangt, denn diese ist weitaus größer und umfassender.

D5 zeigt ein solches Beispiel, einen Klassiker:

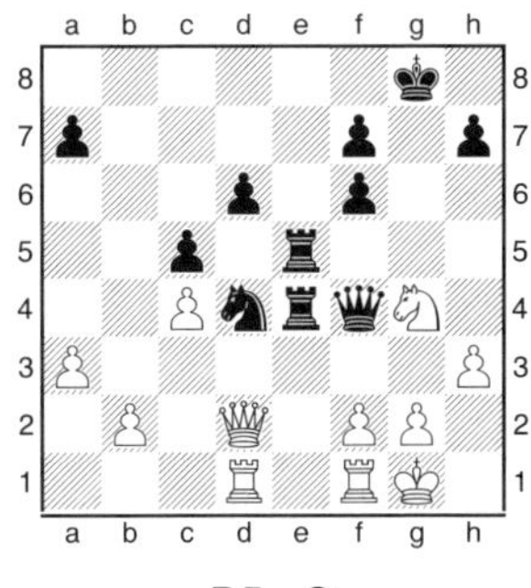
D5 ●

Kamishov - Sokolsky, Leningrad 1938.

1...♘d4–e2+ 2.♚g1–h1 ♕f4xg4 3.h3xg4 ♖e5–h5+ 4.g4xh5 ♖e4–h4#

Sehr nett, aber nicht zwingend, denn wenn Weiß das Opfer ablehnt und selbst angreift, entsteht ein ganz anderer Spielverlauf:

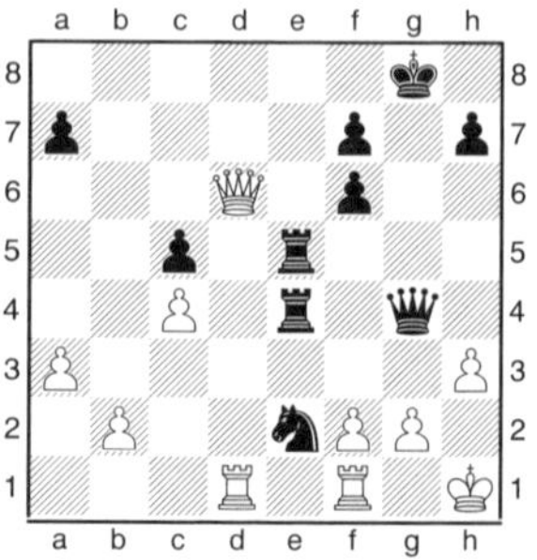
D6 nach 3.♕d2xd6

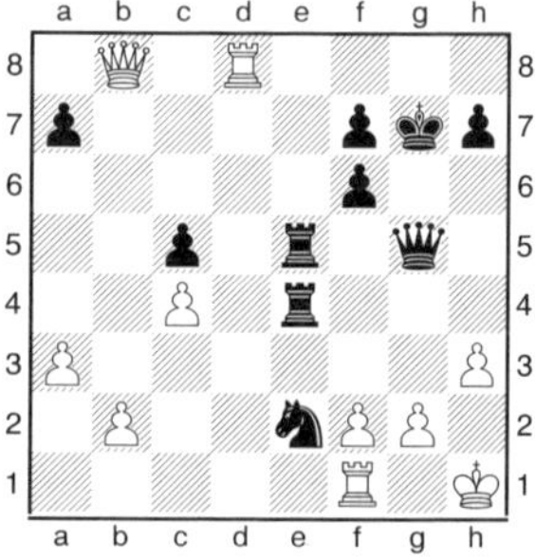
D7 nach 5.♖d1–d8

3.♕d2xd6 *(D6)* **♛g4–g5 4.♕d6–b8+ ♚g8–g7?**
[Nötig ist 4...♜e5–e8 5.♕b8xa7 ♞e2–f4 6.♖f1–g1 und Schwarz sollte auf Dauer gewinnen]
5.♖d1–d8 *(D7)* und plötzlich ist Schwarz in Nöten,
5...♚g7–h6 6.♖d8–g8 ♛g5–f4?
Die Dame zu geben wäre noch das kleinere Übel!
7.♕b8–f8+ ♚h6–h5 8.♕f8xf7+ ♚h5–h4 9.g2–g3+ führt diesmal zu verschiedenen tatsächlich zwingenden Matts, allerdings für Weiß! Ein Beispiel dafür:
9.♕f7xh7+ ♜e5–h5 10.g2–g3+ ♛f4xg3 11.♕h7xe4+ ♚h4xh3 12.f2xg3 ♞e2xg3+ 13.♖g8xg3+ ♚h3xg3+ 14.♔h1–g1 und Matt folgt.

Wer hätte gedacht, dass die Ablehnung und ein zugegebenermaßen ungenaues Spiel des Schwarzen das Ergebnis umkehren könnten?

Tatsächlich sind zwingende Matts in der Minderheit. In der Masse aller Mattangriffe kann der Verteidiger das Matt unter Materialverlust abwehren. Seit etwa Mitte der 90er-Jahre hat die Genauigkeit der Analysen durch die Verbreitung der Schach Computer Programme gewaltig zugenommen, doch werden nach wie vor gelegentlich ältere Aufgaben ungeprüft übernommen.

Auch die berühmte russische Schachschule enttäuscht in dieser Hinsicht erstaunlich oft. In einer Broschüre mit ca. 200 Mattstellungen fanden wir nur ca. 10% wirklich zwingender Matts! Oft werden nur Stellungen für Weiß gezeigt. In vielen anderen Broschüren wurden keine oder nur sehr wenige Varianten angegeben, so dass der Leser ganz auf sich gestellt ist. Den Vogel abgeschossen hat ein Buch, in dem zu über 1.300 Aufgaben (Matt oder Materialgewinn) keine einzige Variante angegeben wurde – kann das Schachspiel wirklich so einfach sein?

Abgesehen von diesen analytischen Schwächen sind viele Taktiksammlungen leider sehr benutzerunfreundlich. Kleingedruckte Lösungen, in denen Varianten ohne Absätze verschachtelt sind und das Auge, das von Diagramm/Brett zur Lösung hin und her blickt, wenige oder nahezu keine Anhaltspunkte findet. Ob die Lösung am Ende oder in der Mitte platziert ist, stets heißt es, hin und her zu blättern. Wir haben daher die Lösungen stets auf der rechten Seite gebracht und uns soweit möglich bemüht, die Varianten übersichtlich abzusetzen.

Alle Aufgaben (mit Ausnahme einiger Fehler, die auch uns sicher irgendwo unterlaufen sind, kein Schachbuch ist perfekt, ☺) führen zu einem zwingenden Matt. Die wichtigsten generischen Abweichungen, die das Ende meistens beschleunigen, sind angegeben. Ab Matt in 3 Zügen geben wir die Spielernamen und Partiedaten an. So können Sie selbst die Aktualität der Stellungen beurteilen.

Zur Arbeit mit diesem Buch

Dieses Buch kann Spieler, die noch am unteren Ende der Spielstärkeleiter stehen, auf ihrem Weg nach oben begleiten. Das Erlernte aus den Aufgaben mit wenigen Zügen + die laufend gesammelte eigene Spielerfahrung sollten es ermöglichen, in die Aufgaben von z. B. Matt 4 aufwärts "hineinzuwachsen".

Stärkere Spieler können es als Testbuch verwenden und mit den einfacheren Aufgaben ihre taktische Schlagfertigkeit testen.

Je nach Spielstärke des Lesers wird es früher oder später nötig sein, die Stellungen auf dem Brett aufzubauen. Scheuen sie diese kleine Mühe nicht, denn es lohnt sich! Lassen sie die Stellung eine Weile auf sich einwirken, machen Sie sich mit den Gegebenheiten und Möglichkeiten auf dem Brett vertraut. Spielen sie auch alle Lösungsvarianten sorgfältig nach.

Die wesentlichste Anwendung des Buches liegt aber nicht etwa im Finden von Mattlösungen, sondern in der Entwicklung der analytischen Fähigkeiten. Mit der Zugvorgabe ist eine klare Vorgabe für die Analyse gesetzt und es gilt nun, dieses Ziel zu erreichen. Das erfordert Konzentration und gedankliche Disziplin. Bei längeren Zugfolgen gibt es oft, ähnliche Varianten (z. B. solche, wo der gejagte König auf verschiedene Felder ziehen kann), abzuwägen und zu bewerten. Dies schult die Präzision des Denkens und bringt es mit sich, dass wir auf Dauer weiter und tiefer rechnen können. Psychologen schätzen, dass der Unterschied in der Rechentiefe ca. 1,4 Züge pro Stärkeklasse ist. Wenn wir durchschnittlich auch nur einen Zug weiterrechnen können als zuvor, entspricht das also bereits einem beträchtlichen Fortschritt in der Spielstärke! *(Anmerkung: Diese Zahl gilt nur im Bereich der unteren bis mittleren Spielstärke, ein 5 Klassen, also 1.000 Wertungspunkte starkerer Spieler dürfte meistens keine 7 Züge weiter rechnen können.)*

Bei Aufgaben mit mehr als ca. 5 Zügen ist es natürlich sehr schwer, eine zwingende Variante exakt zu berechnen. Hier gilt die Weisheit: "Der Weg ist das Ziel." Indem wir versuchen, solche schweren Aufgaben zu meistern, trainieren wir unser Gehirn genau so, wie wir einen Muskel trainieren würden. Sie werden staunen, wie sich Ihre Fähigkeit der Variantenberechnung nach einigen hundert Aufgaben verbessert – und das wird natürlich auch dem praktischen Spiel zugute kommen! Sagen Sie niemals: *"Ich finde bestimmt kein Matt in 5, 6 oder noch mehr Zügen!"* Die Kraft des positiven Denkens *kann* zum angenommenen Ergebnis führen, die Kraft des negativen Denkens *tut* dies ganz bestimmt! Oder, wie Henry Ford sagte: *"Egal ob Sie glauben, Sie können es oder Sie können es nicht, in beiden Fällen werden Sie recht behalten"*.

Vertrauen Sie auf Ihre Lernfähigkeit, denken Sie positiv und arbeiten Sie kontinuierlich an Ihrer schachlichen Verbesserung, dann kann der Erfolg gar nicht ausbleiben! Beachten sie auch, dass sich der erworbenen analytischen und taktischen Fähigkeiten auf Dauer wieder verflüchtigen. Ein möglichst regelmäßiges Taktiktraining hält Ihr Gehirn langfristig fit und zahlt sich auch im praktischen Spiel wunderbar aus!

Matt in 1 Zug

Das sollte eigentlich ganz einfach sein, denn es bedeutet, dass die Lösung der Aufgabe ein Schach sein muss. Aber Vorsicht: Nicht jedes Schach ist auch gleich ein Matt!

Außerdem kann es mehr als nur eine Lösung geben und der Leser sollte alle möglichen Mattzüge finden.

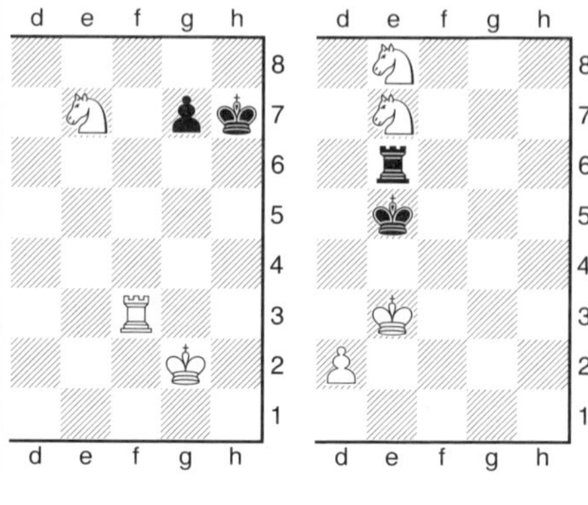

1.

2.

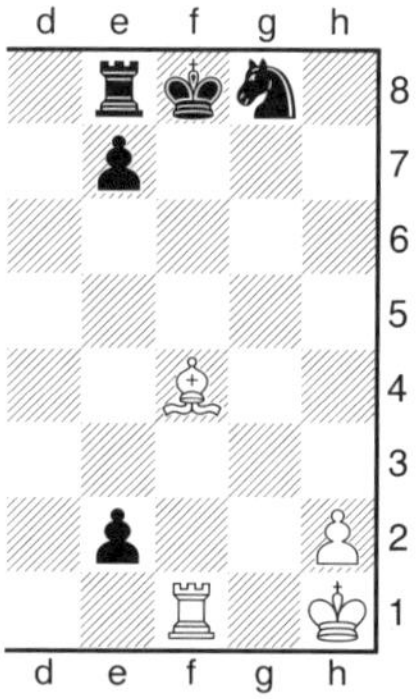

3.

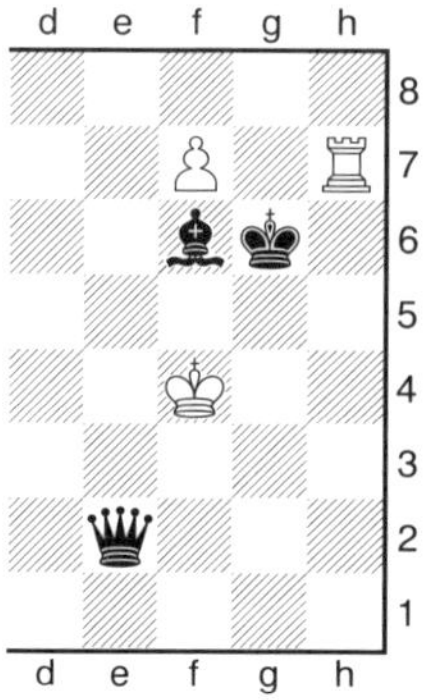

4.

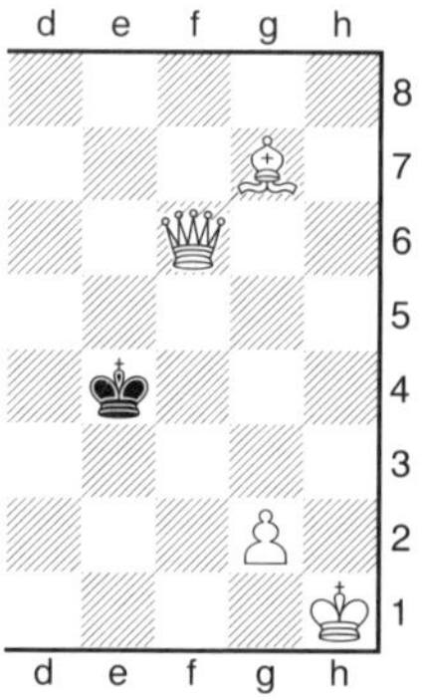

5.

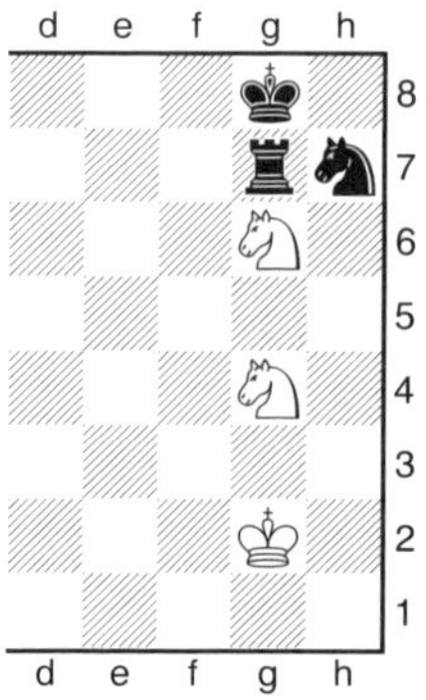

6.

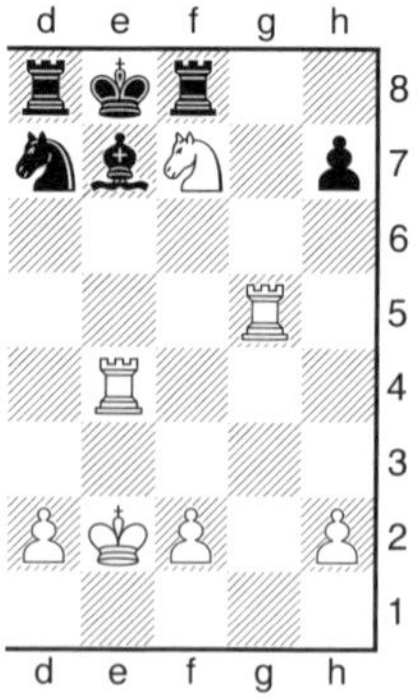

7.

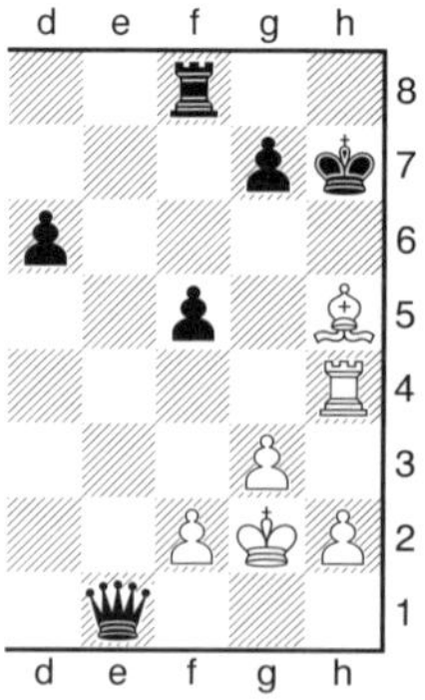

8.

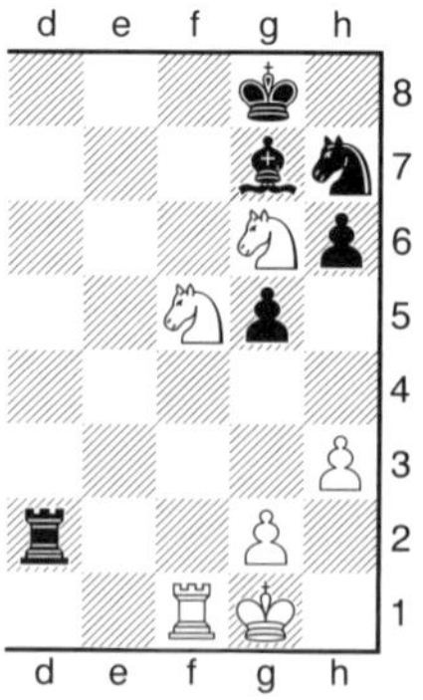

9.

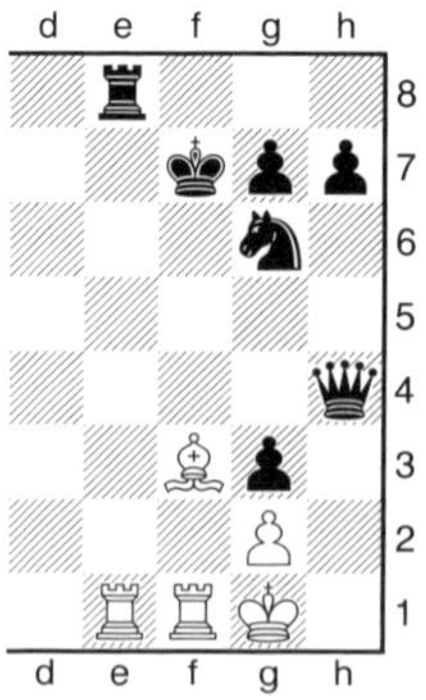

10.

1 1.♖f3–h3#
2. 1.d2–d4#
3. 1.♗f4–h6#
4. 1.f7–f8♘#
5. 1.♕f6–f3#
6. 1.♘g4–h6#
7. 1.♘f7–d6#
8. 1.♗h5–f7#
9. 1.♘f5–e7#
10. 1.♗f3–d5#
11. 1.♘b5–a7#
12. 1.b2–b4#
13. 1.♖e6–e8#
14. 1.♗d8–e7#
15. 1. ♘d5xb6#
16. 1.♗e6–f7#
17. 1.♘a5xc6#
18. 1.♔c7–b7#
19. 1.♗c2–a4#
20. 1.b7–b8♘#

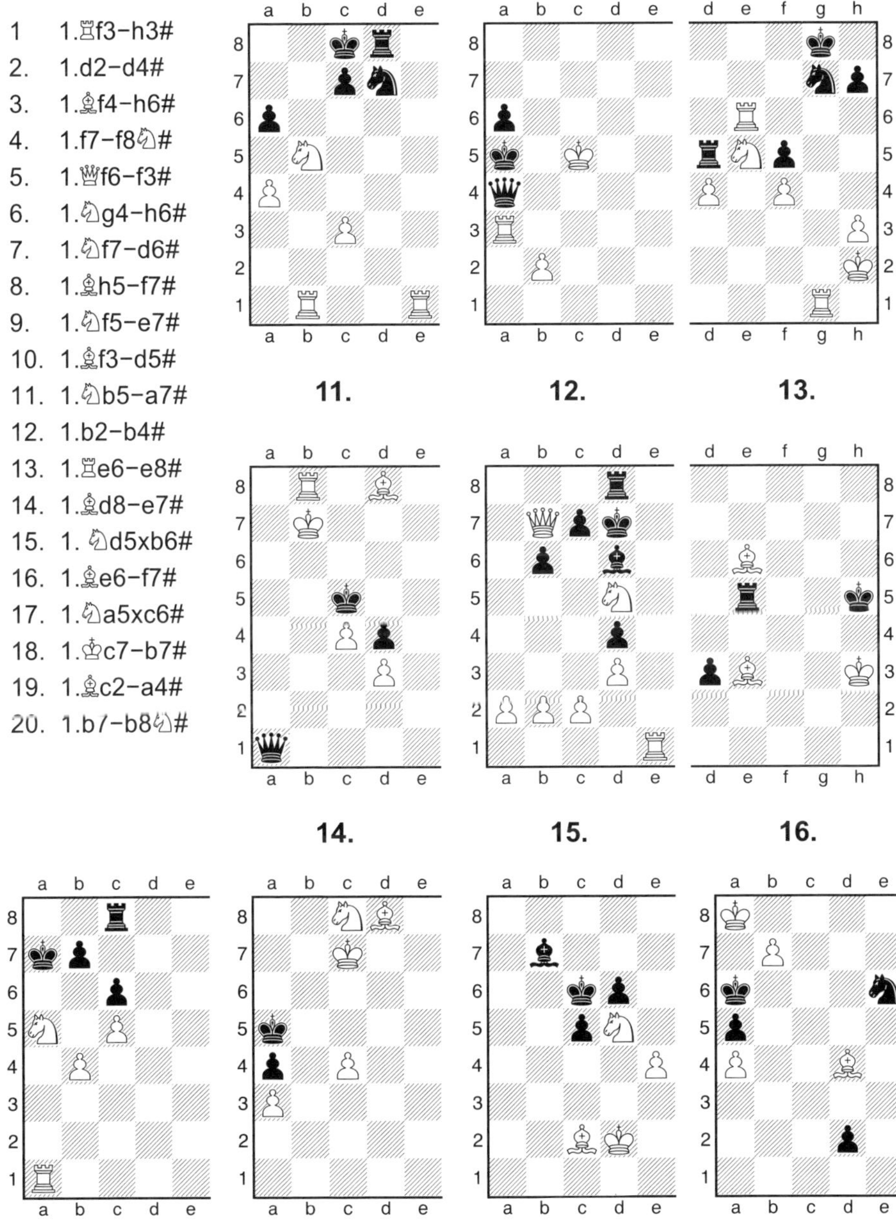

11. 12. 13.

14. 15. 16.

17. 18. 19. 20.

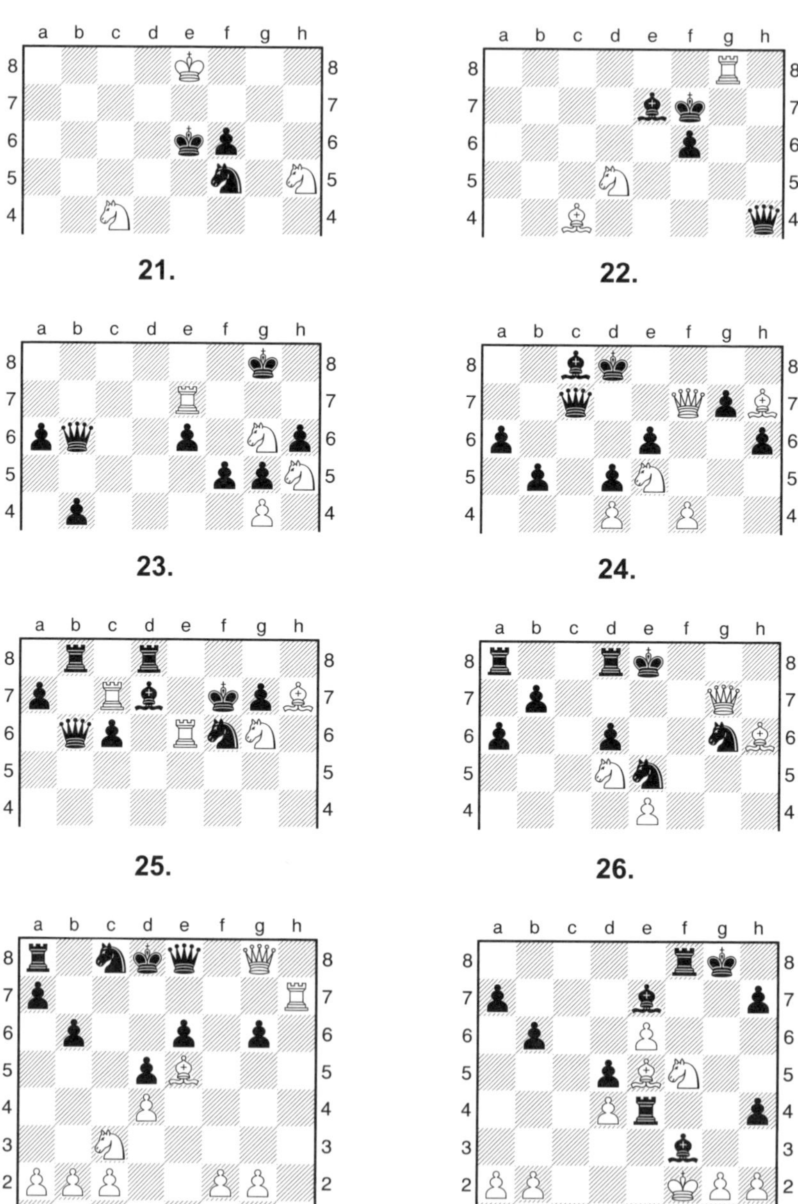

21.

22.

23.

24.

25.

26.

27.

28.

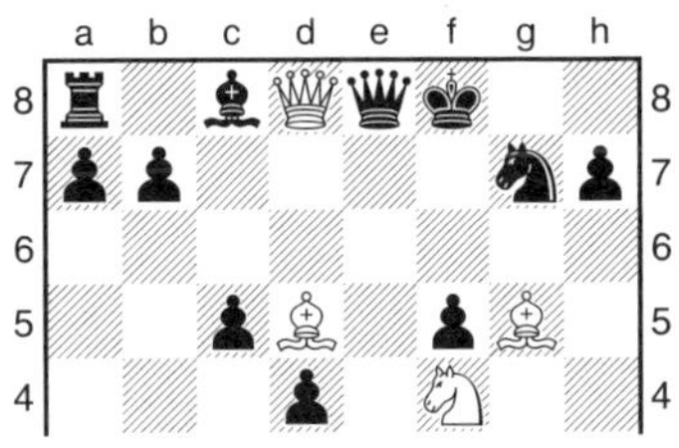

29.

21. 1.♘h5-f4#
22. 1.♘d5-f4#
23. 1.♖e7-g7# / 1.♘h5-f6#
24. 1.♕f7-f8#
25. 1.♖e6-e7#
26. 1.♘d5-c7# / 1.♘d5-f6#
27. 1.♗e5-c7#
28. 1.♘f5-h6# / 1.♘f5xe7#]
29. 1.♗g5-e7#
30. 1.♖g7-f7# / 1.♖g7-g6#
31. 1.♗d8-f6#
32. 1.♘h6-f5#
33. 1.♔f3-e3#
34. 1.♗c5-d6#

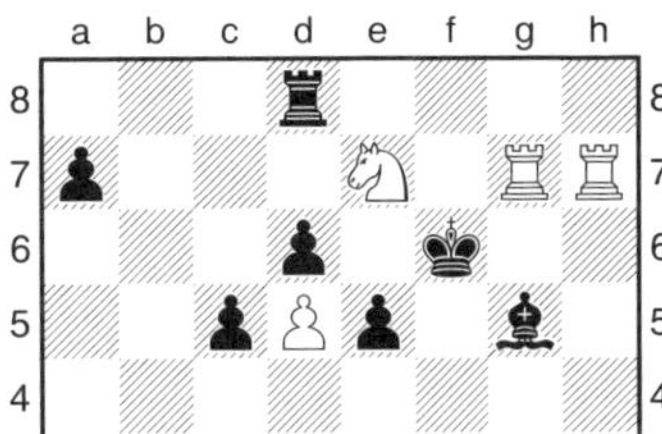

30.

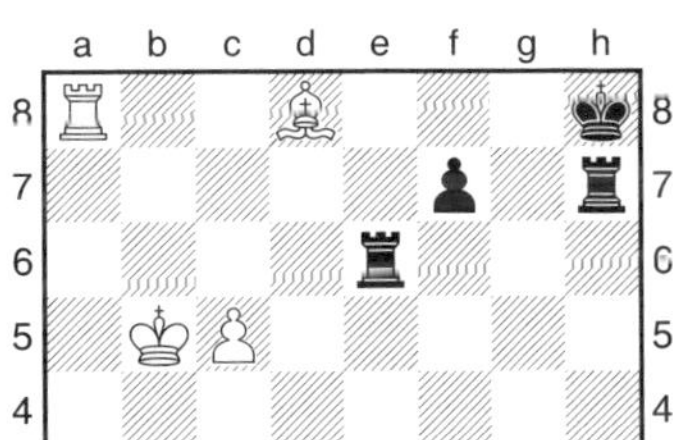

31.

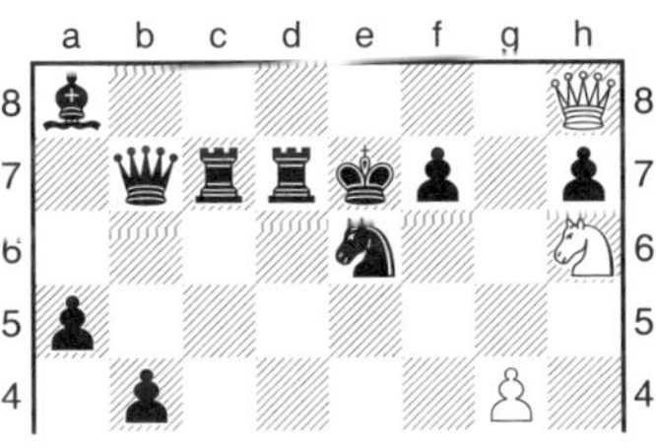

32.

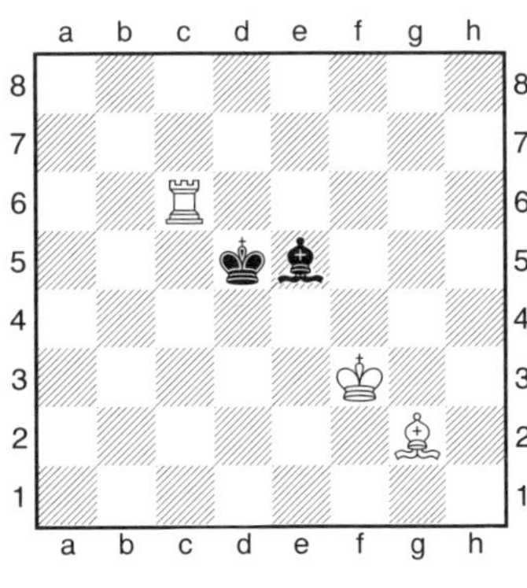

33.

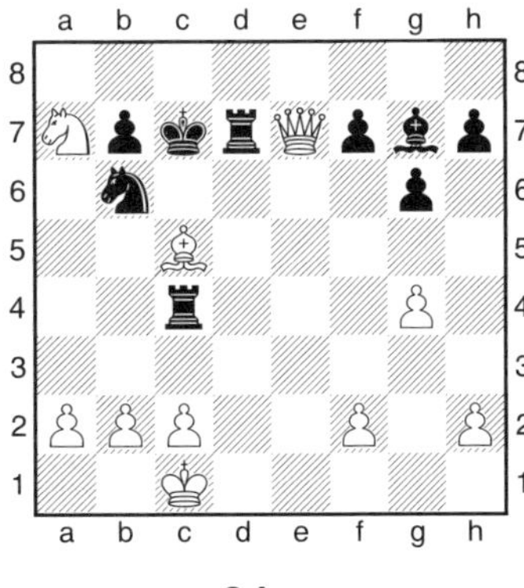

34.

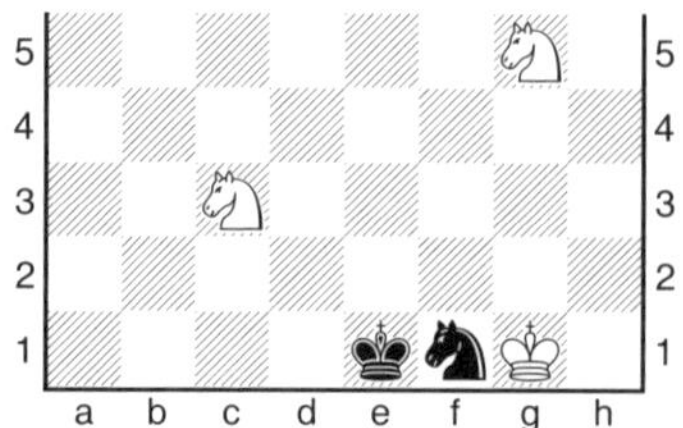

35.

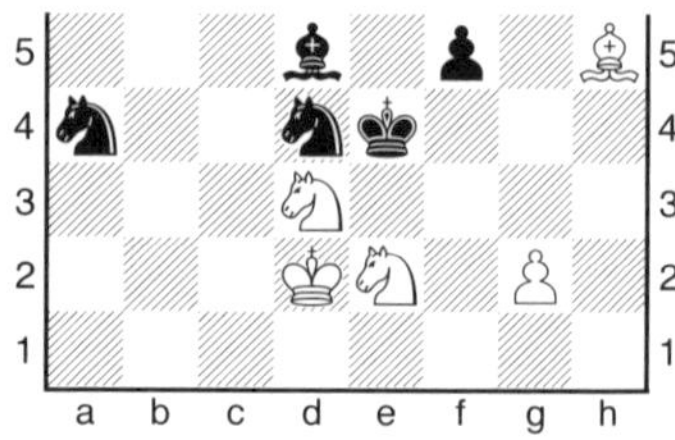

36.

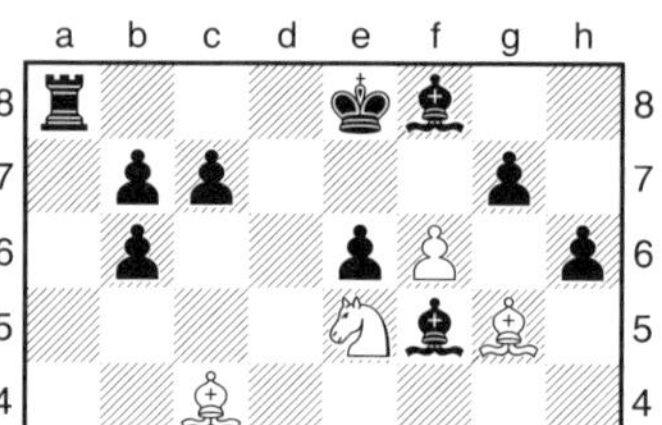

37.

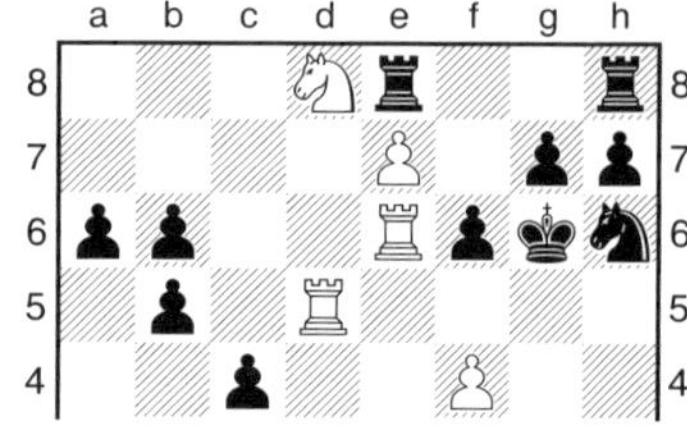

38.

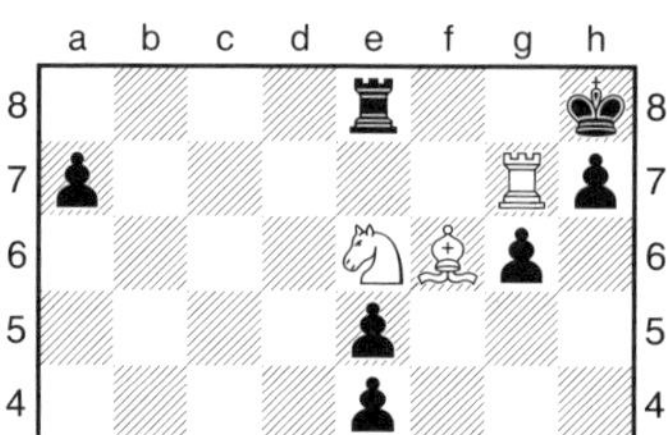

39.

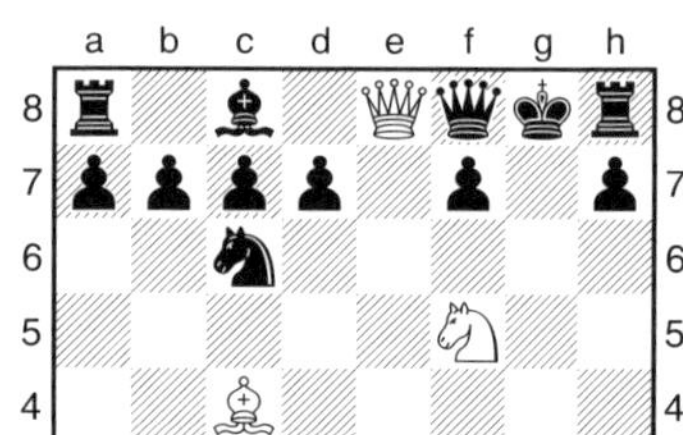

40.

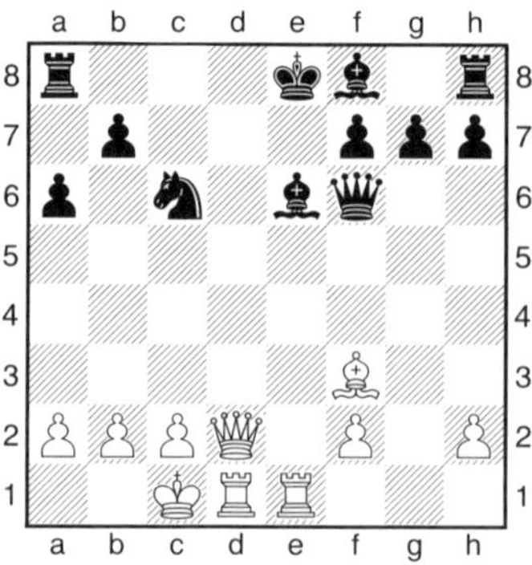

41.

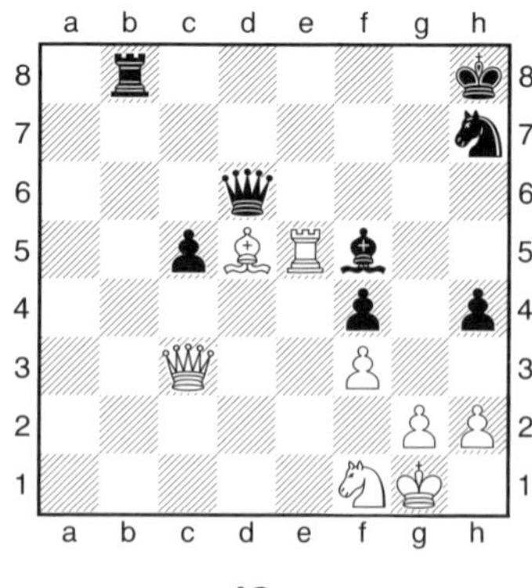

42.

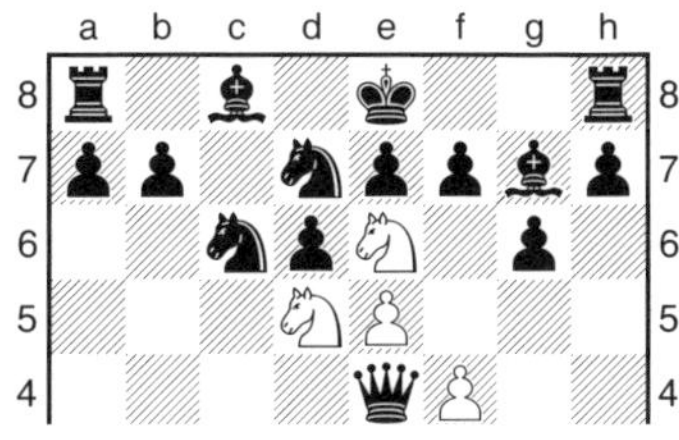

43.

35. 1.♘g5–f3#
36. 1.♘e2–g3#
37. 1.f6–f7#
38. 1.♖d5–g5#
39. 1.♖g7xg6#
40. 1.♗c4xf7#
41. 1.♕d2–d7#
42. 1.♖e5–e8#
43. 1.♘d5–c7#
44. 1.♘g5xe6#
45. 1.♕h6–e6#
46. 1.♖f7–d7#
47. 1.♕h8–d8# / 1.♕h8–c8#
48. 1.♕g3xg7#

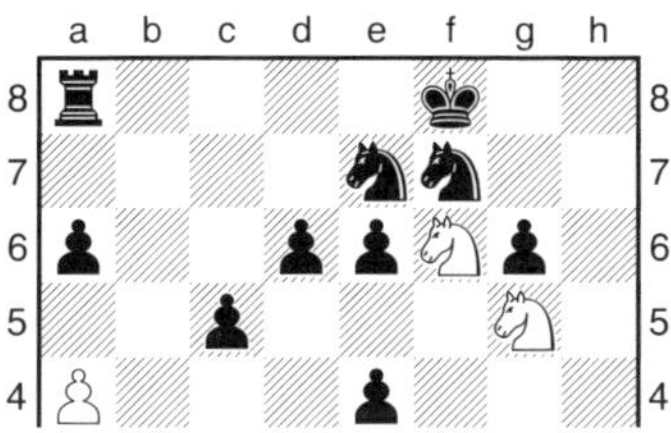

44.

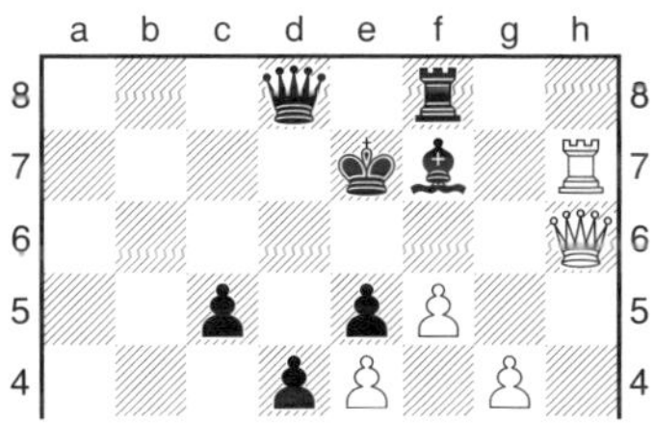

45.

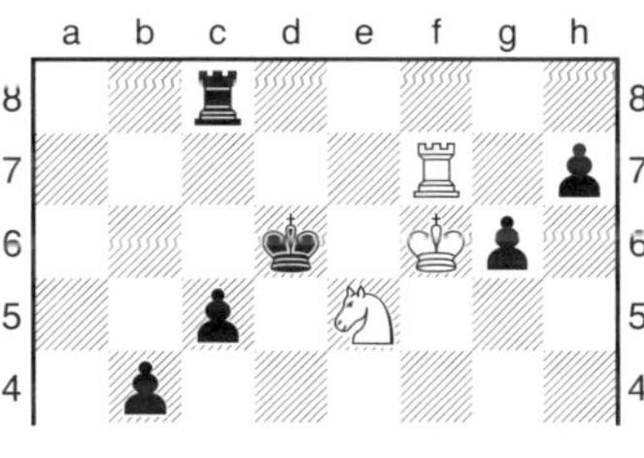

46.

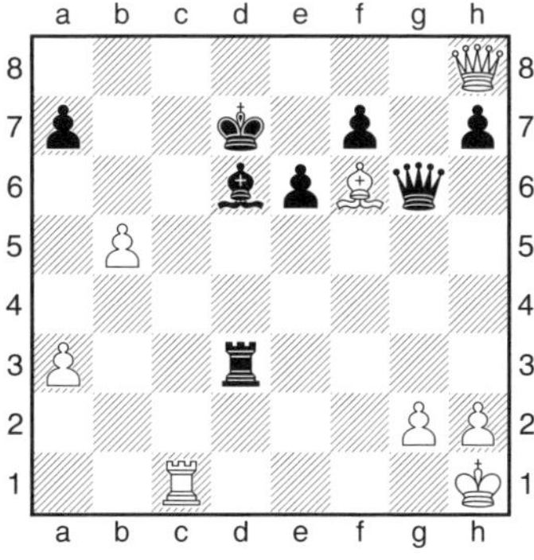

47.

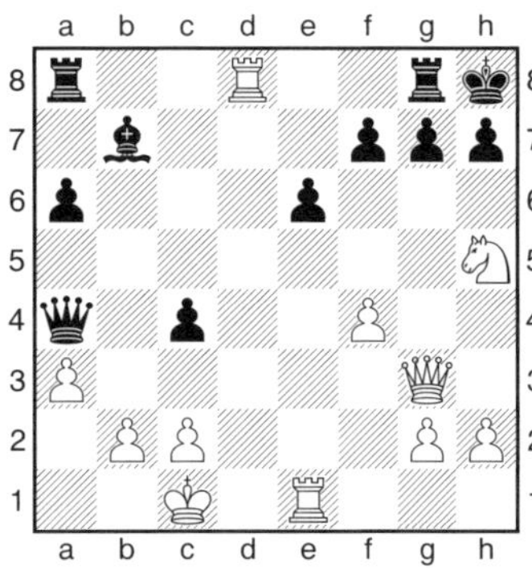

48.

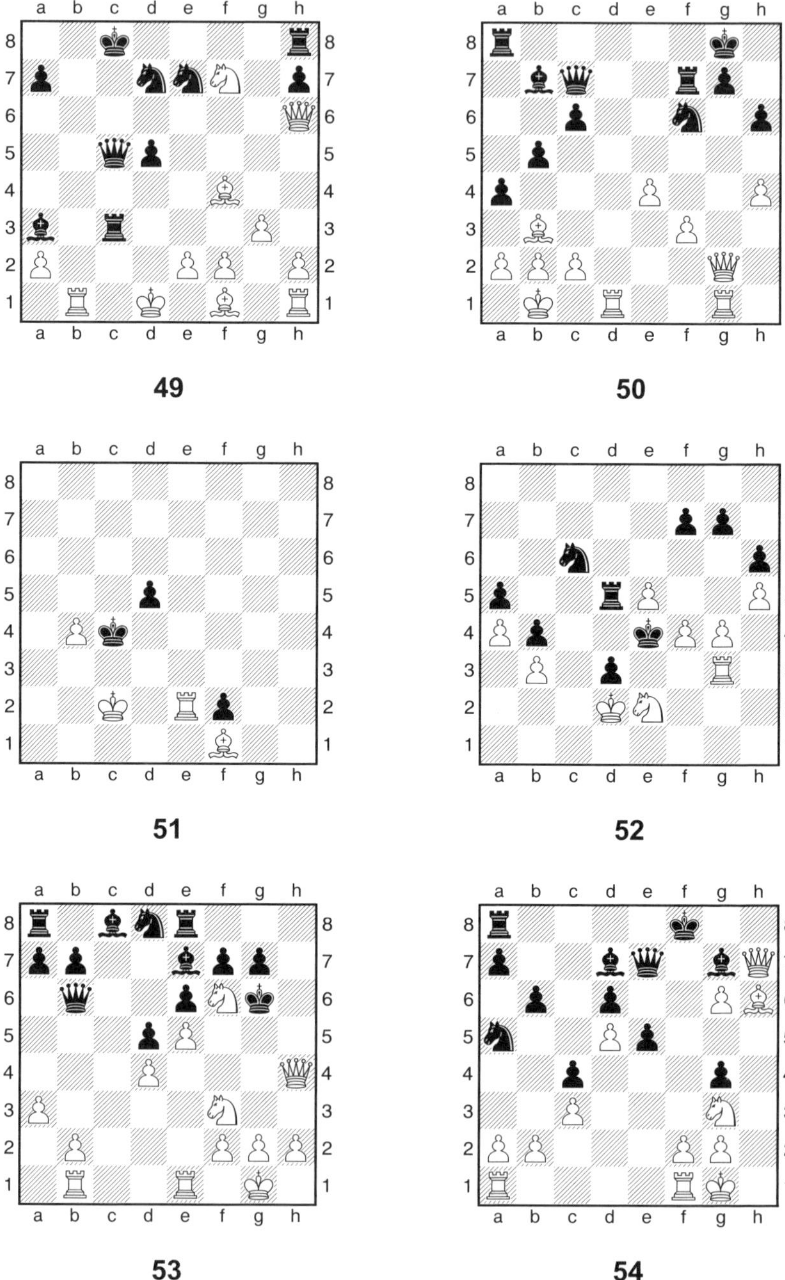

49

50

51

52

53

54

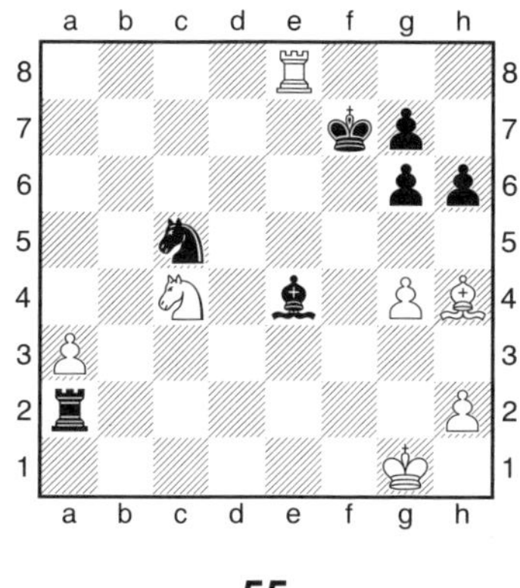

55

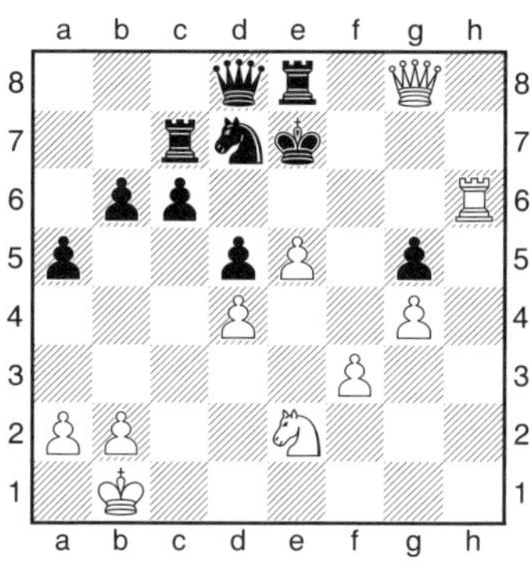

56

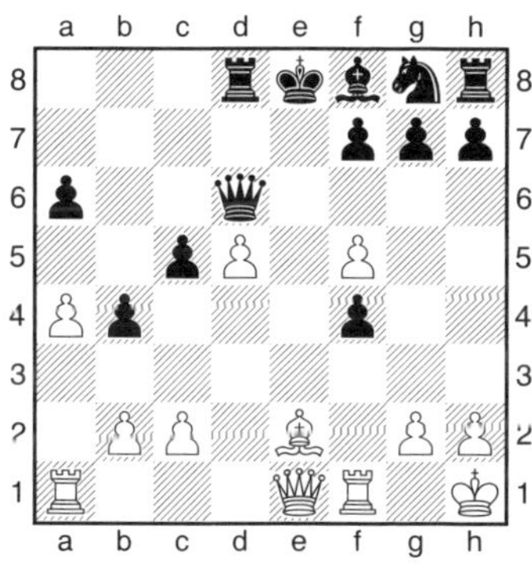

57

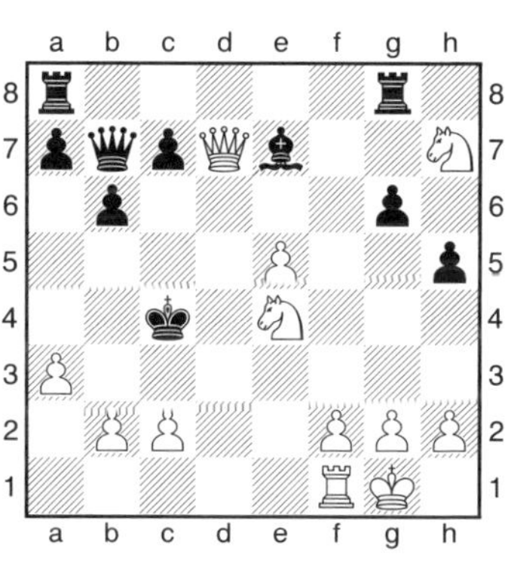

58

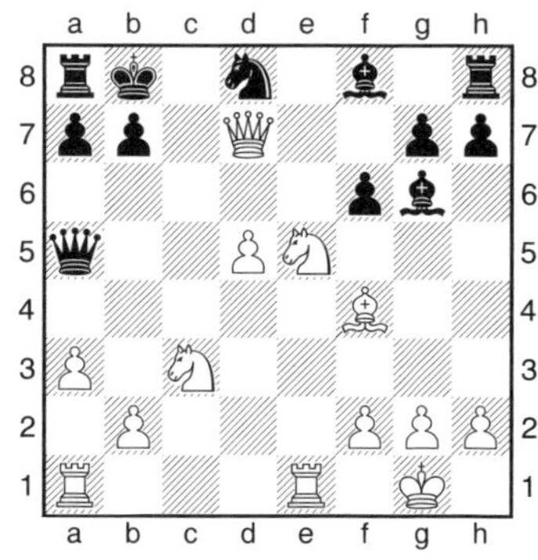

59

49. 1.♕h6–a6#
50. 1.♕g2xg7#
51. 1.♖e2–e4#
52. 1.♖g3–e3#
53. 1.♕h4–h5# / h7# / g5#
54. 1.♕h7–h8#
55. 1.♘c4–d6#
56. 1.♕g8–g7#; 1.♖h6–h7#/e6#
57. 1.♗e2–b5#
58. 1.♕d7–d3# / 1.b2–b3#
59. 1.♘e5–c6#

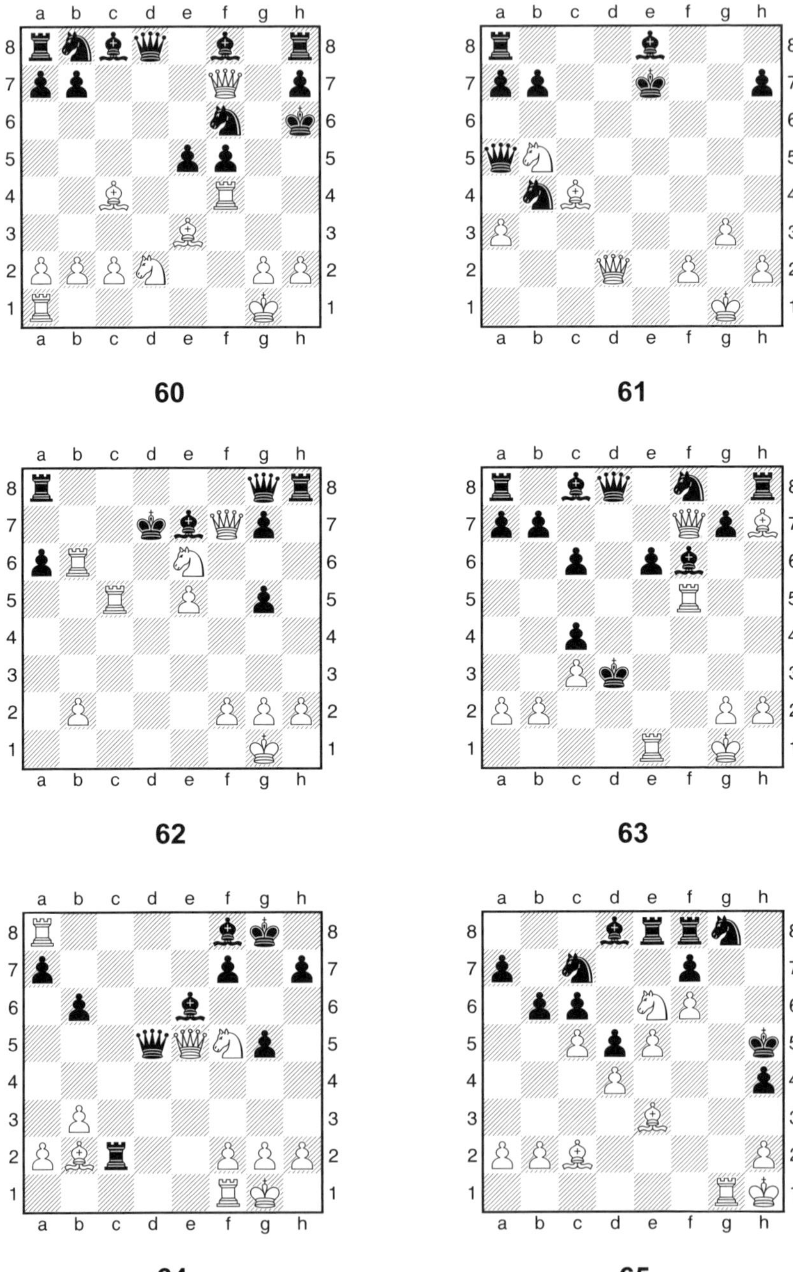
60
61
62
63
64
65

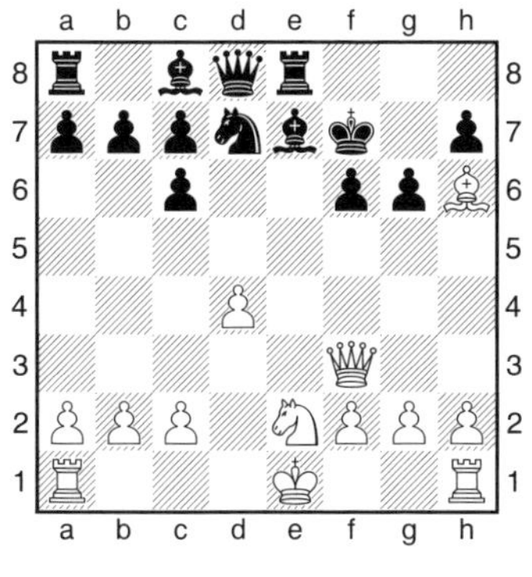

66

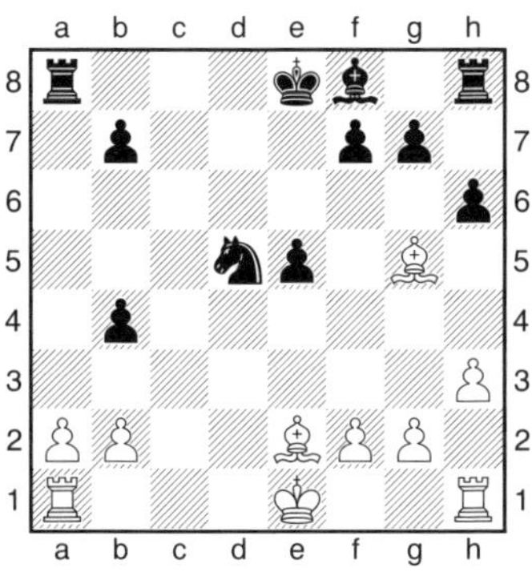

67

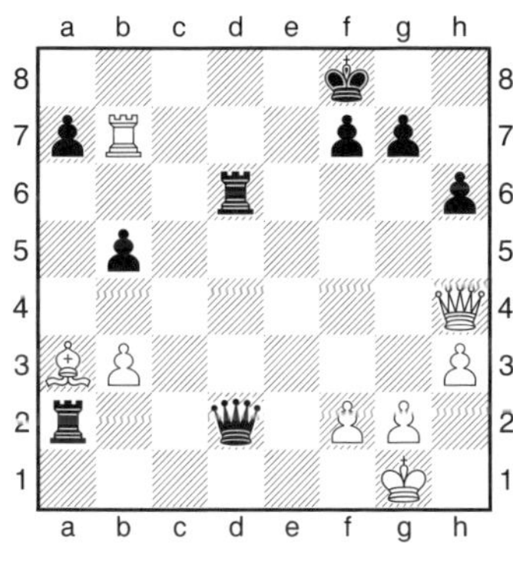

68

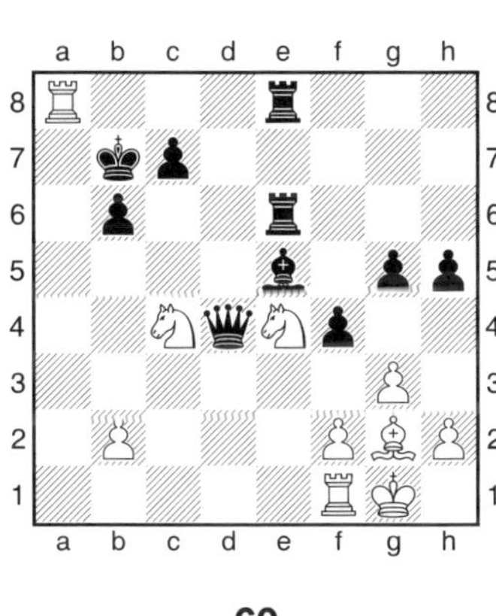

69

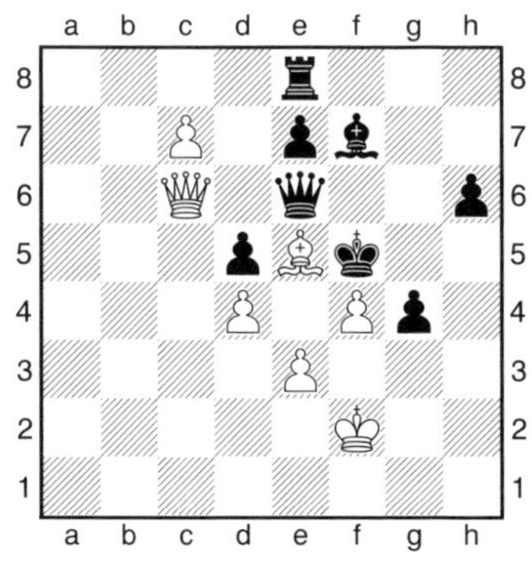

70

60. 1.♖f4–h4# / 1.♖f4xf5#
61. 1.♕d2–d6#
62. 1.♖c5–c7# / 1.♖b6–b7#/d6#
63. 1.♖f5–d5#
64. 1.♕e5g7#/h8#; 1.♘f5–h6#/e7#
65. 1.♗c2–d1# / 1.♘e6–g7#
66. 1.♕f3–b3#
67. 1.♗e2–b5#
68. 1.♕h4–d8# / 1.♖b7–b8#
69. 1.♘e4–d6# / 1.♘e4–c5#
70. 1.♕c6–c2#

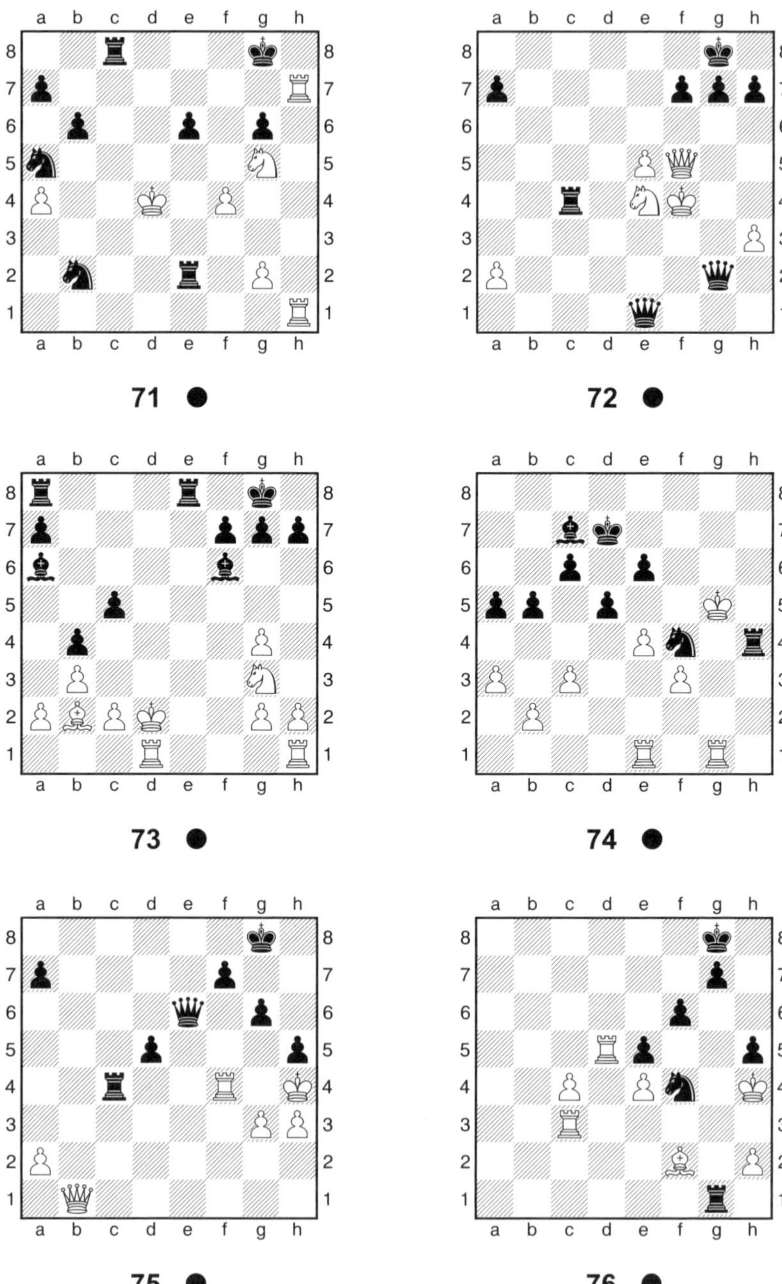

71 ●

72 ●

73 ●

74 ●

75 ●

76 ●

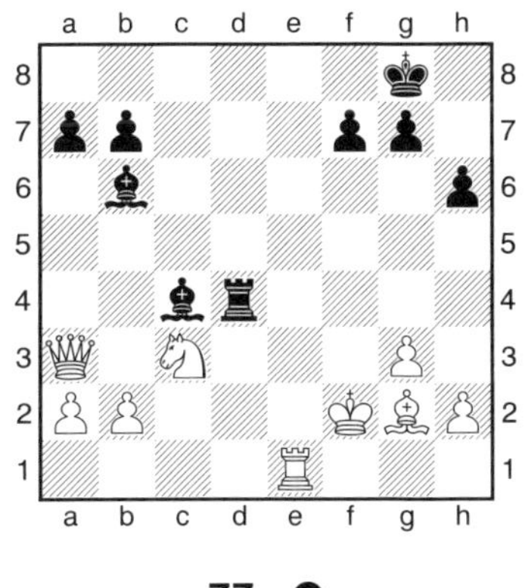

77 ●

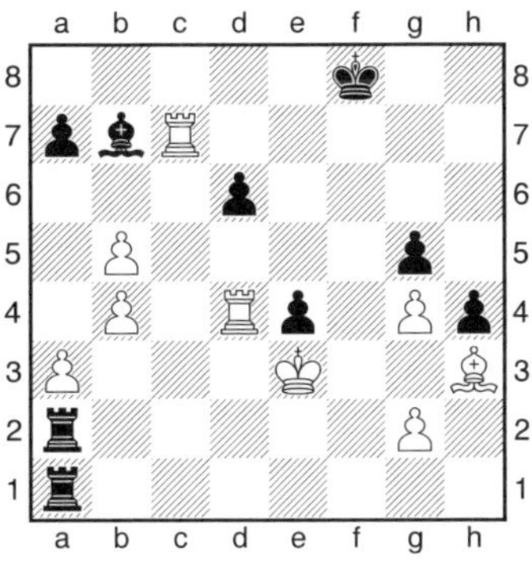

78 ●

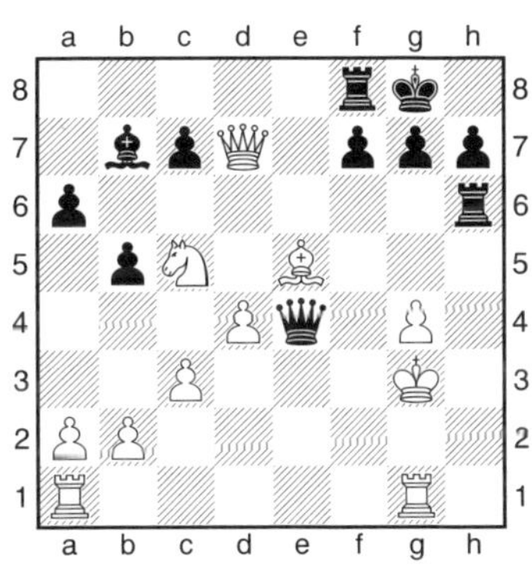

79 ●

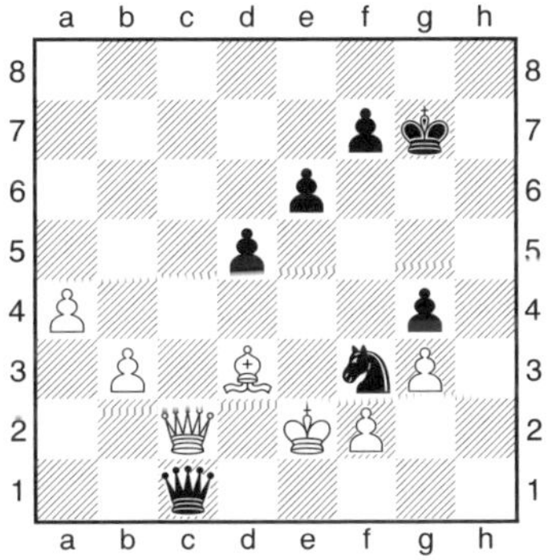

80 ●

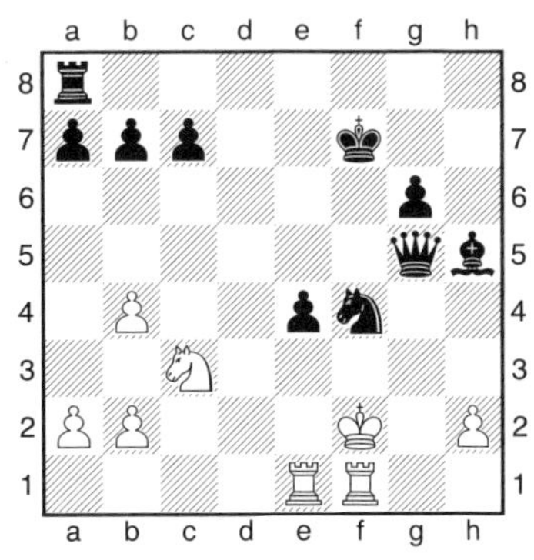

81 ●

71. 1...♘a5−b3# / 1...♖c8−c4#
72. 1...♕g2−g3#/♕e1−g3/d2/f2/c1#
73. 1...♗f6−g5#
74. 1...♗c7−d8#
75. 1...♕e6−f6# / e7#
76. 1...♖g1−g4# / 1...g7−g5#
77. 1...♖d4−f4#
78. 1...♖a1−e1#
79. 1...♕e4−f3# / e3#
80. 1...♕c1−e1#; 1...♘f3−d4#/g1#
81. 1...♘f4−d3#/h3#

Matt 1 ❑ ? / ■ ? / plus?

Diese Überschrift wird dem Leser sicher rätselhaft vorkommen. Aber es ist ganz einfach. In den folgenden Aufgaben wird es ein wenig schwerer, denn der Leser erfährt nicht, wonach er suchen muss. Vielleicht kann Weiß Matt setzen, vielleicht Schwarz, oder sogar beide? Und manchmal gibt es noch ein weiteres oder sogar schon ein 2-zügiges Matt, das der Leser auch finden sollte!

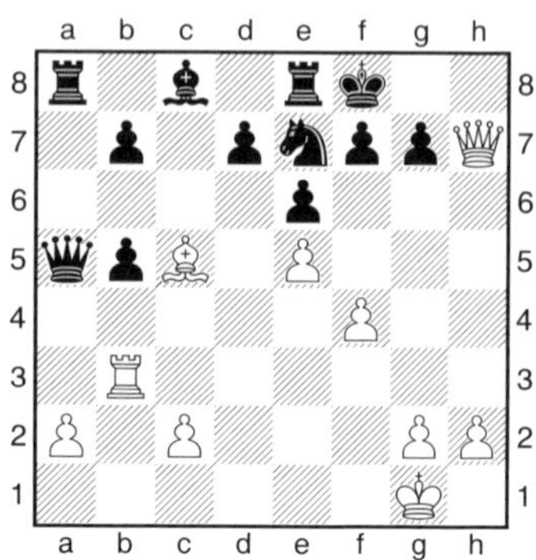

82

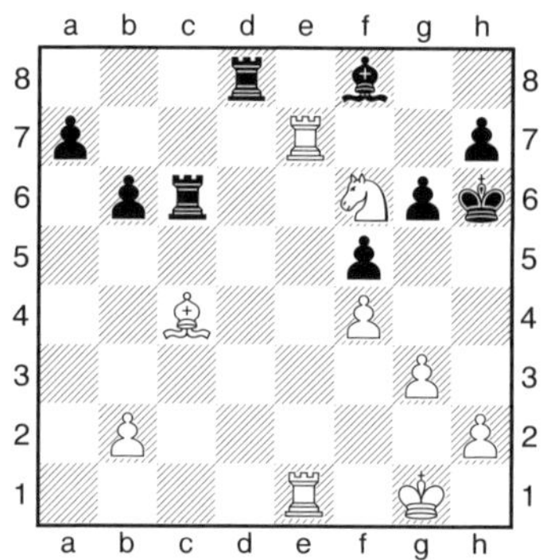

83

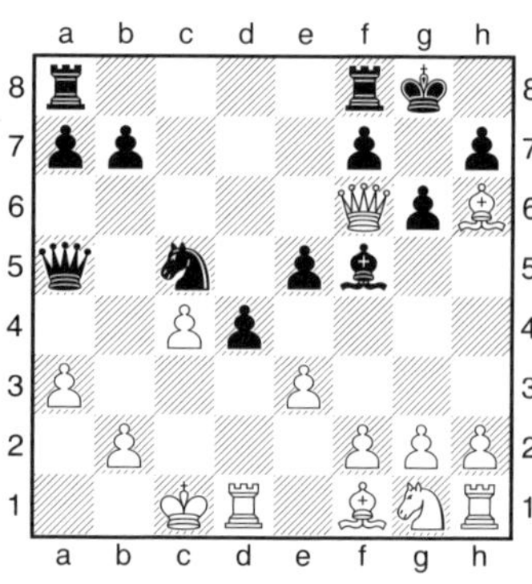

84

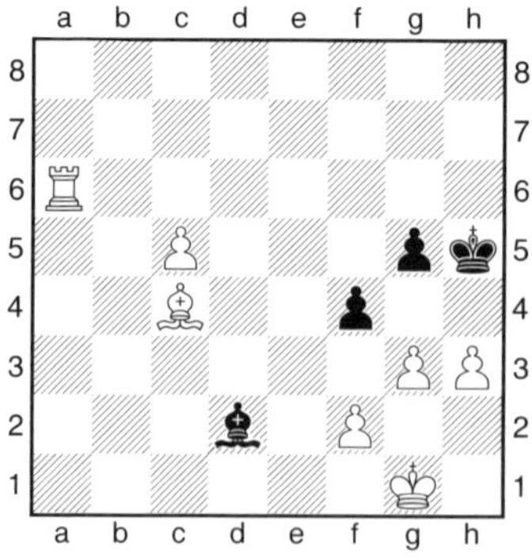

85

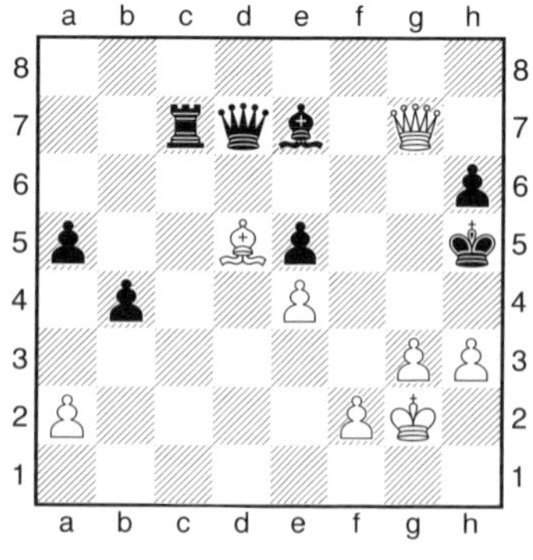

86

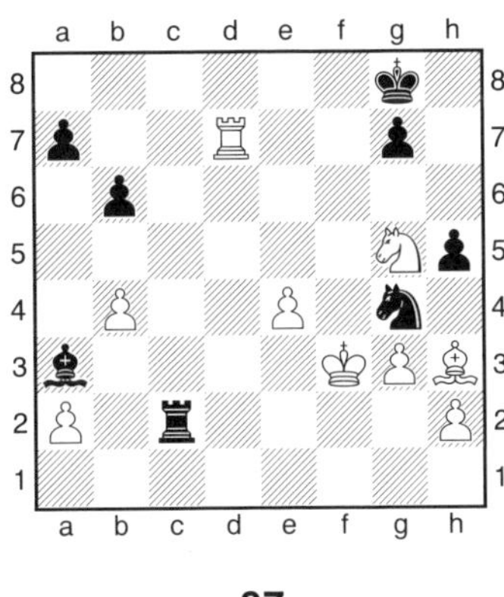

87

88

82. ❑ 1.♕h7–h8#;
■ 1...♕a5–e1#

83. ❑ 1.♖e7xh7#;
1.♘f6–g8+ ♔h6–h5 2.♗c4–e2#

84. ❑ 1.♕f6–g7#;
■ 1...♘c5–b3#

85. ❑ 1.♗c4–f7#;
1.g3–g4+ ♔h5–h4 2.♖a6–h6#

86. ❑ 1.♗d5–f7#;
1.g3–g4+ ♔h5–h4 2.♕g7xh6#

87. ❑ 1.♖d7–d8#;
■ 1...♖c2–f2#

88. ❑ 1.♕h5–g5#
1.♕h5–f7+ ♔g7–h6 2.♖f4–h4#;
1.♖f4–g4+ ♘f6xg4 2.♕h5–f7#

89. ■ 1...♕d4–d5#:
1...♕d4–d3+ 2.♘d1–e3 ♕d3xe3#

90. ❑ 1.♕g8–g5#;
1.♕g8–h8+ ♔f6–f5 2.♕h8xe5#
■ 1...♖c2–h2#

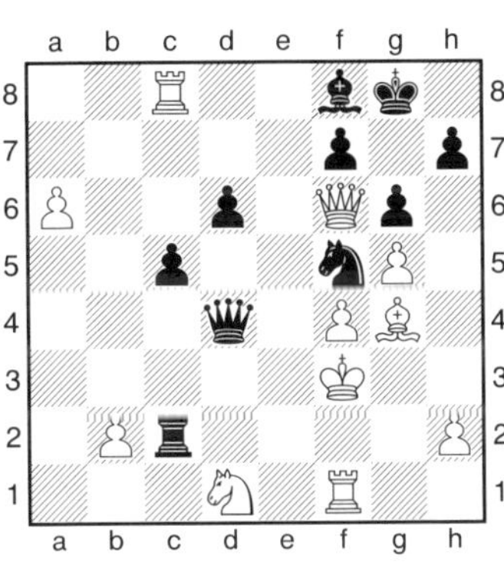

89

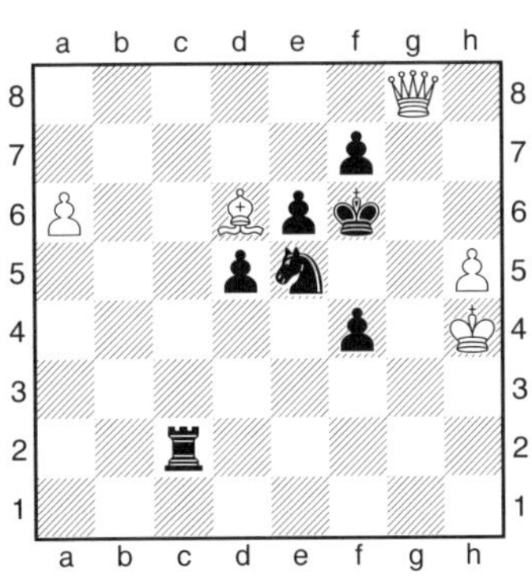

90

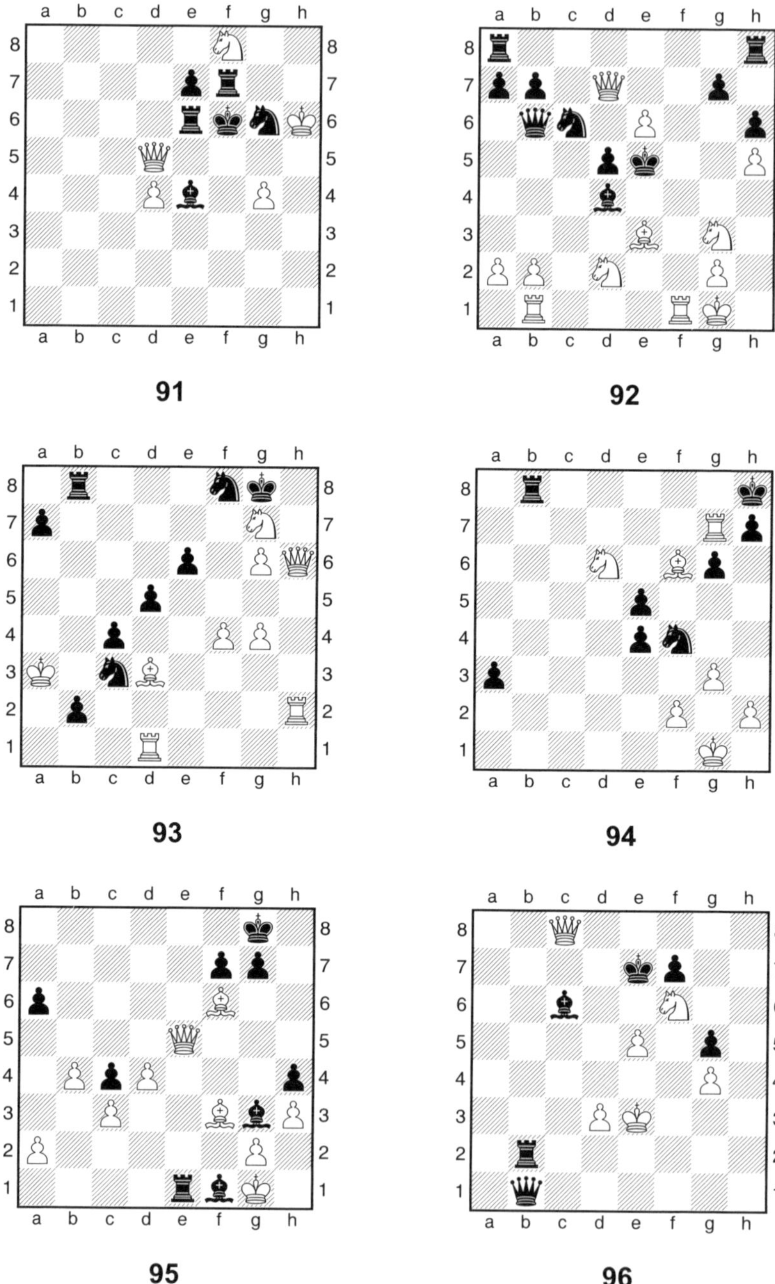

91

92

93

94

95

96

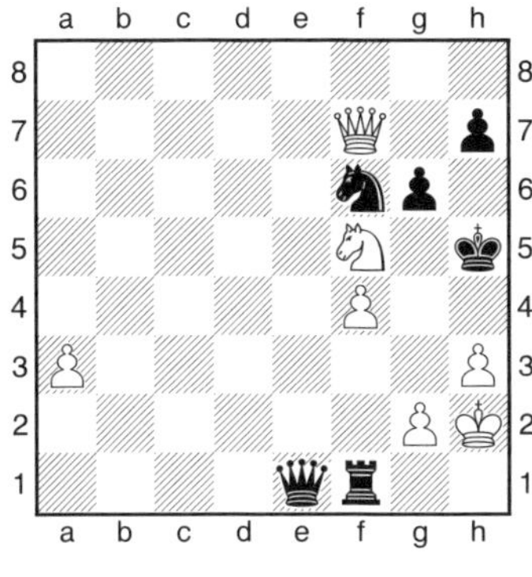

97

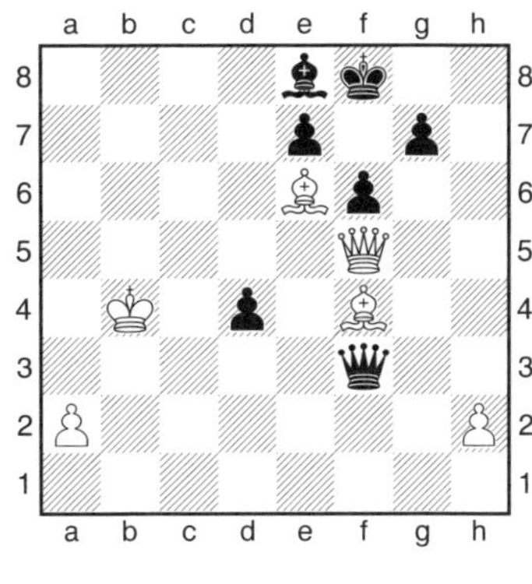

98

91. ❑ 1.♘f8–d7#; 1.♕d5xe6#; 1.g4–g5#; 1.♕d5–g5#; 1.♕d5–f5+ ♗e4xf5 2.g4–g5# / ♘f8–d7#

92. ❑ 1.♖f1–f5#:
1.♘d2–f3+ ♔e5–f6 2.♕d7–f7#

93. ❑ 1.♕h6 h8#
■ 1...♖b8–b3#

94 ❑ 1.♘d6–f7#; 1.♖g7xg6#;
1.♖g7–b7+ ♔h8–g8 2.♖b7xb8#
■ 1...♖b8–b1#

95. ■ 1...♗f1–e2#

96. ❑ 1.♘f6–g8#
■ 1...♕b1–g1#; 1...♕b1–c1+
2.♔e3–d4 ♖b2–b4#

97. ❑ 1.♕f7xh7+ ♘f6xh7 2.g2–g4#
■ 1...♖f1–h1#

98. ❑ 1.♕f5xf6+ e7xf6 2.♗f4–d6#
[1...g7xf6 2.♗f4–h6#]
■ 1...♕f3–c3#

99. ■ 1...♘g4–f2#

100. ■ 1...♖b7–a7#/b6#

99

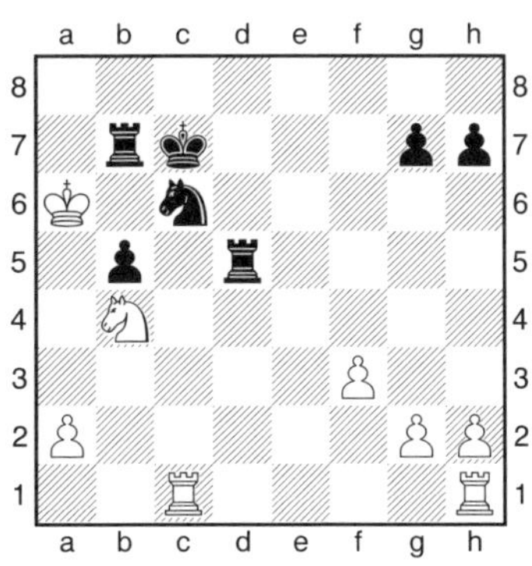

100

Matt in 2 Zügen

In den folgenden Stellungen setzt Weiß Matt in 2 Zügen. Nun wird es schon etwas schwerer.

Wichtig: Nicht jede Lösung muss nun unbedingt mit einem Schach beginnen! Und selbst wenn, muss nicht jedes Schach auch das richtige sein! Also schauen Sie sich die Stellung erst genau an, bevor Sie sich entscheiden!

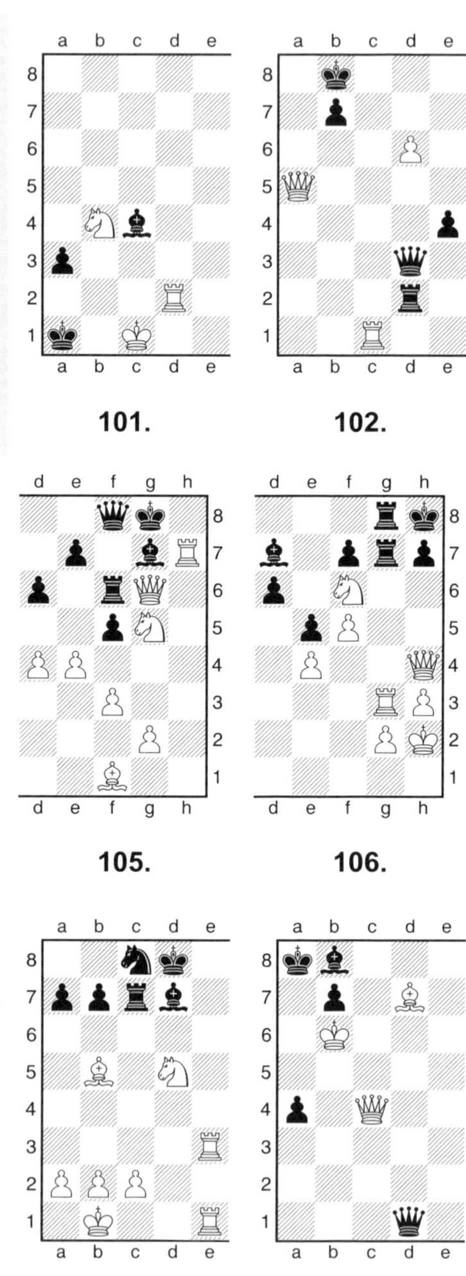

101. 102.

103. 104. 105. 106.

107. 108. 109. 110.

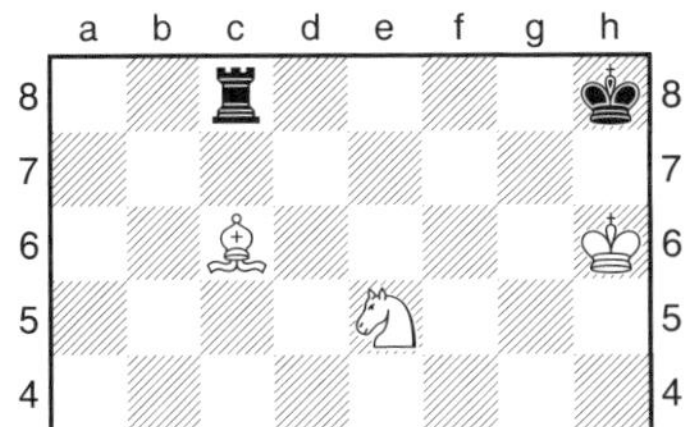

111.

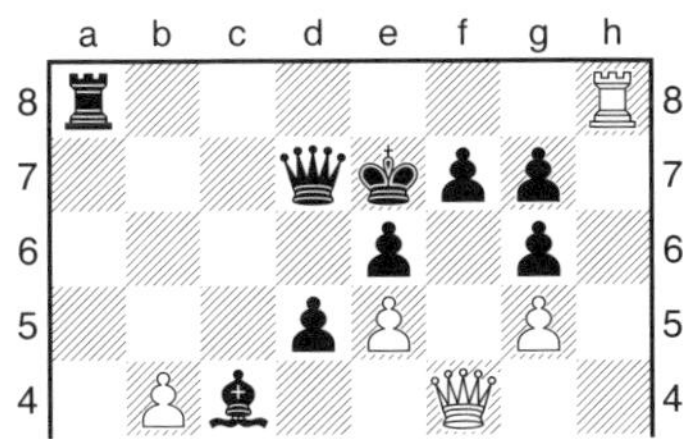

112.

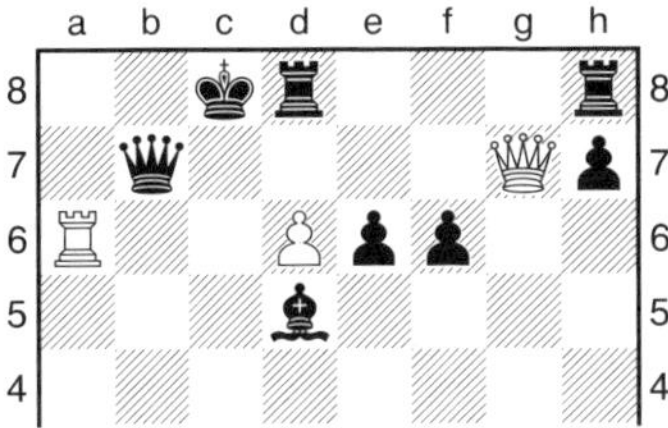

113.

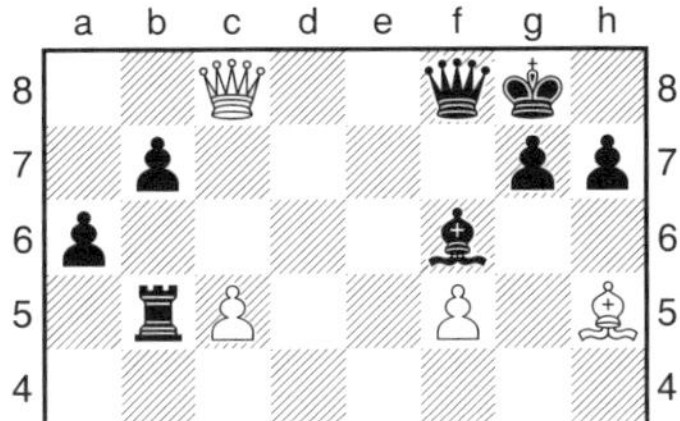

114.

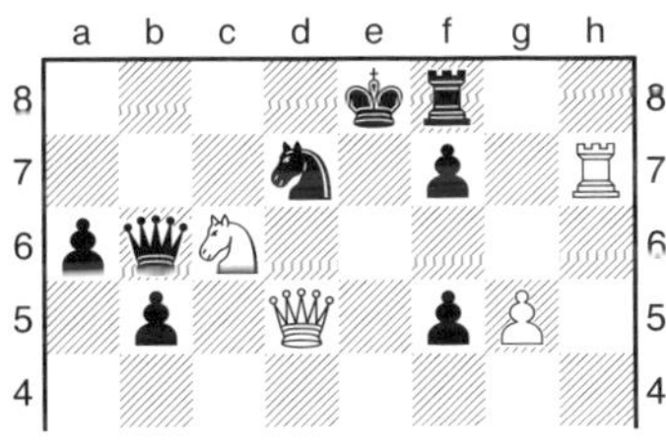

115.

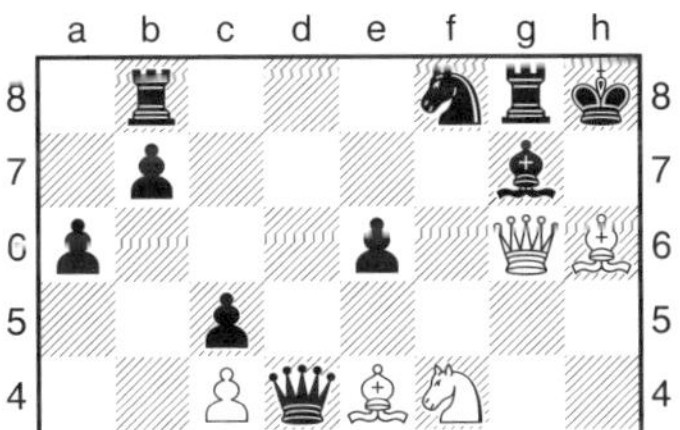

116.

101. 1.♖d2–a2+ ♗c4xa2 2.♘b4–c2#
102. 1.♖c1–c8+ ♔b8xc8 2.♕a5–c7#
103. 1.♕h6xf8+ ♕e7xf8 2.♖h1xh7#
104. 1.♘g3–f5+ g6xf5 2.♕h4–h6#
105. 1.♖h7–h8+ ♔g8xh8 2.♕g6–h7#
106. 1.♕h4xh7+ ♖g7xh7 2.♖g3xg8#
107. 1.♔c6–c5 b5–b4 2.c3xb4#
108. 1.♖a1–a6 b7xa6 2.b6–b7#
von Paul Morphy
109. 1.♖e3–e8+ ♗d7xe8 2.♖e1xe8#
110. 1.♕c4–a6+ b7xa6 2.♗d7–c6#
111. 1.♘e5–g6+ ♔h8–g8 2.♗c6–d5#
112. 1.♕f4–f6+ g7xf6 2.g5xf6#
113. 1.♖a6–a8+ ♕b7xa8 2.♕g7–c7#
114. 1.♗h5–f7+ ♔g8xf7 2.♕c8–e6#
115. 1.♕d5–e6+ f7xe6 2.♖h7–e7#
116. 1.♕g6–h7+ ♘f8xh7 2.♘f4–g6#

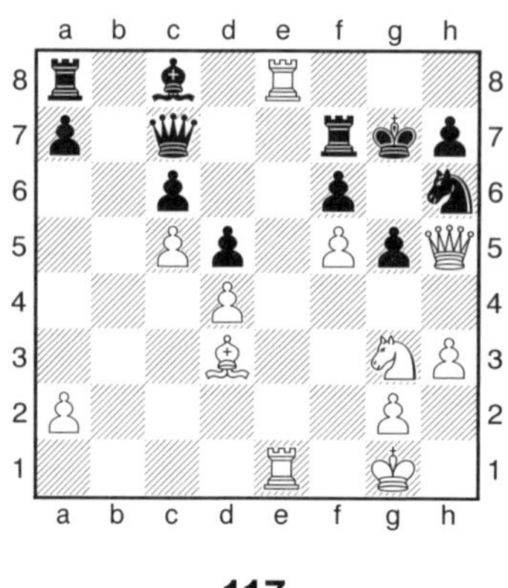

117

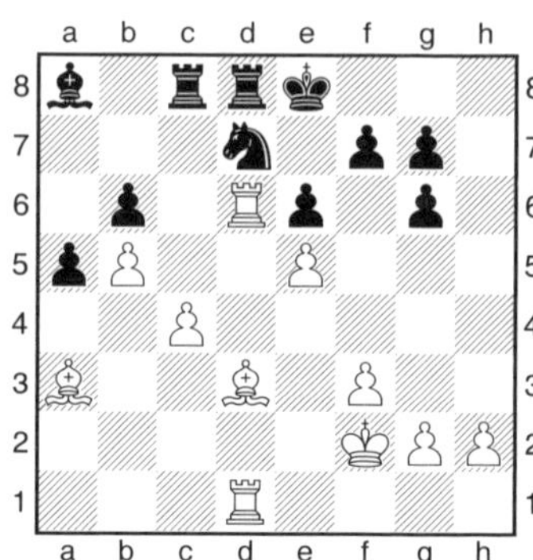

118

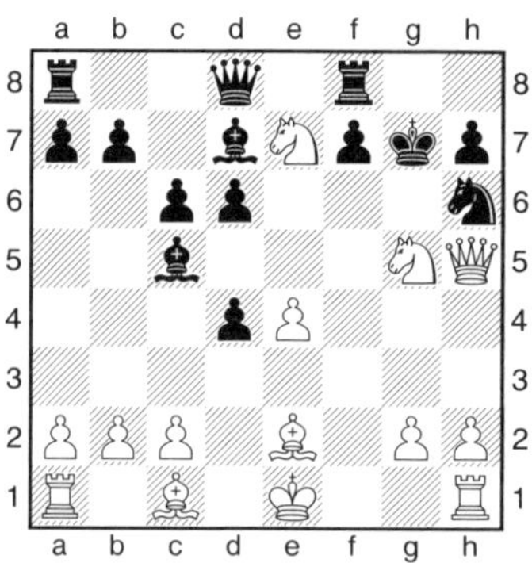

119

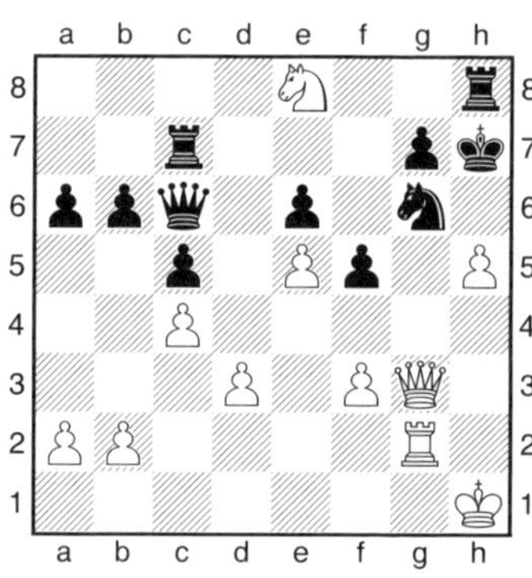

120

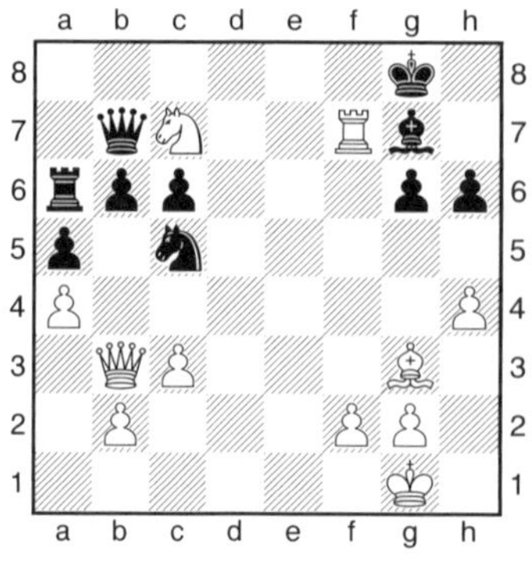

121

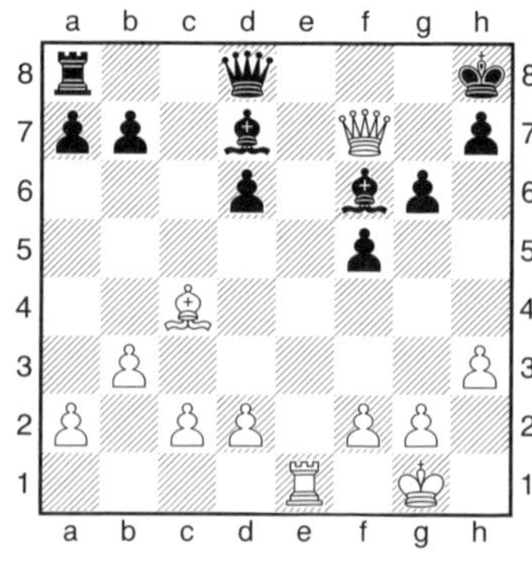

122

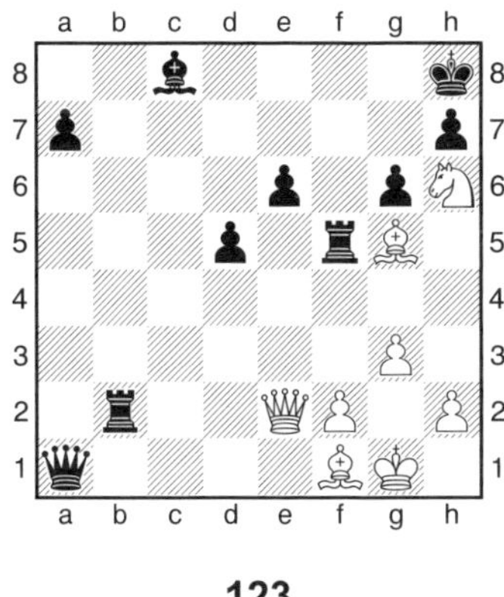

123

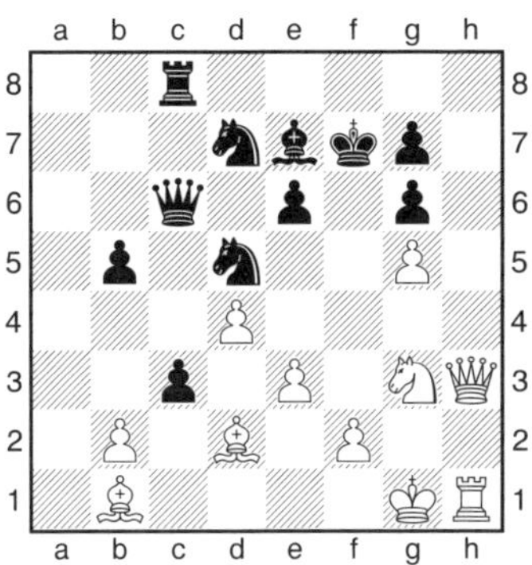

124

117. 1.♕h5xg5+ f6xg5 2.♘g3-h5#

118. 1.♖d6xe6+ f7xe6 2.♗d3xg6#

119. 1.♕h5xh6+ ♔g7xh6 2.♘g5-e6#
[1...♔g7-h8 2.♕h6xh7#/f6#]

120. 1.♘e8-f6+ g7xf6 2.♕g3xg6#
[1...♔h7-h6 2.♕g3xg6#/g5#]

121. 1.♖f7-f8+ ♔g8xf8 2.♗g3-d6#
[1...♔g8-h7 2.♕b3-g8#]

122. 1.♖e1-e8+ ♕d8xe8 2.♕f7xf6#
[1...♗d7xe8 2.♕f7-g8#/f8#]

123. 1.♕e2-e5+ ♖f5xe5 2.♗g5-f6#

124. 1.♗b1xg6+ ♔f7xg6 2.♕h3-h5#
[1...♔f7-g8/f8 2.♕h3-h8#]

125. 1.♘d5-e7 ♗f8xe7 [1...-- 2.♕f7-g8#]
2.♕f7xg7# / f6xg7#

126. 1.♕g7xf8+ ♗e7xf8 2.♖e2-e8#

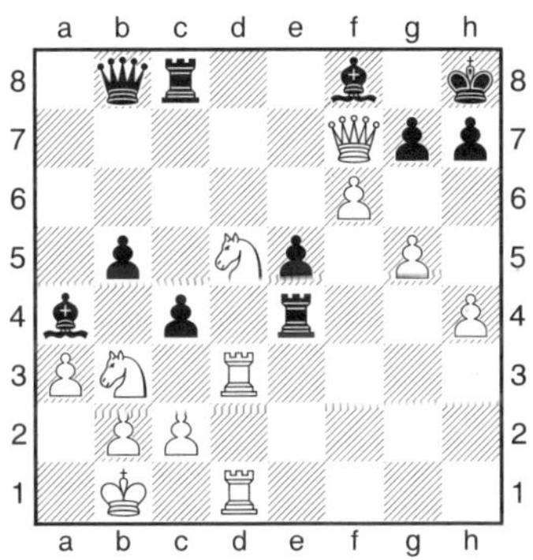

125

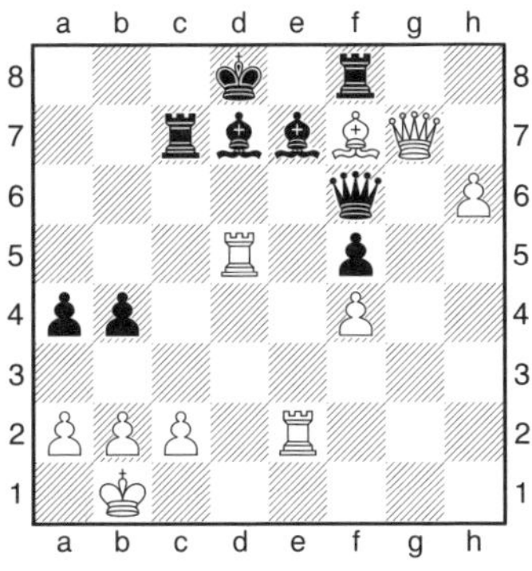

126

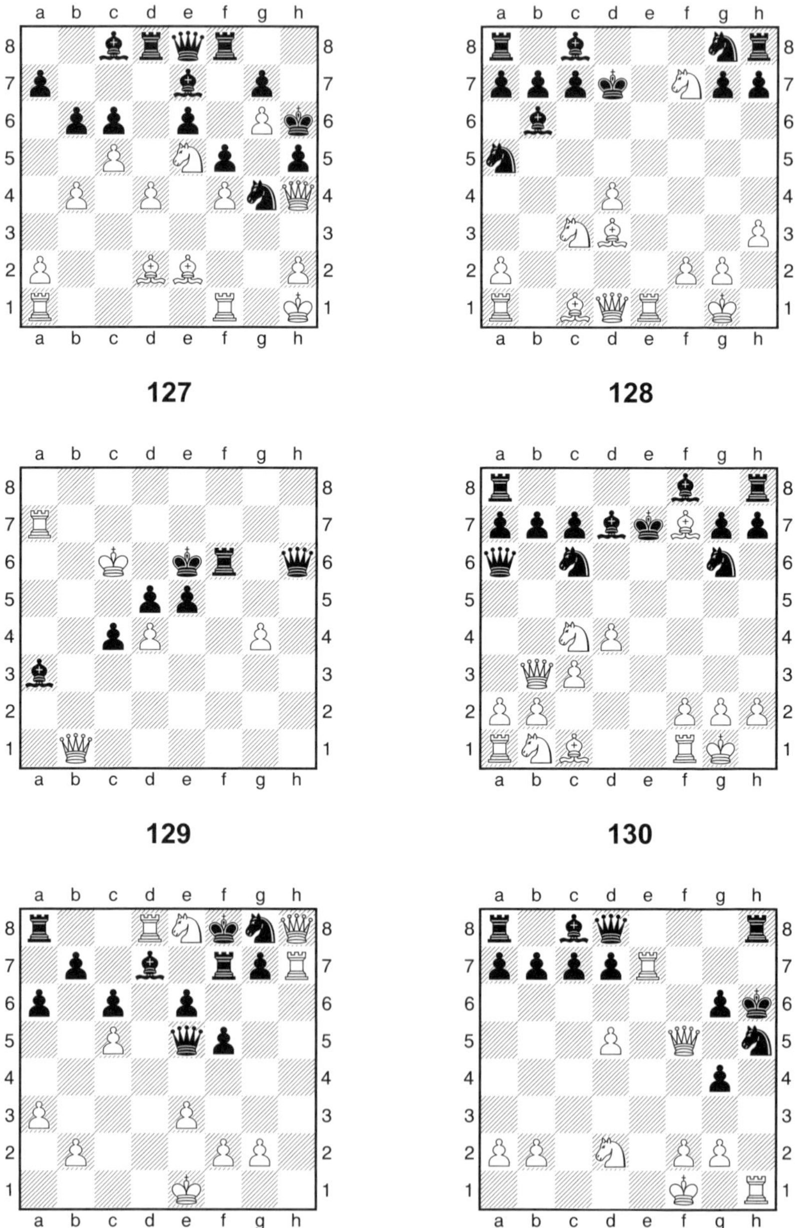

127

128

129

130

131

132

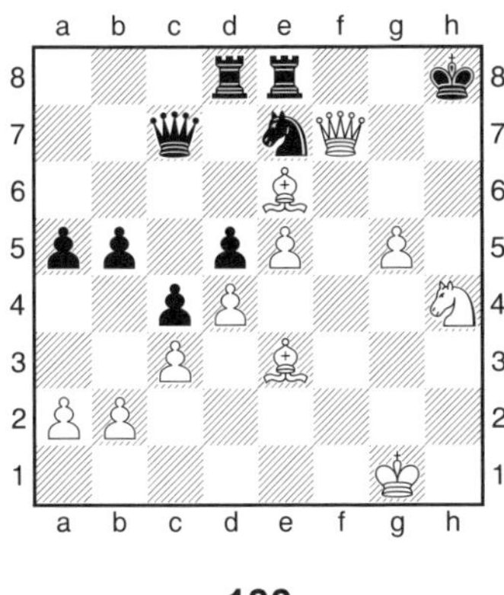

133

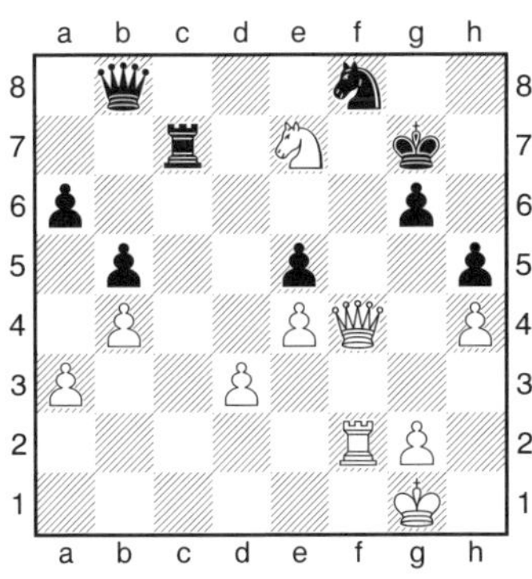

134

127. 1.♕h4–g5+ ♗e7xg5 2.f4xg5#

128. 1.♗d3–f5+ ♔d7–c6 2.♕d1–a4#
1.♕d1–g4+ ♔d7–c6 2.♗d3–b5#

129. 1.♕b1–e4 d5xe4 2.d4–d5#
[1...♕h6–h1 2.♕e4xe5#;
1...♕h6–f4 2.♕e4xd5#]

130. 1.♗c1–g5+ ♔e7xf7 2.♘c4–d6#

131. 1.♕h8xg8+ ♔f8xg8 2.♘e8–f6#

132. *1.♖h1xh5+* g6xh5 2.♕f5–f6#
1.♕f5–f4+ g6–g5 2.♕f4–f6#

133. 1.♕f7–f6+ ♔h8–h7 2.♕f6–h6#;
1.♕f7–h5+ ♔h8–g7 2.♕h5–h6#;
1.♗e6–f5 ♘e7xf5 2.♘h4–g6#

134. **1.♕f4–f7+** ♔g7–h6 2.♘e7–g8#
[1...♔g7–h8 2.♕f7–g8#]

135. 1.♕d2–a5+ ♔b6xa5 2.♖c7–c4#

136. 1.♕c8–f5+ ♘h4/g6xf5 2.♘d4–e6#

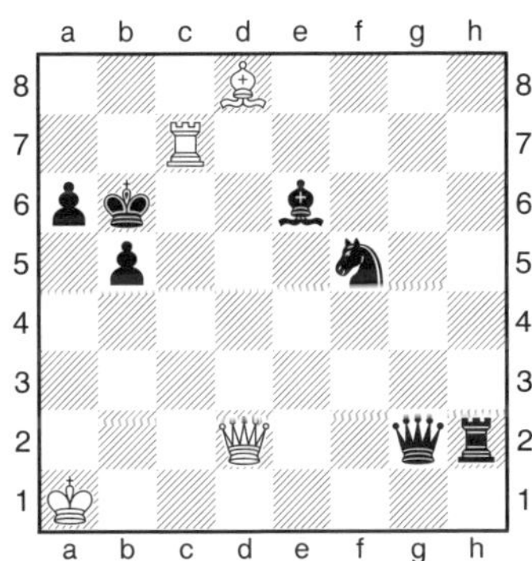

135

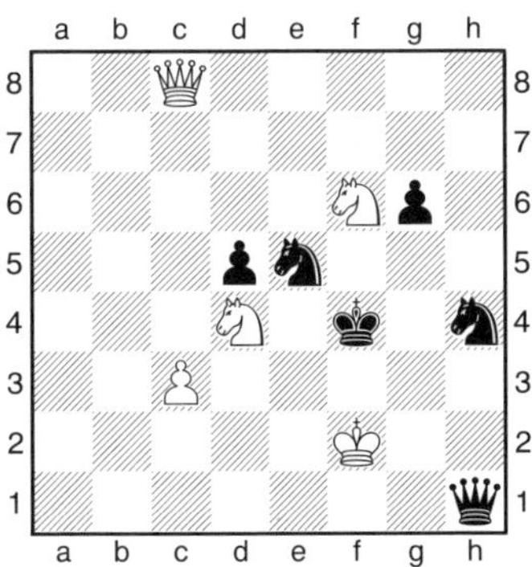

136

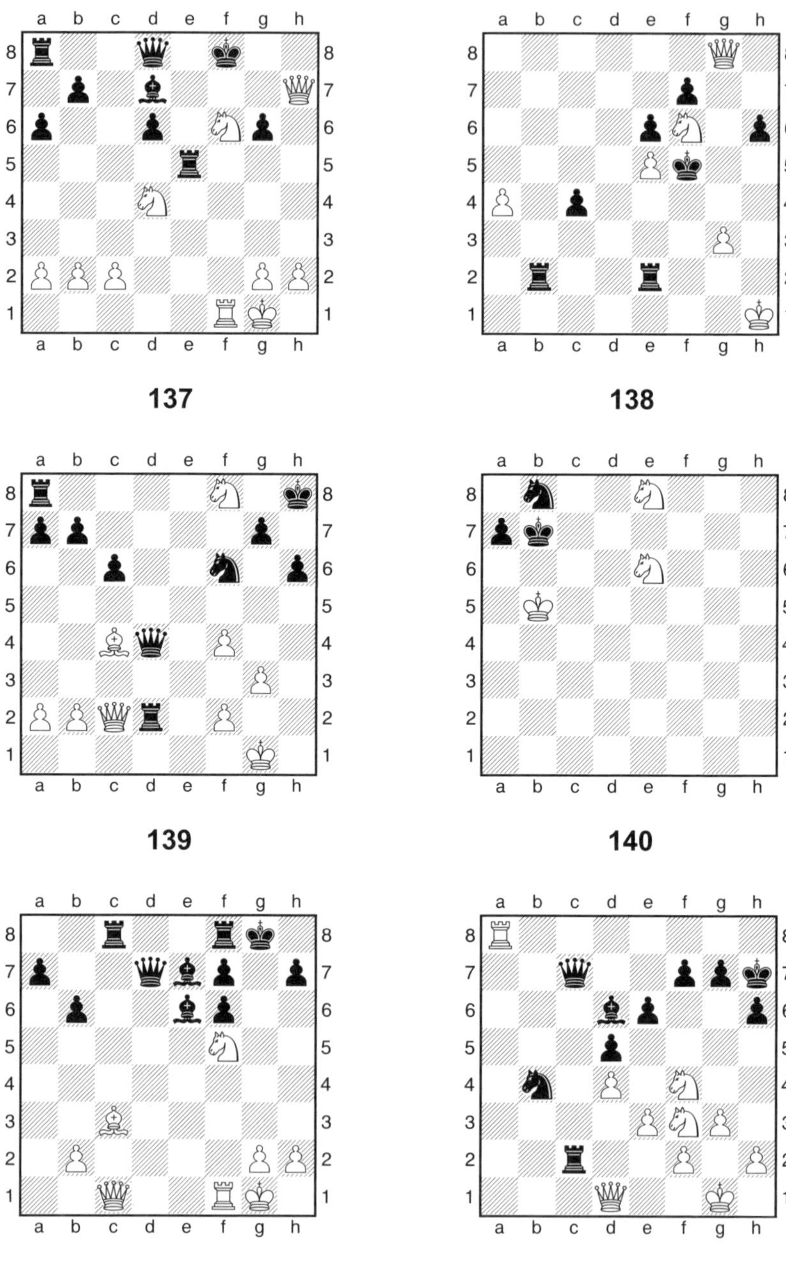

137

138

139

140

141

142

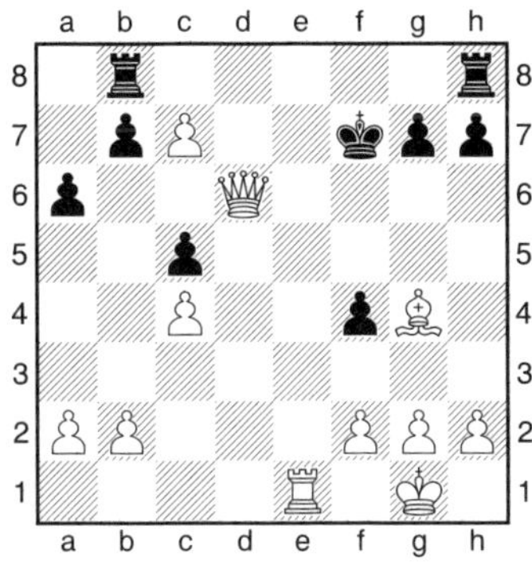

143

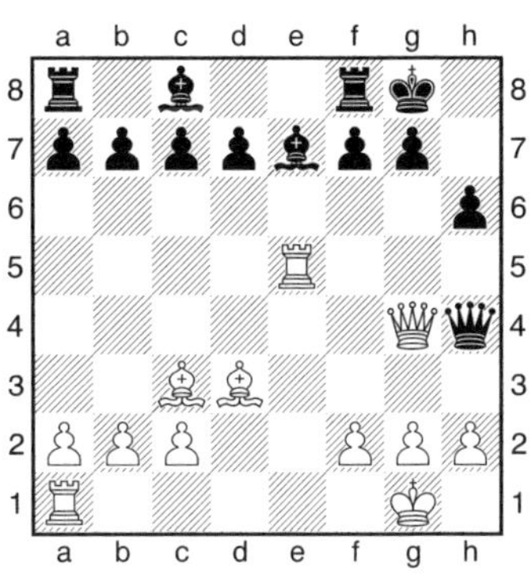

144

137. *1.♘f6xd7+ ♔f8-e8* 2.♕h7-f7#
1.♕h7-g8+ ♔f8-e7 2.♕g8-g7#

138. 1.♕g8-g4+ ♔f5xe5 2.♕g4-f4#

139. 1.♕c2-h7+ ♘f6xh7 2.♘f8-g6#
[1.♘f8-g6+ ♔h8-h7 2.♘g6-f8+ –]

140. 1.♘e8-d6+ ♔b7-a8 2.♘e6-c7#

141. 1.♕c1-g5+ f6xg5 2.♘f5-h6#

142. 1.♘f3-g5+ h6xg5 2.♕d1-h5#

143. 1.♕d6xf4+ ♔f7-g8 [1...♔f7-g6 2.♖e1-e6#] 2.c7xb8♕#/♖ /♗g4-e6#
1.♖e1-e7+ ♔f7-f8/g8 2.c7xb8♕#/♖;
1.♕d6-e6+ ♔f7-f8 2.c7xb8♕#/♖;
1.♕d6-e7+ ♔f7-g8 2.c7xb8♕#/♖
Lang - Krug (Variante), Blindsimultan Europarekord Sontheim 2010

144. 1.♕g4xg7+ ♔g8xg7 2.♖e5-g5#

145. 1.♘b4-c6+ ♔e7-f6 2.♗e3-d4#
[1...♔e7-f8 2.♕g2-g8#]

146. 1.♖e6-g6+ ♔g7-h8 2.♕e7-h4#
[1...♔g7-h7 2.♕e7-h4#]

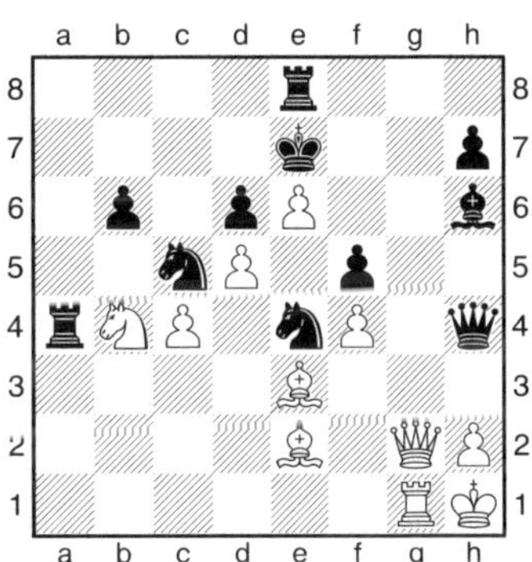

145

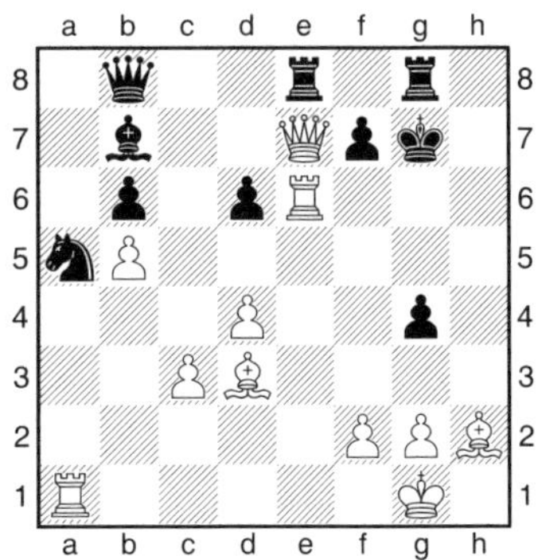

146

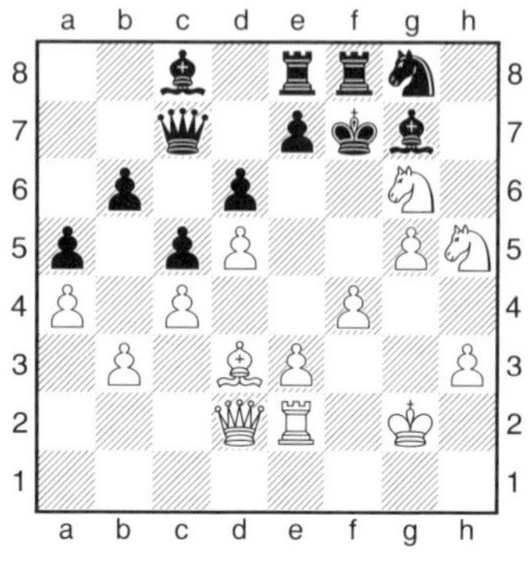

147

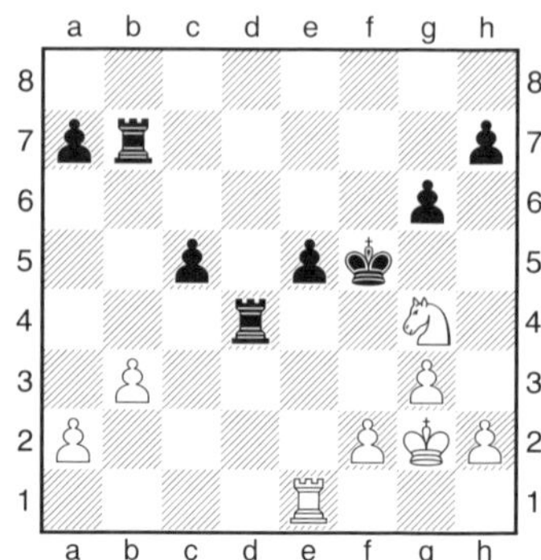

148

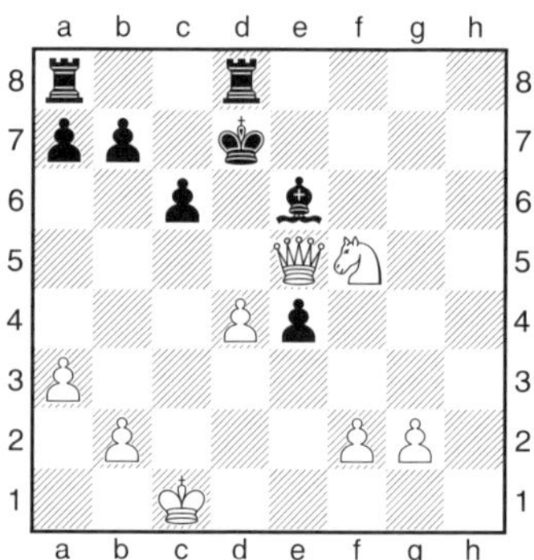

149

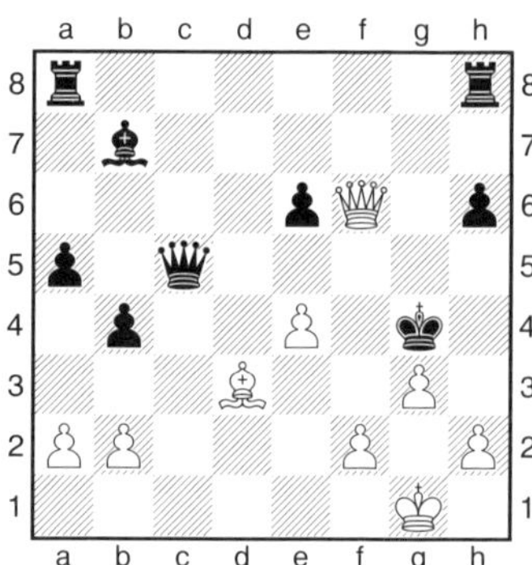

150

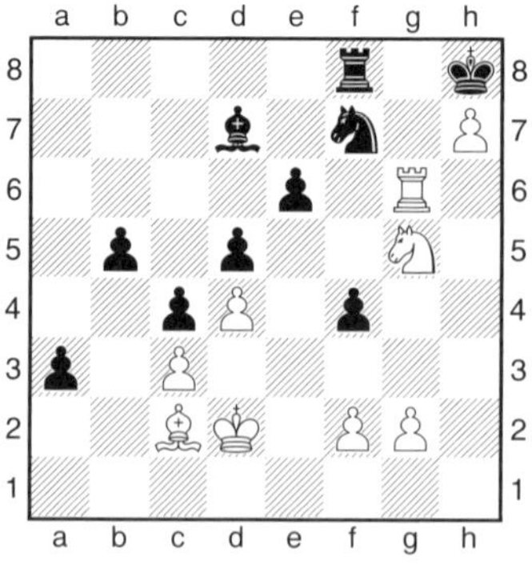

151

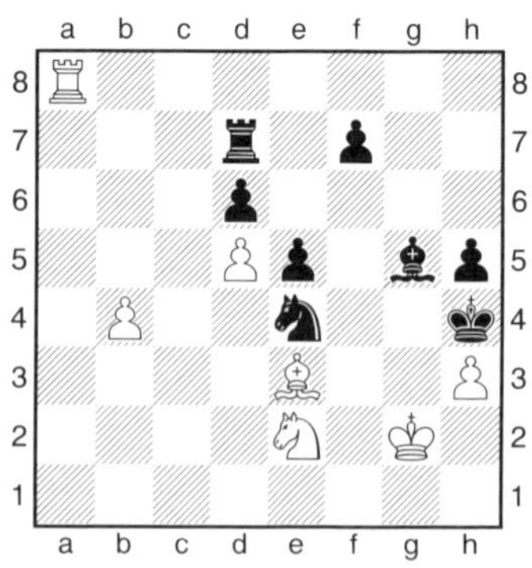

152

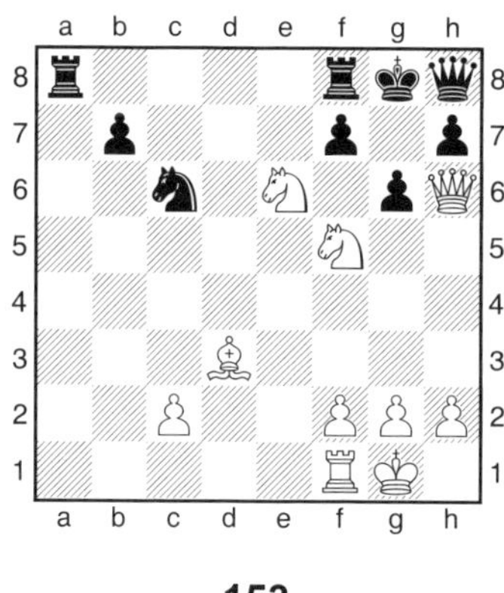

153

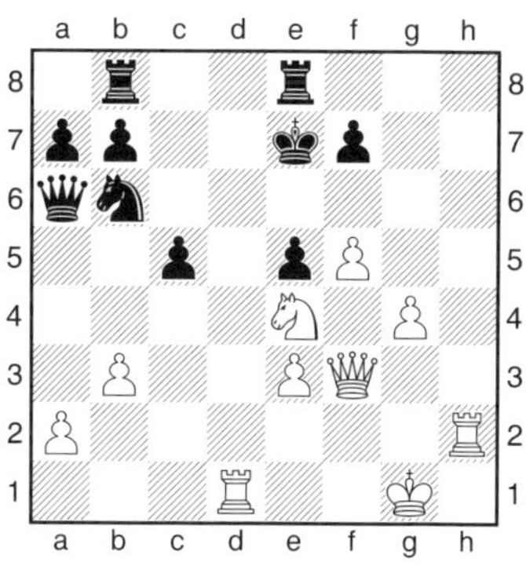

154

147. *1.♘g6–e5+* d6xe5/♗g7xe5 2.g5–g6#
1.♘g6–h8+ ♗g7xh8 2.g5–g6#

148. 1.♖e1xe5+ ♔f5xg4 2.h2–h3#
[2.f2–f3#]

149. 1.♕e5–d6+ ♔d7–c8 2.♘f5–e7#
[1...♔d7–e8 2.♕d6–e7#]

150. *1.♕f6–h4+* ♔g4–f3 2.♕h4–f4#;
1.♗d3–e2+ ♔g4–h3 2.♕f6–h4#
1.h2–h3+ ♔g4xh3 2.♕f6–h4#

151. 1.♘g5xf7+ ♔h8xh7 2.♖g6–g5#
[1...♖f8xf7 2.♖g6–g8#]

152. 1.♘e2–g1 ♗g5xe3 2.♘g1–f3#
[1...♘e4–d2 2.♗e3–f2#]

153. 1.♕h6xf8+ ♖a8xf8 2.♘f5–h6#

154. 1.f5–f6+ ♔e7–f8 2.♖h2–h8#
[1...♔e7–e6 2.♕f3–f5# / 2.♘e4–g5# / 2.♘e4xc5# / 2.♖d1–d6#]

155. 1.♕g3xg7+ ♘e6xg7 2.♘f5–h6#

156. *1.♖h1xh4+* ♔h7–g8 2.♖h4–h8#;
1.g7–g8♕+ ♖e8xg8 2.♖h1xh4#

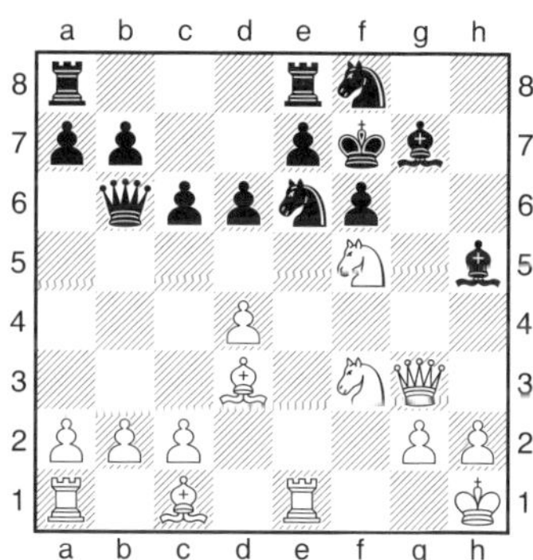

155

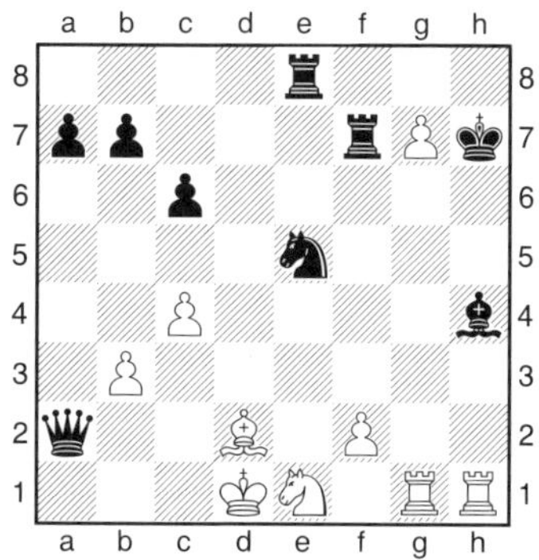

156

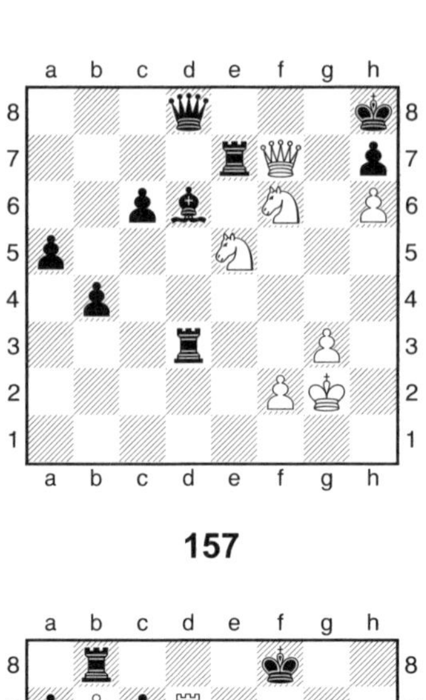

157

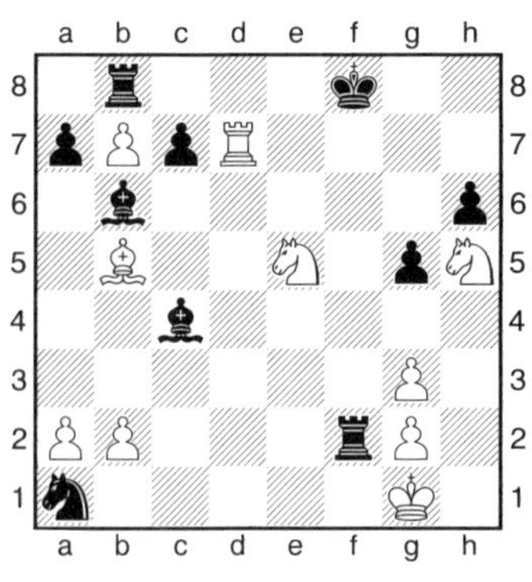

159

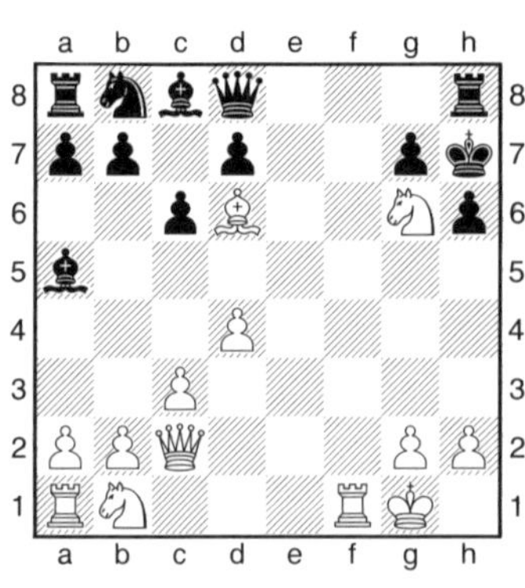

161

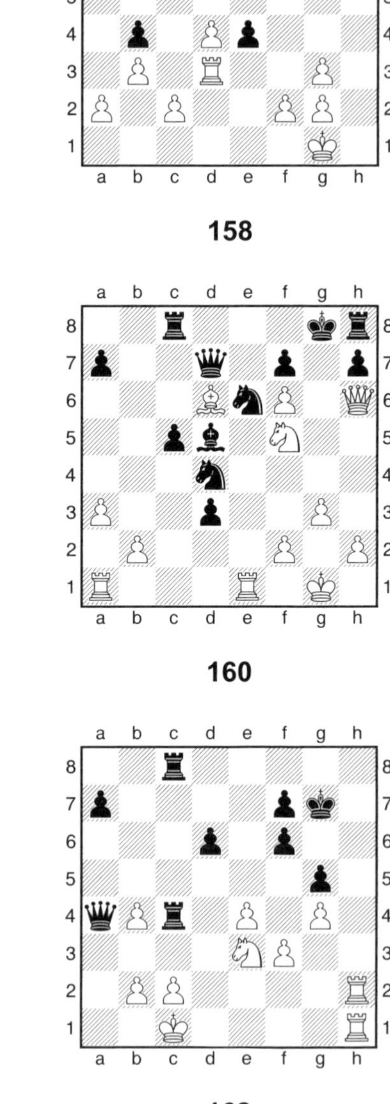

158

160

162

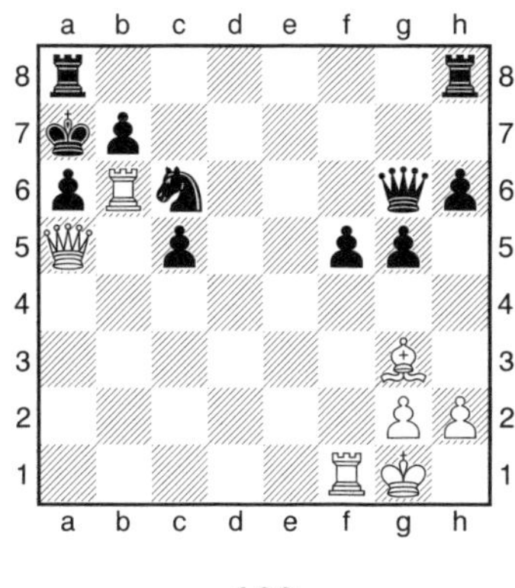

163

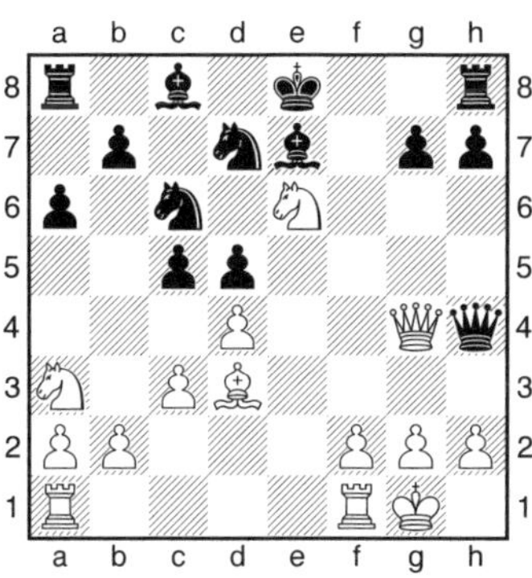

164

157. 1.♕f7xh7+ ♖e7xh7 2.♘e5–g6#

158. *1.♕h7xe4+* ♔e6xd6 2.♕e4–e5#
1.♕h7xh6+ ♔e6–f5 *(1...♔e6–d5 2.♖g7–g5#)* 2.♕h6–g6#;
1.♖g7–g6+ ♔e6–f5/d5 2.♕h7–f7#

159. 1.♘e5–g6+ ♔f8–g8 2.♖d7–g7#
[1...♔f8–e8 2.♘h5–g7#]

160. *1.♕h6–g7+* ♘e6xg7 2.♘f5–h6#;
1.♕h6–f8+ ♘e6/♖c8xf8 2.♘f5–h6#

161. 1.♘g6–f8+ ♔h7–g8 2.♕c2–b3#;
1.♘g6–e7+ g7–g6 2.♕c2xg6#

162. 1.♘e3–f5+ ♔g7–g8 2.♖h2–h8#
[1...♔g7–g6 2.♖h2–h6#]

163. 1.♖b6xa6+ b7xa6 2.♕a5–c7#

164. *1.♕g4–g6+* h7xg6 2.♗d3xg6#;
1.♗d3–g6+ h7xg6 2.♕g4xg6#

165. 1.♘f4–g6+ ♔f8–f7 2.♘f5–h6#

166. *1.♘f5–g7+* f7–f5 2.♕g5xf5#;
1.♖e1xe4+ ♔e5–d5 2.♘f5–e7#;
1.♘f5–d4+ f7–f5 2.♕g5xf5#

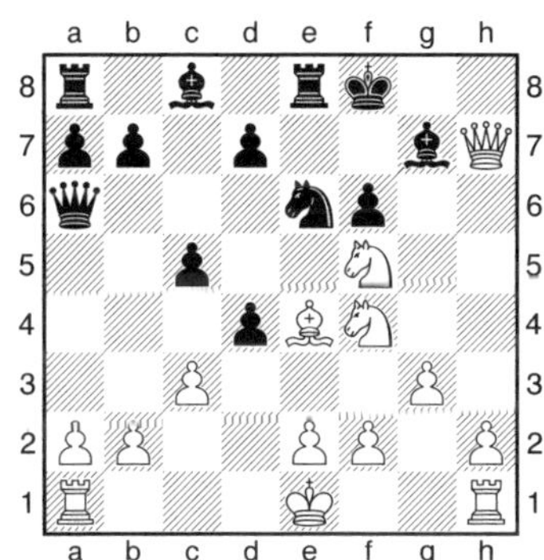

165

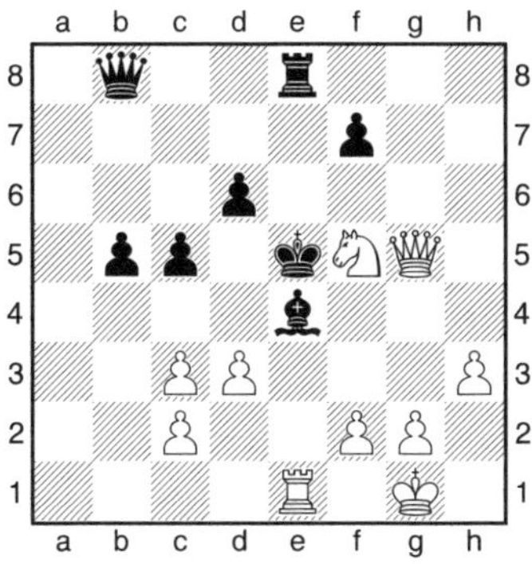

166

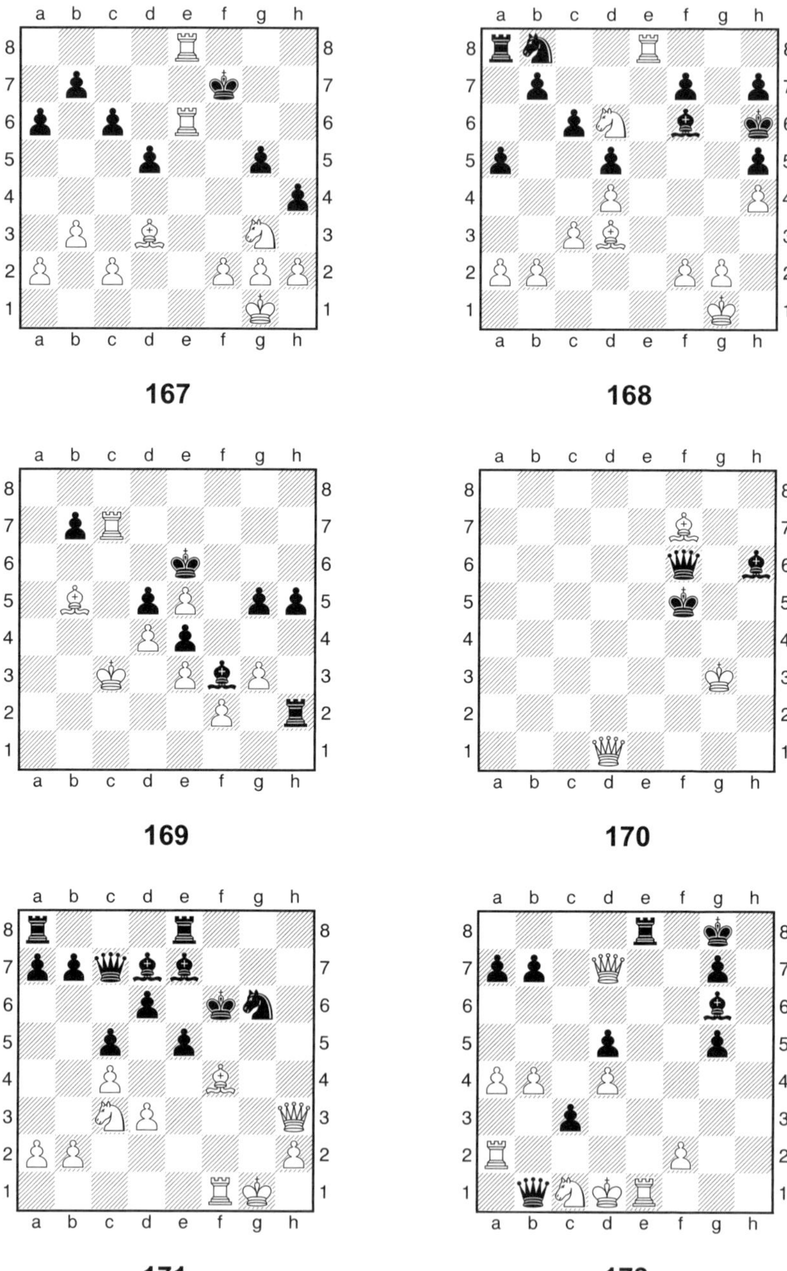
167
168
169
170
171
172

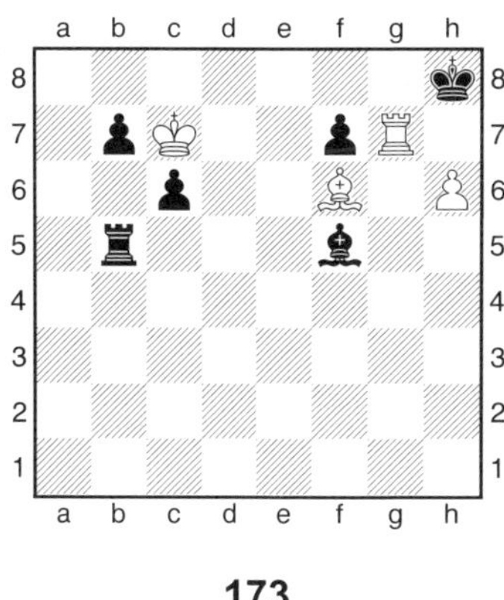

173

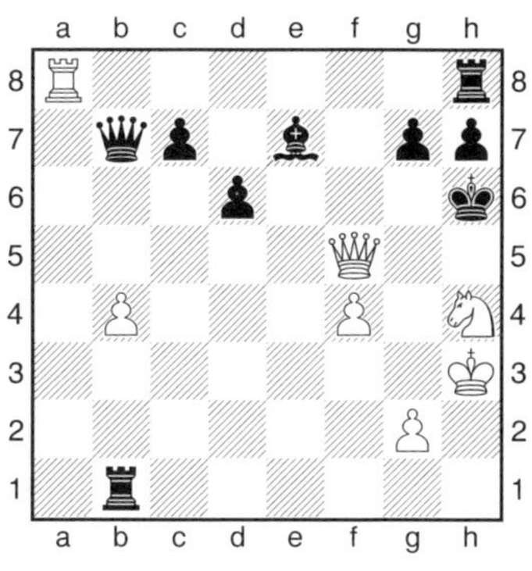

174

167. *1.♗d3–g6+* ♔f7–g7 2.♘g3–f5#; *1.♖e6–e7+* ♔f7–f6 2.♘g3–h5#; *1.♘g3–h5* z. B. c6–c5 2.♖e6–e7# / 2.♗d3–g6#

168. 1.♖e8–g8 ♗f6–g7 2.♘d6xf7# [1...♗f6xh4 2.♘d6xf7#/f5#]

169. 1.♖c7–g7 z.B. h5–h4 2.♗b5–d7#

170. 1.♕d1–f3+ ♔f5–g5 2.♕f3–g4# [1...♔f5–e5 2.♕f3–d5#; 1...♗h6–f4+ 2.♕f3xf4#]

171. 1.♗f4xe5+ ♔f6xe5 2.♕h3–e3# [1...♔f6–g5 2.♘c3–e4#]

172. 1.g2–g3+ ♔f4xf3 2.♗d3–e2#

173. 1.h6–h7 ♗f5xh7 2.♖g7–g5# [1...♗f5–g6 2.♖g7xf7#]

174. 1.♕f5–g6+ h7xg6 2.♖a8xh8#

175. 1.♖e7–g7 ♘f8–e6 2.♖g7–h7# [z. B. 1...♖c8xc3 2.♖g7–g8#]

176. 1.♖d1–a1+ ♗e5xa1 2.♘b3–c1#

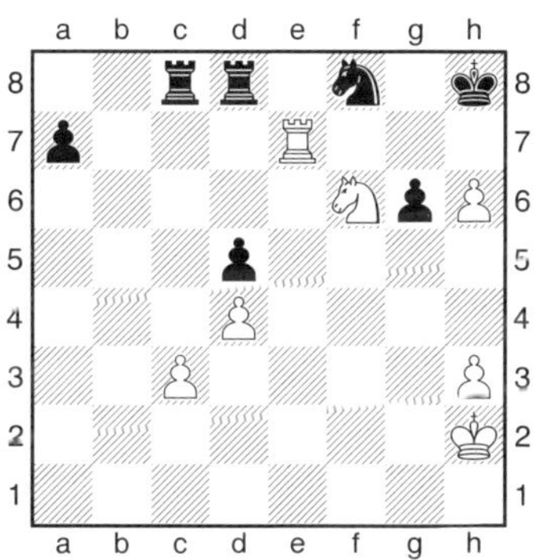

175

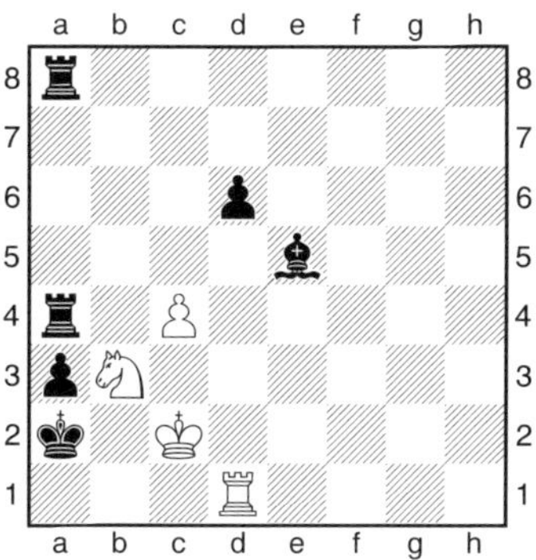

176

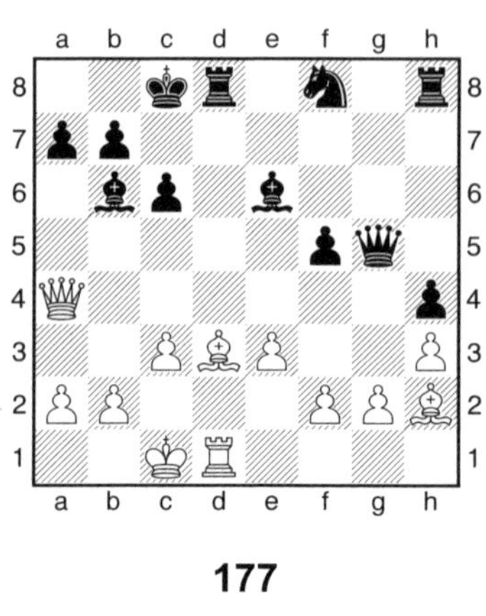

177

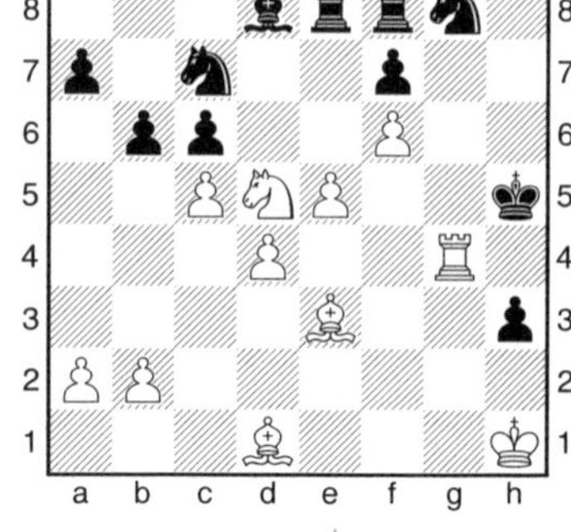

178

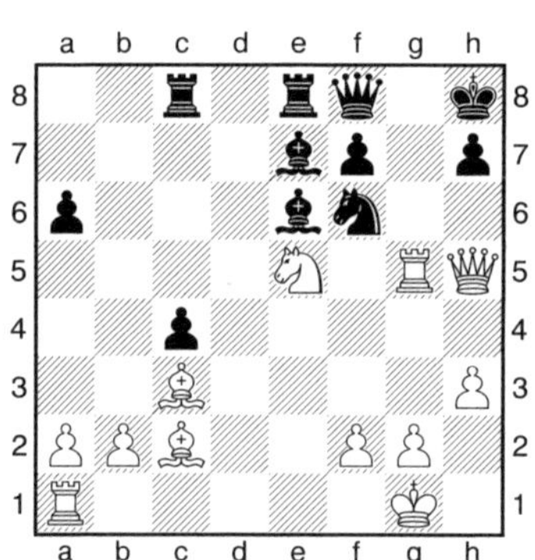

179

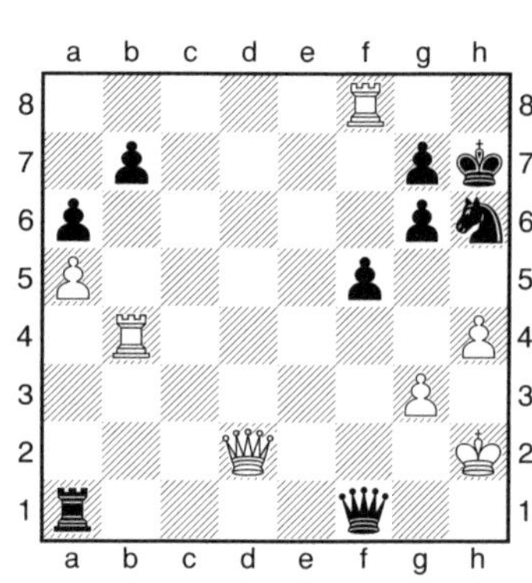

180

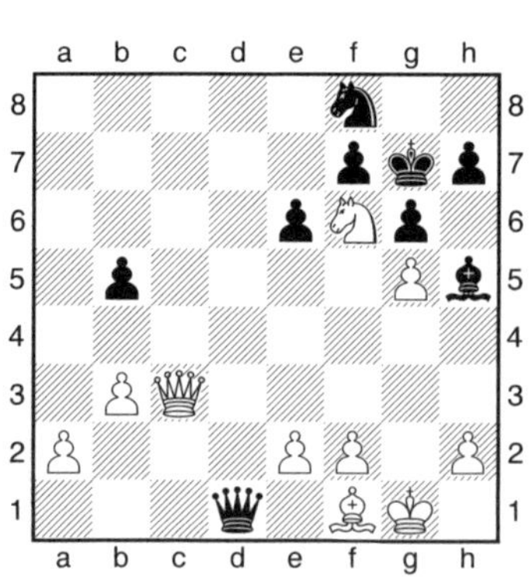

181

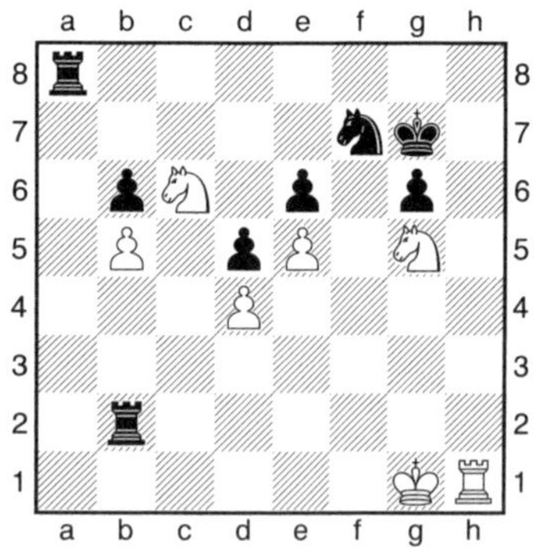

182

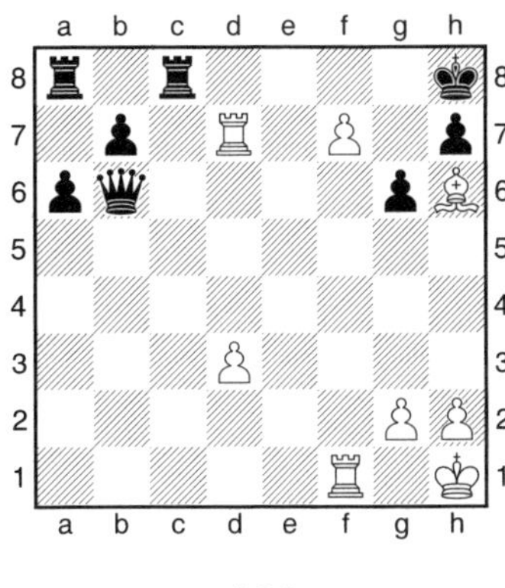

183

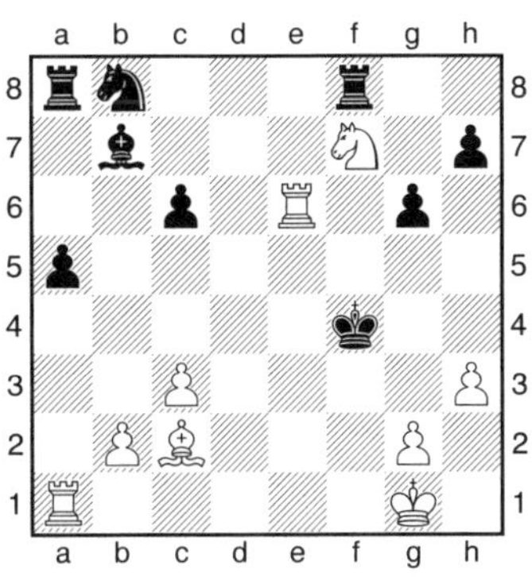

184

177. 1.♕a4xc6+ b7xc6 2.♗d3–a6#

178. *1.♖g4xg8+/g7* ♔h5–h4 2.♗e3–f2#;
1.♖g4–g2+/g1+ ♔h5–h4 2.♗e3–g5#

179. 1.♕h5xh7+ ♘f6xh7 2.♘e5xf7#

180. 1.♕d2xh6+ ♔h7xh6 2.♖f8–h8#
[1...g7xh6 2.♖b4xb7#]

181. *1.♘f6xh5+* ♔g7–g8 2.♕c3–g7#;
1.♘f6–e8+ ♔g7–g8 2.♕c3–g7#

182. 1.♘g5xe6+ ♔g7–g8 2.♘c6–e7#

183. 1.♗h6–g7+ ♔h8xg7 2.f7–f8♕#

184. *1.♖a1–a4+* ♔f4–g3 2.♖a4–g4#;
1.♖e6–e4+ ♔f4–g3 2.♖e4–g4#

185. 1.c2–c4 *b4xc3/♘a2–c3* 2.d2–d4#;
1...b4–b3 2.♖d7–d5#;
1...♗b1–d3 2.♖d7–d5#;
1...♗b1–e4 2.f3–f4#;
1...♕a1–d4 2.♖d7xe7#

186. *1.♕f7xh7+* ♘f6xh7 2.♘g5–f7#
1.♕f7xf6+ ♗e7xf6 2.♘g5–f7#

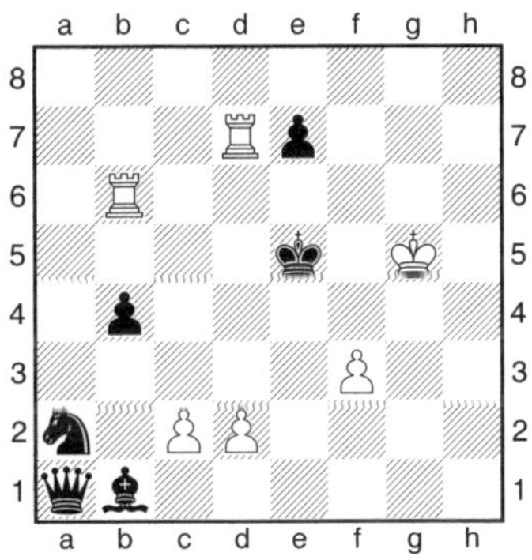

185

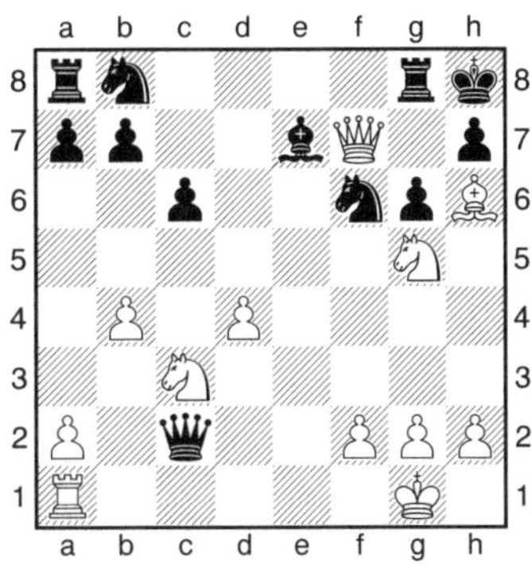

186

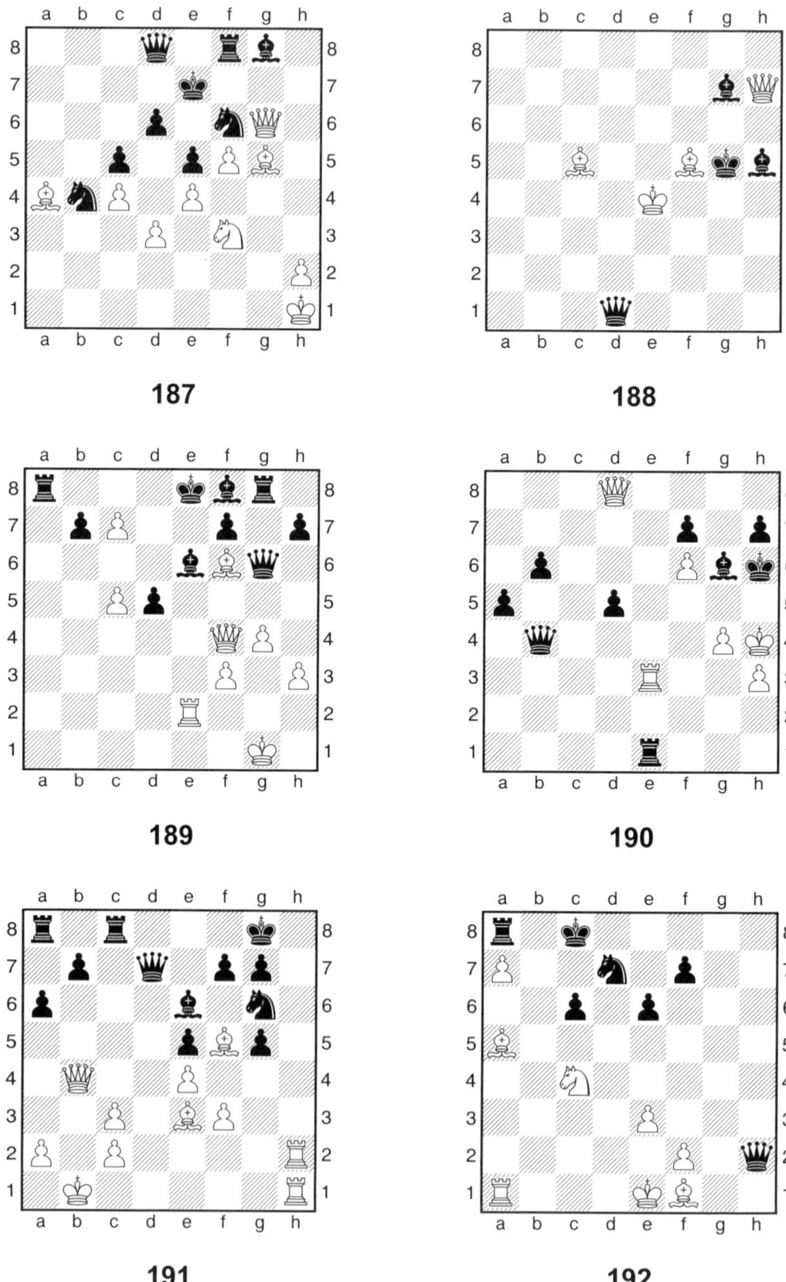

187

188

189

190

191

192

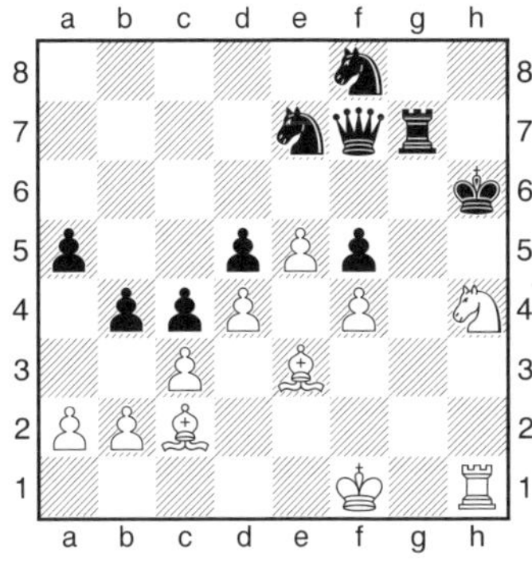

193

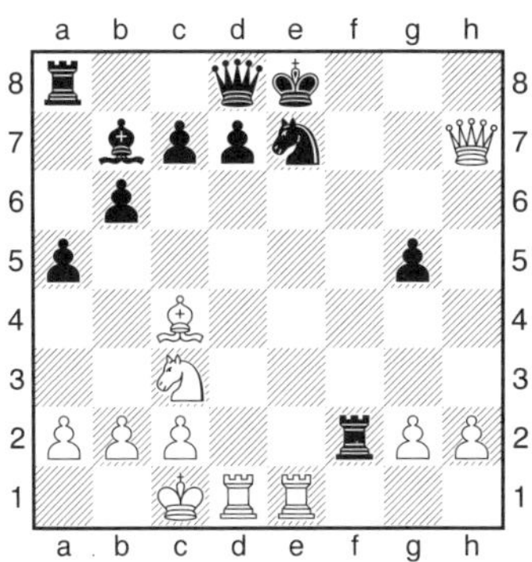

194

187. 1.♕g6-g7+ ♖f8-f7/♗g8-f7 2.♗g5xf6#

188. 1.♕h7-h6+ ♗g7xh6 2.♗c5-e7# [1...♔g5xh6 2.♗c5-e3#; 1...♔g5-h4 2.♗c5-f2#]

189. 1.♕f4-a4+ ♖a8xa4 2.c7-c8♕# [1...b7-b5 2.♕a4xb5#]

190. 1.♕d8-f8+ ♕b4xf8 2.g4-g5#

191. 1.♖h2-h8+ ♘g6xh8 2.♗f5-h7#

192. 1.♘c4-d6+ ♕h2xd6 2.♗f1-a6#

193. 1.♘h4xf5+ ♔h6-g6 2.♘f5xe7# [2.♖h1-h6#]

194. 1.♕h7-g8+ ♖f2-f8 2.♗c4-f7#

195. 1.♗b1-e4+ ♕e5xe4 2.♕d8-c7#

196. *1.♗d4-f6+* g7xf6 2.♖d1-d7#; *1.♗d4-c5+* ♕b5xc5 2.♖d1-d7# / ♖f1-f7#; *1.♖f1-f7+?* ♔e7-d6? 2.♖f7-d7# [1...♔e7-d8 ...]

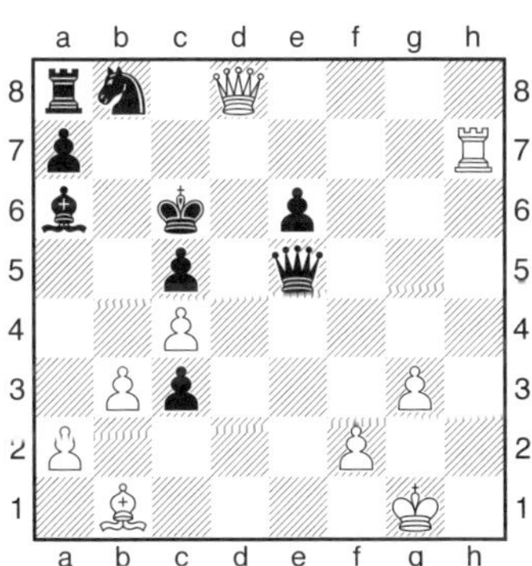

195

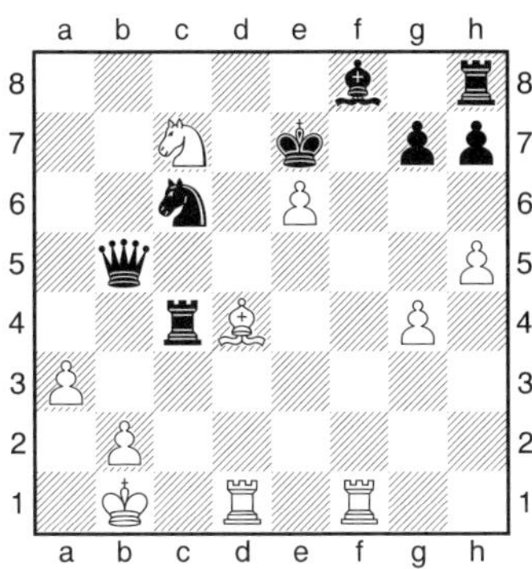

196

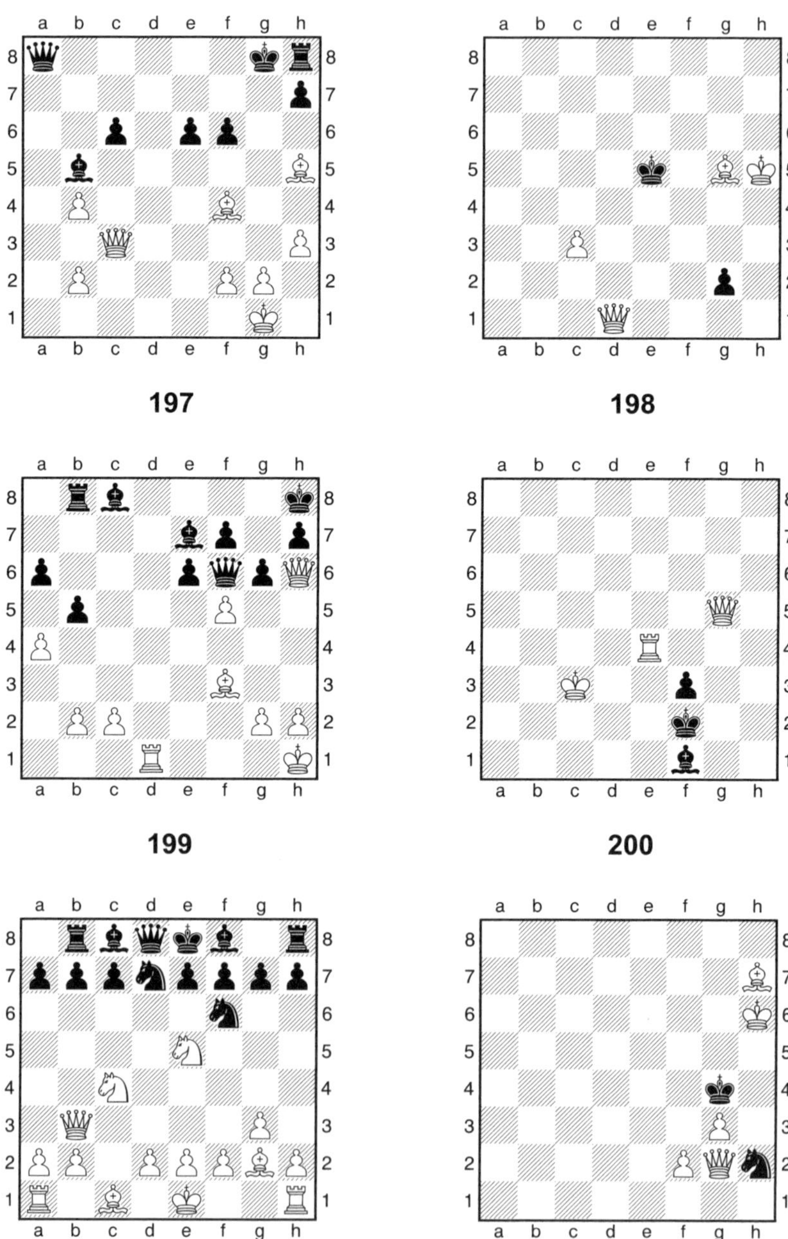
197
198
199
200
201
202

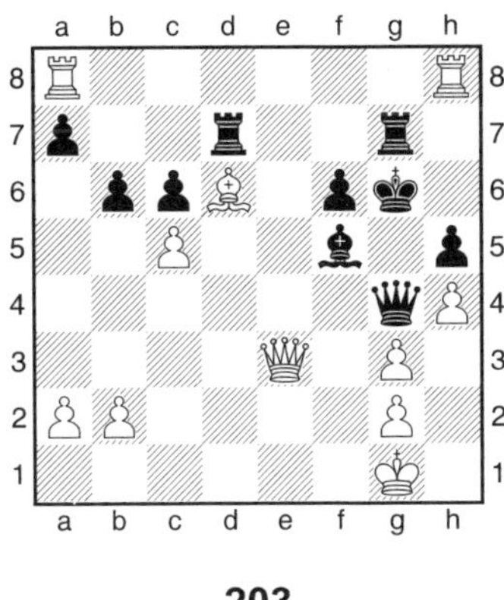

203

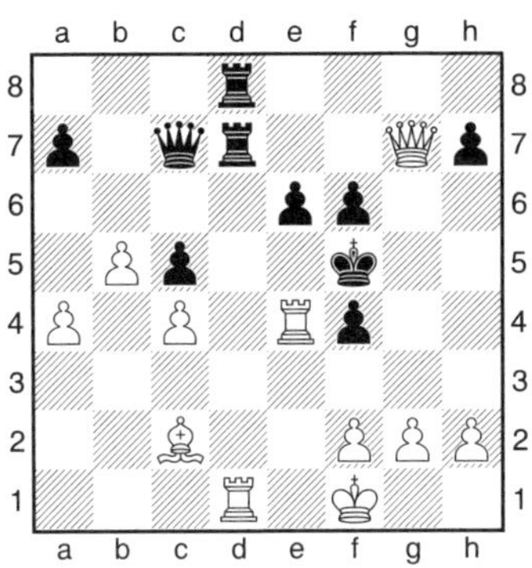

204

197. 1.♕c3-g3+ ♔g8-f8 2.♗f4-d6#

198. 1.c3-c4 ♔e5-e4 2.♕d1-d5#
[1...♔e5-e6 2.♕d1-d5#;
1...g2-g1♕ 2.♕d1-d5#]

199. 1.♖d1-d8+ ♗e7xd8 2.♕h6 f8#

200. 1.♖e4-e1 ♔f2xe1 2.♕g5-d2#
[1...♗f1-g2 2.♕g5-h4#; 1...♗f1 h3
2.♕g5-g1#; 1...♗f1-e2 2.♕g5-g1#

201. 1.♘c4-d6+ e7/c7xd6 2.♕b3xf7#

202. 1.♕g2-h1 ♘h2-f3/f1 2.♕h1-h5#
[1...♔g4-h3 2.♗h7-f5#]

203. 1.♖h8-h6+ ♔g6-f7 2.♕e3-e8# /
♖a8-f8#

204. 1.♖e4xf4+ ♔f5xf4
[1...♔f5-e5 2.♕g7xf6#] 2.♕g7-g3#
1.g2-g4+ f4xg3 2.♕g7-g4#

205. 1.g5-g6+ ♔f7xg6 2.♗a4-e8#
[1...♔f7-e7 2.♖h8-e8#]

206. *1.♕f4-d6+* ♕c8-d7 2.♖e2-e8#;
1.♖e2-e8+ ♔d8-d7 2.♗b1-f5#

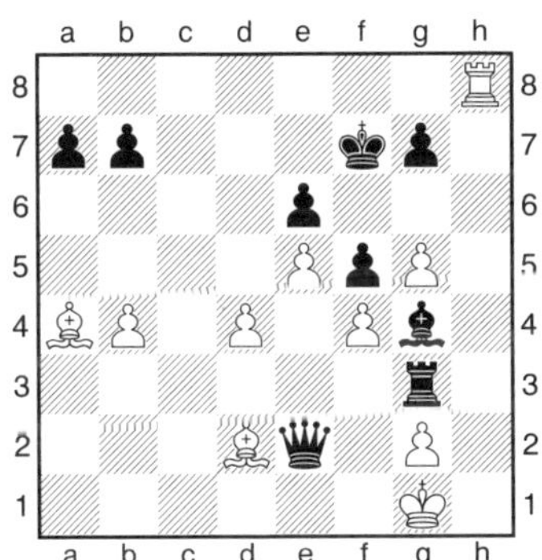

205

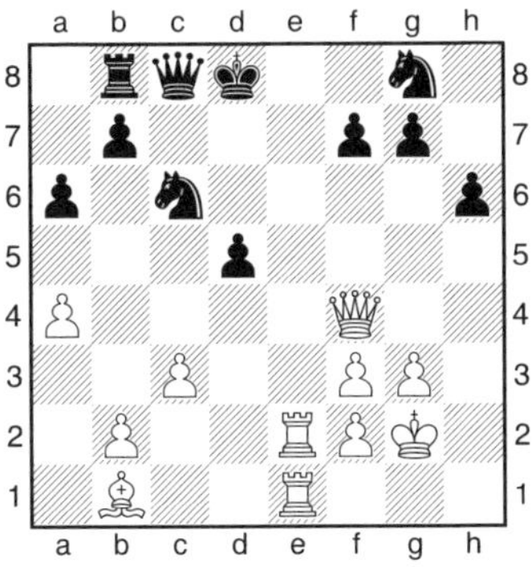

206

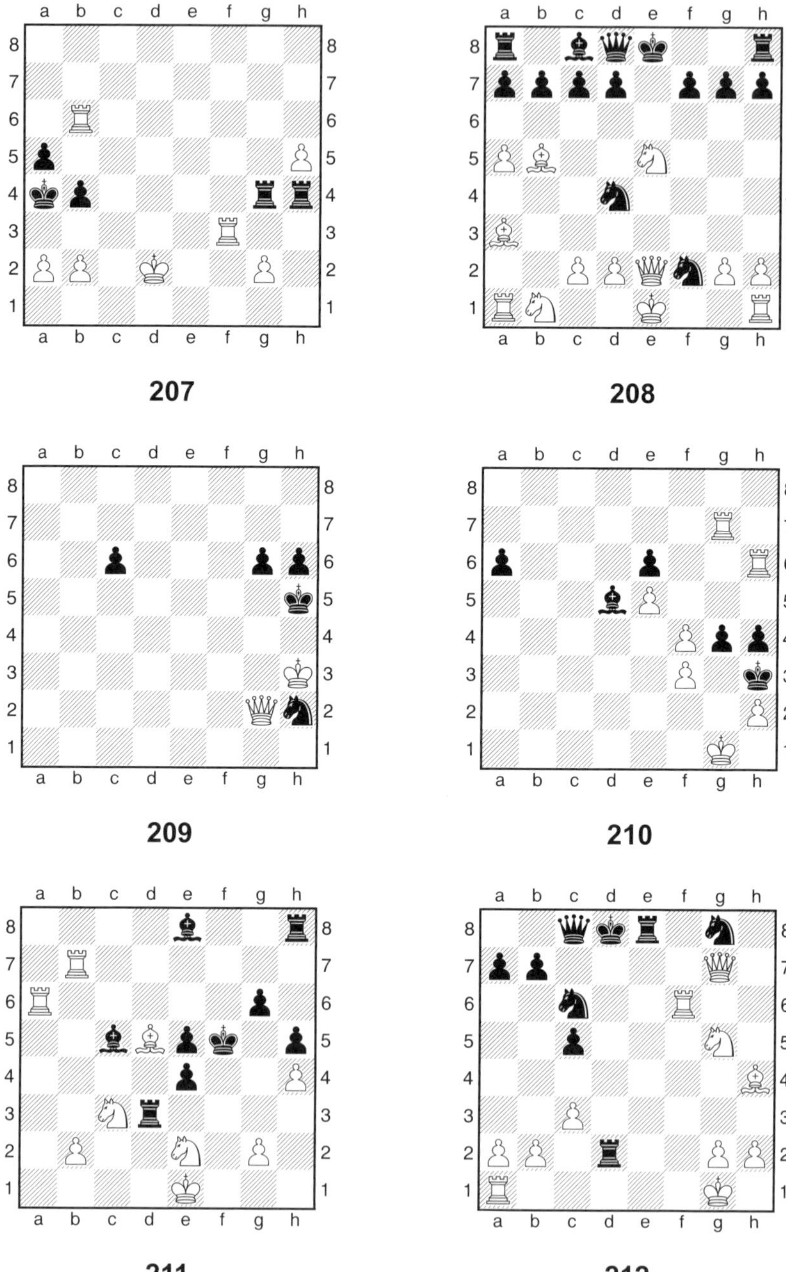

207

208

209

210

211

212

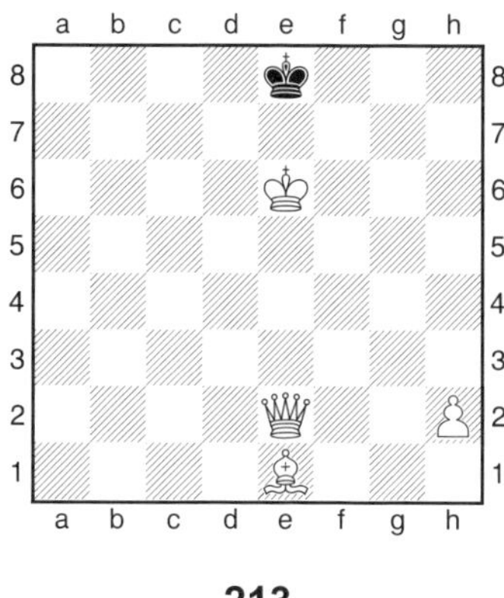

213

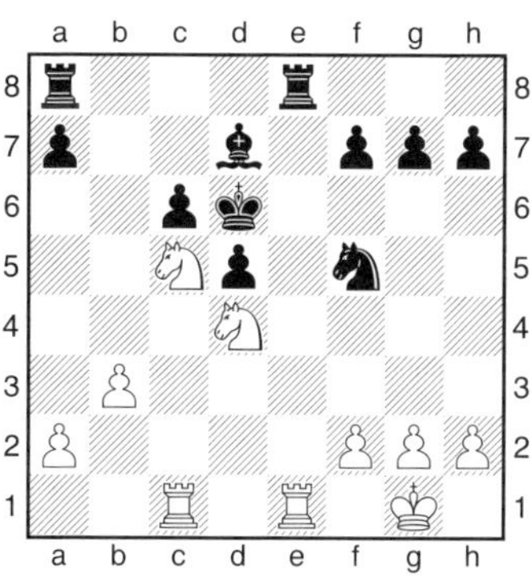

214

207. 1.♖f3-a3+ b4xa3 2.b2-b3#

208. 1.♘e5xd7+ ♘d4xe2 2.♘d7-f6#

209. 1.♕g2-e4 g6-g5 2.♕e4-e8#
[1...♘h2-f1/c6-c5 2.♕e4-g4# / h4#;
1...♔h5-g5 2.♕e4-e5#]

210. 1.♖h6xh4+ ♔h3xh4 2.♖g7-h7#;
1.♖g7-h7, z. B. ♗d5xf3 2.♖h6xh4#;
1.♖g7xg4 ♗d5xf3 2.♖h6xh4#
[2.♖g4xh4#/g3#]

211. 1.♗d5-e6+ ♔f5-f6 2.♘c3xe4#

212. 1.♖f6-d6+ ♖d2xd6 2.♘g5-e6#

213. *1.♕e2-e5* ♔e8-d8 2.♕e5-b8#
[1...♔e8-f8 2.♕e5-h8#]
1.♕e2-b2 ♔e8-d8 2.♕b2-b8#
[1...♔e8-f8 2.♕b2-h8#]

214. 1.♘d4-b5+ c6xb5 2.♘c5-b7#

215. 1.♕d7-d6 ♔a3-b3 2.♕d6-d3#

216. 1.♖d1-d8+ ♘b7xd8 2.♕f3-a8#
[1...♕c7xd8/c8 2.♕f3xb7#]

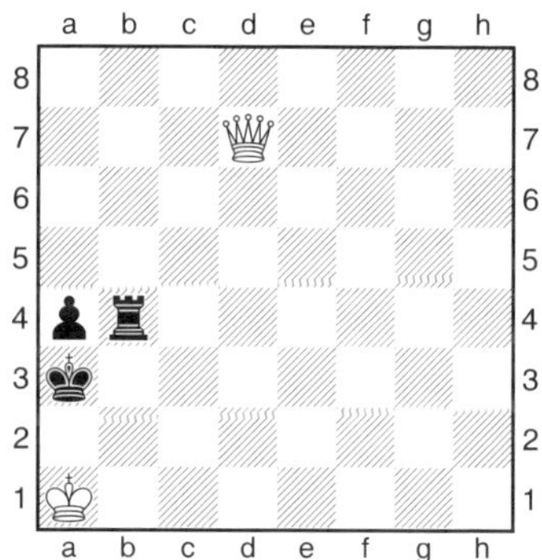

215

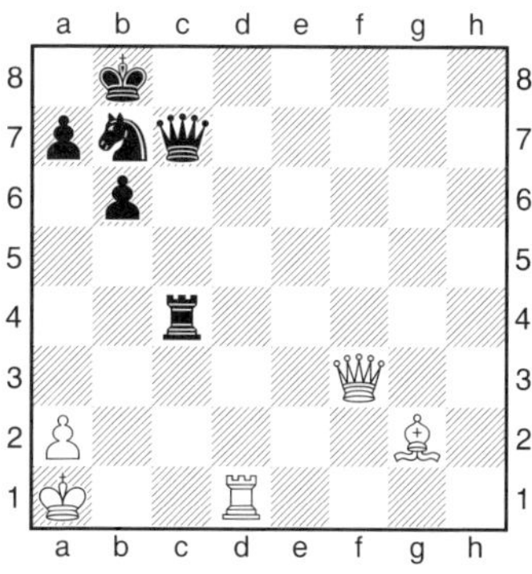

216

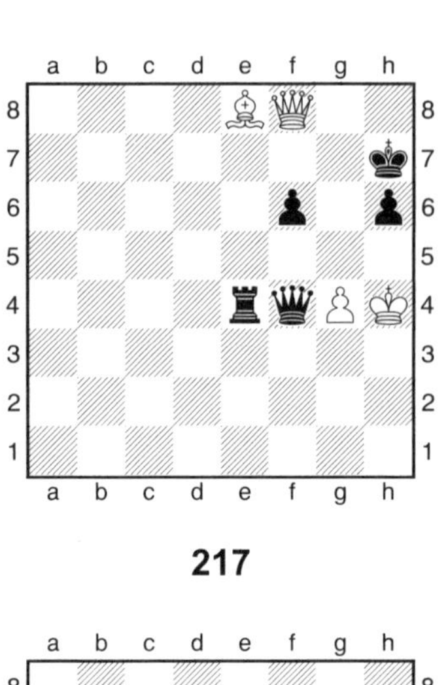

217

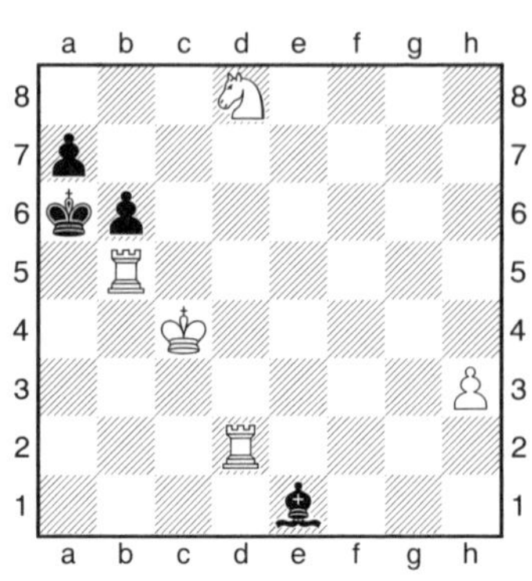

218

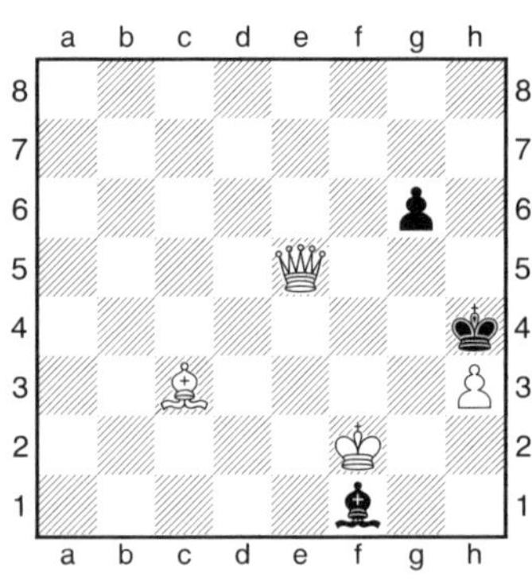

219

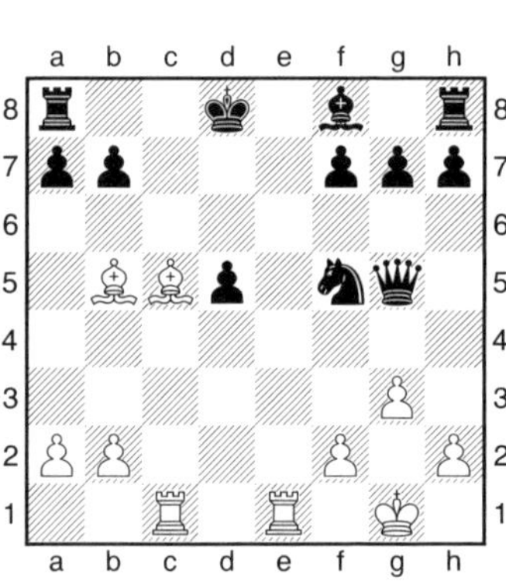

220

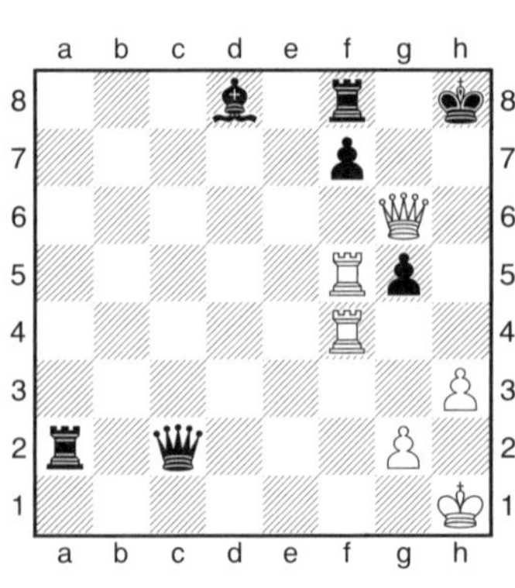

221

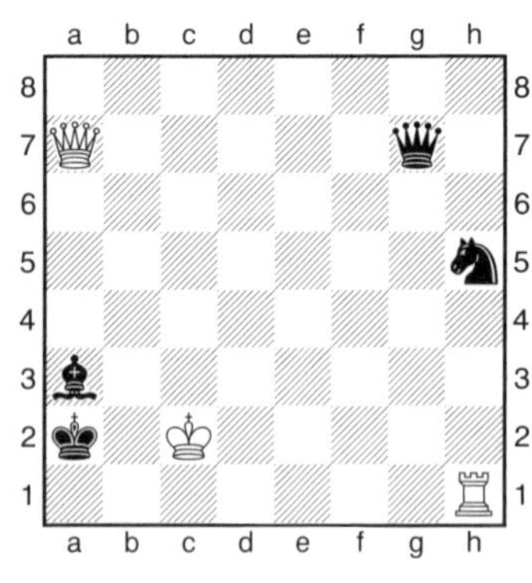

222

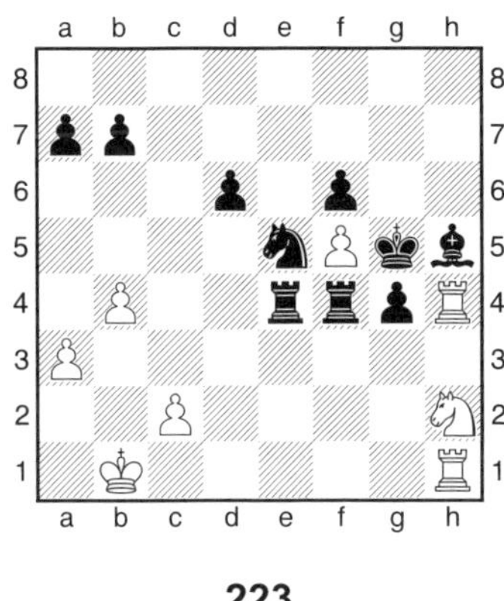

223

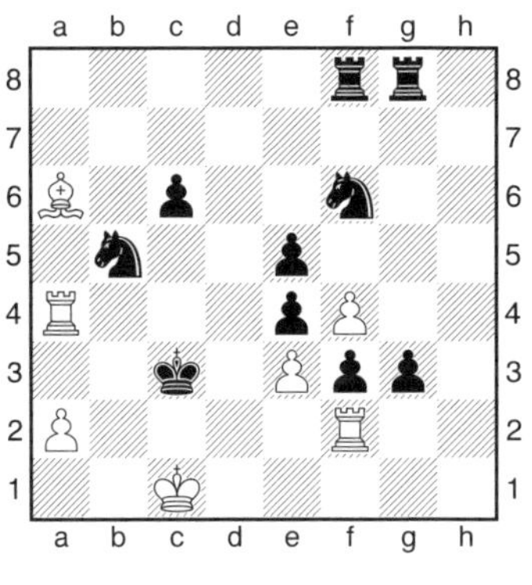

224

217. 1.♗e8-g6+ ♔h7xg6 2.♕f8-g8#

218. 1.♖b5-a5+ b6xa5 2.♖d2-d6#
[1...♔a6xa5 2.♖d2-a2#]

219. 1.♗c3-e1 ♔h4xh3 2.♕e5-g3#
[1...♗f1xh3 2.♔f2-f3#;
1...g6-g5 2.♕e5-h8#;
1...♗f1-e2 2.♔f2-g2#]

220. 1.♗c5-b6+ a7xb6 2.♖e1-e8#

221. 1.♖f4-h4+ g5xh4 2.♖f5-h5#

222. 1.♖h1-a1+ ♕g7xa1 2.♕a7-f7#
[1...♔a2xa1 2.♕a7xa3#]

223. 1.♖h4xh5+ ♔g5xh5 2.♘h2-f3#

224. 1.♖f2-c2+ ♔c3-d3 2.♖a4-a3#

225. 1.♖f6-f7 ♘e5xf7 2.b7-b8♕#
[1...♔a7-b6 2.♗h2-g1#;
1...♔a7-b8 2.♘b4-c6#;
1...♘e5-d7 2.b7-b8♕#]

226. 1.♕g5-h6+ g7xh6 2.g6-g7#

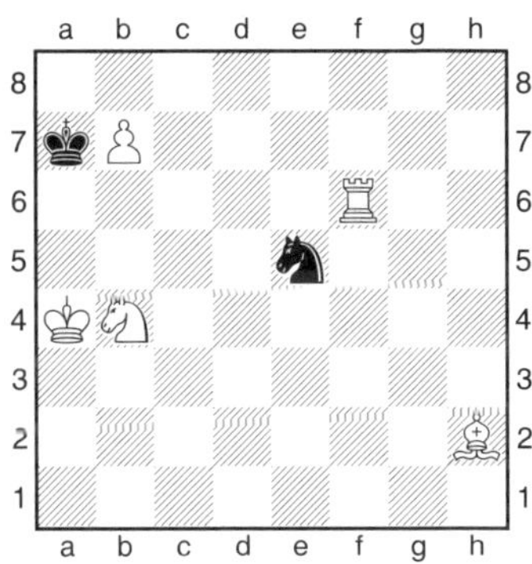

225

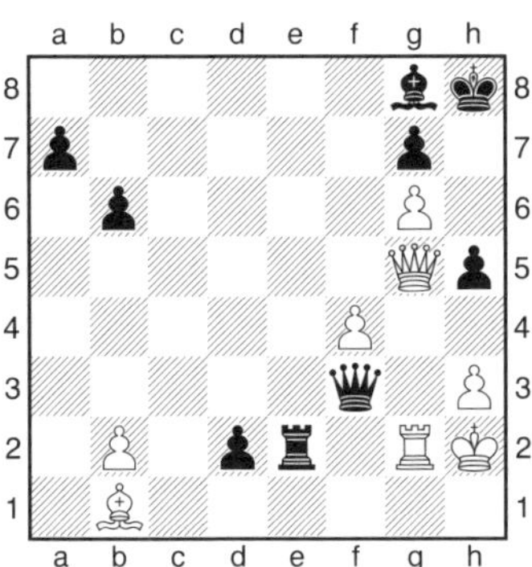

226

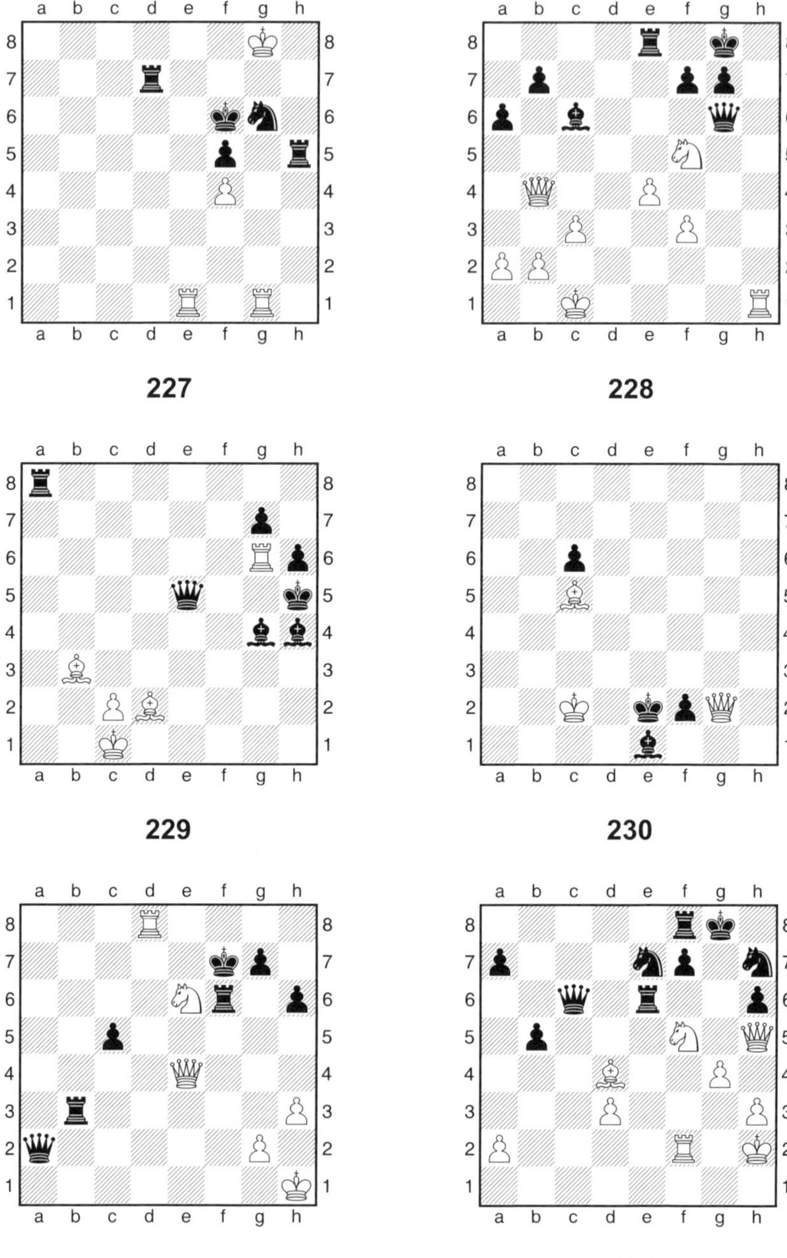

227

228

229

230

231

232

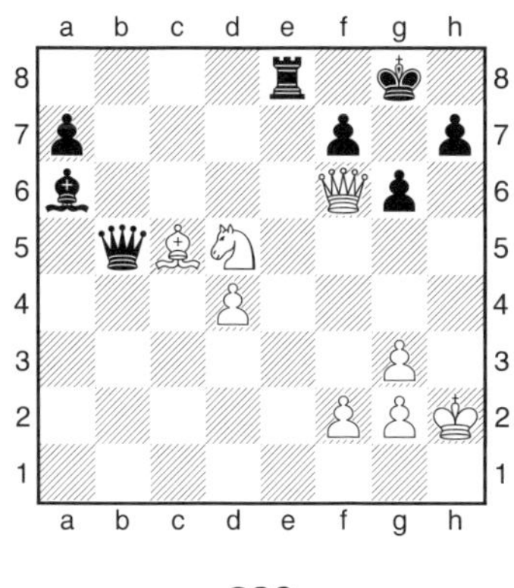

233

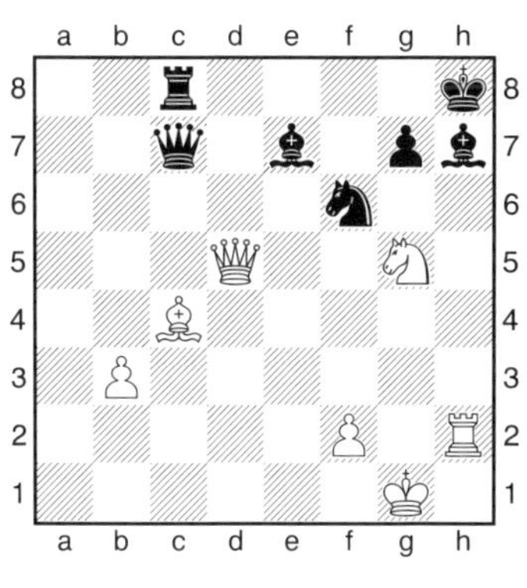

234

227. 1.♖g1xg6+ ♔f6xg6 2.♖e1-e6#

228. 1.♕b4-f8+ ♖e8xf8 2.♘f5-e7#
[1...♔g8xf8 2.♖h1-h8#]

229. 1.♖g6xh6+ g7xh6 2.♗b3-f7#

230. 1.♕g2-h1 ♗e1-a5 2.♕h1-d1#
[1...f2-f1♕ 2.♕h1-e4#;
1...f2-f1♘ 2.♕h1-h5#]

231. 1.♘e6-g5+ h6xg5 2.♕e4-e8#

232. 1.♕h5-g6+ ♖e6xg6 2.♘f5xe7#
[1...f7xg6 2.♘f5xh6#]

233. 1.♗c5-f8 ♔g8xf8 2.♕f6-h8#
[1...♖e8xf8 2.♘d5-e7#]

234. 1.♕d5-g8+ ♖c8xg8 2.♘g5-f7#
[1...♘f6xg8 2.♖h2xh7#/-f7#]

235. 1.♕f1-a1 ♔h8-g8 2.♕a1-a8#
[1...g6-g5 2.♔f6-f7#;
1...♗h7-g8 2.♔f6xg6#]

236. *1.♗f6xe7+* ♖e8xe7 2.♕h5-h8#;
1.♕h5-h8+ ♘e7-g8 2.♕h8xg8#
[2.♗f6/♕h8xg7#]

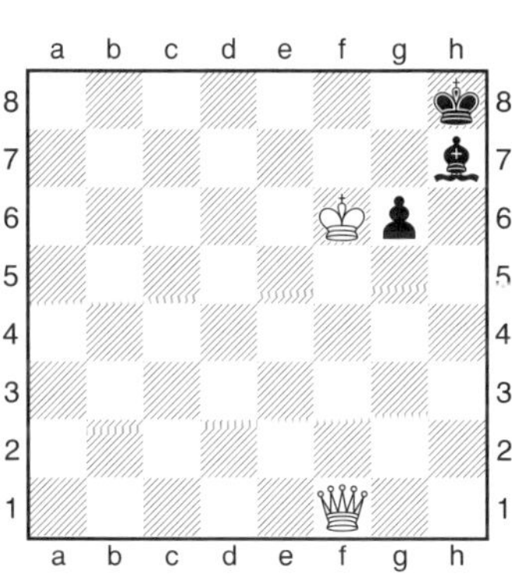

235

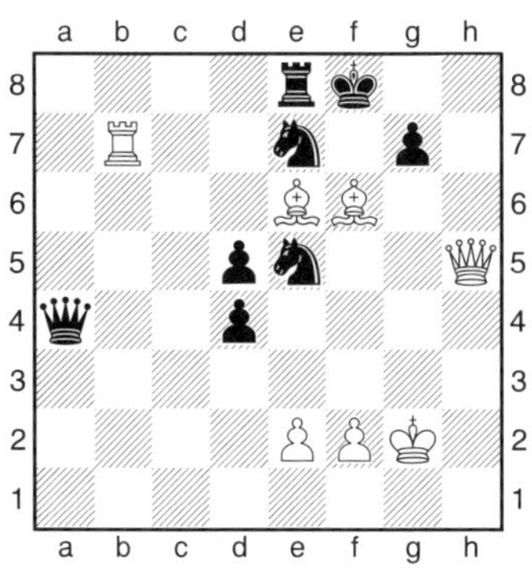

236

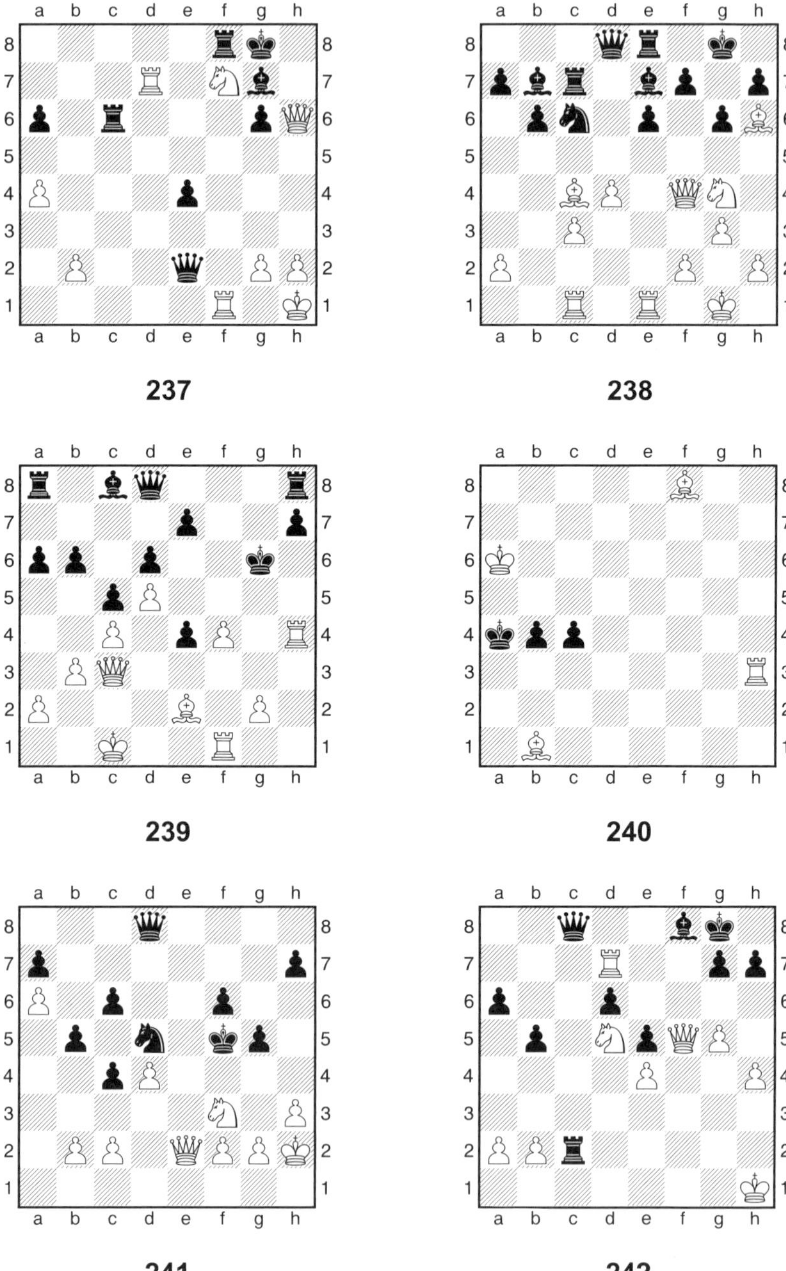
237
238
239
240
241
242

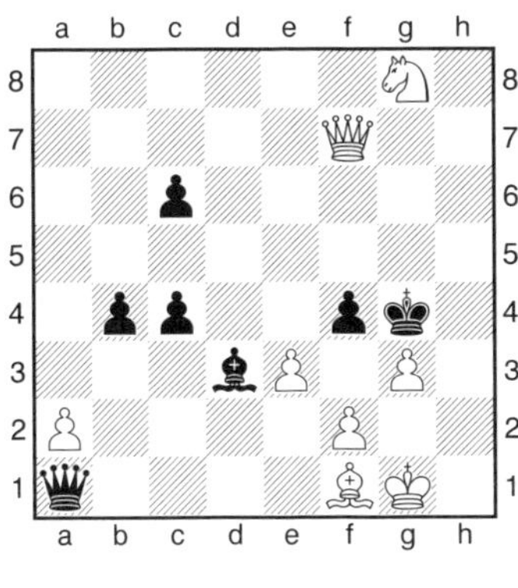

243

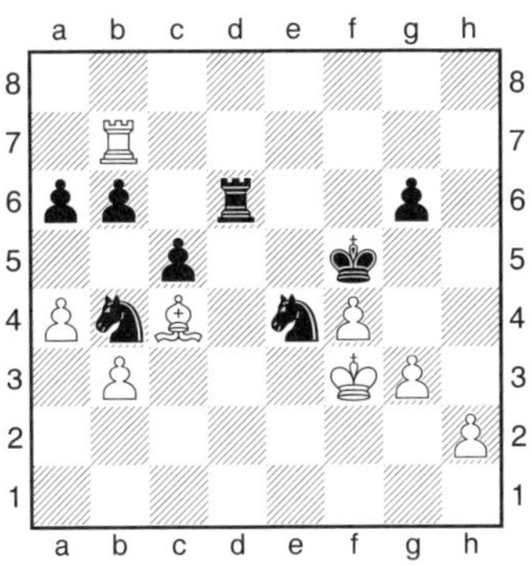

244

237. 1.♕h6–h8+ ♗g7xh8 2.♘f7–h6#

238. 1.♕f4xf7+ ♔g8xf7 2.♗c4xe6#
[1...♔g8–h8 2.♕f7–g7# / ♗h6–g7#]

239. 1.♗e2–h5+ ♔g6–h6 2.♗h5–f7#/e8#
[1...♔g6–f5 2.g2–g4#]

240. 1.♖h3–c3 b4xc3 2.♗b1–c2#
[1...b4–b3 2.♖c3xc4#]

241. 1.♘f3–h4+ g5xh4 2.♕e2–g4#
[1...♔f5–f4 2.♕e2–f3#/g4# / g2–g3#]

242. 1.♘d5–f6+ g7xf6 2.♕f5xh7#
[1...♔g8–h8 2.♕f5xh7#]

243. 1.f2–f3+ ♔g4xf3/xg3 2.♕f7xf4#
[1...♔g4–g5 2.e3xf4#]

244. *1.g3–g4+* ♔f5–f6 2.♖b7–f7#
1.♖b7–f7+ ♖d6–f6/♘e4–f6
2.g3–g4#

245. 1.♕h2–d6 ♖d8–g8 / ... 2.♕d6xd7#
[1...b6–b5 2.♕d6–a6#; 1...c7–c6
2.♕d6–b8#; 1...c7xd6 2.♖d1–c1#]

246. 1.♕h4xe4+ f5xe4 2.♗g6xe4#

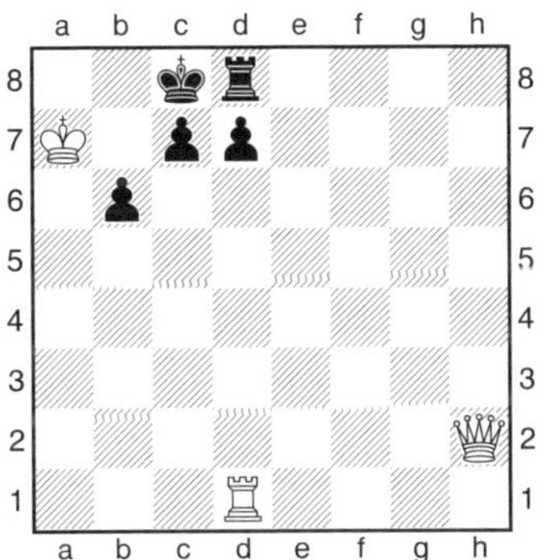

245

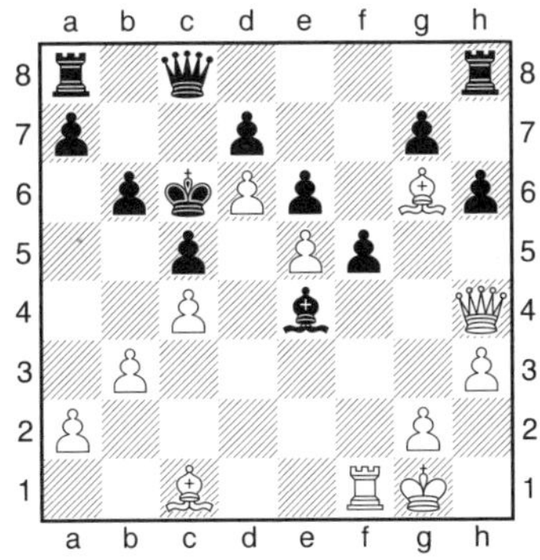

246

Schwarz setzt Matt in 2 Zügen

Die Mattmotive, die Weiß in den Aufgaben zuvor genutzt hat, kann natürlich auch Schwarz anwenden. So sollte der Leser viele bekannte Methoden wiederfinden und es wird ihm leichter fallen, das Matt zu finden. Das ist auch gut, denn ein Matt in 2 muss keineswegs so einfach sein, wie mancher denken mag!

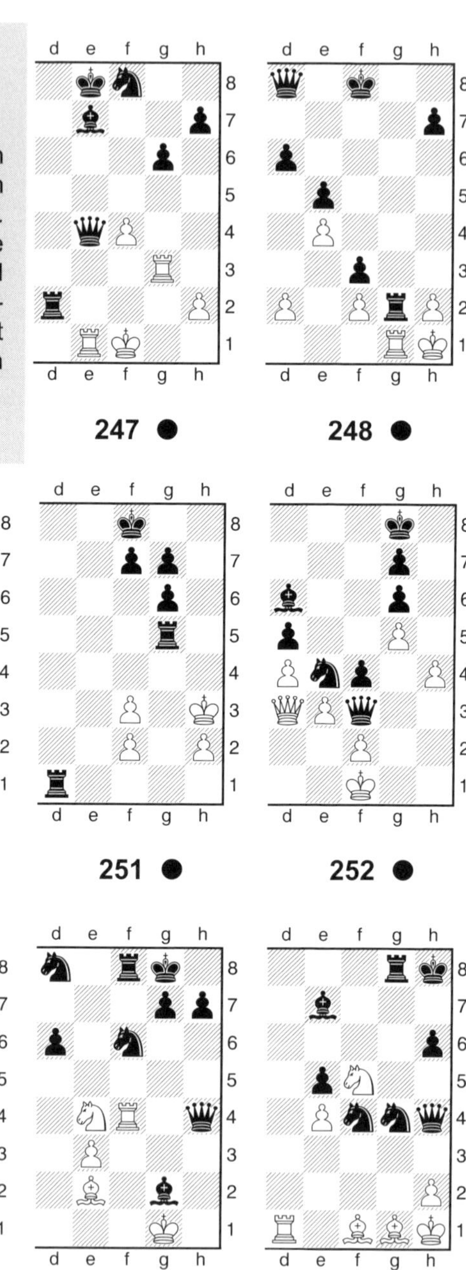

247 ●

248 ●

249 ●

250 ●

251 ●

252 ●

253 ●

254 ●

255 ●

256 ●

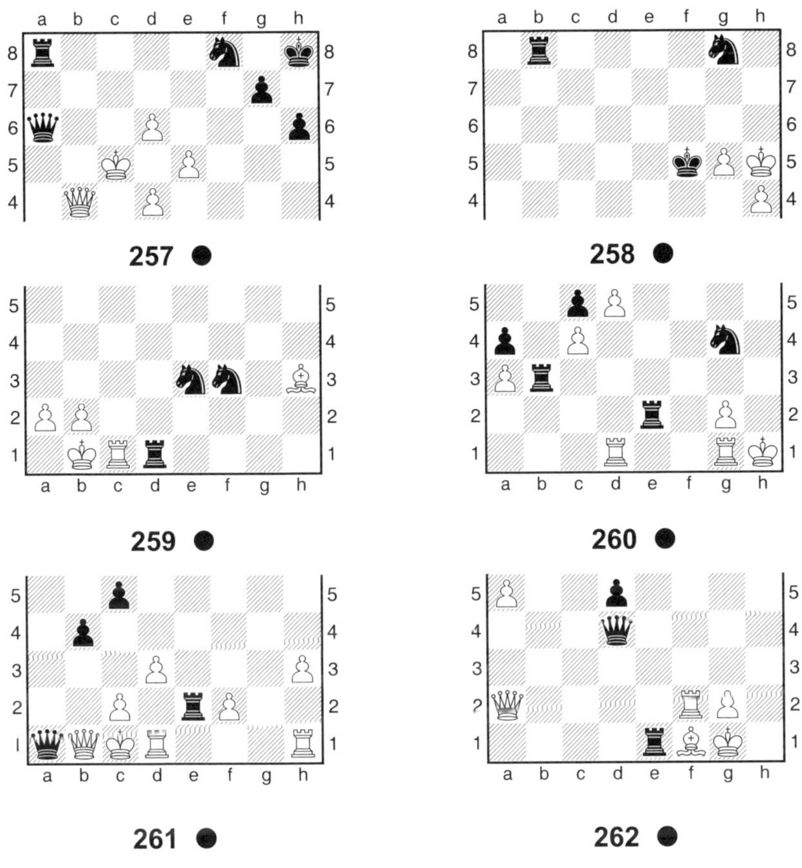

257 ●

258 ●

259 ●

260 ●

261 ●

262 ●

247. 1...♕e4–h1+ 2.♖g3–g1 ♕h1–f3#

248. 1...♖g2xh2+ 2.♔h1xh2 ♕d8–h4#

249. 1...♘e2–g3+ 2.h2xg3 ♖e6–h6#

250. 1...♖e8–e1+ 2.♕d1xe1 ♘d4xf3#

251. 1...♖d1–g1 2. -- ♖g5–h5#

252. 1...♕f3–h1+ 2.♔f1–e2 f4–f3#

253. 1...♘h5–f4+ 2.♔h3–g3 ♖h8–h3#

254. 1...♖h7–h1+ 2.♗g2xh1 ♖h8xh1# [2...♕f3xh1#]

255. 1...♕h4–h1+ 2.♔g1–f2 ♘f6xe4#

256. 1...♕h4xh2+ 2.♗g1xh2 ♘g4–f2#

257. 1...♖a8–c8+ 2.♔c5–d5 ♕a6–c6#

258. 1...♖b8–b5 2.g5–g6 ♔f5–f4#

259. 1...♘f3–d2+ 2.♔b1–a1 ♖d1xc1# [2...♘e3–c2#]

260. 1...♖b3–h3+ 2.g2xh3 ♖e2–h2#

261. 1...♖e2xc2+ 2.♔c1xc2 ♕a1–c3#

262. 1...♖e1xf1+ 2.♔g1xf1 ♕d4–d1# [2.♔g1–h2 ♕d4–h4#]

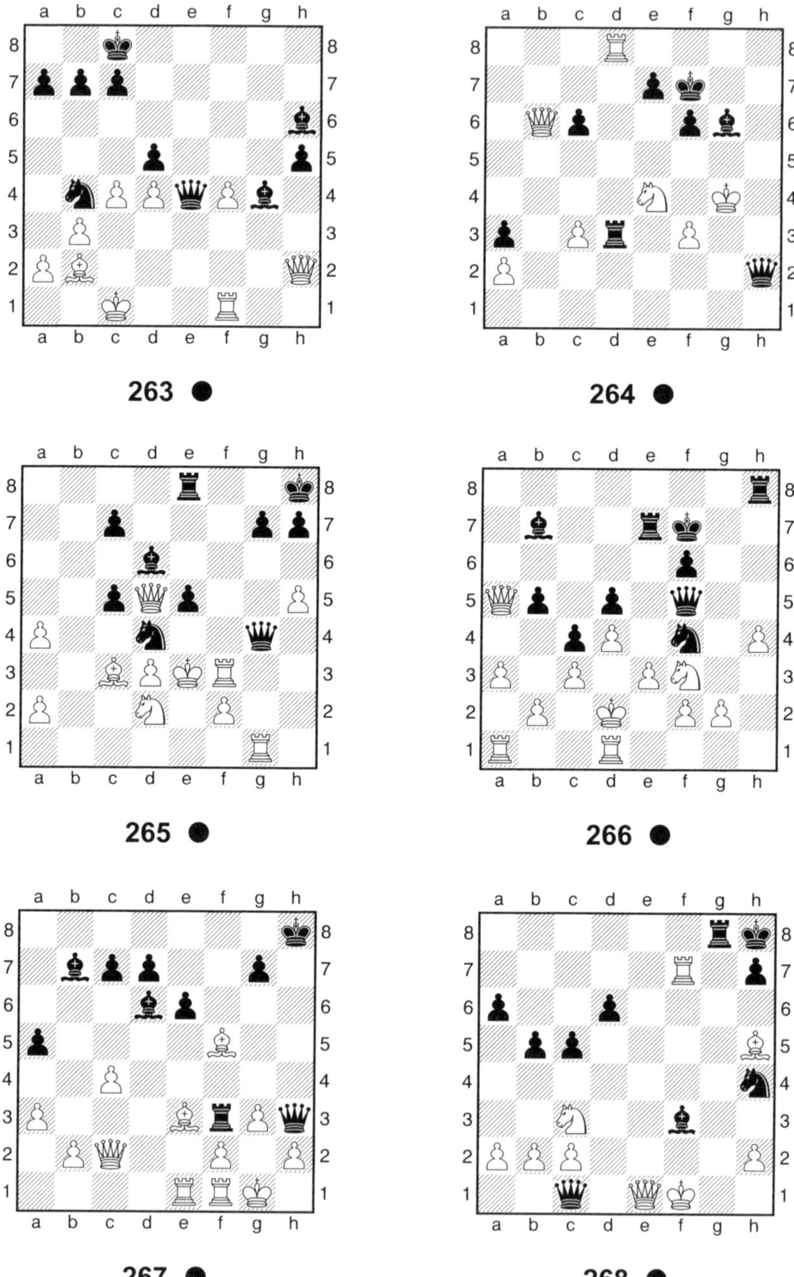

263 ●

264 ●

265 ●

266 ●

267 ●

268 ●

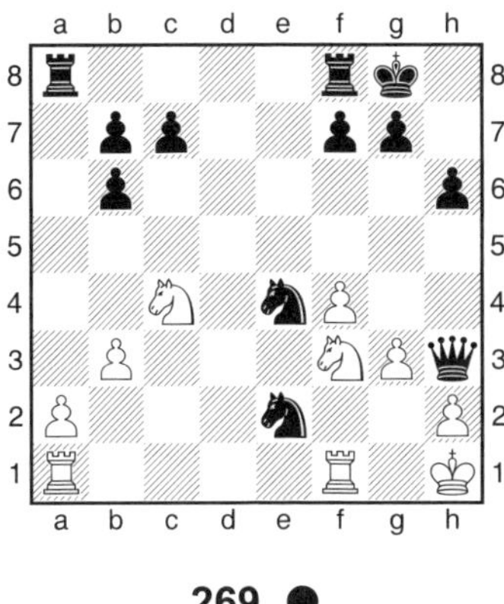

269 ●

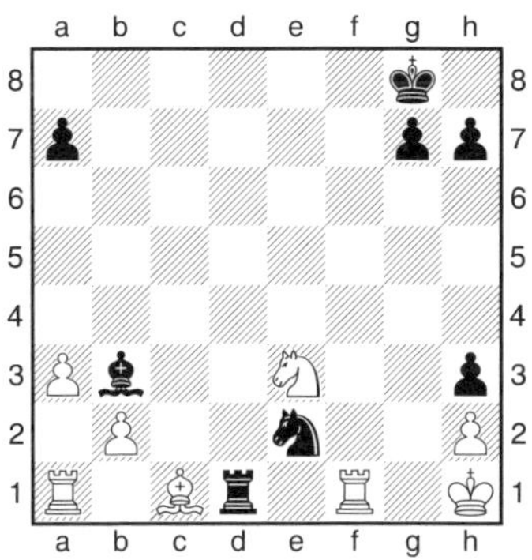

270 ●

263. 1...♗h6xf4+ 2.♕h2xf4 ♕e4-c2#
[2.♖f1xf4 ♕e4-e1#]

264. 1...♗g6-h5+ 2.♔g4-f5 ♖d3xf3#
[2...e7-e6#; 2...♕h2-e5#]

265. 1...♕g4-f4+ 2.♖f3xf4 e5xf4#

266. 1...♕f5-d3+ 2.♔d2-c1 ♘f4-e2#
[2.♔d2-e1 ♕d3-e2# / ♘f4xg2#]

267. 1...♕h3-g2+ 2.♔g1xg2 ♖f3xg3#

268. 1...♖g8-g1+ 2.♔f1xg1 ♕c1xe1#
[2.♔f1-f2 ♕c1xe1#]

269. 1...♘d4-e2 2. — ♘e4xg3#
[2.♖f1-g1 ♘e4-f2#]

270. *1...♗b3-d5*+ 2.♘e3xd5 ♖d1xf1#;
1...♖d1xf1+ 2.♘e3xf1 ♗b3-d5#

271. 1...♘d4-e2 2. -- ♘e4xg3#
[2.♖f1-g1 ♘e4-f2#]

272. 1...♗e6-d7 2. -- ♖b6-h6#

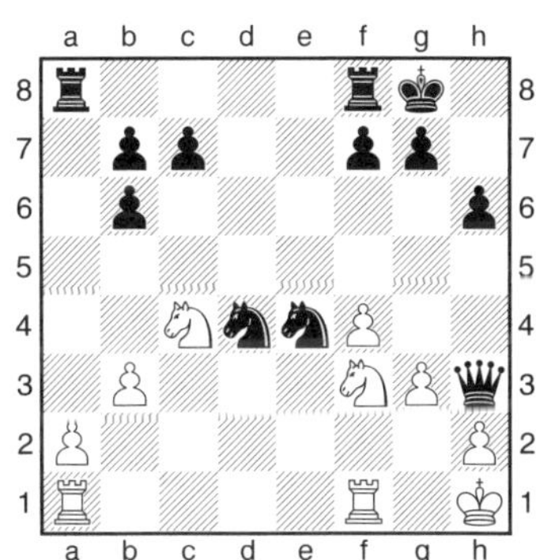

271 ●

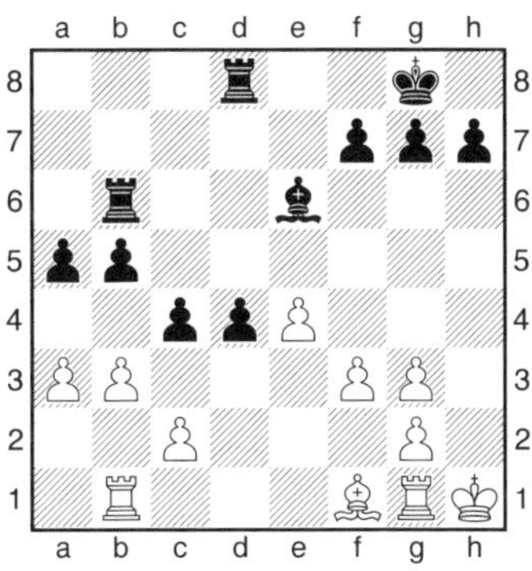

272 ●

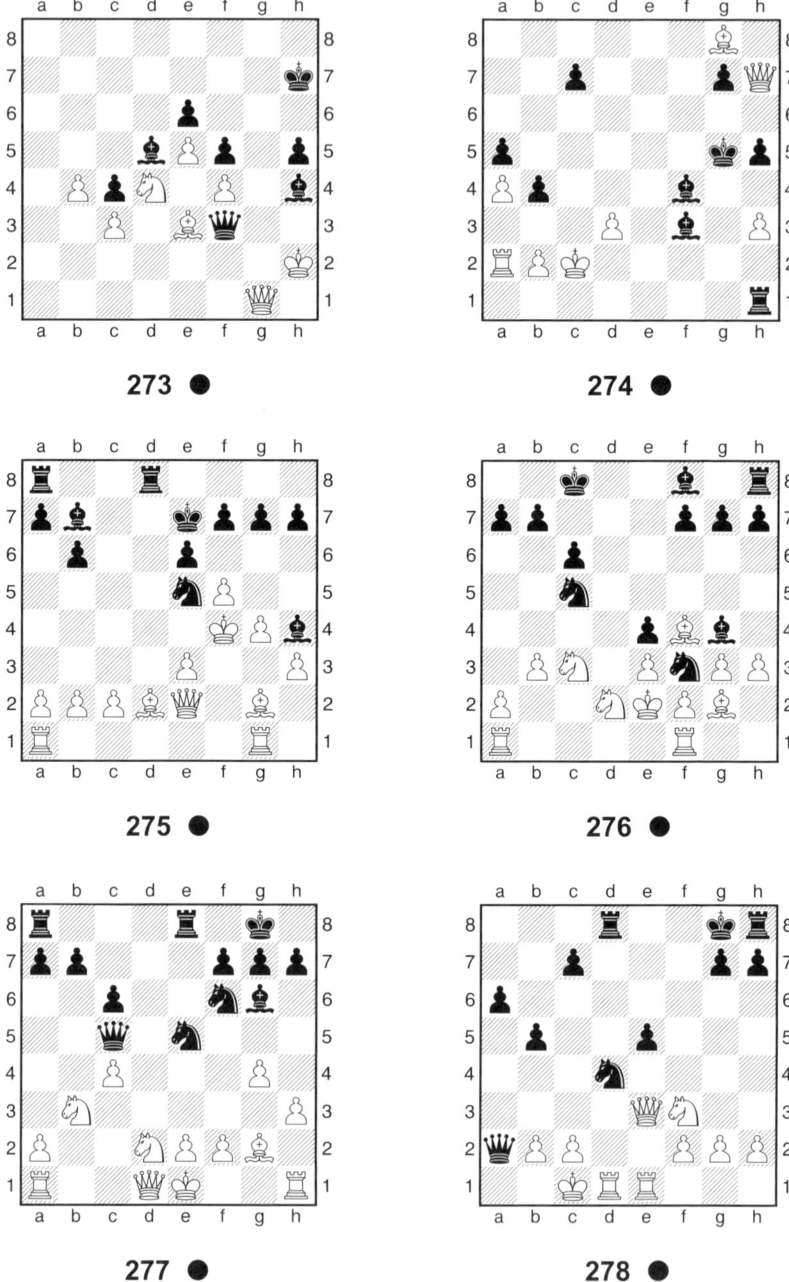

273 ●

274 ●

275 ●

276 ●

277 ●

278 ●

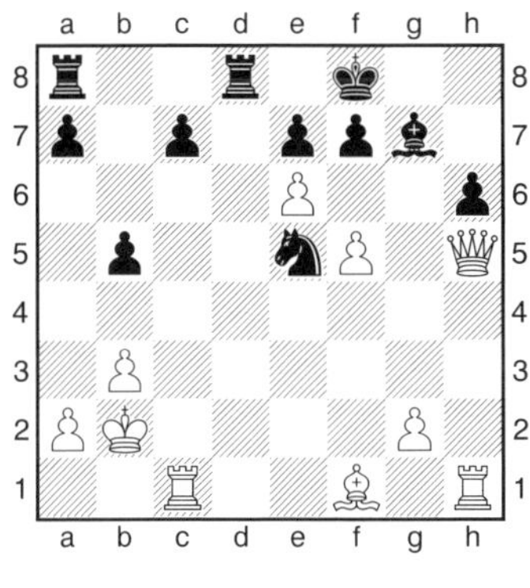

279 ●

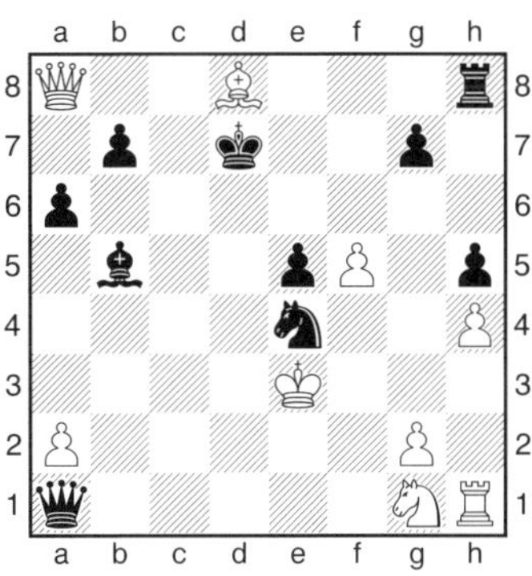

280 ●

273. 1...♗h4-g3+ 2.♕g1xg3 ♕f3-h1# [2.♔h2-h3 ♕f3-g4#]

274. *1...♖h1-c1+* 2.♔c2-b3 ♗f3-d1#; *1...♗f3-d1+* 2.♔c2-b1 ♗d1-b3#

275. 1...g7-g5+ 2.♔f4xe5 f7-f6# / ♗h4-g3# [2.f5xg6 e.p. ♘e5xg6#]

276. *1...♘f3-d4+* 2.♔e2-e1 ♘c5-d3# *1...♘f3-g1+* 2.♔e2-e1 ♘c5-d3#

277. 1...♘e5-d3+ 2.♔e1-f1 ♕c5xf2#

278. 1...♘d4-e2+ 2.♕e3/♖e1xe2 ♕a2-a1#

279. 1...♘e5-c4+ 2.♔b2-b1 ♘c4-a3# [2.♔b2-c2 ♘c4-a3#]

280. *1...♕a1-c3+* 2.♔e3xe4 ♗b5-c6#; *1...♕a1-d4+* 2.♔e3-f3 ♕d4-d3#; *1...♕a1-e1+* 2.♔e3-f3 ♘e4-d2# (2.♘g1-e2 ♕e1xe2#)

281. 1...♘g2-h4+ 2.♔f1-e1 ♘h4xf3# [2.♔f1-g1 ♕e4-g4#]

282. 1...♘c3-e2+ 2.♔g1-h2 ♕g5-h4# [2.♘g3xe2 ♕g5xg2#]

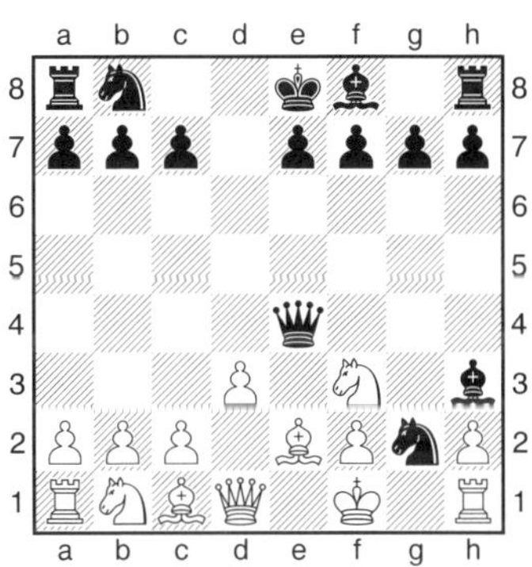

281 ●

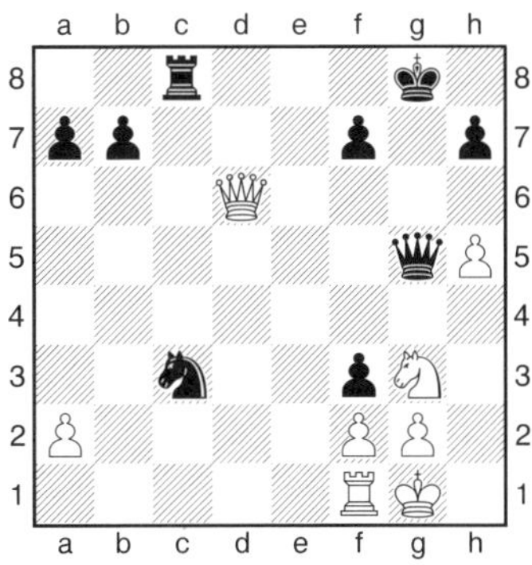

282 ●

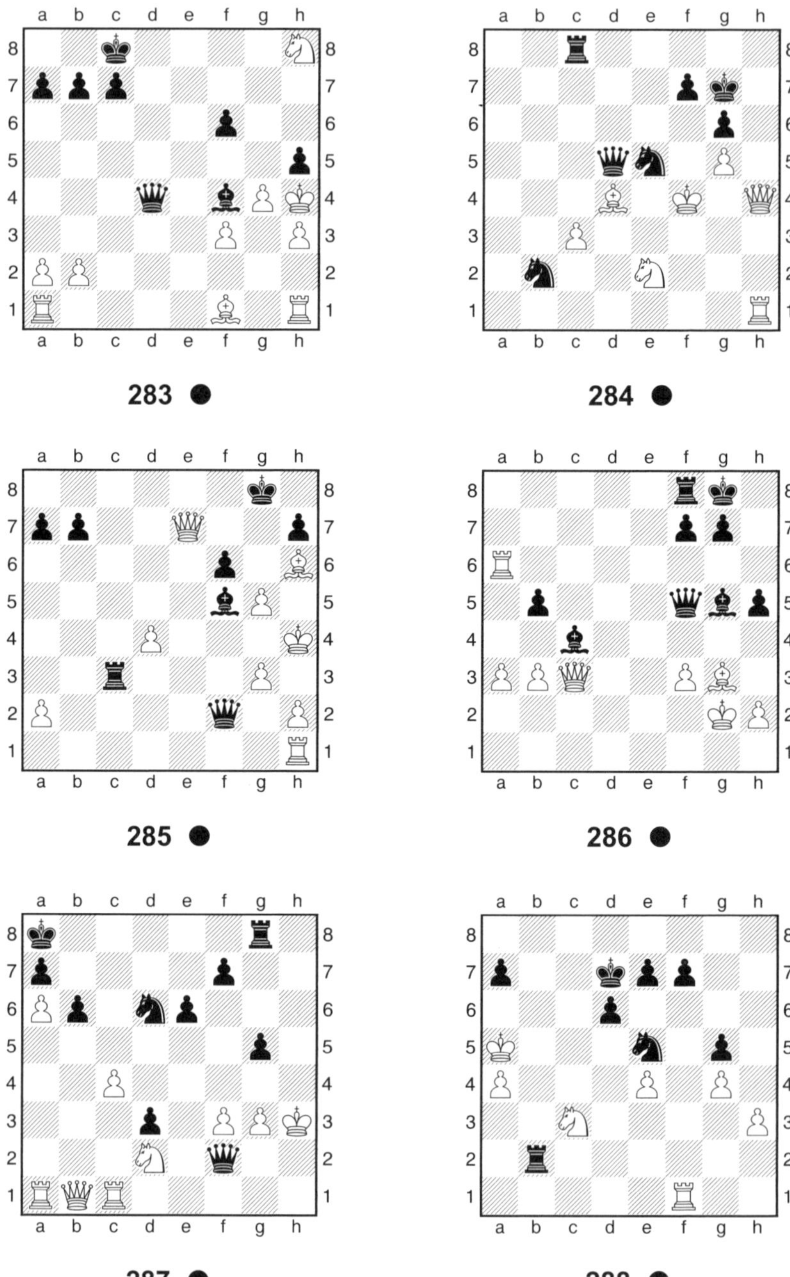

283 ●

284 ●

285 ●

286 ●

287 ●

288 ●

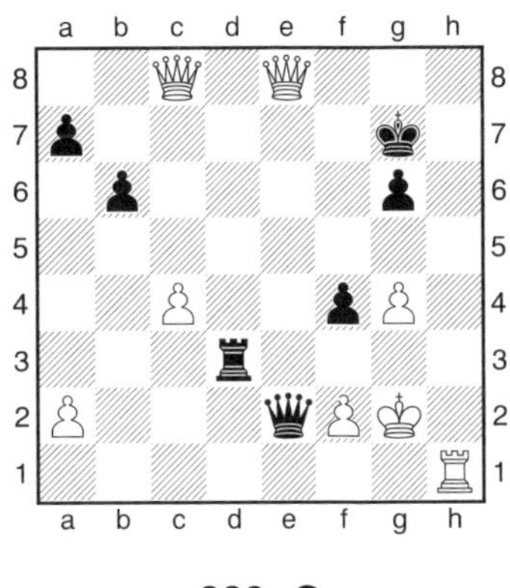

289 ●

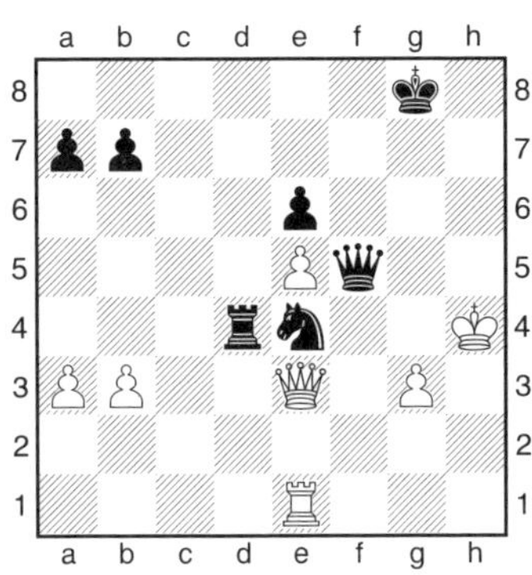

290 ●

283. 1...♕d4-e5 2.♖h1-g1 ♕e5-g5#
[2.♘h8-f7 ♗f4-g3#]

284. 1...♕d5-f3+ 2.♔f4xe5 ♘b2-c4#

285. 1...♕f2-f4+ 2.g3xf4 ♖c3-h3#
[2.♔h4-h5 ♕f4-g4# / ♗f5 g6#]

286. 1...♕f5-h3+ 2.♔g2-f2 ♕h3-f1#
[2.♔g2xh3 ♗c4-f1#]

287. 1...g5-g4+ 2.f3xg4 ♖g8-h8#
[2.♔h3-h4 ♕f2-h2#]

288. *1...♘e5-c6+* 2.♔a5-a6 ♖b2-b6#
1...♖b2-b6 2. -- ♘e5-c4#

289. 1...♖d3-g3+ 2.♔g2-h2 ♕e2xf2#

290. *1...♘e4-d2+* 2.♕e3xd4 ♘d2-f3#
[2.♕e3-f4 ♘d2-f3#];
1...♘e4-f6+ 2.♕e3xd4 ♕f5-h5#

291. 1...♕d4-c4+ 2.♔c2-d2 ♕c4-c1#

292. 1...♕h2-h1+ 2.♖g2-g1 ♘e4-g3#

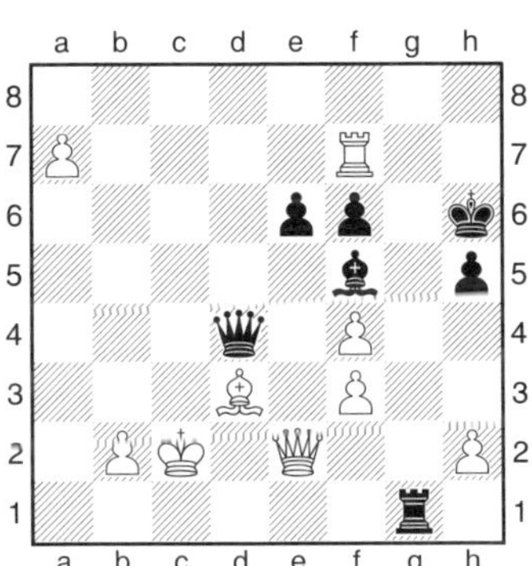

291 ●

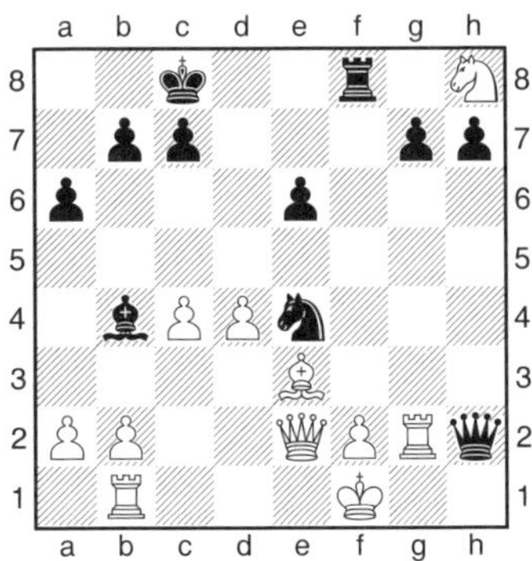

292 ●

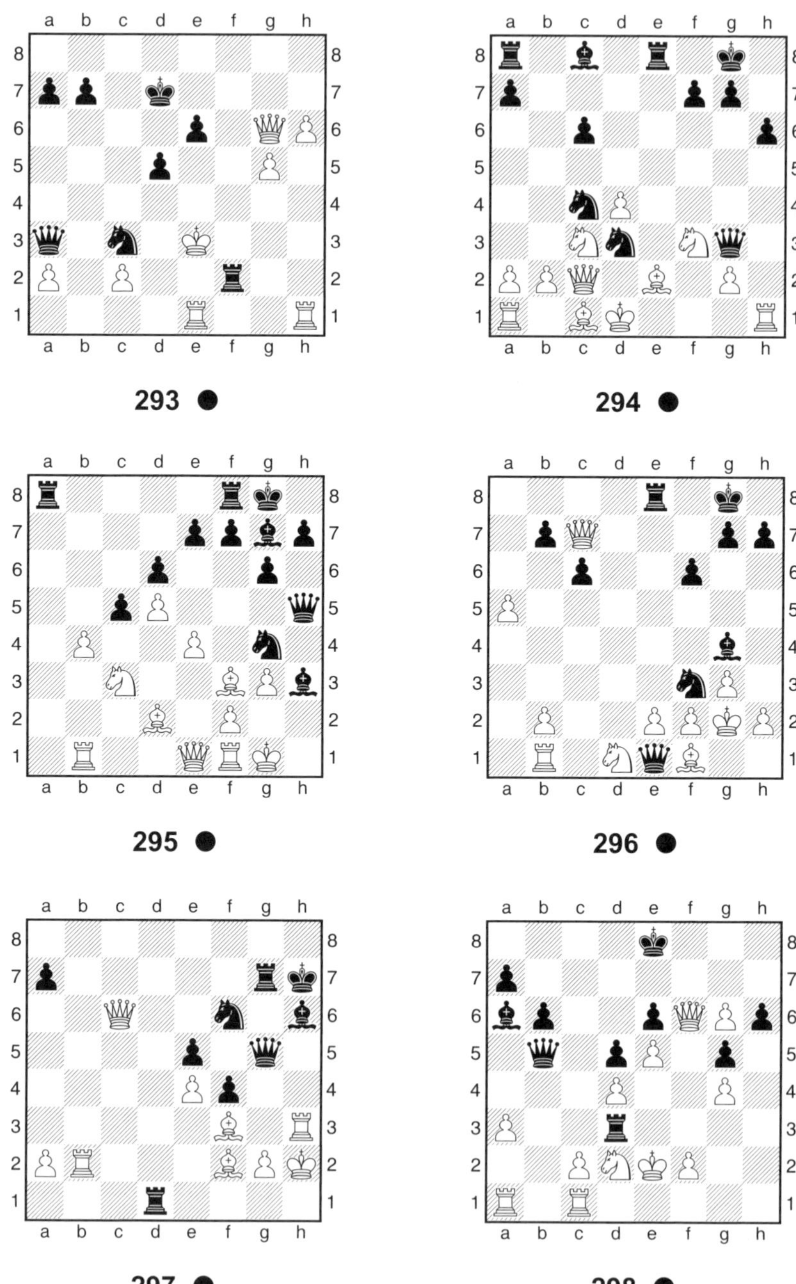
293 ●
294 ●
295 ●
296 ●
297 ●
298 ●

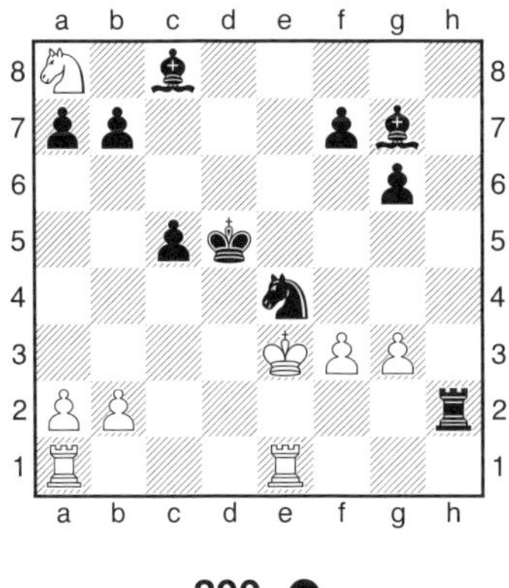

299 ●

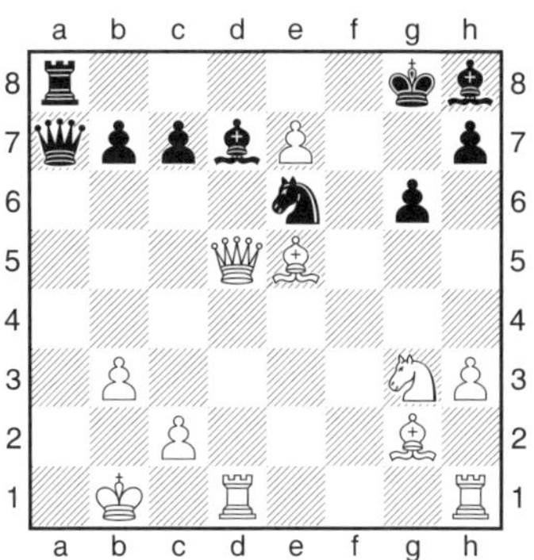

300 ●

293. *1...♘c3-e4+* 2.♔e3-d4 ♕a3-c3# [2.c2-c3 ♕a3xc3#]
1...♘c3-d1+ 2.♔e3-d4 ♕a3-c3#

294. 1...♕g3-e1+ 2.♖h1/♘f3xe1 ♘d3-f2#

295. 1...♗h3-g2 2.♗f3xg2 ♕h5-h2# [2.♗f3xg4 ♕h5-h1#]

296. 1...♕e1xf1+ 2.♔g2xf1 ♗g4-h3#

297. 1...♕g5xg2+ 2.♗f3xg2 ♘f6-g4#

298. 1...♖d3-e3+ 2.♔e2xe3 ♕b5-e2# [2.♔e2-d1 ♕b5-e2#]

299. 1...♗g7-d4+ 2.♔e3-d3 ♖h2-d2# / c5-c4# [2.♔e3-f4 g6-g5#]

300. 1...♕a7-a1+ 2.♗e5xa1 ♖a8xa1#

301. *1...♕c6xc1+* 2.♗d2xc1 ♖e4-e1#;
1...♖e4-e1+ 2.♖c1xe1 ♕c6xg2#

302. *1...♕b1xc1+* 2.♔d1xc1 ♖e8xe1#
1...c3-c2+ 2.♖a2xc2 ♕b1xc2#
[2.♔d1-d2 ♕b1xb4#]

Aronian - Giri (Variante) Wijk aan Zee 2012

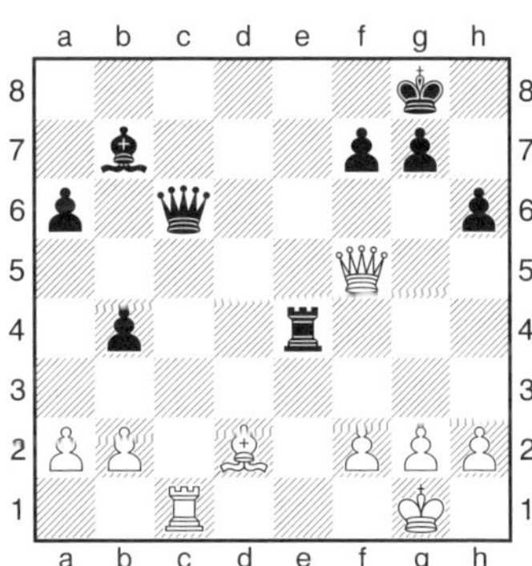

301 ●

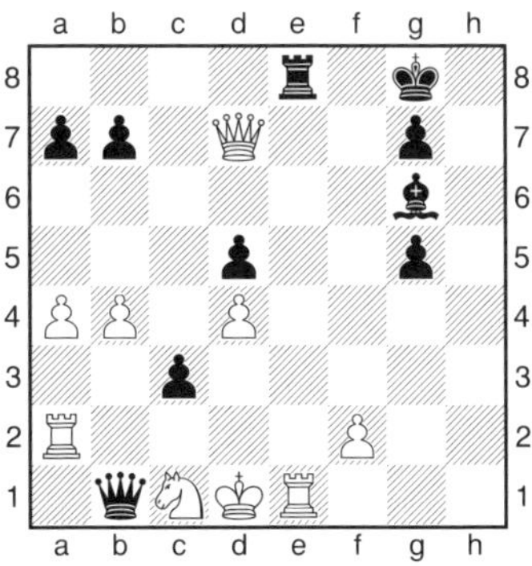

302 ●

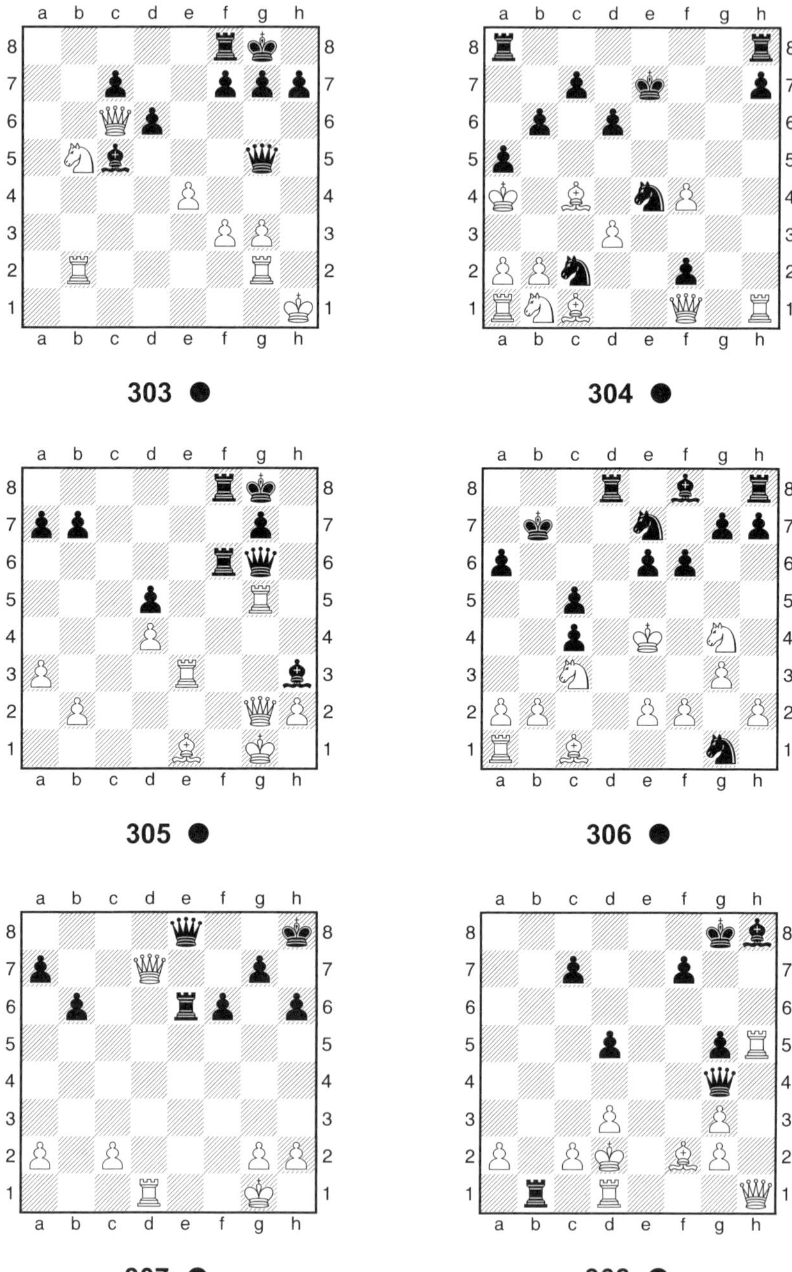
303 ●
304 ●
305 ●
306 ●
307 ●
308 ●

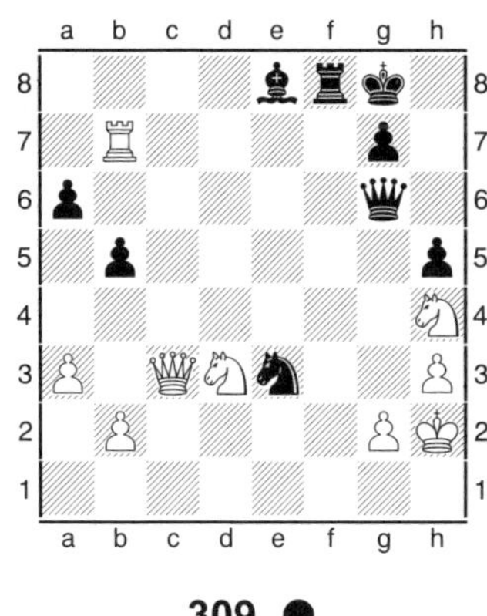

309 ●

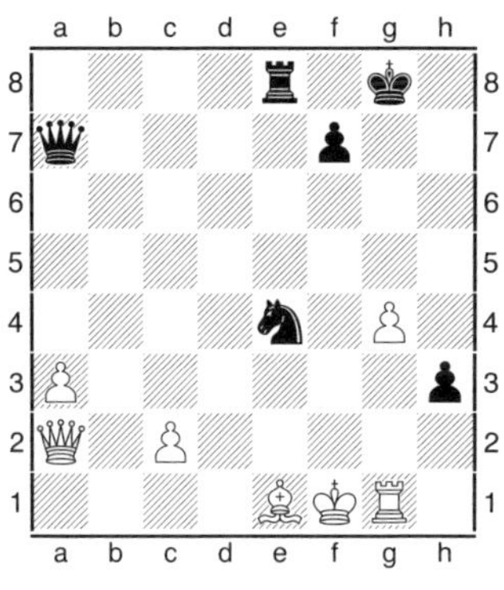

310 ●

303. 1...♕g5–c1+ 2.♔h1–h2 ♕c1–h6#
[2.♖g2–g1 ♕c1xg1#]
Iwantschuk - Schirow (Variante)
Wijk aan Zee 2010

304. 1...♘e4–c5+ 2.♔a4–b5 ♘c2–d4#

305. *1...♖f6–f1+* 2.♕g2xf1 ♖f8xf1#
1...♕g6xg5 2.♕g2xg5 ♖f6–f1#
[2.♖c3xh3 ♖f6–f1#]

306. 1...♖d8–d4+ 2.♔e4–e3 ♘e7–f5#

307. 1...♖e6–e1+ 2.♔g1–f2 ♕e8–e3#
[2.♖d1xe1 ♕e8xe1#]

308. 1...♗h8–c3+ 2.♔d2xc3 ♕g4–b4#
[2.♔d2–e3 d5–d4#]

309. 1...♕g6–g3+ 2.♔h2xg3 ♘e3–f1#

310. 1...♕a7–f2+ 2.♗e1xf2 ♘e4–d2#

311. 1...♕g3–g2+ 2.♘f4xg2 ♘e4–g3#
Lyell – Plat, Groningen 2011

312. 1...♕c3–h3+ 2.♔h2xh3 ♖d1–h1#
[2.g2xh3 ♖f4xf2#]
Vyzhmanavib – Tukmakov
Novosibirsk 1986

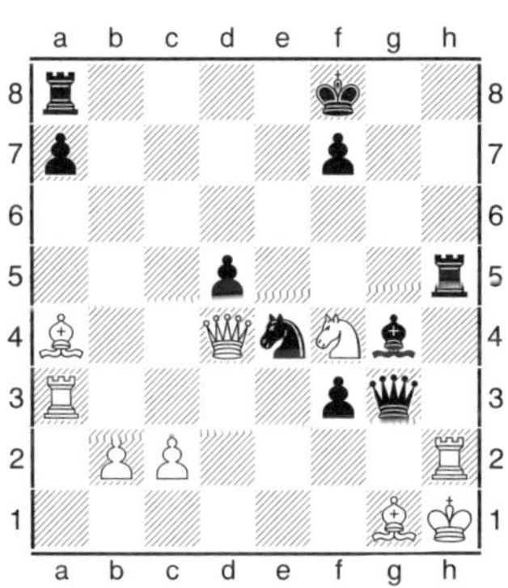

311 ●

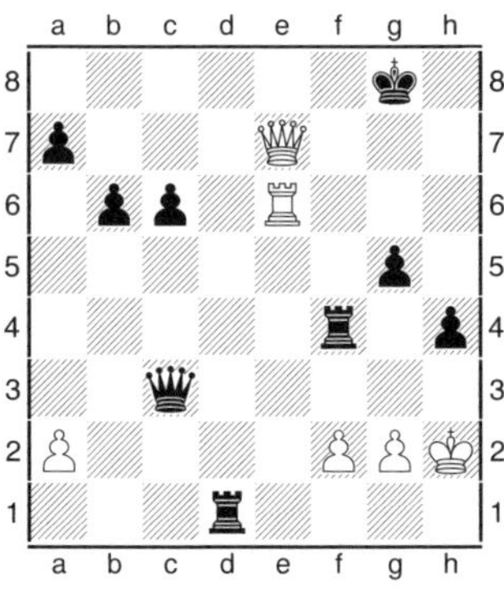

312 ●

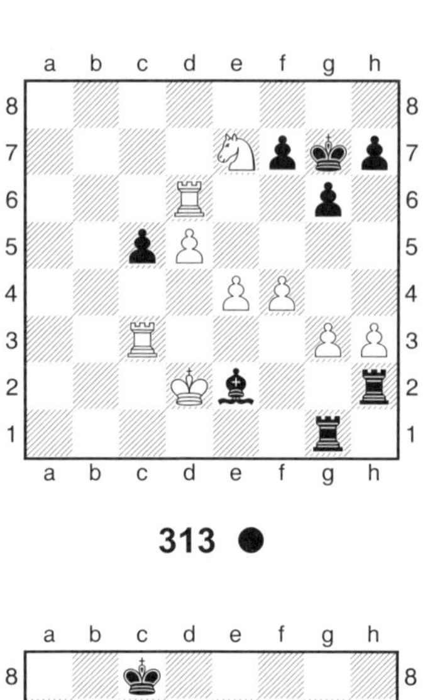

313 ●

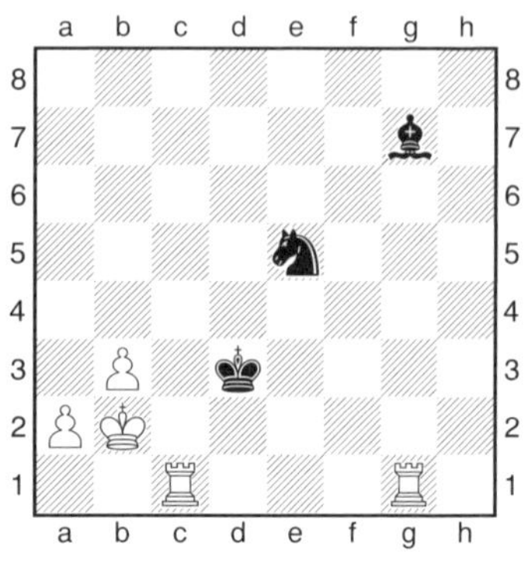

314 ●

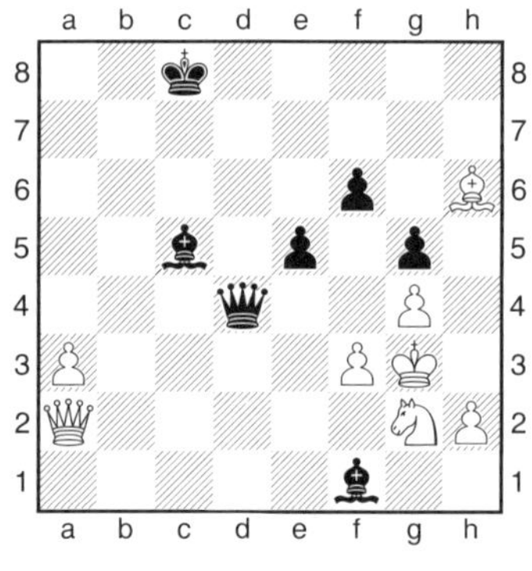

315 ●

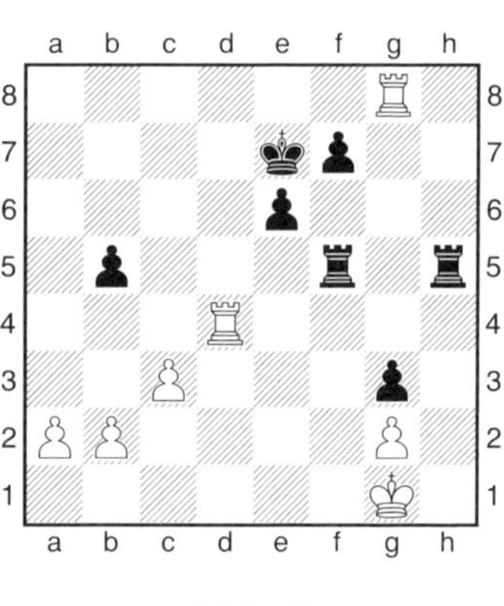

316 ●

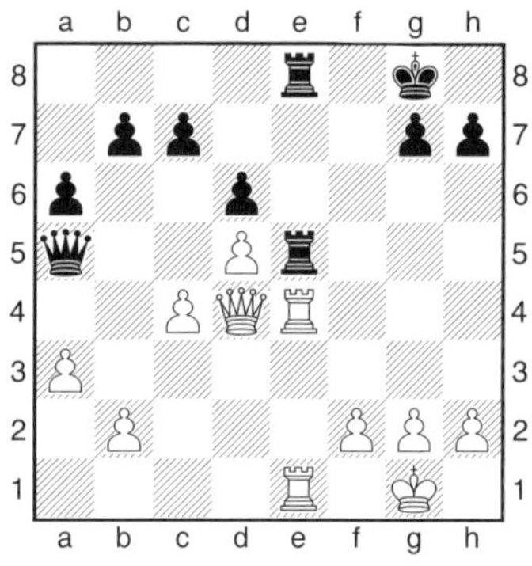

317 ●

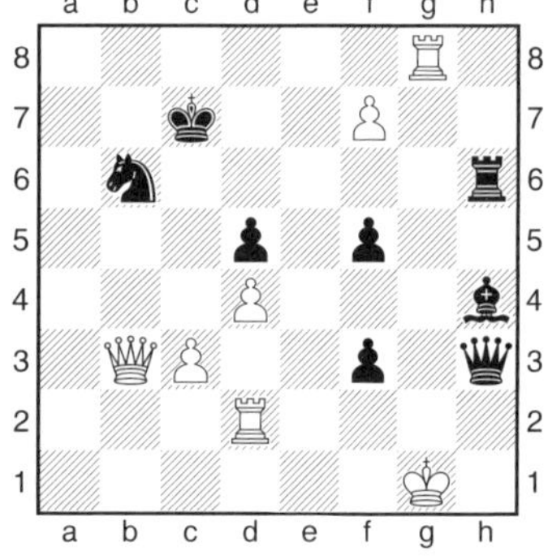

318 ●

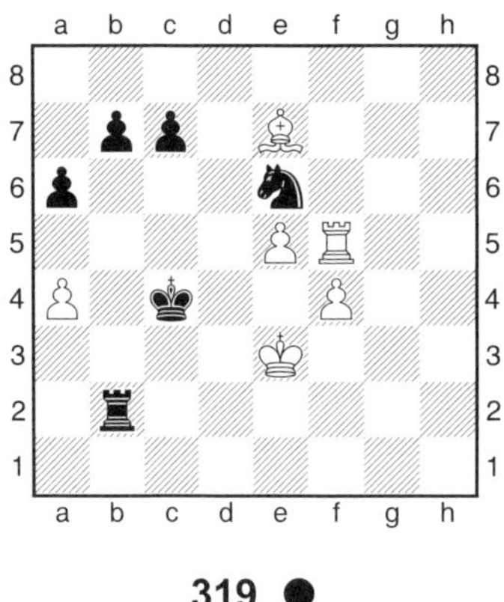

319 ●

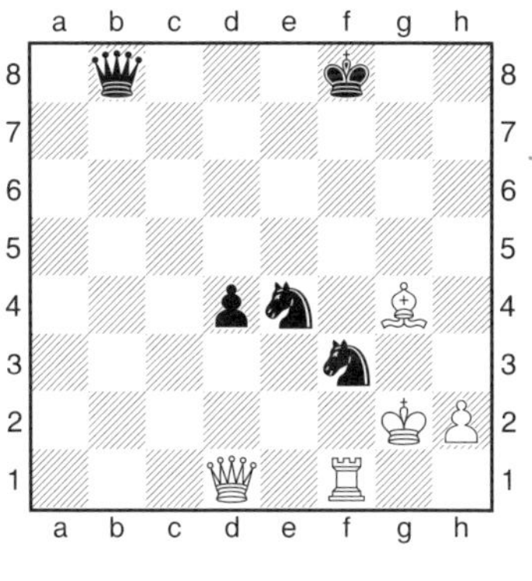

320 ●

313. *1...♗e2–b5+* [...] 2.♔d2–e3 ♖g1xg3#
1...♗e2–f1+ 2.♔d2–e3 ♖g1xg3#
[2.♔d2–e1 ♗f1–d3#/c4# ...]

314. 1...♘e5–c4+ 2.♔b2–b1 ♘c4–d2#/a3#

315. 1...♕d4–f4+ 2.♘g2xf4 e5xf4#
[2.♔g3–h3 ♕f4xf3#]

316. 1...♖h5–h1+ 2.♔g1xh1 ♖f5–f1#

317. 1...♕a5xe1+ 2.♖e4xe1 ♖e5xe1#

318. 1...♕h3–h1+ 2.♔g1xh1 ♗h4–f2#

319. 1...♘e6–d4! 2.♖f5–f7 / ♔e3–e4 / -- ♖b2–e2#
IM Sobolevsky – Barmbold,
IM-Turnier Cuxhaven 2001

320. 1...♕b8xh2+ 2.♔g2xf3 ♘e4–g5#

321. *1...♘g5–h3+* 2.♔f4–f5 ♖g2–g5#
1...g7–g6 2.♖f1–g1 ♘g5–h3#

322. 1...♗c8–a6+ 2.♔e2–d1 ♕h7–b1#

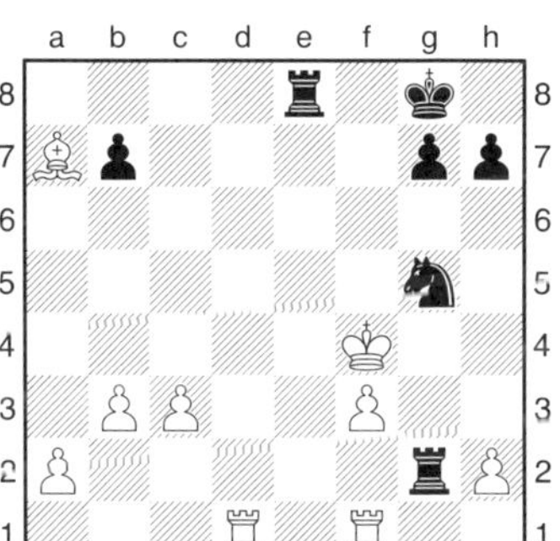

321 ●

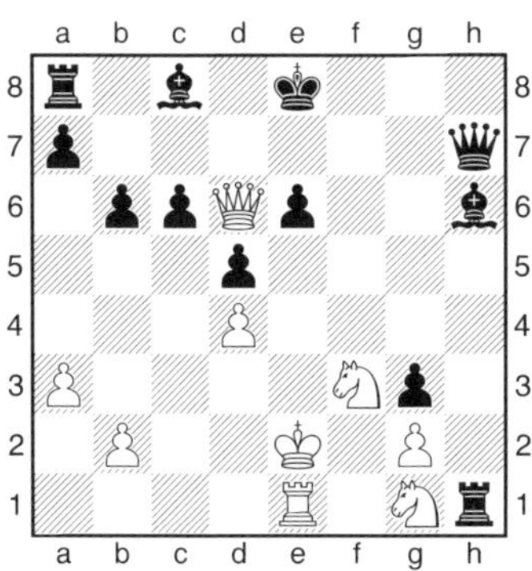

322 ●

Matt 2

❑ ? / ■ ? / plus?

Wieder wird dem Leser nicht verraten, wer am Zug ist und was in der Stellung steckt. Vielleicht gibt es mehrere Lösungen für den einen, oder Mattwege für beide Seiten, vielleicht hat sich auch schon ein 3-Züger eingeschmuggelt? Da heißt es, schon ein bisschen genauer hinzuschauen!

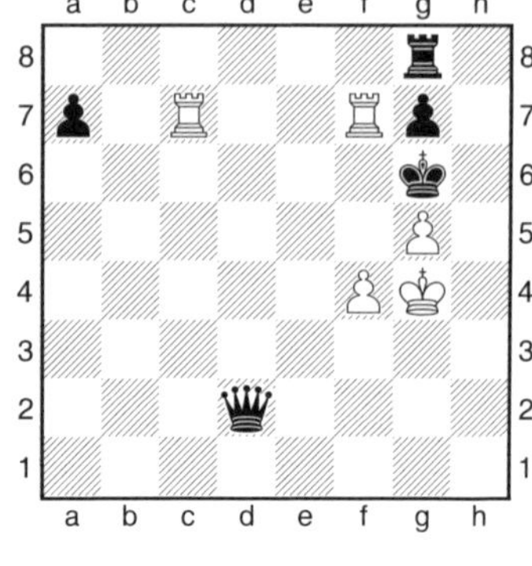

323

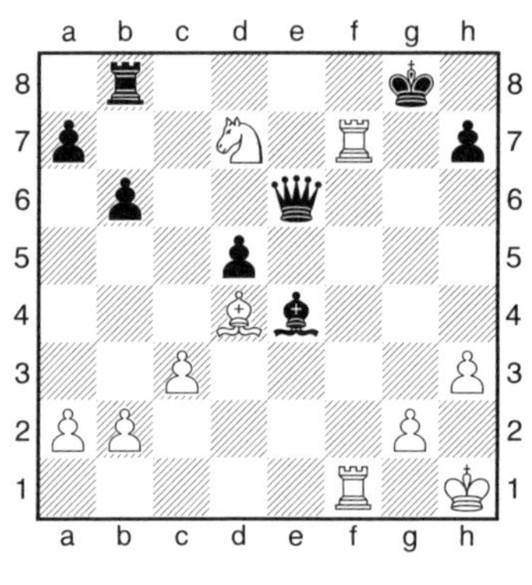

324

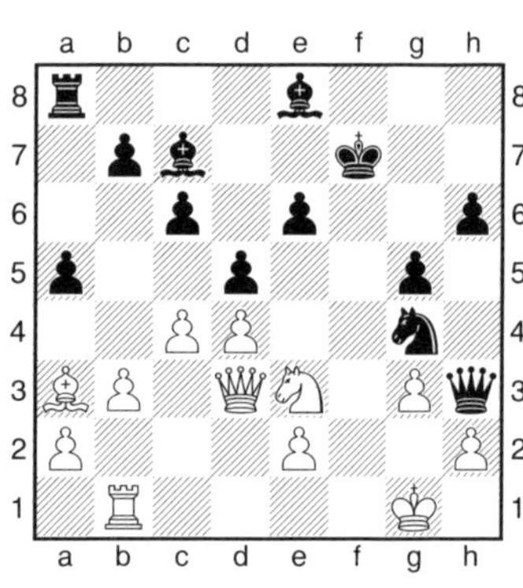

325

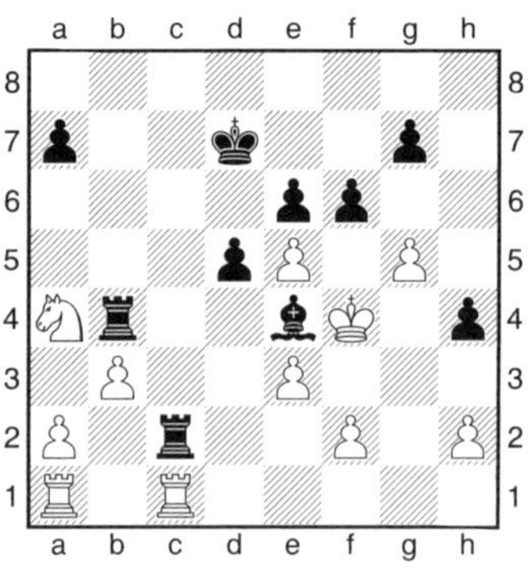

326

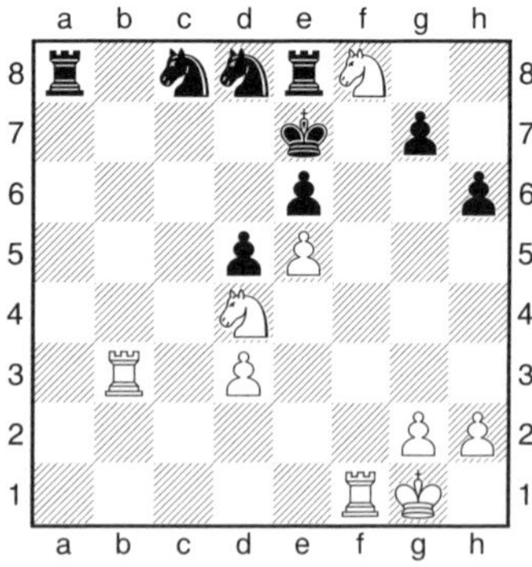

327

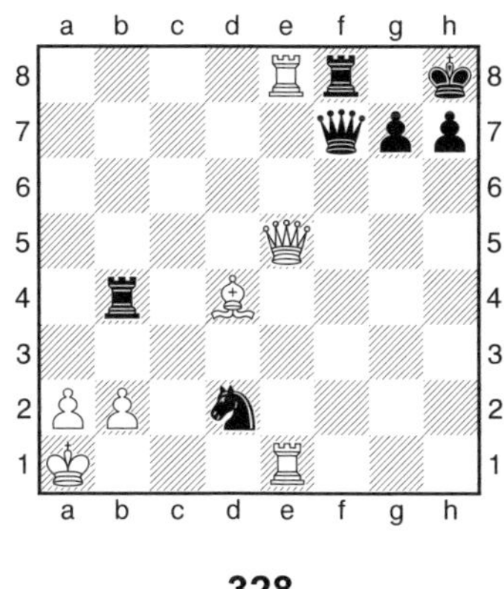

328

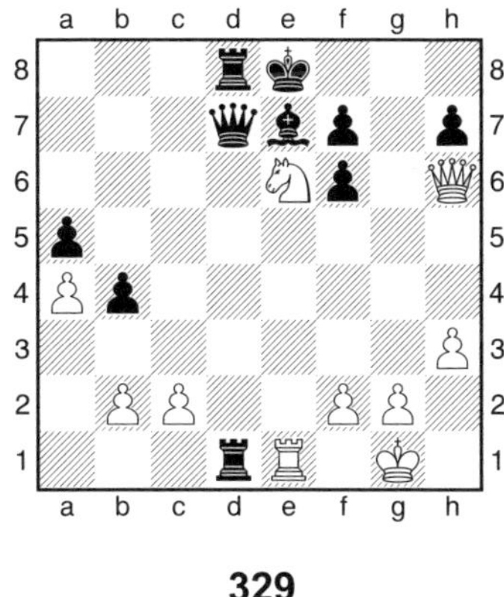

329

323. ❑ 1.♖f7–f6+ g7xf6 2.f4–f5#
[1...♔g6–h7 2.♖f6–h6#]
■ 1...♕d2–g2+ 2.♔g4–h4 ♖g8–h8#

324. ❑ 1.♖f7–f8+ ♖b8xf8 2.♖f1xf8#
■ 1...♕e6xh3+ 2.♔h1–g1 ♕h3xg2#

325. ❑ 1.♕d3–h7+ ♔f7–f6 2.♗a3–e7#
■ 1...♕h3xh2+ 2.♔g1–f1 ♕h2–f2#/h1#

326. ■ *1...♗e4–g2+/h1* 2.e3–e4 ♖b4xe4#
1...♖c2xf2+ 2.♔f4–g4 ♗e4–f3+ 3.♔g4–h3 ♗f3–g2#

327. ❑ *1.♖b3–b7+* ♘d8xb7 2.♘d4–c6#;
1.♘d4–c6+ ♘d8xc6 2.♖b3–b7+ ♔e7–d8 3.♖b7–d7#

328. ❑ 1.♕e5xg7+ ♕f7xg7 2.♖e8xf8#
■ 1...♕f7xa2+ 2.♔a1xa2 ♖b4–a4#

329. ❑ *1.♕h6–f8+* ♗e7xf8 2.♘e6–g7#
1.♘e6–g7+ ♔e8–f8 2.♘g7–h5+ ♔f8–e8 3.♘h5xf6# [2...♔f8–g8 3.♕h6–g7#]

330. ■ 1...♖f4–f3+ 2.♔g3–h4 ♖f2–h2#

331. ■ 1...♘d4–e2+ 2.♔g1–h1 ♘e2xg3#

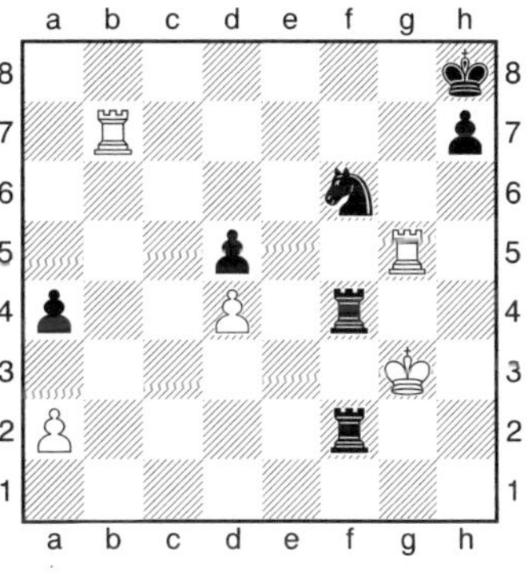

330

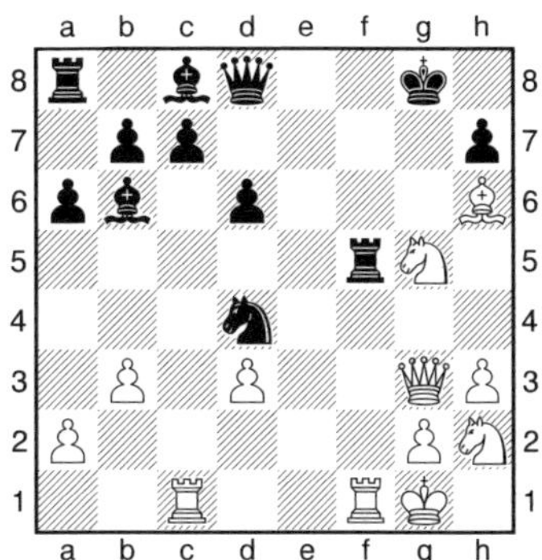

331

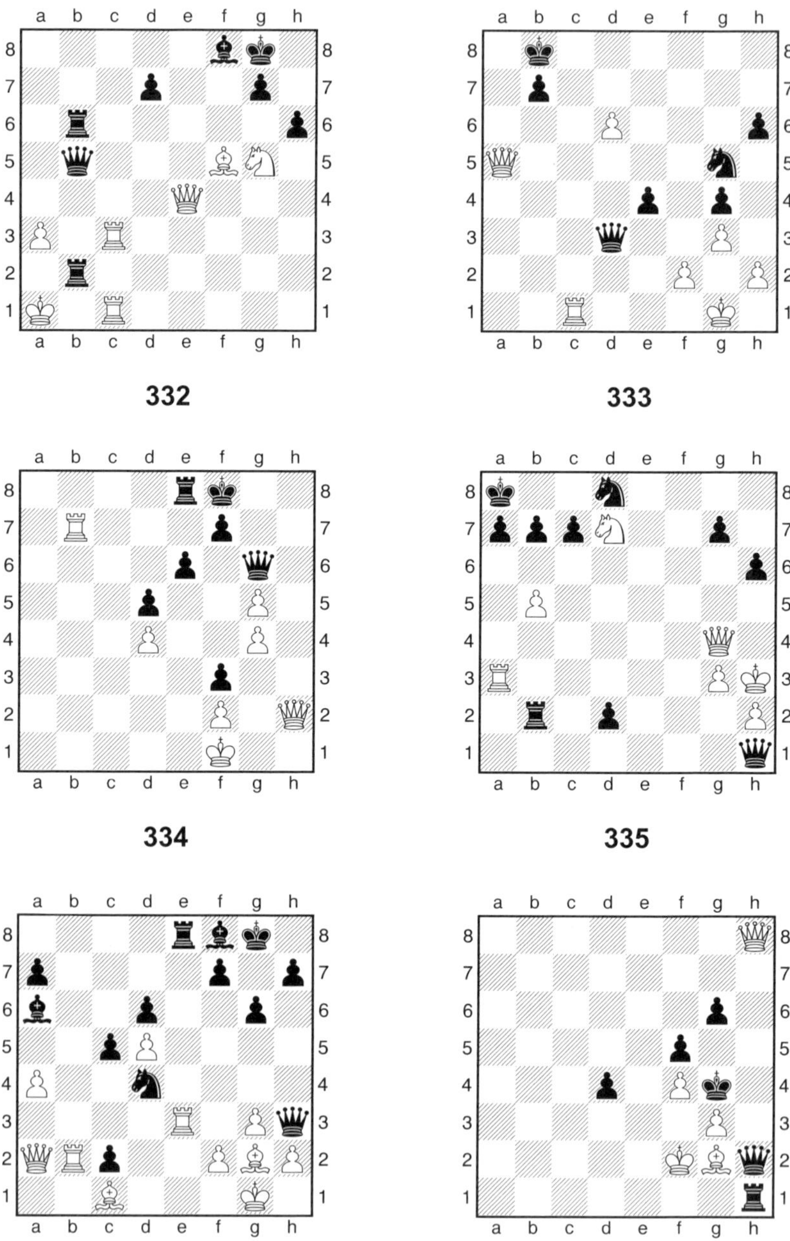
332
333
334
335
336
337

332. ❑ *1.♗f5–h7+* ♔g8–h8 2.♘g5–f7#;
1.♗f5–e6+ d7xe6 2.♕e4–h7#
■ 1...♖b2–a2+ 2.♔a1xa2 ♕b5–b2#

333. ❑ 1.♖c1–c8+ ♔b8xc8 2.♕a5–c7#
■ 1...♘g5–h3+ 2.♔g1–g2 ♕d3–f3+ 3.♔g2–f1 ♕f3xf2#

334. ❑ 1.♕h2–h8+ ♕g6–g8 2.♖b7xf7+ ♔f8xf7 3.♕h8–f6#
■ 1...♕g6–d3+ 2.♔f1–g1 ♕d3–d1# [2.♔f1–e1 ♕d3–e2#]

335. ❑ *1.♖a3xa7* + ♔a8xa7 2.♕g4–a4#;
1.♘d7–b6+ c7xb6 2.♕g4–c8#
■ 1...♕h1xh2+ 2.♔h3xh2 d2–d1♕+ 3.♔h2–h3 ♕d1–h1#

336. ■ 1...♘d4–f3+ 2.♗g2xf3 ♕h3–f1#
[2.♔g1–h1 ♕h3xh2#;
2.♖e3xf3 ♖e8–e1+ 3.♗g2–f1 ♖e1/♕h3xf1#]

337. ❑ 1.♕h8–h3+ ♕h2xh3 2.♗g2–f3#
■ 1...♕h2xg3+/g1+ 2.♔f2–e2 ♕g3–e3#

338. ■ *1...♘d4–f3+* 2.♔h4–h5 ♗c8–g4#
1...♘e3–g2+ 2.♔h4–h5 g7–g6+ 3.♔h5–h6 ♗d6–f8#;
1...g7–g5+ 2.♔h4–h5 ♗c8–g4+ 3.♔h5–h6 ♗d6–f8#

339. ❑ *1.♕h5xg6+* f7xg6 2.♘d5–f6#
1.♘d5–f6+ ♗h8/e7xf6 2.♕h5xg6+ ♔g8–h8 3.♗h6–g5#

340. ■ *1...♕c6–g2+* 2.♔h3–h4 ♘e1/d2–f3#
1...♕c6–f3+ 2.♔h3–h4 ♘e1–g2+ 3.♔h4–g5 ♕f3–f6#/f4#/d5#

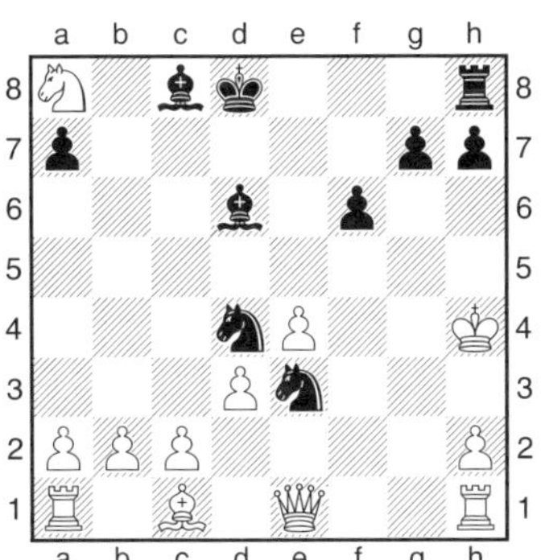

338

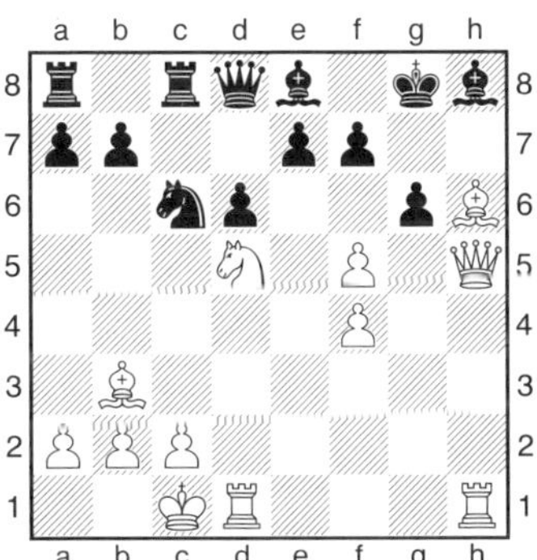

339

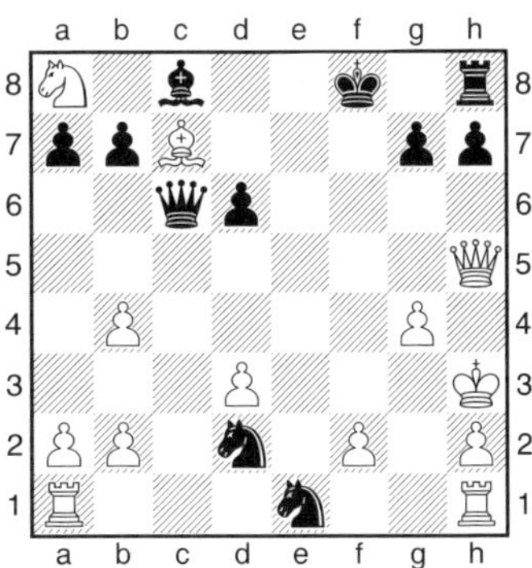

340

Matt in 3 Zügen

Nun machen wir einen großen Schritt nach vorne. Ein Matt in 3 Zügen ist schon viel schwerer zu sehen als eines in nur zweien und es gibt häufig auch zusätzliche Varianten oder gleichwertige Lösungen, die der Leser ebenfalls finden sollte. Aber nur Mut, wir fangen ja wieder mit einfacheren Stellungen auf nur einem begrenzten Teil des Schachbrettes an.

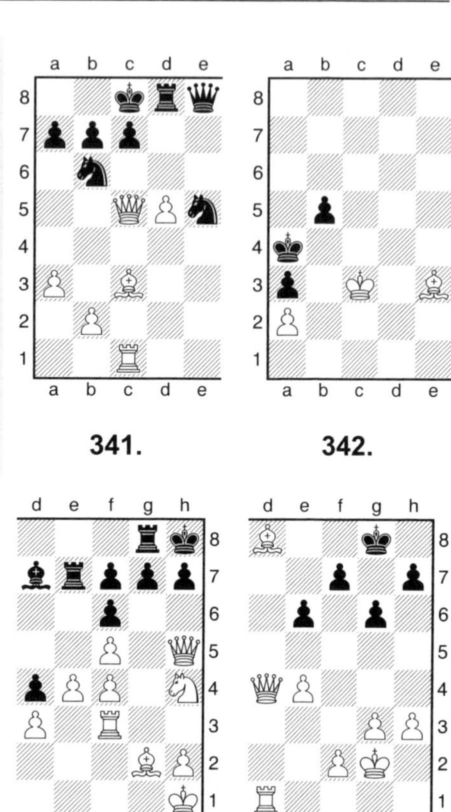

341. 342.

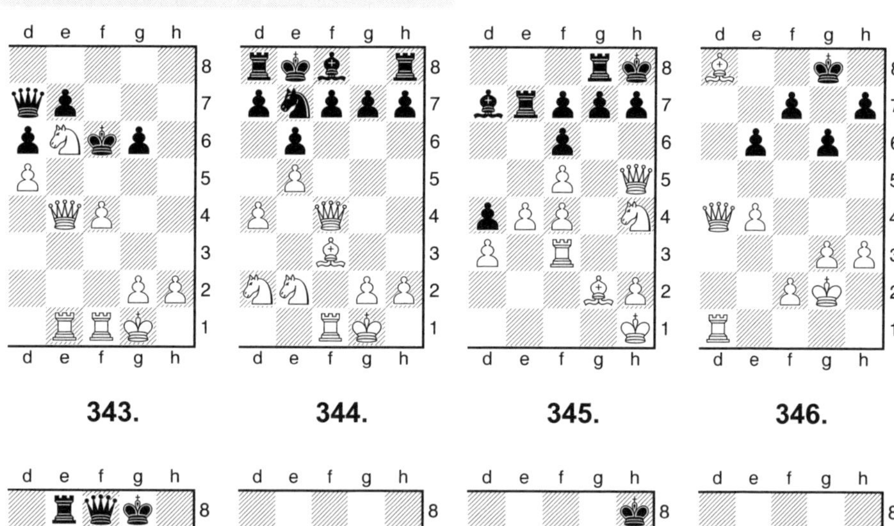

343. 344. 345. 346.

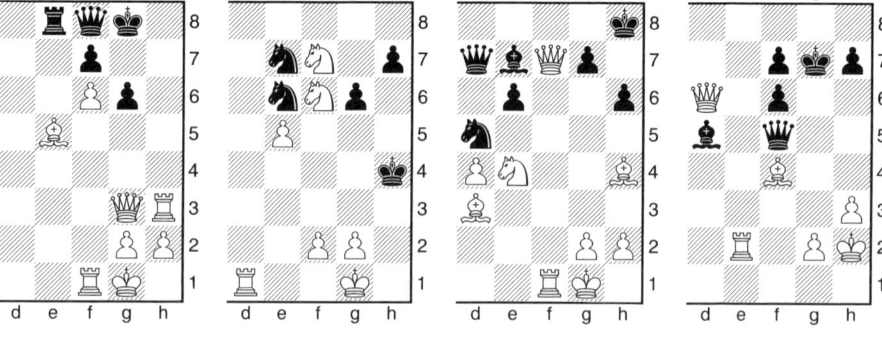

347. 348. 349. 350.

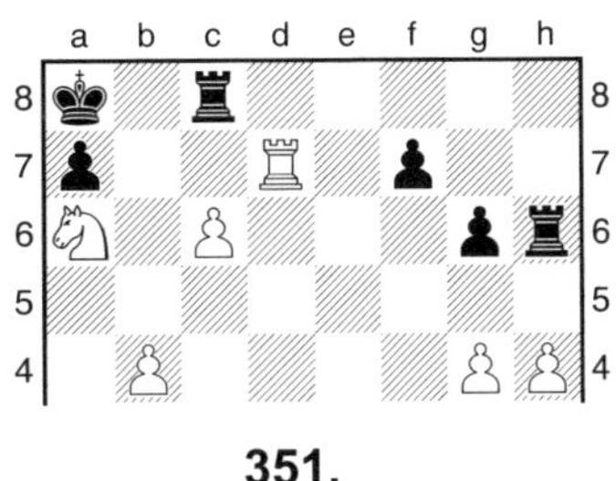

351.

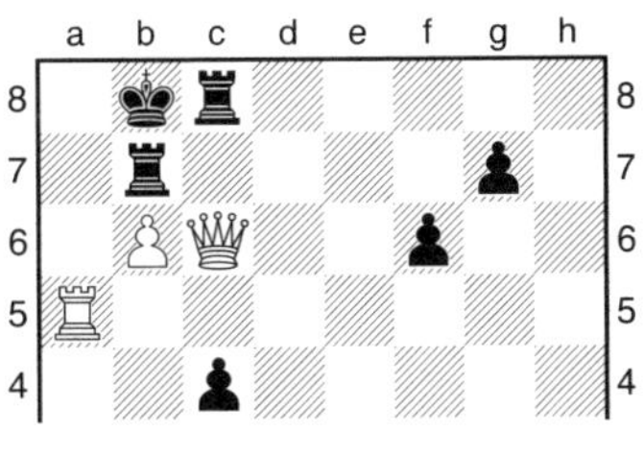

352.

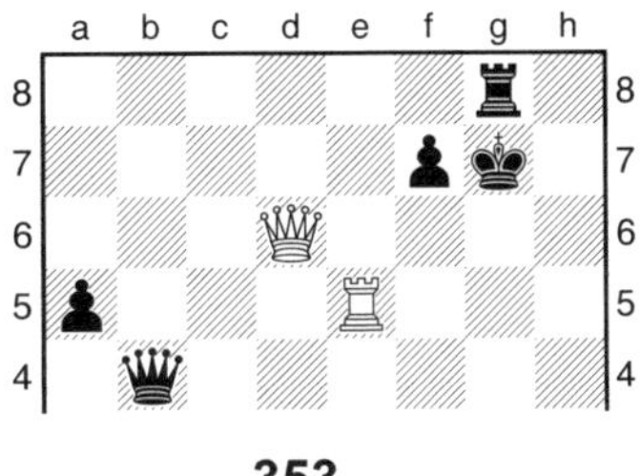

353.

354.

341. 1.♕c5xc7+ ♔c8xc7 2.♗c3xe5+ ♔c7–d7 3.♖c1–c7#

342. 1.♗e3–b6 b5–b4+ 2.♔c3–c4 b4–b3 3.a2xb3#

343. 1.♕e4–e5+ ♔f6–f7 2.♕e5–g7+ ♔f7–e8 3.♕g7–f8#/g8#
[1...d6xe5 2.f4xe5#]

344. 1.♕f4xf7+ ♔e8xf7 2.♗f3–h5+ ♔f7–g8 3.♗h5–f7#

345. 1.♘h4–g6+ f7xg6 2.♕h5xh7+ ♔h8xh7 3.♖f3–h3#

346. 1.♕d4–h8+ ♔g8xh8 2.♗d8–f6+ ♔h8–g8 3.♖d1–d8#

347. 1.♕g3xg6+ f7xg6 2.f6–f7+ ♕f8xf7 3.♖h3–h8#

348. 1.♖d1–d4+ ♘e6xd4 2.g2–g3+ ♔h4–h3 3.♘f7–g5#

349. 1.♕f7–f8+ ♗e7xf8 2.♖f1xf8+ ♔h8–h7 3.♘e4–f6#

350. 1.♕d6–f8+ ♔g7xf8 2.♗f4–h6+ ♔f8–g8 3.♖e2–e8#

351. 1.♖d7–b7, z. B. 1...g6–g5 2.♖b7–b8+ ♖c8xb8 3.♘a6–c7#

352. 1.♖a5–a8+ ♔b8xa8 2.♕c6xc8+ ♖b7–b8 3.♕c8–a6#

353. 1.♖e5–g5+ ♔g7–h7 [1...♔g7–h8? 2.♕d6–h6#]
2.♖g5–h5+ ♔h7–g7 3.♕d6–h6#

354. 1.♕h4–e7+ ♔f8–g8 2.♕e7–e8+ ♘e6–f8 3.♘d5–e7#

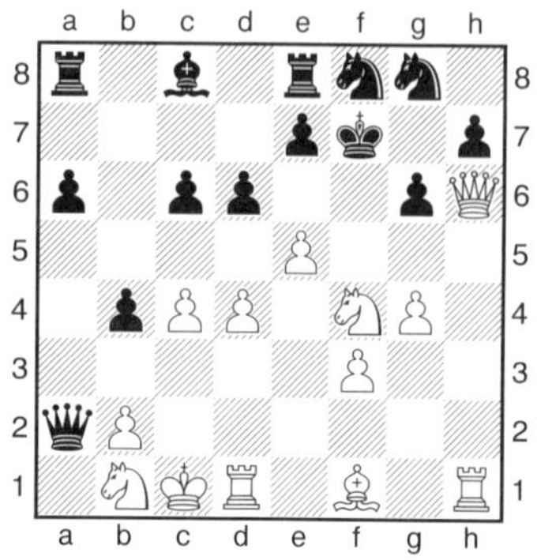

355

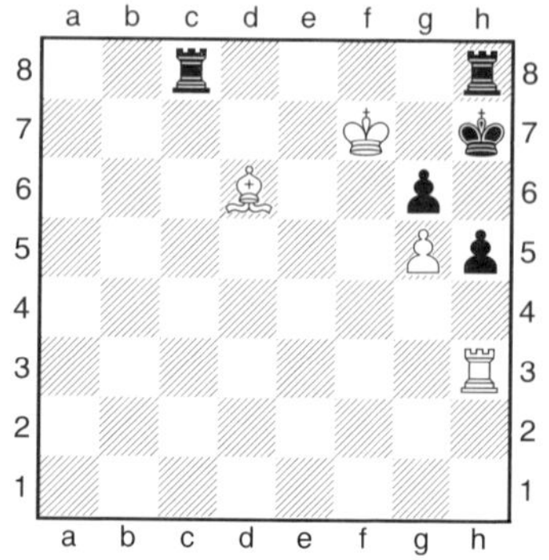

356

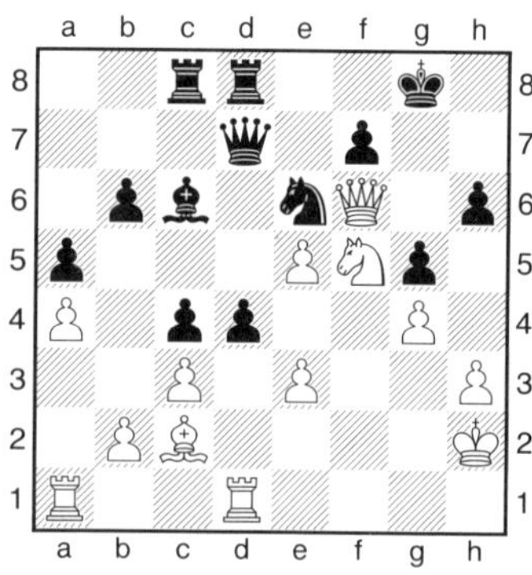

357

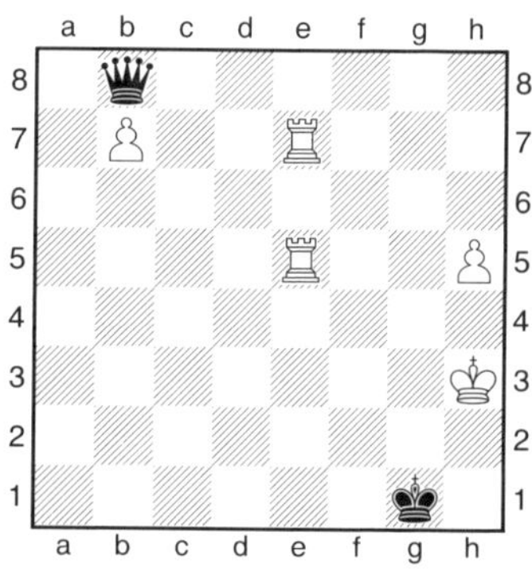

358

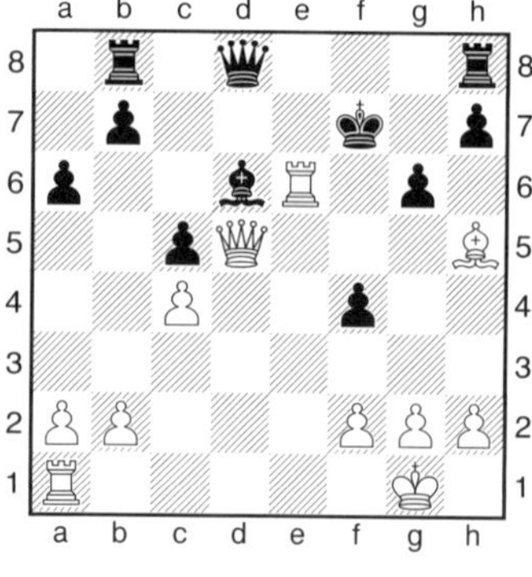

359

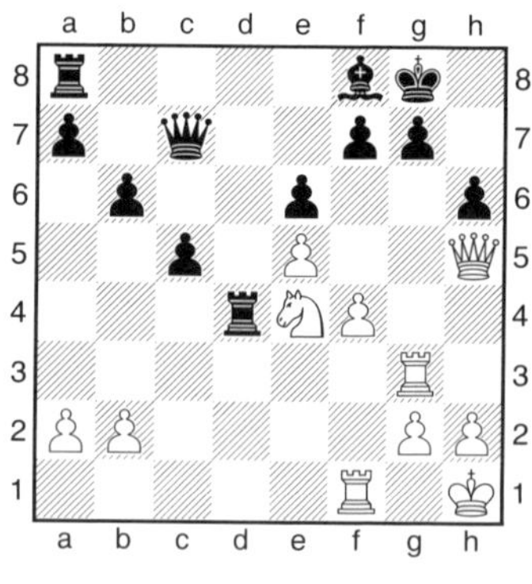

360

355. 1.♕h6xh7+ ♘f8xh7 2.♖h1xh7+ ♔f7–f8 3.♘f4xg6#

Wendt,R - Lipok, Donau-Open 1997

356. 1.♖h3xh5+ g6xh5 2.g5–g6+ ♔h7–h6 3.♗d6–f4#

Maricic - Ende einer Studie, 1999

357. 1.♘f5xh6+ ♔g8–f8 2.♕f6–h8+ ♔f8–e7 3.♘h6–f5#

Pais – Molnar
Ungarische Mannschaftsmeisterschaft 2006

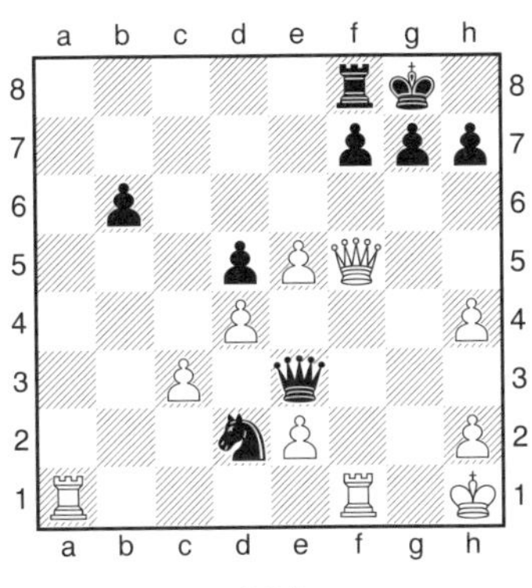

361

358. 1.♖e7–g7+ ♔g1–f2 2.♖g7–f7+ ♔f2–g1 3.♖e5–e1#

Karpow - Anand, WM Lausanne 1998

359. 1.♖e6xg6+ ♔f7–f8 2.♖g6–g8+ ♖h8xg8 3.♕d5–f7# [1...♔f7–e7/e8 2.♖g6–g7+ ♔e7–f8 3.♕d5–f7#]

Lang - Krug (Variante), Blindsimultan Europarekord Sontheim 2010

360. 1.♘e4–f6+ ♔g8–h8 2.♕h5xh6+ g7xh6 3.♖g3–g8#

Poljakow - Glaschjew,
Petrow-Memorial St.Petersburg 1998

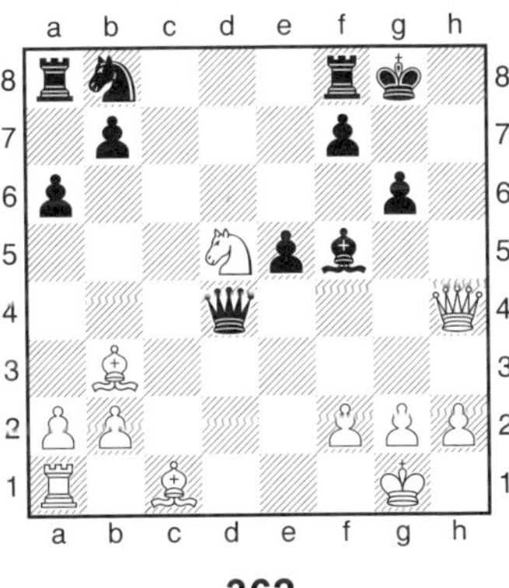

362

361. 1.♕f5xf7+ ♖f8xf7 2.♖a1–a8+ ♖f7–f8 3.♖f1/♖a8xf8#

Horvath,Jo. - Vigus,
AKN Open Haarlem 1998

362. *1.♘d5–e7+* ♔g8–g7 2.♕h4–h6+ ♔g7–f6 3.♗c1–g5#
1.♘d5–f6+ ♔g8–g7 2.♕h4–h6+ ♔g7xf6 3.♗c1–g5#

Pulido – Pujols, Kuba 1997

363. 1.♕h5xf7+ ♖c7xf7 2.♘e5–g6+ ♔f8–g8 3.♖h3–h8#

Kaidanov - Anand, Moskau 1987

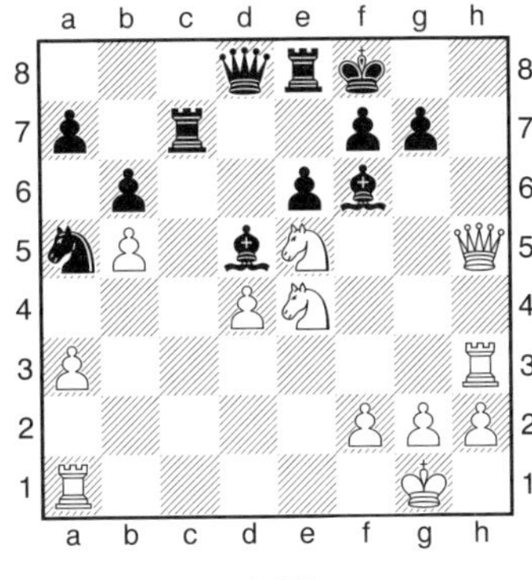

363

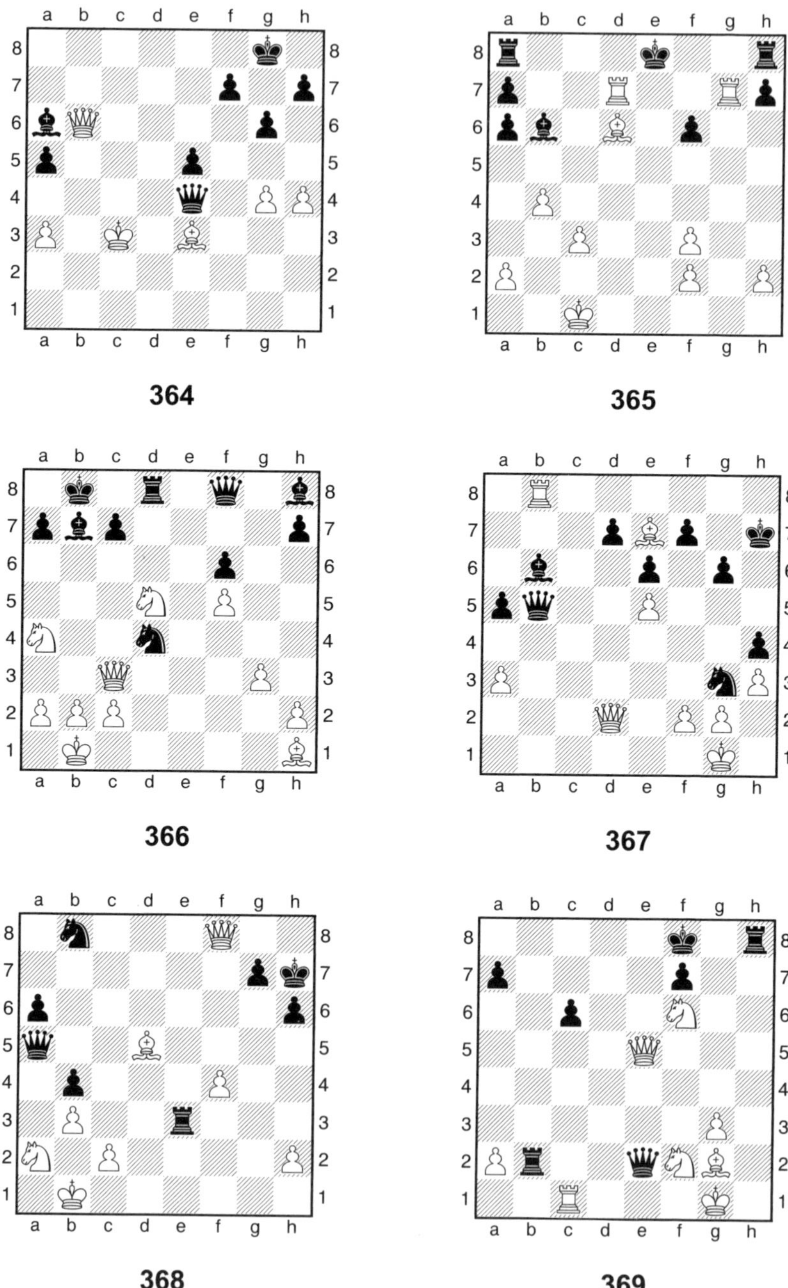

364 365

366 367

368 369

364. 1.♕b6-d8+ ♔g8-g7 2.♗e3-h6+ ♔g7xh6 3.♕d8-f8#
Laco – Somogyi, Senioren WM 2005

365. 1.♖g7-e7+ ♔e8-f8 2.♖e7-e1+ [2.♖e7-e4+] 2...♔f8-g8 3.♖e1-g1#
Steigman – Feldstein
Philadelphia World Open 2006

366. 1.♕c3xc7+ ♔b8-a8 2.♘d5-b6+ a7xb6 3.♕c7xb7#
Najer - Nakamura (Variante)
960er Schach Mainz 2008

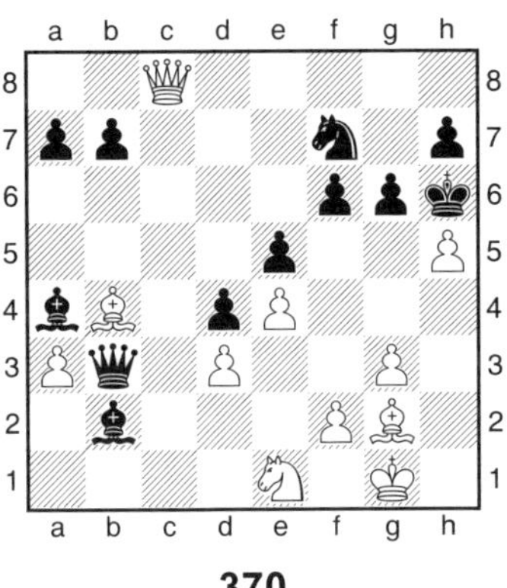

370

367. 1.♕d2-h6+ ♔h7xh6 2.♖b8-h8+ ♔h6-g7 3.♗e7-f6#
Sakurdajeva - Pähtz,E
Europameisterschaft Frauen Dresden 2007

368. 1.♗d5-g8+ ♔h7-h8 2.♗g8-f7+ ♔h8-h7 3.♕f8-g8#
[1...♔h7-g6 2.♕f8-f7#]
Sawlin - Schulte, DEM U10 Oberhof 2011

369. 1.♘f6-d7+ ♔f8-g8 2.♕e5-g5+ ♔g8-h7 3.♘d7-f6#
Buckley - Briscoe
Britische Meisterschaft Liverpool 2008

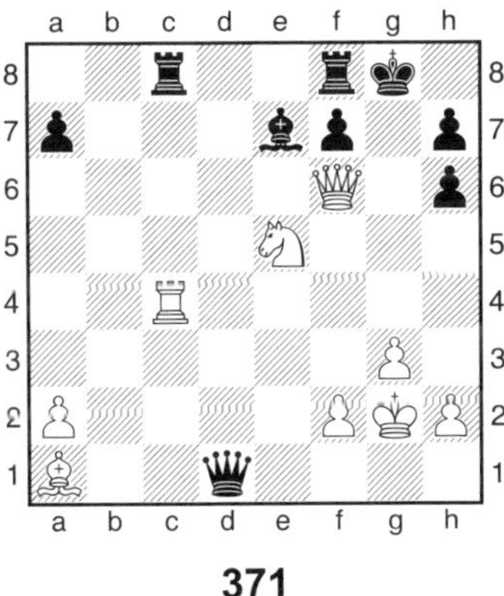

371

370. 1.♗b4-f8+ ♔h6xh5 2.♕c8-h3+ ♔h5-g5 3.♘e1-f3# [1...♔h6-g5 2.♘e1-f3+ (2.♕c8-h3 -- 3.♕h3-h4# /♘e1-f3#) 2...♔g5xh5 3.g3-g4#]
Vosloo – Forster, Mst. von Neuseeland 2010

371. 1.♕f6-h8+ ♔g8xh8 2.♘e5xf7+ ♔h8-g8 3.♘f7xh6# [2.♘e5-g6+ ♔h8-g8 3.♘g6xe7#]
Bates – Dorrington, Hinkley Island 2012

372. 1.♖c3-c8+ ♖a8xc8 2.♕e5-h8+ ♔f8-e7 3.♘d6xc8#
Graf - Georgieff, Reckilnghausen 1998

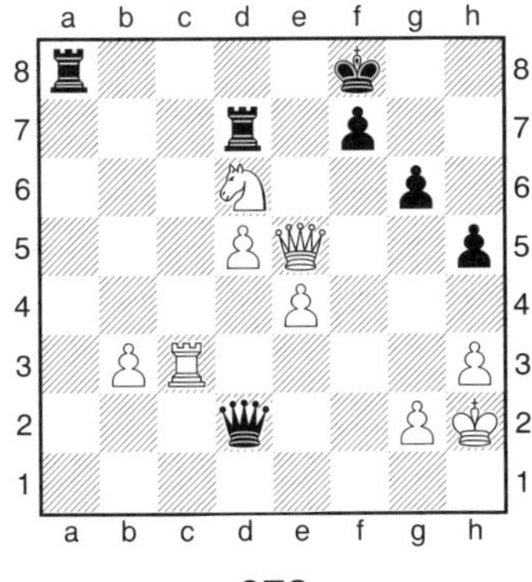

372

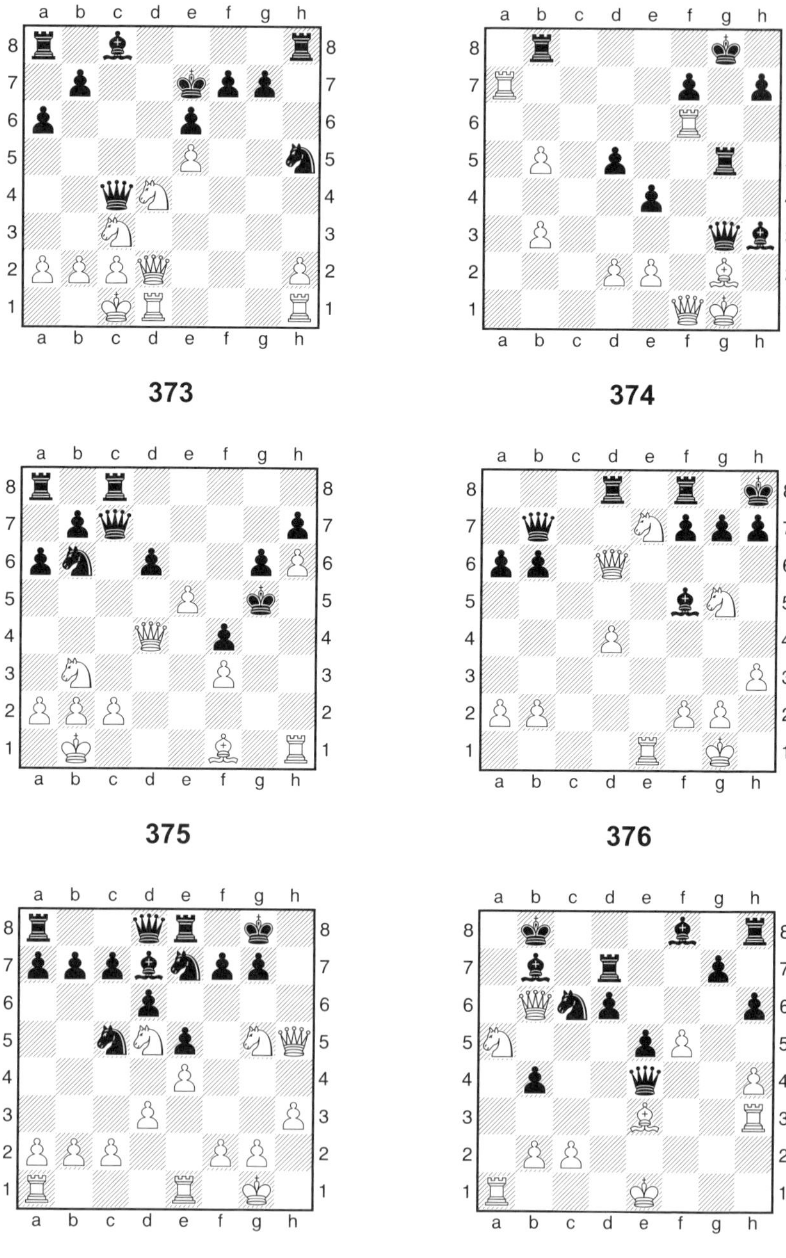

373

374

375

376

377

378

373. 1.♘d4-f5+ e6xf5 2.♕d2-d6+ ♔e7-e8 3.♕d6-d8#
Lungu - Chinnasamy, Olympiade Bled 2002

374. 1.♖f6-g6+ ♖g5xg6 2.♕f1xf7+ ♔g8-h8 3.♕f7xh7#
Leko - Swidler (Variante)
Amber Turnier Monaco 2005

375. 1.♕d4-g1+ ♔g5-f5 2.♗f1-h3+ ♔f5xe5 3.♕g1-d4#/g5#
Smeets - Van Tellingen, Leeuwarden 2004

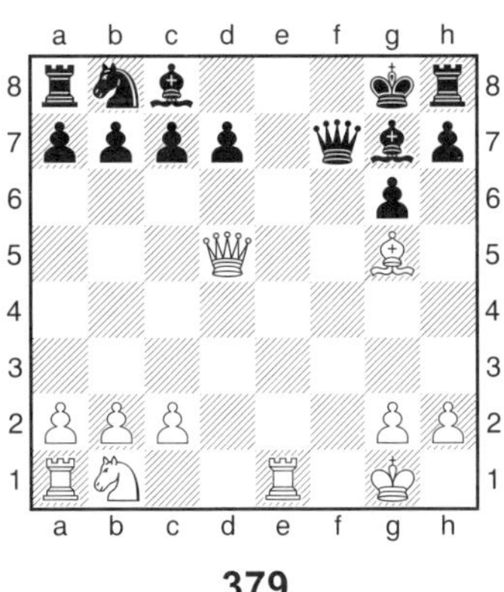

379

376. 1.♘g5xf7+ ♖f8xf7 2.♕d6xd8+ ♖f7-f8 3.♕d8xf8# **Beletic - Durandeau**, Rijeka 2010

377. *1.♕h5-h7+* ♔g8-f8 2.♕h7-h8+ ♘e7-g8 3.♘g5-h7#;
1.♘d5xe7+ ♕d8/♖e8xe7 2.♕h5-h7+ ♔g8-f8 3.♕h7-h8#;
1.♘d5-f6+ g7xf6 2.♕h5-h7+ *(2.♕h5xf7+ ♔g8-h8 3.♕f7-h7#)* 2...♔g8-f8 3.♕h7xf7#
Amateurpartie Pattaya 2011

378. 1.♘a5xc6+ ♕e4xc6 2.♖a1-a8+ ♔b8xa8 3.♕b6-a7#
Green – Zakaria
Meisterschaft von Neuseeland 1999

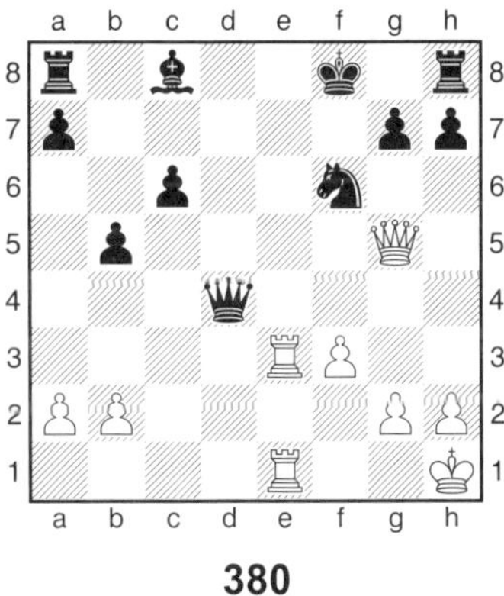

380

379. 1.♖e1-e8+ ♗g7-f8 2.♗g5-h6 ♕f7xd5 3.♖e8xf8#
Amateurpartie Pattaya 2011

380. 1.♖e3-e8+ ♘f6xe8 2.♕g5-e7+ ♔f8-g8 3.♕e7xe8#
[1...♔f8-f7 2.♖e1-e7#]
Decoy - Petitjean, Frankreich 2002

381. 1.♖d1xd8+ ♖a8xd8 2.♕e4-e8+ ♖d8xe8 3.♖e1xe8#
Brameyer - Meiling
Senioren WM Naumburg 2002

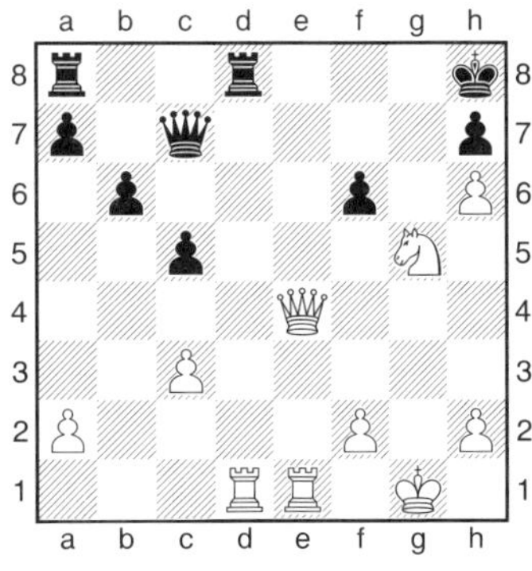

381

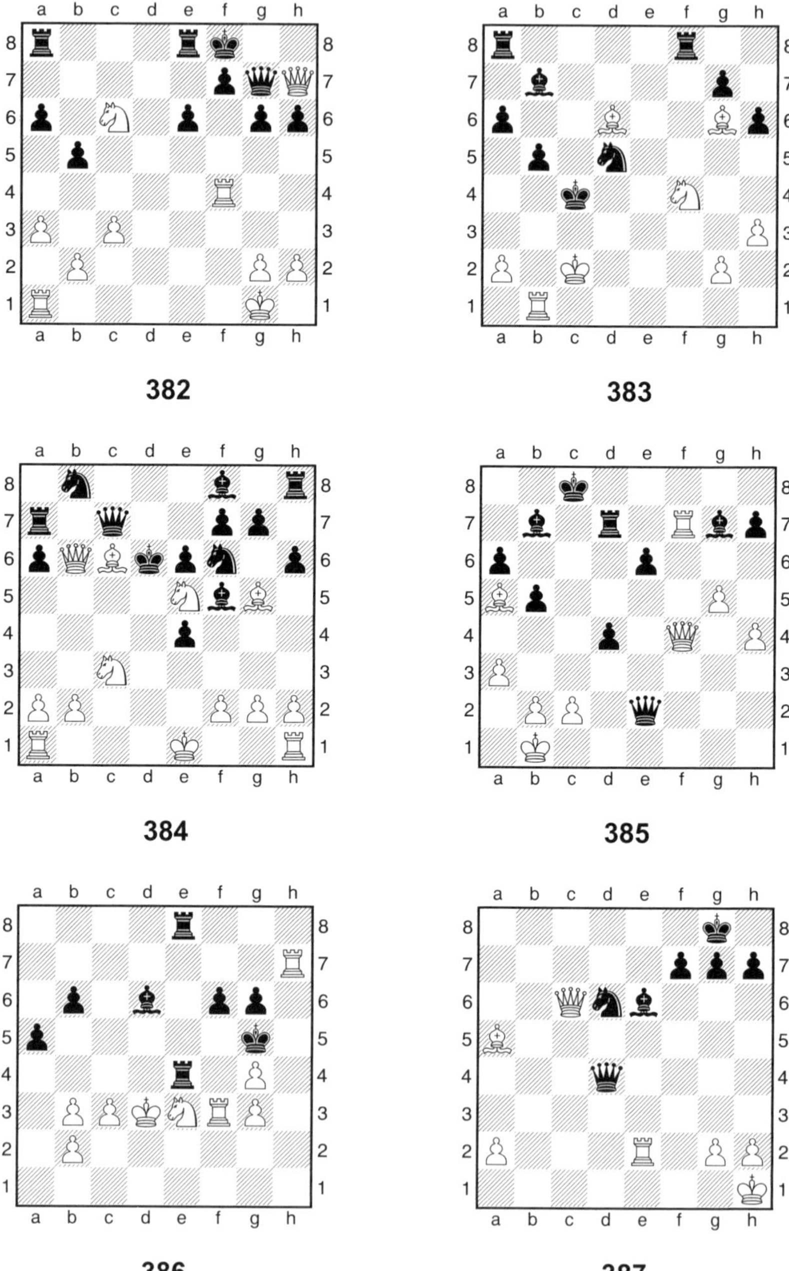

382

383

384

385

386

387

382. 1.♖f4xf7+ ♕g7xf7 [1...♔f8xf7 2.♖a1–f1#] 2.♕h7–h8+ ♕f7–g8 3.♖a1–f1#
Gheng - Tuleubayev, WM U10 2009

383. 1.♗g6–d3+ ♔c4–d4 2.♘f4–e6+/e2+ ♔d4–e3 3.♗d6–c5#
Hancheur - Emmenecker
Pariser Meisterschaft 2010

384. *1.♕b6–b4+* ♔d6xe5 2.f2–f4+ e4xf3 3.♗g5–f4#
1.0–0–0+ / 1.♖a1–d1+ ♔d6–e7 2.♕b6–c5+ ♕c7–d6 3.♕c5xd6#
Dzagnidze - Al Housa, Dubai Open 2010

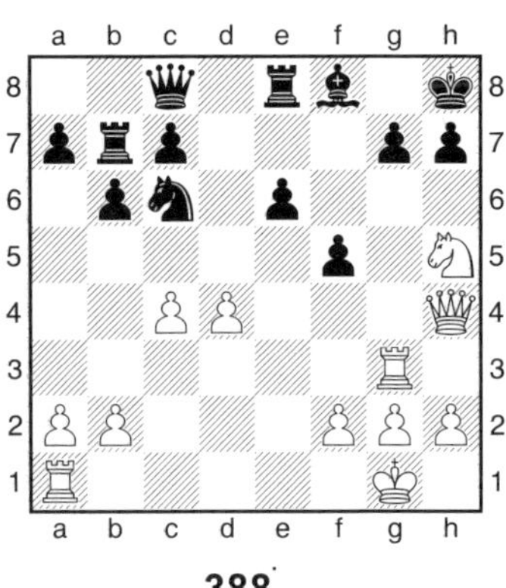

388

385. 1.♖f7–f8+ ♗g7xf8 2.♕f4xf8+ ♖d7–d8 3.♕f8xd8#
Tischbierek - Müller,K. Bundesliga 2006/7

386. 1.♖f3–f5+ g6xf5 2.♖h7–g7+ ♔g5–h6 3.♘e3xf5#
Barua - Spangenberg
Olympiade Erevan 1996

387. 1.♕c6–a8+ ♗e6/♘d6–c8 2.♕a8xc8+ ♘d6xc8 3.♖e2–e8#
Vorackova – Rmoutil, Ricany Open 2008

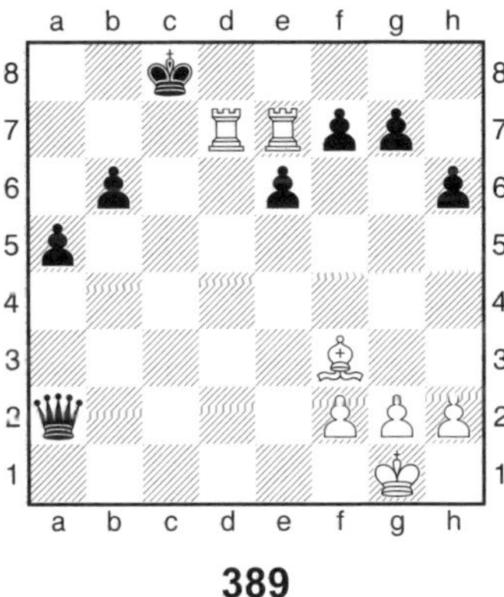

389

388. 1.♘h5–f6 h7–h6 2.♕h4xh6+ g7xh6 3.♖g3–g8# [1...g7xf6 2.♕h4xf6+ ♗f8–g7 3.♕f6xg7#]
Karpow - Stojanovic, Valevo 2007

389. 1.♗f3–b7+ ♔c8–b8 2.♖e7–e8+ / ♖d7–d8+ ♔b8–a7 3.♖e8(d8)–a8#
Bobby Fischer - Tordion,
Simultan Tournee 1964

390. 1.♕h3–h7+ ♔g8–f8 2.♕h7–h8+ ♔f8–e7 3.♘d4–f5#
Fraser Mitchell - Salimbeni, 4NCL 2010

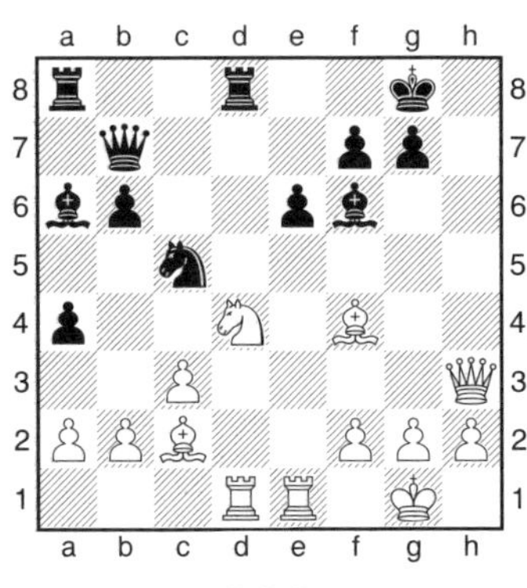

390

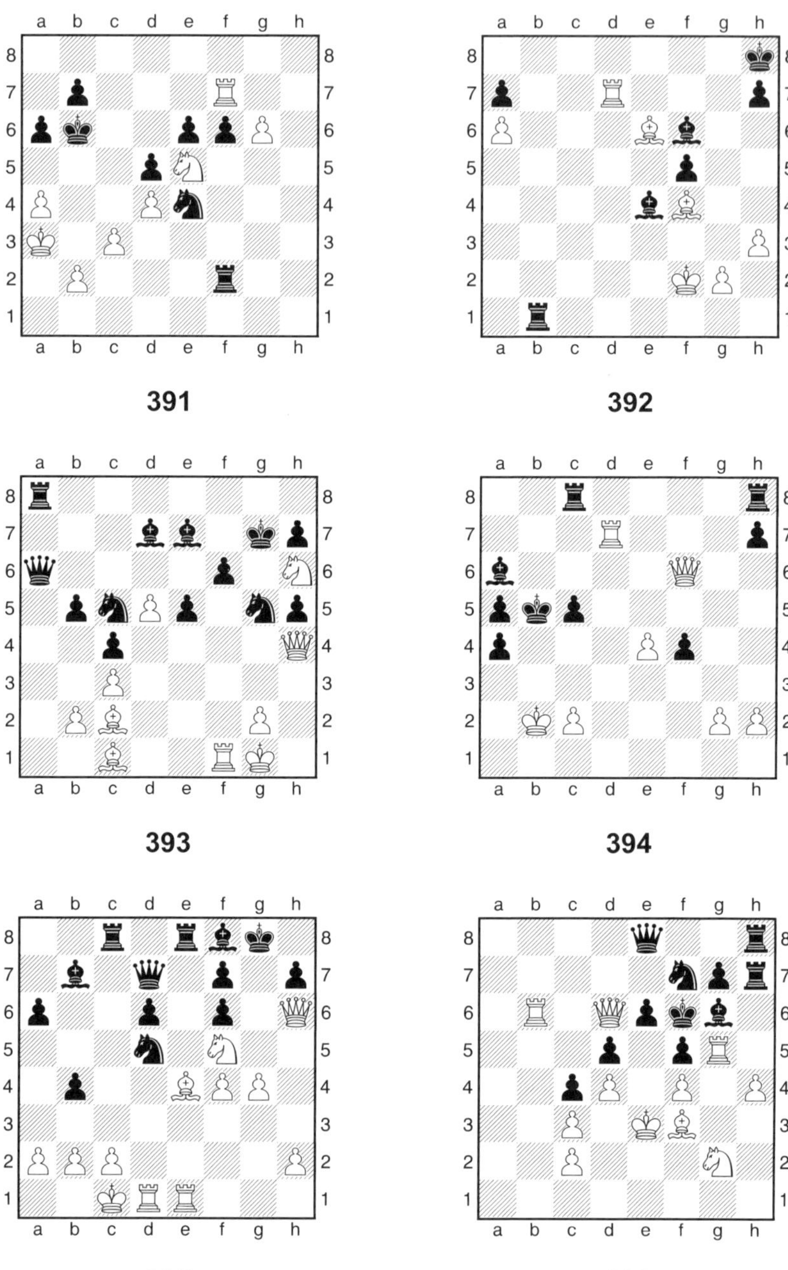

391

392

393

394

395

396

391. 1.a4–a5+ ♔b6xa5 [1...♔b6–a7 2.♘e5–c6+ ♔a7–a8 3.♖f7–f8#] 2.♖f7xb7 f6xe5 3.b2–b4# [2...♖f2xb2 3.♘e5–c6#]
Moradiabadi - Karjakin (damals 10 Jahre alt)
Olympiade U16 2000

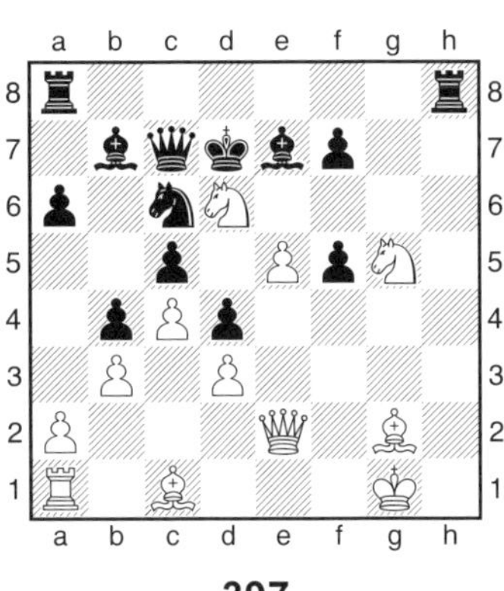
397

392. 1.♖d7–d8+ ♗f6xd8 2.♗f4–e5+ ♗d8–f6 3.♗e5xf6# [1...♔h8–g7 2.♖d8–g8#]
Hebden - Snape
Britische Meisterschaft Swansea 2006

393. 1.♕h4xg5+ f6xg5 [1...♔g7–h8 2.♘h6–f7#] 2.♖f1–f7+ ♔g7xh6/h8 3.♖f7xh7#
Carlsen,M - Harestad
Politiken Cup Kopenhagen 2003

394. 1.c2–c4+ ♔b5xc4 [1...♔b5–b4 2.♕f6–c3#] 2.♕f6xa6+ ♔c4–b4 3.♖d7–b7#
Kharmonova - Sukhareva
Blitz WM Frauen 2010, Achtelfinale

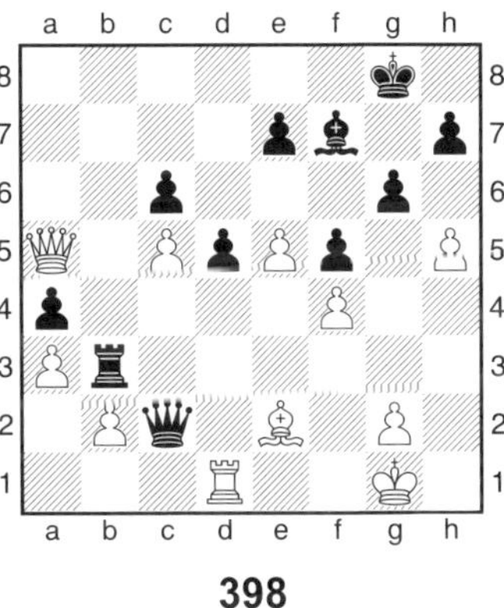
398

395. 1.♘f5–e7+ ♗f8xe7 2.♕h6xh7 + ♔g8–f8 3.♕h7–h8#
Grischuk - Kokarev, Kasparow Cup 1997

396. 1.♖g5xg6+ ♔f6xg6 2.♕d6xe6+ ♕e8xe6+ 3.♖b6xe6#
Mkrtschjan - Vilar
Olympiade Frauen Elista 1998

397. 1.e5–e6+ f7xe6 [1...♔d7xd6 2.♘g5xf7#] 2.♕e2xe6+ ♔d7–d8 3.♘g5–f7#
Bareham - Doel, Gurnsey 2002

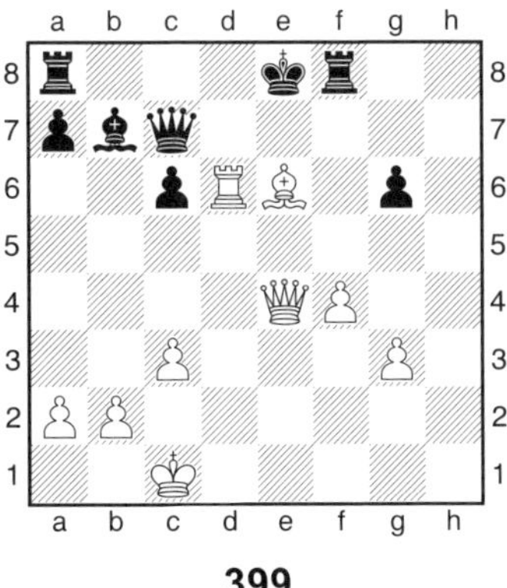
399

398. 1.♕a5–d8+ ♔g8–g7 2.h5–h6+ ♔g7xh6 3.♕d8–f8#
Ghane - Attwood
Thailand Open Pattaya 2009

399. 1.♗e6–f7+ ♔e8xf7 2.♕e4xg6+ ♔f7–e7 3.♕g6–e6#
Morozevich - Lputian, Wijk aan Zee 2000

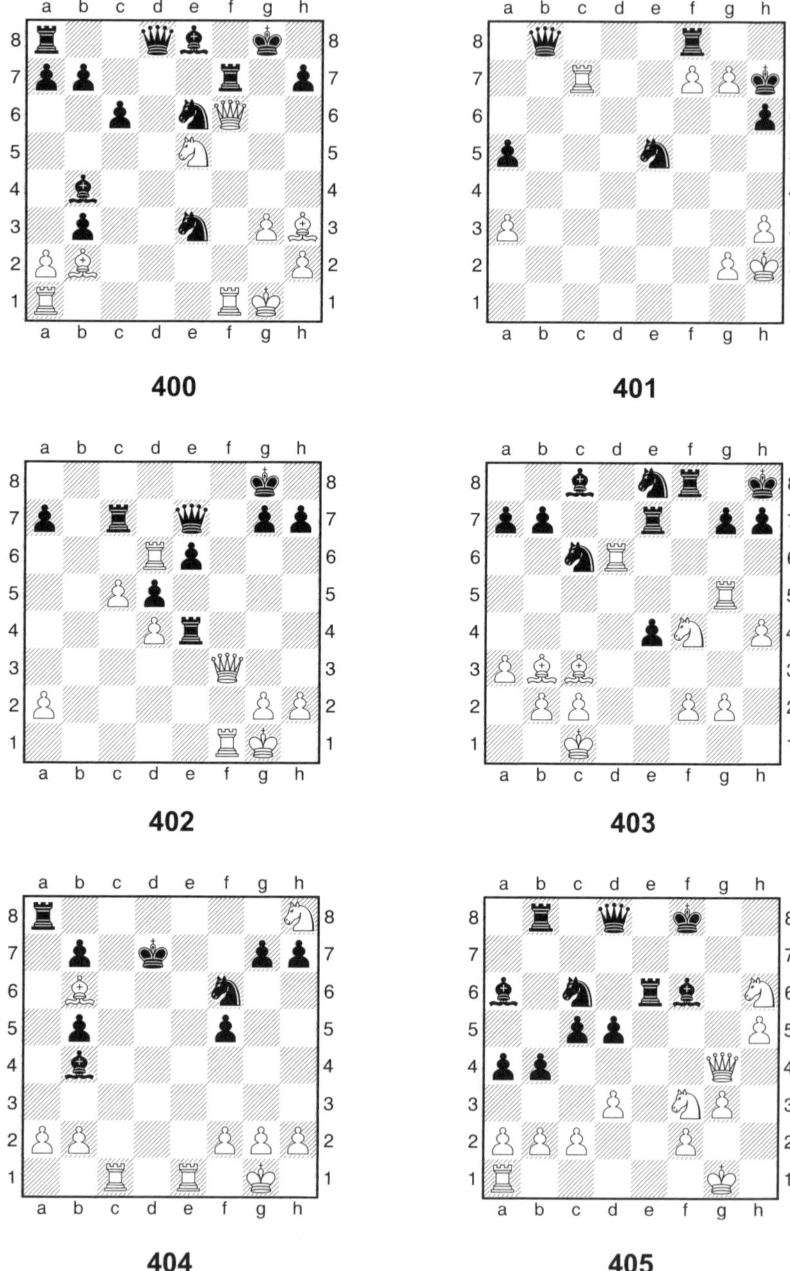
400
401
402
403
404
405

400. 1.♕f6-h8+ ♔g8xh8 2.♘e5xf7+ ♔h8-g8 3.♘f7-h6#
Leon Hoyos - Dominguez
Dominikanische Republik 2007

401. 1.g7-g8♕+ ♖f8xg8 2.f7-f8♘+ ♔h7-h8 3.♖c7-h7#
Topalov - Morozevich (Variante)
WM Turnier San Luis 2005

402. 1.♕f3-f7+ ♕e7xf7 2.♖d6-d8+ ♕f7-f8 3.♖f1/♖d8xf8#
Farah - Martinez,A Buenos Aires 1998

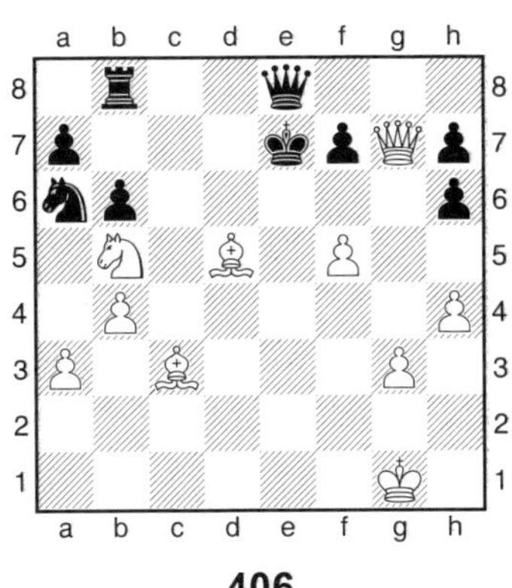

406

403. 1.♘f4-g6+ h7xg6 2.♖g5-h5+ g6xh5 3.♖d6-h6#
Forthofer - Vaillant, Le Touquet 2006

404. 1.♖c1-c7+ ♔d7-d6 2.♘h8-f7+ ♔d6-d5 3.♖e1-e5# [1...♔d7-d8 2.♘h8-f7#]
Rivas Villanueva - Tang
Meisterschaft von Neuseeland (M) 2010

405. 1.♕g4-g8+ ♔f8-e7 2.♕g8-f7+ ♔e7-d6 3.♘h6-f5#
Lapshun - Meier, Budapest FS08 GM 2006

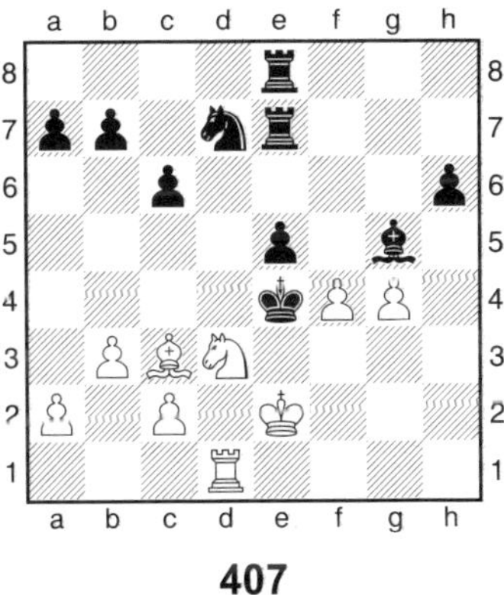

407

406. 1.♕g7-f6+ ♔e7-f8 2.♕f6xh6+ ♔f8-e7 3.♕h6-d6# [2...♔f8-g8 3.♕h6-g7#]
Karpow - Garcia Almaguer
Mexiko City simultan 2011

407. 1.♘d3-f2+ ♔e4xf4 2.♖d1-g1 ♗g5-h4 3.♗c3-d2# [2...e5-e4 3.♘f2-h3#]
Smyslow - Oll, Rostow am Don 1993

408. 1.♕f3-c6+ ♔d7-e6 2.♘f7-g5+ ♔e6-f5 3.♕c6-e4#
Fernandez Garcia - Gonzalo Gonzalez
Spanische Seniorenmeisterschaft 2010

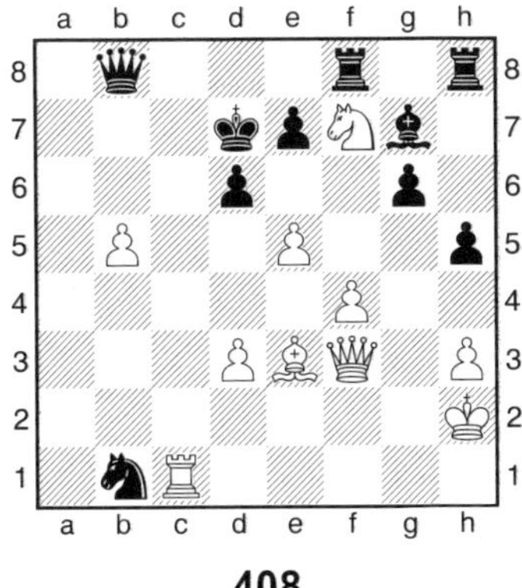

408

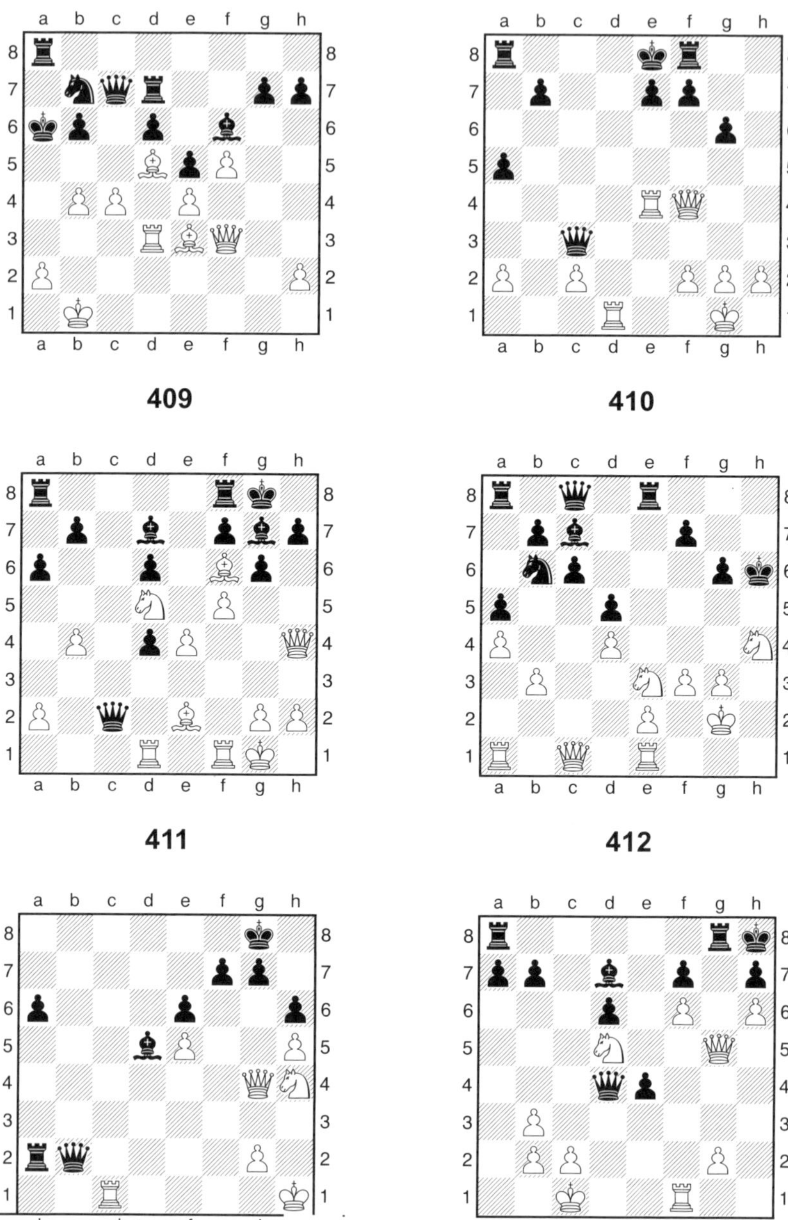

409
410
411
412
413
414

409. 1.♖d3-a3+ ♘b7-a5 2.♖a3xa5+ b6xa5 3.b4-b5#
Anand - Meschkat
Frankfurt Chess Classic simultan 1994

410. 1.♖e4xe7+ ♔e8xe7 2.♕f4-d6+ ♔e7-e8 3.♕d6-d7#
Bisby - Lewis,A 4NCL 2010

411. 1.♕h4-h6 ♗g7xf6 2.♘d5xf6+ ♔g8-h8 3.♕h6xh7# [1...♗g7xh6/h8 2.♘d5-e7#]
Gallagher - Schweizer, Bad Zurzach 1995

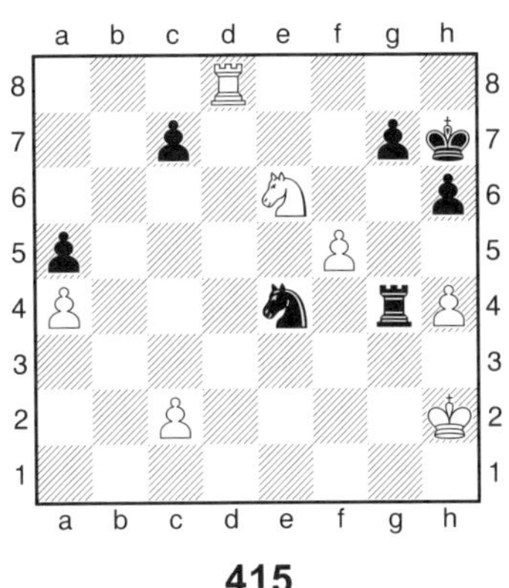

415

412. *1.♘e3-f5+* ♔h6-h7 2.♕c1-h6+ ♔h7-g8 3.♕h6-g7#;
1.♘e3-g4+ ♔h6-g7 2.♕c1-h6+ ♔g7-g8 3.♘g4-f6#
Grote – Herkt, DEM U14w Willingen 2001

413. 1.♖c1-c8+ ♔g8-h7 2.♕g4-g6+ f7xg6 3.h5xg6#
McDonnell – Nebel, Hastings 2009

414. 1.♕g5-g7+ ♖g8xg7 2.h6xg7+ ♔h8-g8 3.♘d5-e7#
Tal – Forbes, Chicago 1988

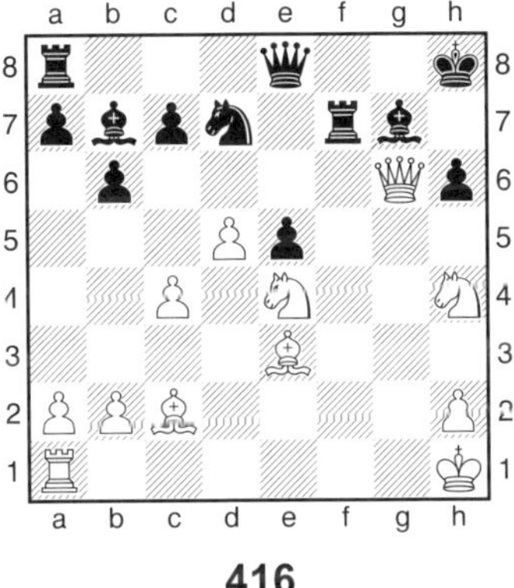

416

415. 1.♘e6-f8+ ♔h7-g8 2.♘f8-g6+ ♔g8-f7 3.♖d8-f8# [1...♔h7-h8 2.♘f8-g6+ ♔h8-h7 3.♖d8-h8#]
Kühn – Pastrowski
Senioren WM Naumburg 2002

416. 1.♕g6-h7+ ♔h8xh7 2.♘e4-f6+ ♔h7-h8 3.♘h4-g6#
Schelle,A – Hoy, Regionalliga SW 1999

417. 1.♘e5-g6+ h7xg6 2.♘c3-d5+ e6xd5 3.♕f5-e5# [1...f7xg6 2.♗c1-g5#]
Eröffnungsreinfall

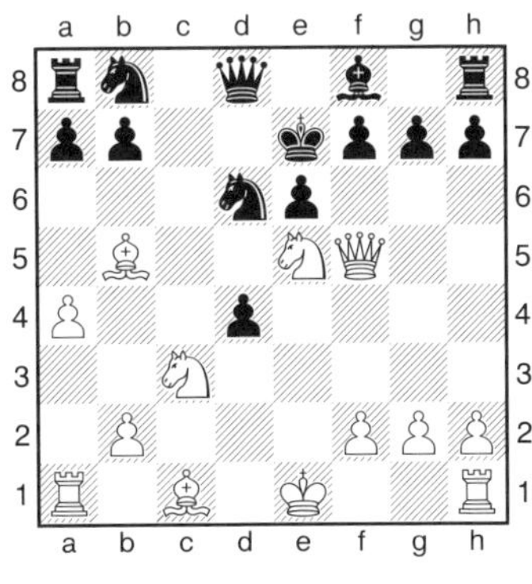

417

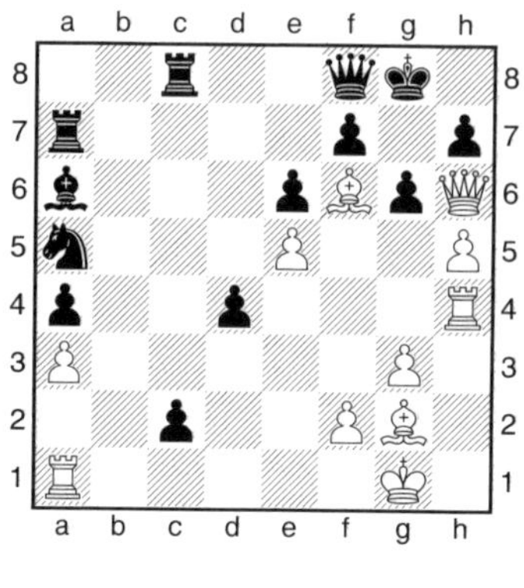

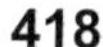

418

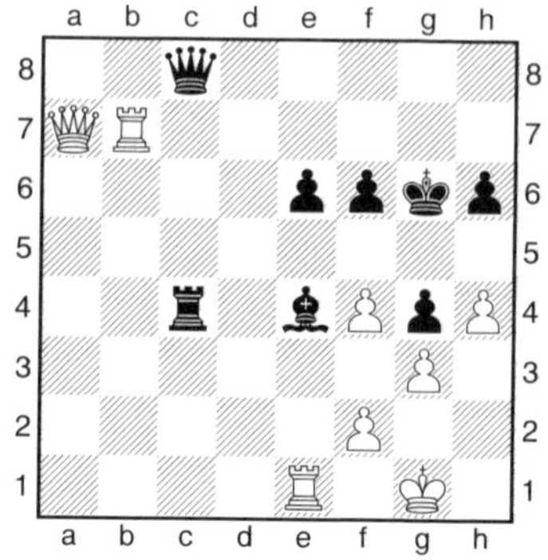

419

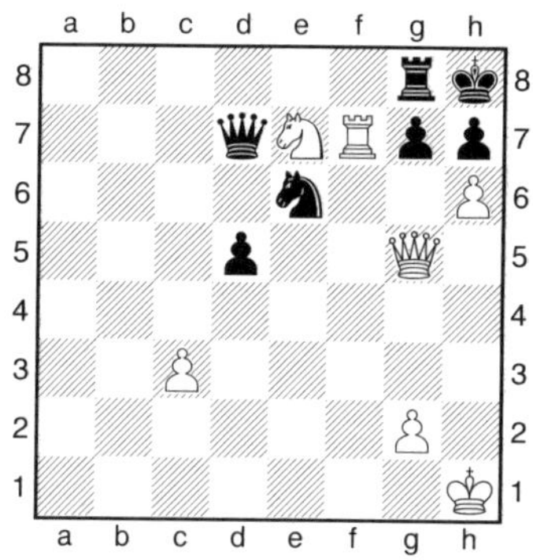

420

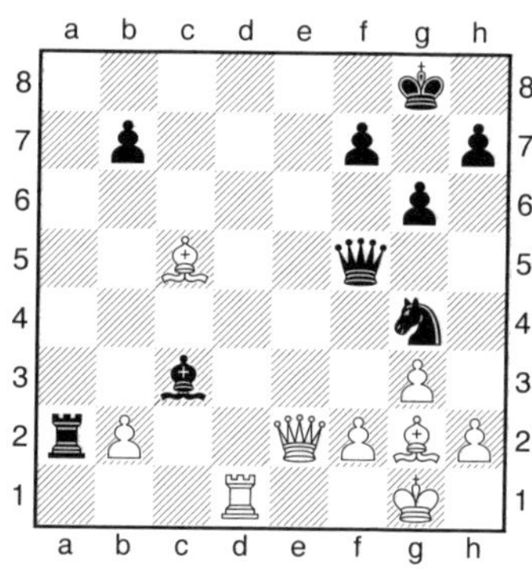

421

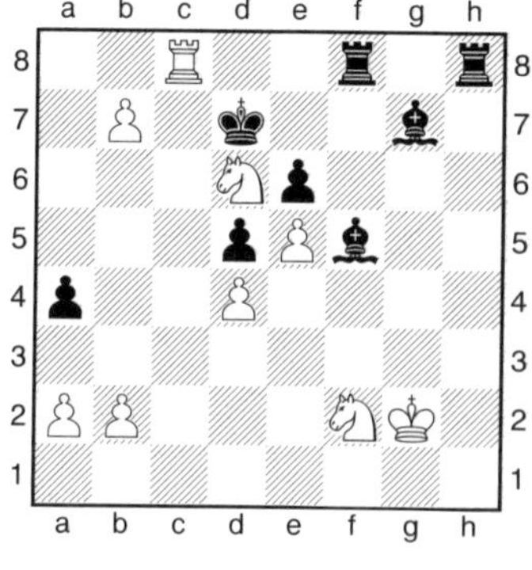

422

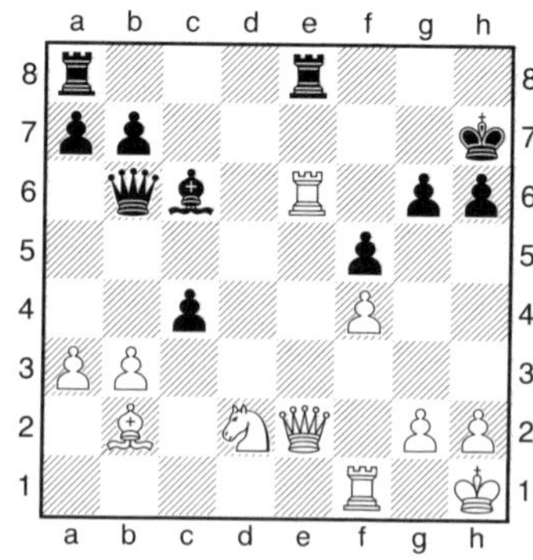

423

418. 1.♕h6xh7+ ♔g8xh7 2.h5xg6+ ♔h7xg6 3.♗g2–e4# [2...♔h7–g8 3.♖h4–h8#]
Bobby Fischer - Mjagmasuren, Sousse 1967

419. 1.♖b7–g7+ ♔g6–f5 2.♖g7–g5+ f6xg5 3.♕a7–f7# [2...h6xg5 3.♕a7–h7#]
Fomina - Boriseva
Senioren WM Damen Arco 2011

420. 1.h6xg7+ ♖g8xg7 2.♕g5xg7+ ♘e6xg7 3.♖f7–f8#
[1...♘e6xg7 2.♘e7–g6+ h7xg6 3.♕g5–h6#]
Bronstein - Gurevich,M Brüssel (rapid) 1993

421. 1.♖d1–d8+ [1.♕e2–e8+] 1...♔g8–g7 2.♗c5–f8+ ♔g7–f6 3.♕e2–e7#
[2...♔g7–g8 3.♗f8–h6#]
Martinovic – Kummer, Oberwart 1999

422. 1.b7–b8♘+ ♔d7–e7 2.♖c8–c7+ ♔e7–d8 3.♖c7–d7#
Berbatov,K – Agrest, Sautron Open 2009

423. 1.♖e6–e7+ ♖e8xe7 2.♕e2xe7+ ♔h7–g8 3.♕e7–g7# [1...♔h7–g8 2.♕e2–e6+ ♔g8–f8 3.♗b2–g7# / ♕e6–f7#]
Baret - Deblock, La Fere Open 2010

424. *1.♗e7–f6* ♖h8–h7 2.♖h1xh5+ ♖h7xh5 3.g3–g4# / *1.♖h1xh5*+ ♖h8xh5 2.g3–g4+ ♔f5xe5 3 .♘f4–d3#]
Emelin - Zaitsev, St. Petersburg 1999

425. 1.♖h3–h7+ ♔g7xh7 2.♕b7xf7+ ♔h7–h8 3.♗g5xf6#
Orti Boix - De la Rubia Ramirez
Spanische Meisterschaft 2010

426. 1.♕f3–f7+ ♕e7xf7 2.♖d6–d8+ ♕f7–f8 3.♖f1/♖d8xf8#
Farah - Martinez,A
Intercoop-Open Buenos Aires 1998

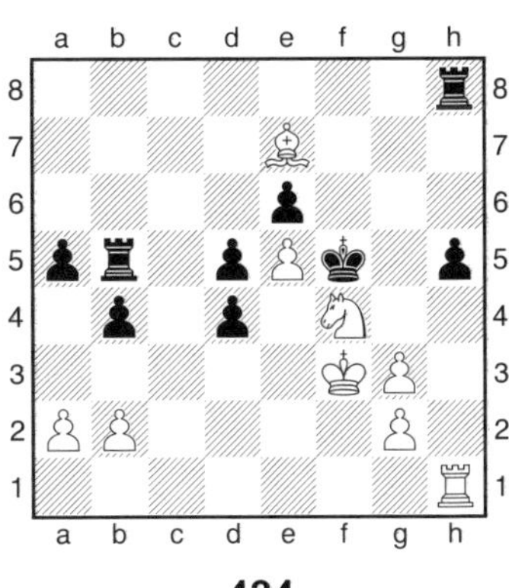
424

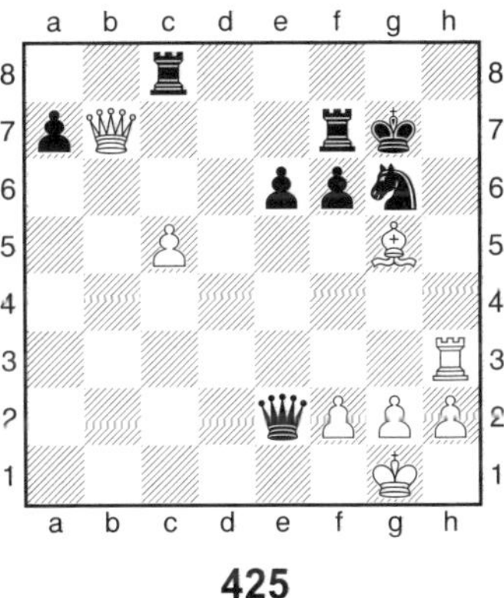
425

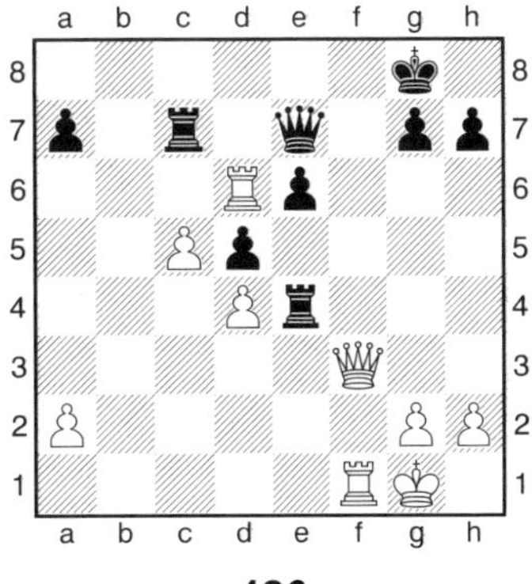
426

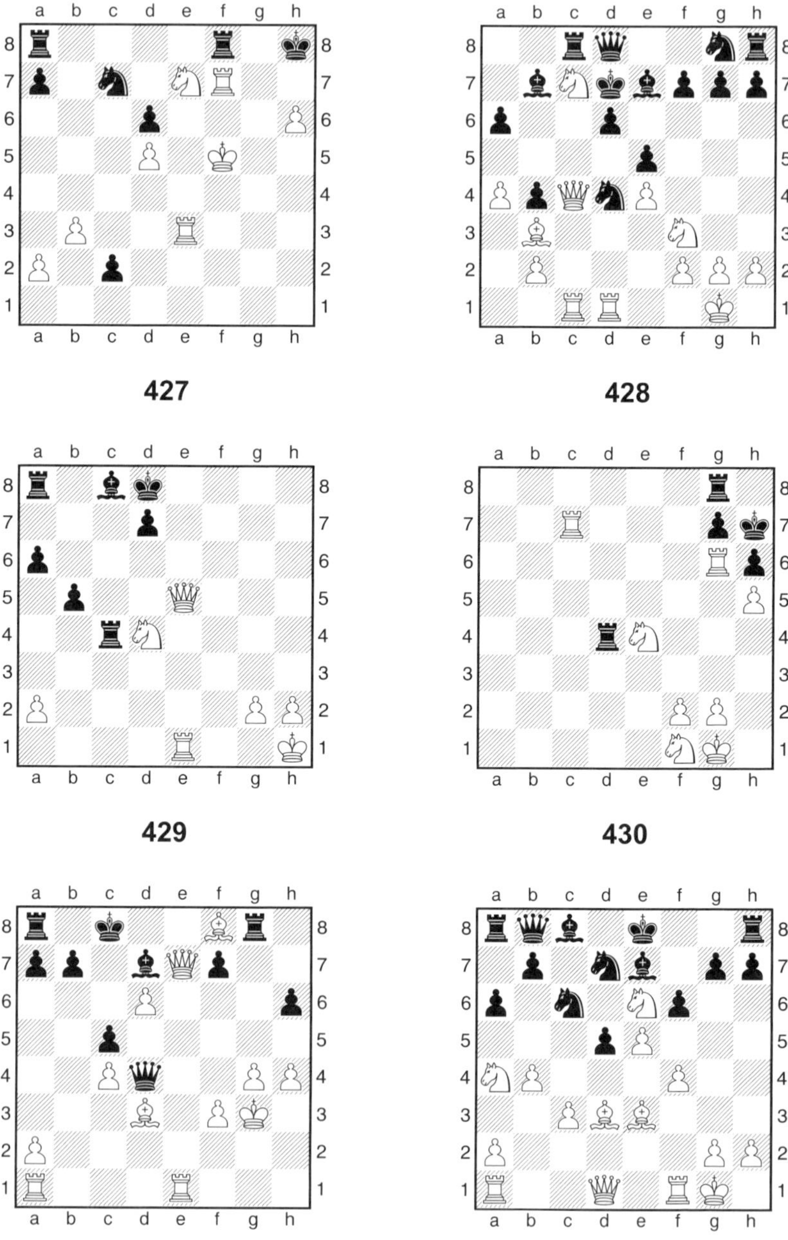

427 428

429 430

431 432

427. 1.♘e7-g6+ ♔h8-g8 2.h6-h7+ ♔g8xf7 3.♖e3-e7#
Moschell - Fronczek
Senioren WM Naumburg 2002

428. 1.♕c4-e6+ f7xe6 2.♗b3xe6+ ♘d4xe6 3.♘f3xe5#
Oliver,C - Bennet,G England 1985

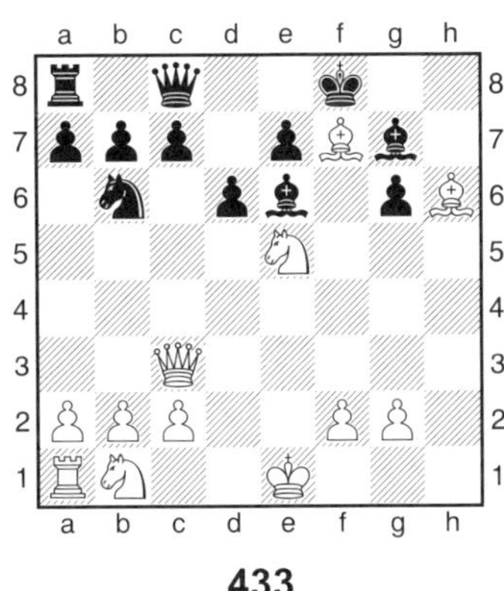

429. 1.♕e5-d6 a6-a5 2.♘d4-e6+ ♔d8-e8 3.♕d6-f8#
[2.♕d6-b6+ ♖c4-c7 3.♕b6-f6#]
Luther - Munoz Arano, Internet Blitz 2003

430. 1.♘e4-f6+ ♔h7-h8 2.♖g6xh6+ g7xh6 3.♖c7-h7#
Estrada – Sousa, Jugend WM Brasilien 2011

431. 1.♕e7-e8+ ♗d7xe8 2.♗d3-f5+ ♗e8-d7 3.♖e1-e8# [2...♔c8-d8 3.♗f8-e7#; 2...♔c8-b8 3.♖e1xe8#]
L'Ami,Alina - Cerrato Torres
Frauenturnier Benidorm 2010

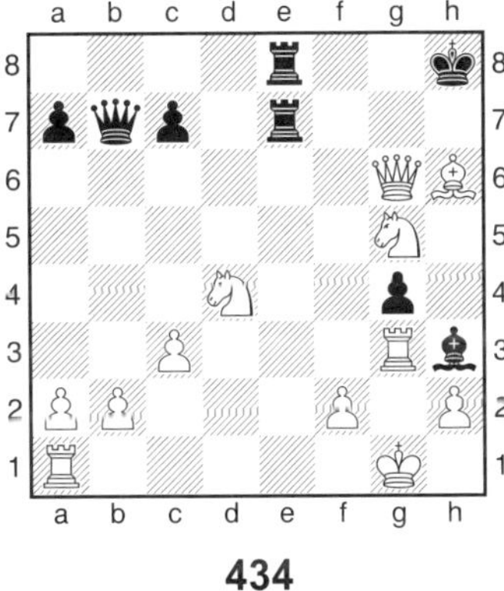

432. 1.♕d1-h5+ g7-g6 2.♕h5/♗d3xg6+ h7xg6 3.♗d3/♕h5xg6#
Pentenyi,T - Kavikeshawa,P Belfort 2005

433. 1.♘e5xg6+ ♔f8xf7 2.♕c3xg7+ ♔f7-e8 3.♕g7xe7#
Strikovic - Marcos, Spanien 1993

434. 1.♗h6-g7+ ♖e7xg7 2.♕g6-h5+ ♔h8-g8 3.♕h5xe8#
Tyda - Walczak, Gdansk Open 2010

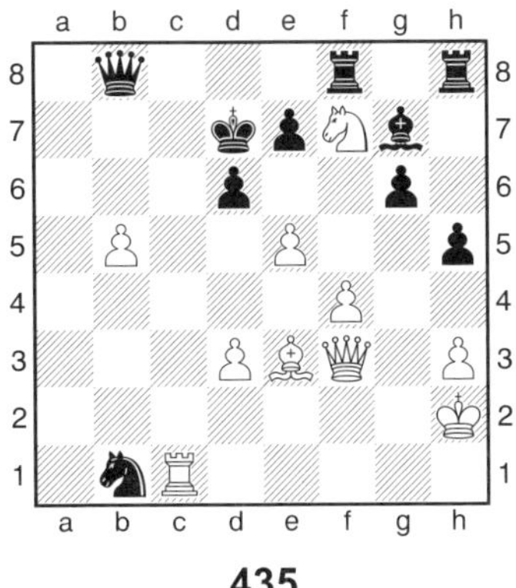

435. 1.♕f3-c6+ ♔d7-e6 2.♘f7-g5+ ♔e6-f5 3.♕c6-e4#
Fernandez Garcia - Gonzales
Spanische Seniorenmeisterschaft 2010

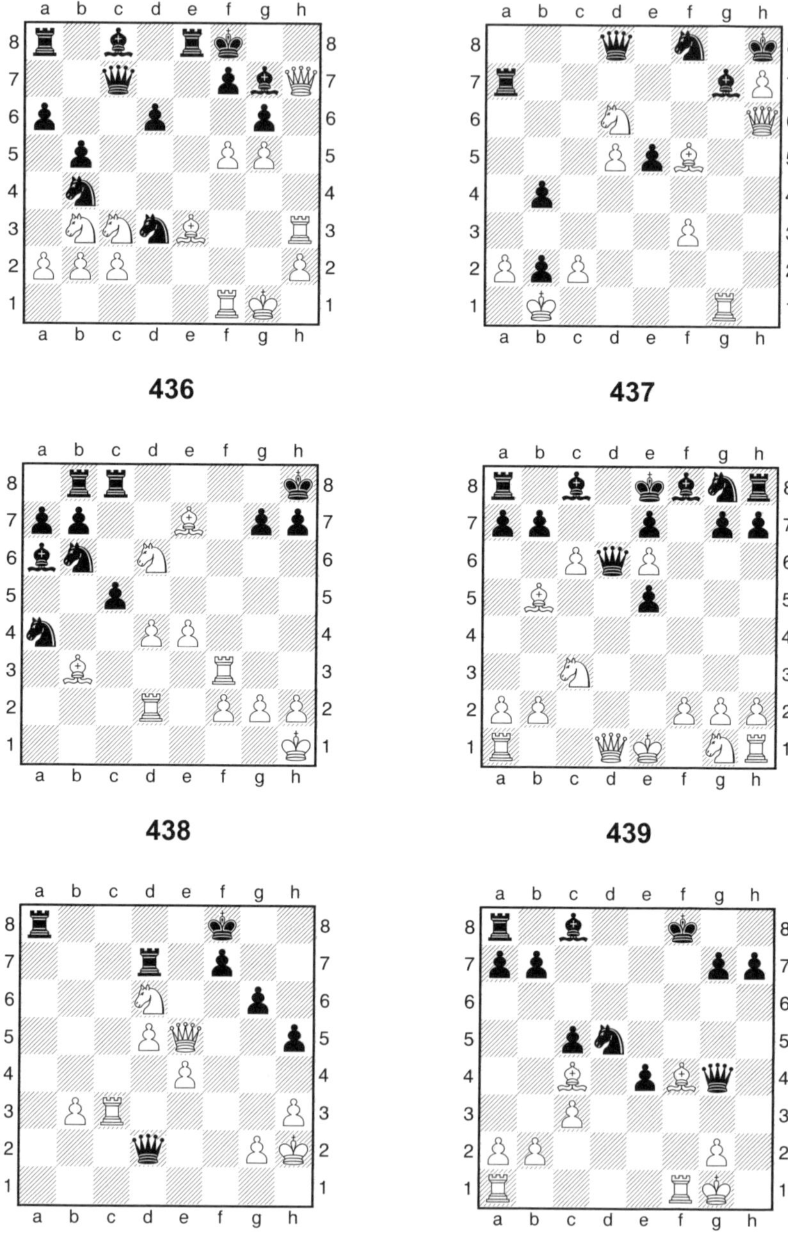
436
437
438
439
440
441

436. 1.f5–f6 ♗g7xf6 2.g5xf6 ♗c8xh3 3.♕h7–h8# /g7# / 3.♗e3–h6# [1...♖e8xe3 2.♕h7–h8+ ♗g7xh8 3.♖h3xh8#]
Klovans - Rosen
Senioren WM Bad Zwischenahn 2008

437. 1.♕h6xg7+ ♖a7xg7 2.♘d6–f7+ ♖g7xf7 3.♖g1–g8#
Czarnota – Tamczak, Polen 2002

438. 1.♘d6–f7+ ♔h8–g8 2.♘f7–d8+ c5–c4 / ♔g8–h8 3.♖f3–f8#
Jorgensen - Jayathilake, WM U18 Girls 2008

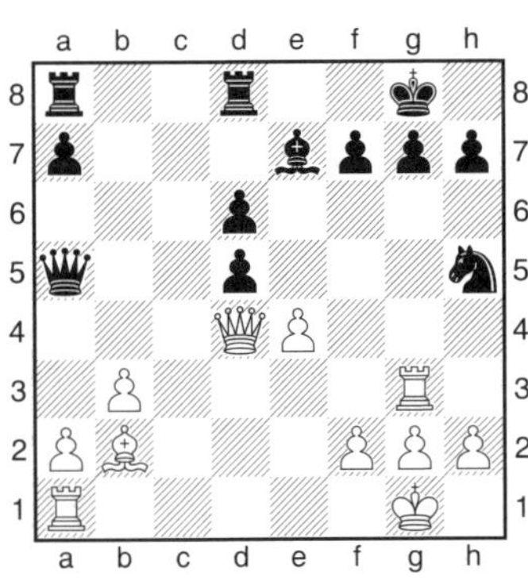

442

439. 1.c6–c7+ ♗c8–d7 2.♗b5xd7+ ♕d6xd7 3.♕d1xd7# [1...♕d6–c6 2.♕d1–d8#]
Hetul - Patwardhan
Commonwealth Spiele 2008

440. 1.♖c3–c8+ ♖a8xc8 2.♕e5–h8+ ♔f8–e7 3.♘d6xc8# [1...♖d7–d8 2.♕e5–h8+ ♔f8–e7 3.♕h8xd8#]
Graf - Georgiev, Recklinghausen 1998

441. 1.♗f4–d6+ ♔f8–e8 2.♗c4–b5+ ♗c8–d7 3.♖f1–f8#
Onischuk – Hertneck, Biel 1997

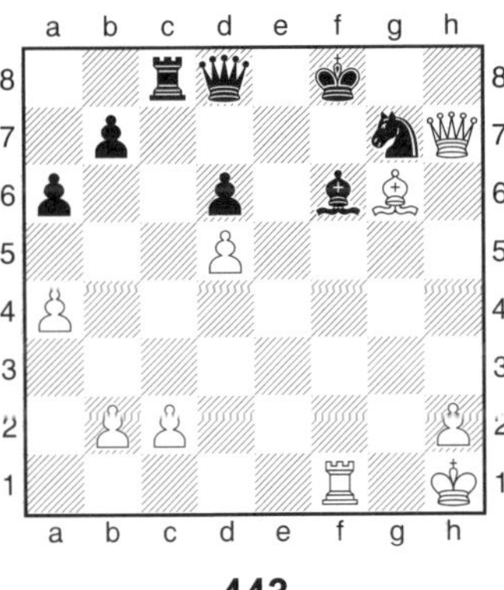

443

442. 1.♖g3xg7+ ♔g8–f8
[1...♔g8–h8 2.♖g7–g8+ ...]
2.♖g7–g8+ ♔f8xg8 3.♕d4–h8#
Skriptschenko – Lallemand, 1998

443. 1.♖f1–e1 ♗f6–e5 2.♕h7–h8+ ♔f8–e7 3.♕h8xg7# [1...♘g7–f5 2.♕h7–f7#]
Almasi - De la Riva Aguado
Pamplona 2001/02

444. 1.♕h8–h4+ ♖g6–f6 2.♕h4xb4+ ♕b6–d6 3.♕b4xd6#
[1...f7–f6 2.♕h4–h7+ ♖g6–g7 3.♕h7xg7#]
Tal - Amateur, UdSSR 1964

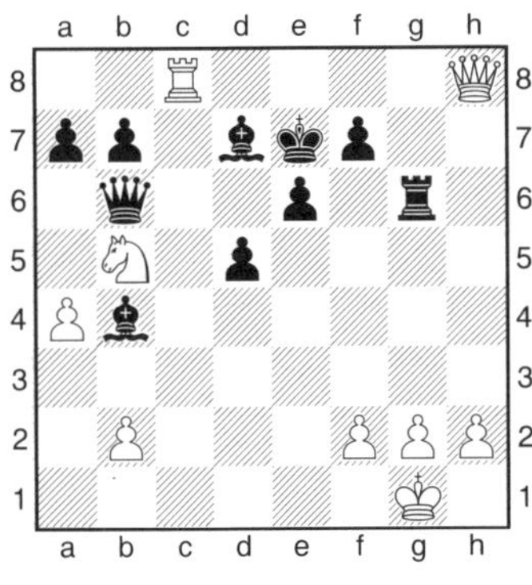

444

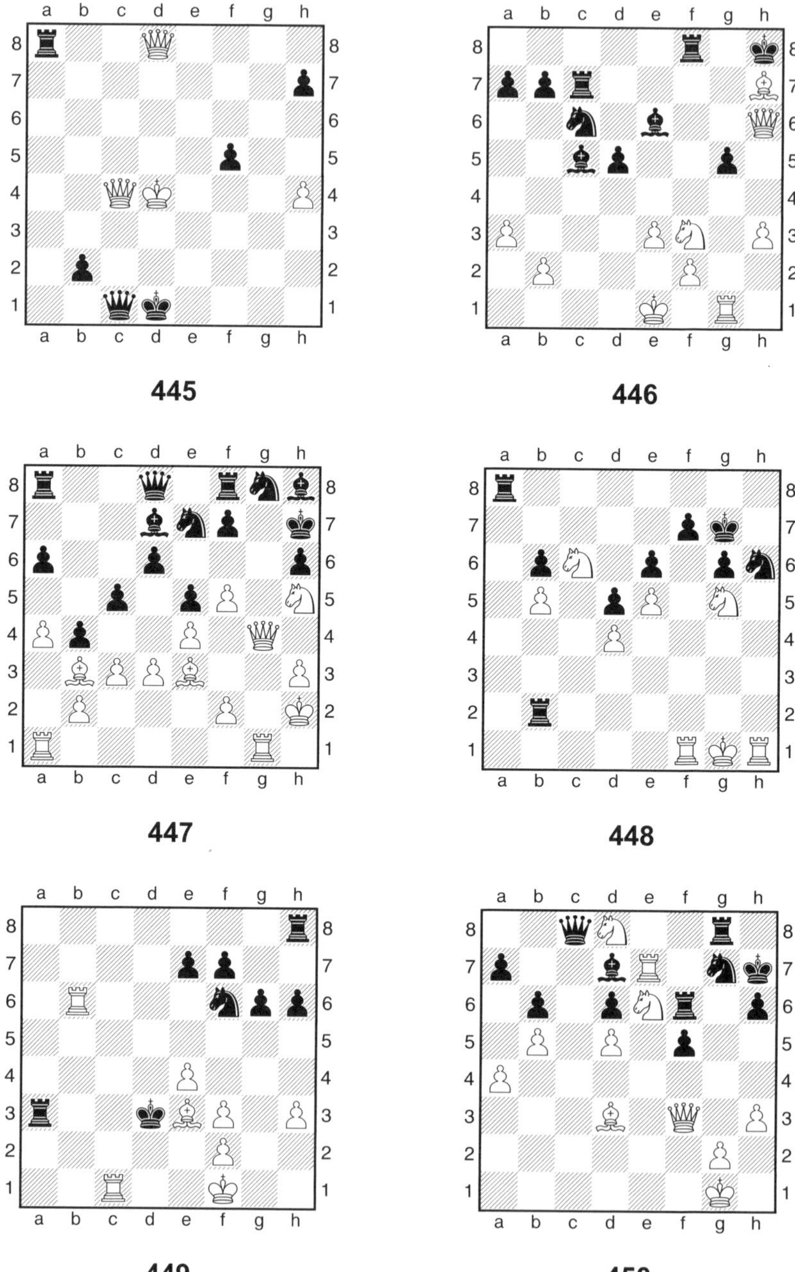

445
446
447
448
449
450

445. 1.♕c4–f1+ ♔d1–d2 2.♕d8–g5+ ♔d2–c2 3.♕f1–d3# [2...f5–f4 3.♕g5–g2#]
Getz - Harper
USA Juniorenmeisterschaft St. Louis 2011

446. 1.♗h7–f5+ ♔h8–g8 2.♗f5xe6+ ♖c7/♖f8–f7 3.♖g1xg5#
Steinfl - Viswanadha (Variante)
First Metropolitan Open Los Angeles 2011

447. 1.♗b3xf7 ♗h8–f6 2.♘h5xf6+ ♘g8xf6 3.♕g4–g7# [1...♖f8xf7 2.♕g4–g6+ ♘e7xg6 3.f5xg6#; 1...♗d7xf5 2.♕g4xf5+ ♘e7xf5 3.♗f7–g6#]
Kaisar - Schon, WM U18 2008

448. 1.♖f1xf7+ ♘h6xf7 2.♘g5xe6+ ♔g7–g8 3.♘c6–e7# [1...♔g7–g8 2.♘c6–e7+ ♔g8–h8 3.♖f7–h7# / ♖h1xh6#]
Pyhala - Raisa, Tampere 1989

449. 1.♖b6–c6 ♘f6xe4 2.♖c1–d1+ ♘e4–d2+ 3.♖d1xd2#
Watson - McLaren, Auckland 2004

450. 1.♕f3xf5+ ♖f6xf5 2.♗d3xf5+ ♔h7–h8 3.♘d8–f7#
Ross – Perez, Cienfuegos 1996

451. 1.♘g6–e5+ [1.♘g6–h8+] 1...♔f7–e7 2.♕h5–f7+ ♔e7–d6 3.♘d2–e4#
Vass - Horvath
Ungarische Mannschaftsmeisterschaft 2006

452. 1.♗e3–h6+ ♔g7xh6 2.♕a3–f8+ ♔h6–g5 3.h3–h4#
Romanischin - Schmidt,Ger., Dresden 1998

453. 1.♕e5–g7+ ♔g8xg7 2.♘d4–f5+ ♔g7–g8 3.♘f5–h6#/e7#
Sveshnikov - Sherbakov, Moskau 1991

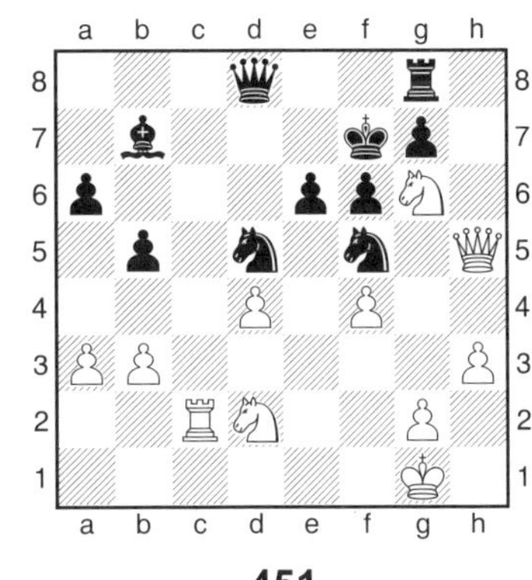

451

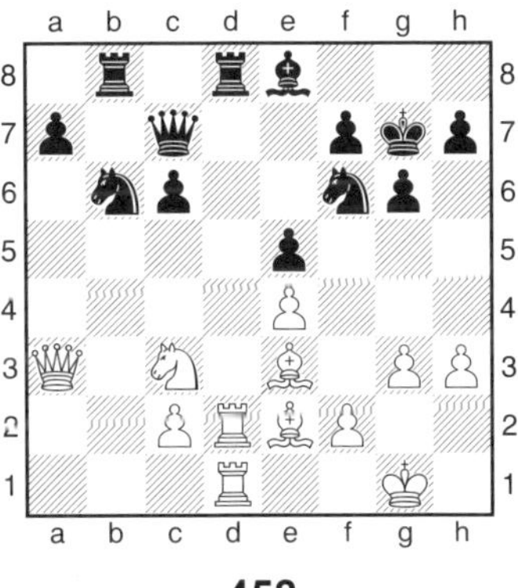

452

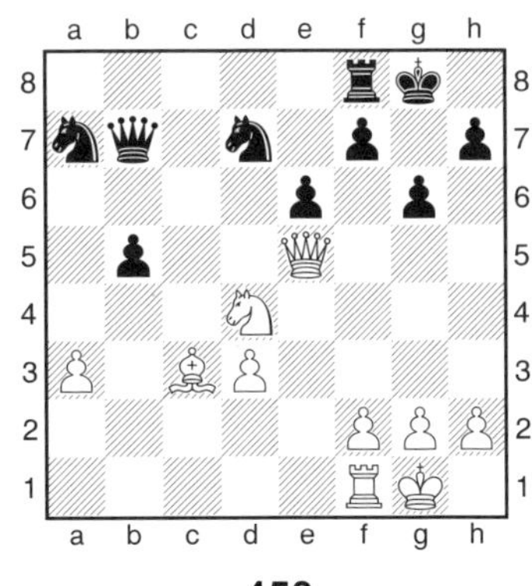

453

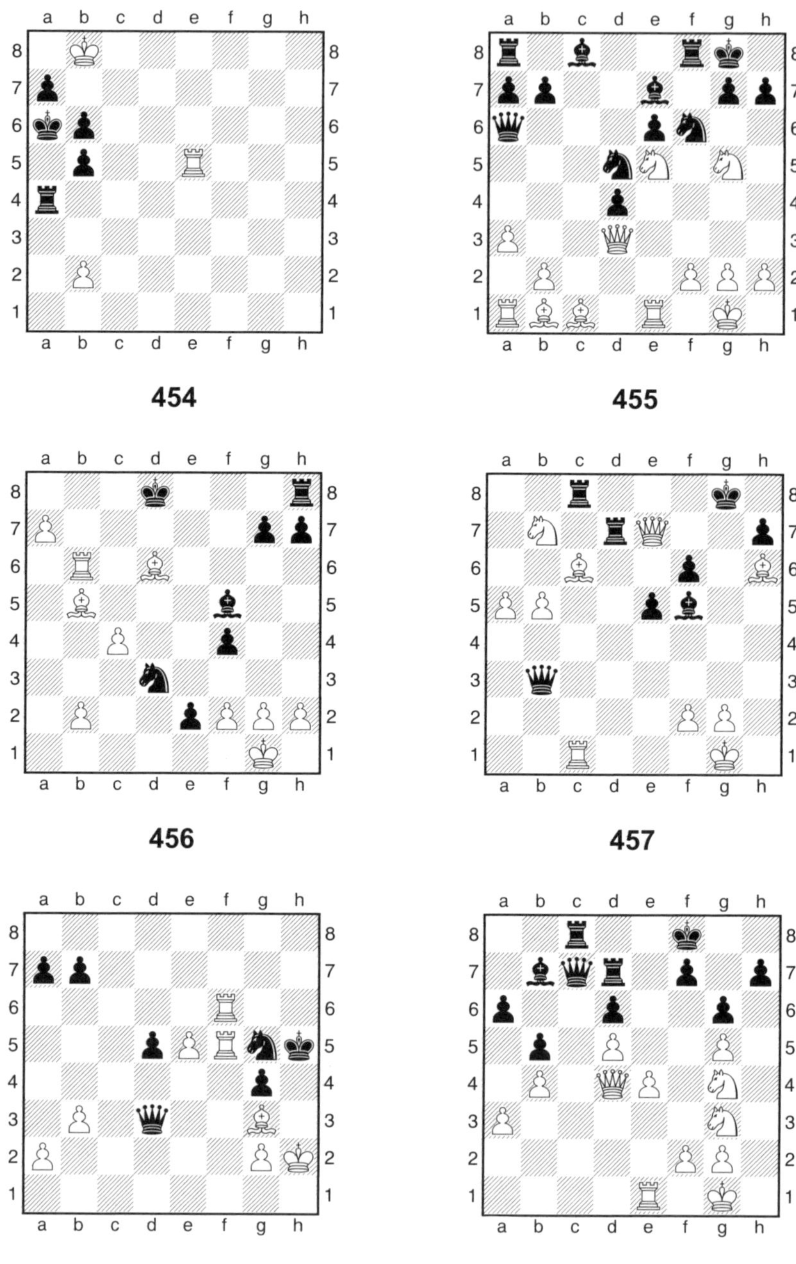

454

455

456

457

458

459

454. 1.b2-b4 ♖a4xb4 [1...♖a4-a1]
2.♖e5-e7 -- 3.♖e7xa7#
Tarasyuk - Ende einer Studie 1998

455. 1.♕d3xh7+ ♘f6xh7 2.♗b1xh7+ ♔g8-h8
3.♘e5-g6#
Sörensen,J - Vlassis, Open Korinth 1998

456. *1.a7-a8♕*+ ♗f5-c8 2.♕a8xc8+ ♔d8xc8
3.♖b6-b8#;
1.♖b6-b8+ ♗f5-c8 2.♖b8xc8+ ♔d8xc8
3.a7-a8♕#
Rindlisbacher - Tairi, WM U14 2009

457. 1.♗c6-d5+ ♕b3xd5 2.♖c1xc8+ ♖d7-d8
3.♕e7-g7#
[1...♗f5-e6 2.♖c1xc8+ ♖d7-d8
3.♖c8xd8# / ♕e7-g7#]
Beil - Zieteck-Czerwonska, Litomysl 1998

458. 1.♖f5xg5+ ♔h5xg5 2.♗g3-f4+ ♔g5-h5
3.♖f6-h6#
Teske - Saltaev (Variante) Bundesliga 2010

459. 1.♕d4-h8+ ♔f8-e7 2.♘g3-f5+ g6xf5
3.e4xf5#
Howell – Bulski, Junioren WM 2007

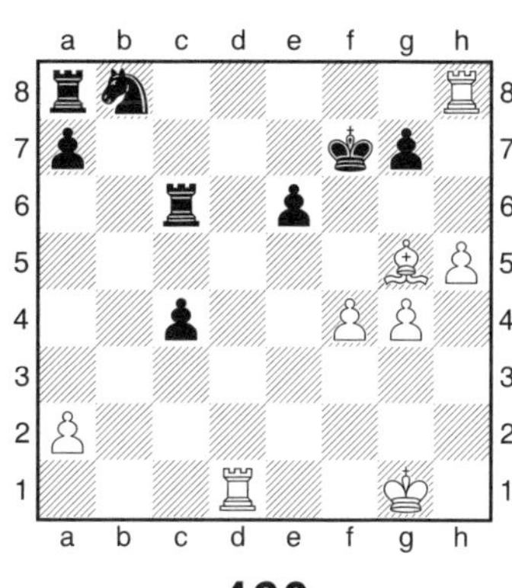

460

460. 1.♖d1-d8 e6-e5 2.♖h8-f8+ ♔f7-e6
3.f4-f5# [2.♖d8-e8 e5xf4 3.♖h8-f8#]
Hector - Lauber, Bundesliga 2009/10

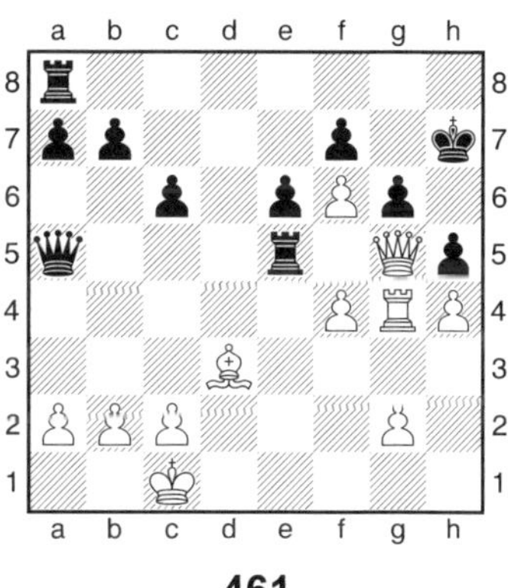

461

461. 1.♗d3xg6+ f7xg6 [1...♔h7-g8 2.♗g6-f5+
♔g8-f8 3.♕g5-g8#]
2.♕g5xg6+ ♔h7-h8 3.♕g6-g7#/h6#
Point - Nordahl
Dos Hermanas Internet Blitz Quali, 2009

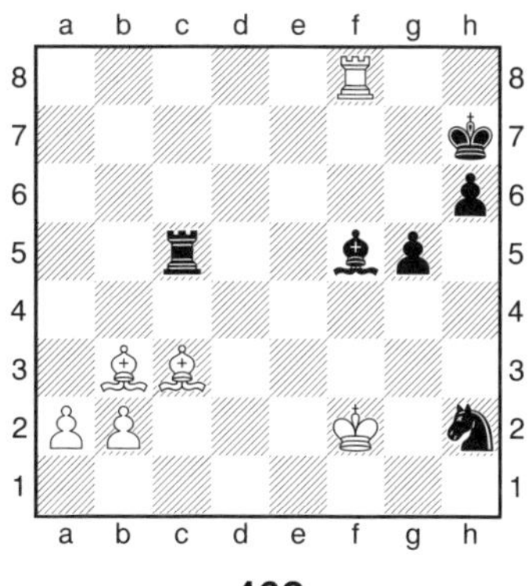

462

462. 1.♗b3-g8+ ♔h7-g6 2.♗g8-f7+ ♔g6-h7
3.♖f8-h8#
Prüss - Himmel, Regionalliga Ruhrgebiet 2009

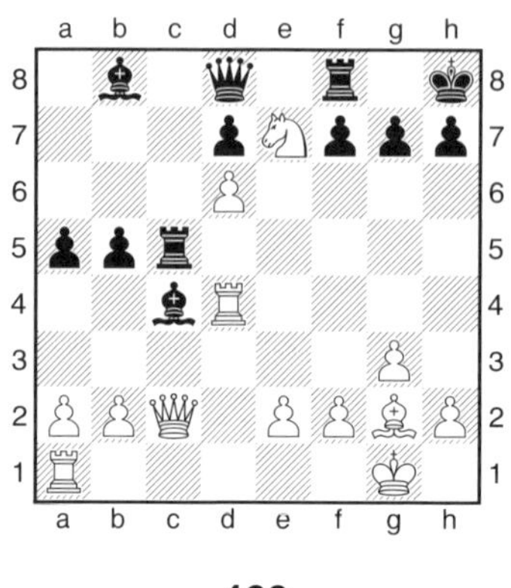

463

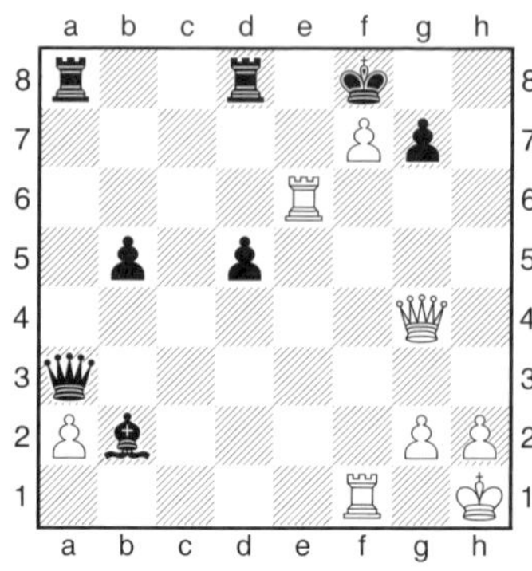

464

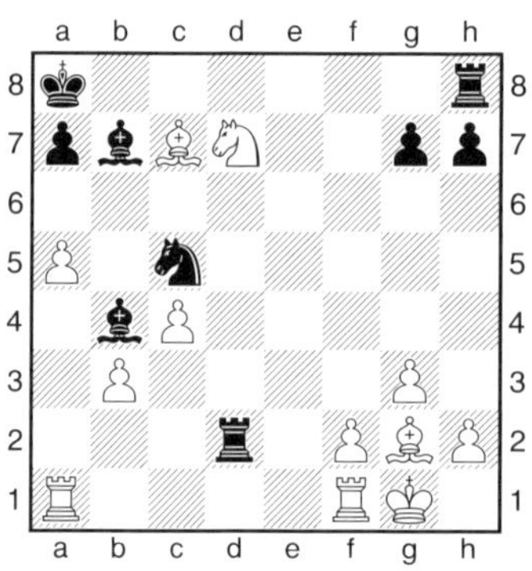

465

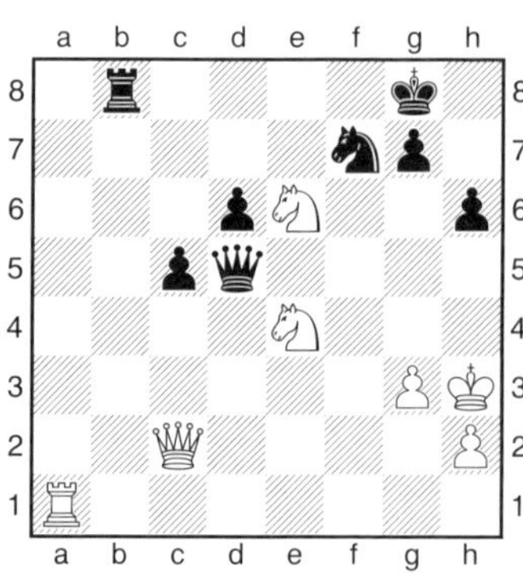

466

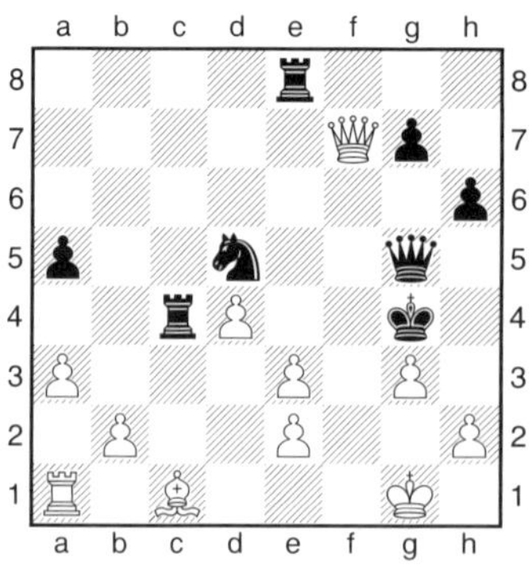

467

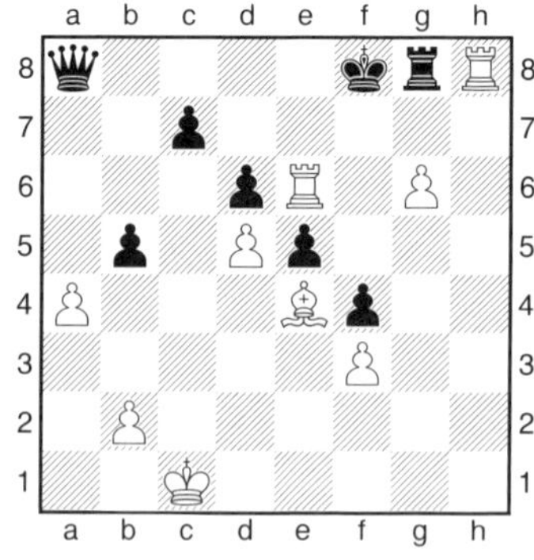

468

463. 1.♕c2xh7+ ♔h8xh7 2.♖d4–h4+ ♖c5–h5 3.♖h4xh5#
Berczes - Maiorov, Rhode Open 2010

464. 1.♕g4–h4 ♗b2–f6 2.♕h4–h7 ♔f8xf7 3.♖f1xf6#
[1...g7–g6 2.♕h4–h7 -- 3.♕h7–g8#]
Luther - Trebugov (Variante), Ohrid 2001

465. 1.♘d7–b6+ a7xb6 2.a5xb6+ ♘c5–a6 3.♖a1xa6#
Morozevich - Xie Ju, Pamplona 1998/99

466. 1.♘e4–f6+ g7xf6 2.♕c2–g6+ ♔g8–h8 3.♕g6–g7#
Ulibin - Bezold, Stockholm 1999

467. 1.♕f7–f3+ ♔g4–h3 2.g3–g4+ ♔h3–h4 3.♕f3–g3#
Wilgenhof - Van Eijk, Open Dieren 2009

468 1.♖e6–f6+ ♔f8–g7 2.♖f6–f7+ ♔g7xh8 3.♖f7–h7#
[1...♔f8–e7 2.♖f6–f7+ ♔e7–e8 3.♖h8xg8#;
1...♔f8–e8 2.♖h8xg8+ ♔e8–d7 3.♖f6–f7#]
Radziewicz – Ilinic, Budapest 2006

469. 1.♖c1–c8 ♕a6–f6 [1...♖g8xc8? 2.♕e5xg7#] 2.♖c8xg8+ ♔h8xg8 3.♕e5–e8#
Martin - Lauterbach,I Nottingham 4NCL 2005

470. 1.f3–f4+ ♔g5–f5 2.♗a4–d1 e4–e3 3.♗d1–c2#
Melnichenko - Ende einer Studie 2010

471. 1.♕d6–d8+ ♘g6–f8 2.♘f5–h6+ ♔g8–g7 3.♕d8–f6#
Stanoev - Alonso Macias, Burgas Open 2008

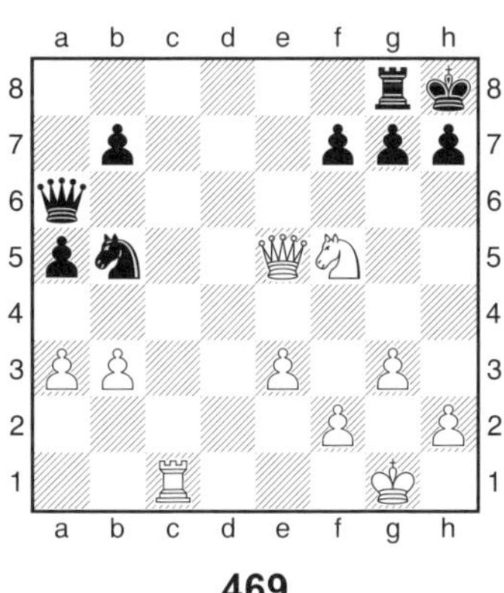
469

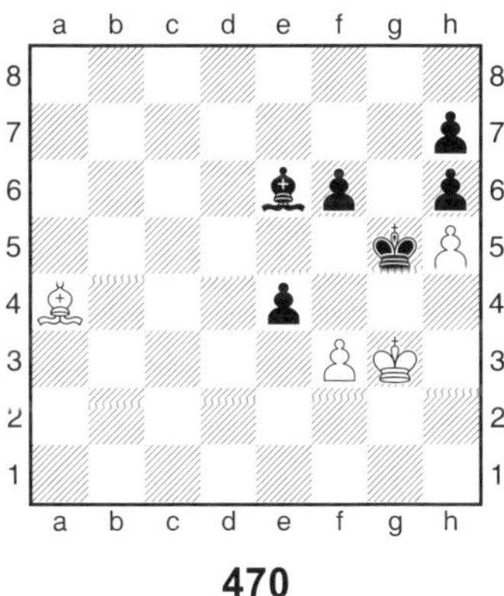
470

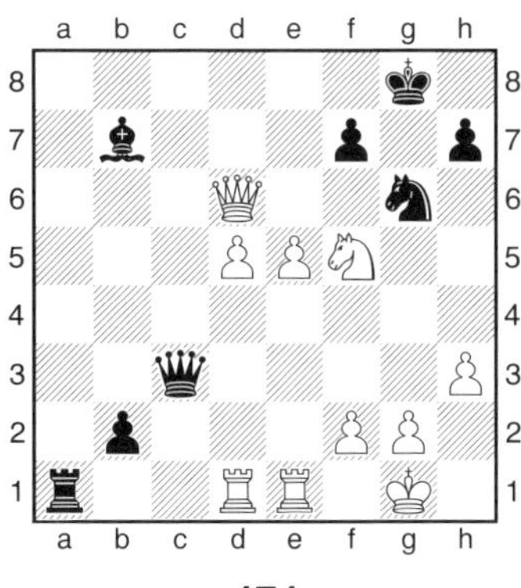
471

■ Matt in 3 Zügen

Nach den 130 Mattstellungen für Weiß kann den Leser sicher nichts mehr schrecken. Die schon bekannten Motive diesmal auf der anderen Bretthälfte und mit dunklen Figuren zu erkennen sollte kein Problem sein. Doch es gibt auch wieder einige knifflige Stellungen zu lösen, die nicht so einfach sind, wie man es von 3-Zügern erwarten würde!

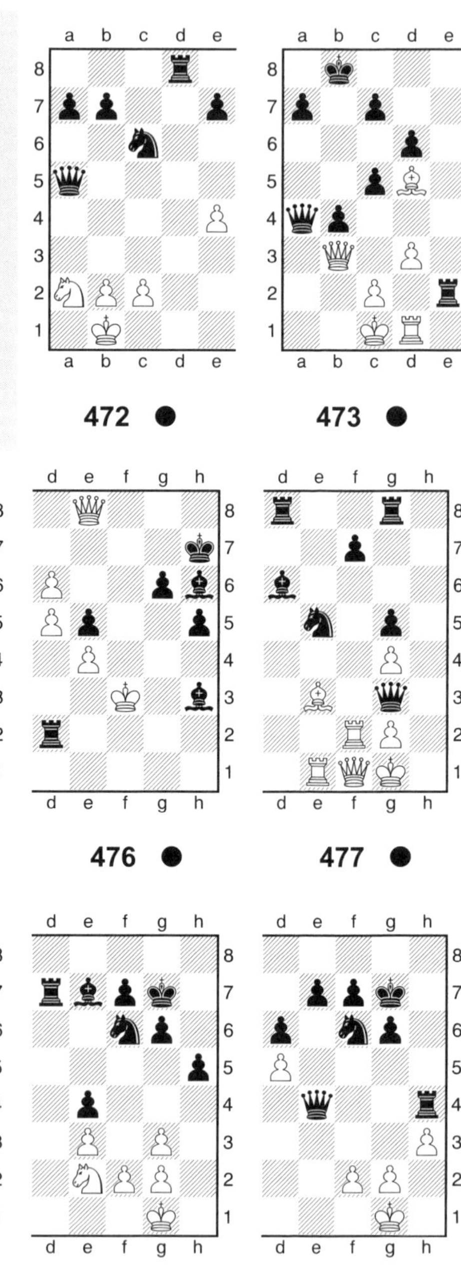

472 ●

473 ●

474 ●

475 ●

476 ●

477 ●

478 ●

479 ●

480 ●

481 ●

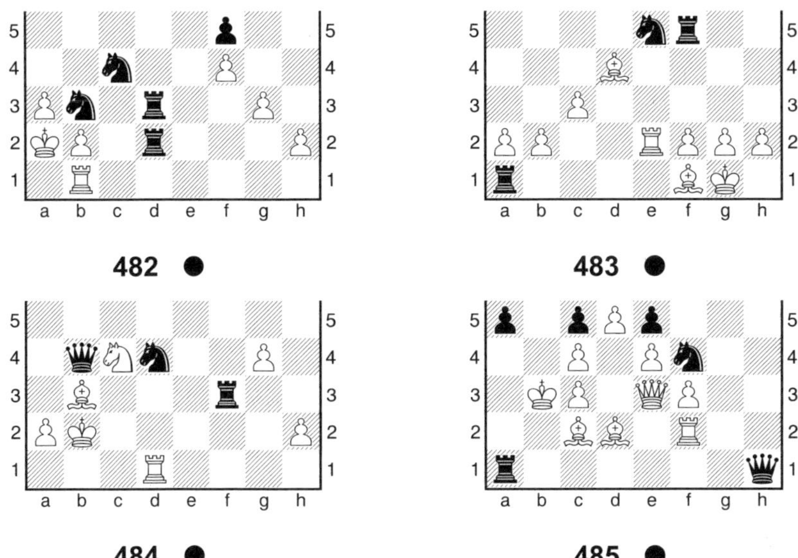

482 ●

483 ●

484 ●

485 ●

472. 1...♖d8–d1+ 2.♘a2–c1 ♖d1xc1+ 3.♔b1xc1 ♕a5–e1#

473. 1...♕a4–a1+ 2.♕b3–b1 ♖e2xc2+ 3.♔c1xc2 ♕a1–c3#

474. 1...♘g2–f4+ 2.♖f2xf3 [2.♔h1–g1 ♕f3–h1# / ♘f4–h3#]
2...♗c4xf3+ 3.♔h1–g1 ♘f4–h3#

475. 1...♕f6xf3+ 2.g2xf3 ♗d7–h3+ 3.♔f1–g1 ♖e8–e1#

476. 1...♗h3–g4+ 2.♔f3–g3 ♗h6–f4+ 3.♔g3–h4 g6–g5#

477. 1...♕g3–h2+ 2.♔g1xh2 ♘e5–f3+ 3.♔h2–h1/h3 ♖g8–h8#

478. 1...♕d7–h3+ 2.♔h4xh3 ♘d5–f4+ 3.♔h3–h4 ♘e3–f5#

479. 1...♖h3xf3+ 2.♔f2xf3 [2.♘e1xf3 ♘d6xe4#] ♕h1–f1+ 3.♖g2–f2 ♕f1–h3#

480. 1...♖d7–d1+ 2.♔g1–h2 ♘f6–g4+ 3.♔h2–h3 ♖d1–h1#

481. 1...♕e4–e1+ 2.♔g1–h2 ♘f6–g4+ 3.♔h2–g3 ♕e1xf2#

482. 1...♘b3–c1+ 2.♖b1xc1 [2.♔a2–a1 ♖d3xa3+ 3.b2xa3 ♖d2–a2#]
2...♖d2xb2+ 3.♔a2–a1 ♖d3xa3#

483. 1...♘e5–f3+ 2.g2xf3 ♖f5–g5+ 3.♔g1–h1 ♖a1xf1#

484. 1...♖f3xb3+ 2.a2xb3 [2.♔b2–a1 ♘d4–c2#; 2.♔b2–c1 ♖b3–b1# *(2...♕b4–c3#)*] 2...♕b4xb3+ 3.♔b2–c1 ♕b3–c2#

485. 1...♖a1–a3+ 2.♔b3xa3 [2.♔b3–b2 ♕h1–a1#] ♕h1–a1+ 3.♔a3–b3 a5–a4#

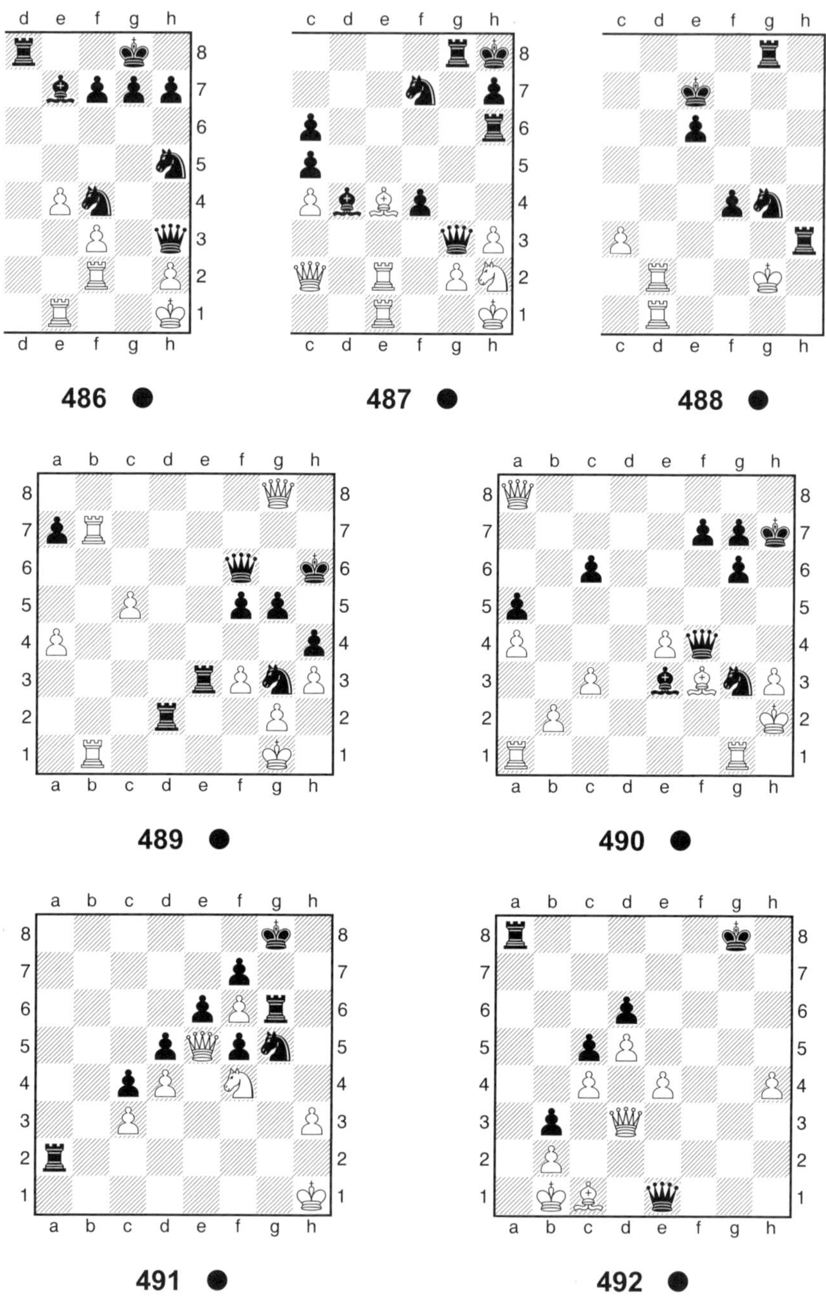
486
487
488
489
490
491
492

486. 1...♘h5–g3+ 2.♔h1–g1 ♕h3–g2+ 3.♖f2xg2 ♘f4–h3# **Daly – Rochev**, Bunratty 1999

487. 1...♖h6xh3 2.g2xh3 ♕g3–g1+ 3.♖e1xg1 ♖g8xg1# **Safin - Ali**, Finkenstein 2003

488. 1...♘g4–e3+ 2.♔g2–f2 ♖g8–g2+ 3.♔f2–e1 ♖h3–h1# [2.♔g2xh3 ♖g8–h8#]
Lausch – Bartholomaeus, Open Leipzig 1998

489. 1...♖d2xg2+ 2.♔g1xg2 ♖e3–e2+ 3.♔g2–g1 ♕f6–d4#
Zuniga - Natzmer, Teammatch Peru 1999

490. 1...♘g3–f1+ 2.♔h2–g2 ♕f4–g3+ 3.♔g2xf1 ♕g3–f2#
[3.♔g2–h1 ♕g3xh3#/h2# / ♕g3xg1#]
Solochov - Bondar, Myrhorod Open 2010

491. 1...♖a2–h2+ 2.♔h1xh2 ♘g5–f3+ 3.♔h2–h1 ♖g6–g1#
Meyer - Haskamp, Bundesliga 2002

492. 1...♖a8–a1+ 2.♔b1xa1 ♕e1–a5 3.♔a1–b1 ♕a5–a2#
Marcelin - Volokitin, Bundesliga 2004

493. 1...g6–g5 2.f5–f6+ ♔g7–g6/g8 3. -- ♖h8–h3# / ♖h2–g2#]
Ivantschuk - Leko, Blitz WM Moskau 2009

494. 1...♕d3–f1+ 2.♘c3–b1 ♕f1xb1+ 3.♔a1xb1 ♖d8–d1#
[1...♕d3–d1+ 2.♘c3xd1 ♖d8xd1#]
Sousa - Santos, Portugal 1995

495. 1...h7–h5+ 2.♔g4–g5 ♖e3–g3+ 3.♔g5–h6 ♗d4–g7#
Bakker – Wunnink, Amsterdam Open 2005

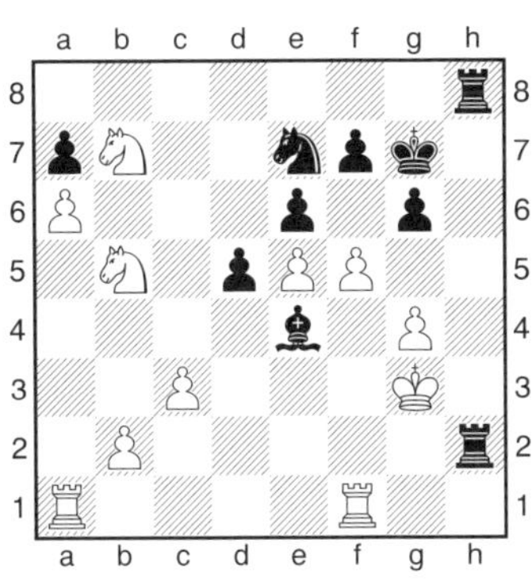

493 ●

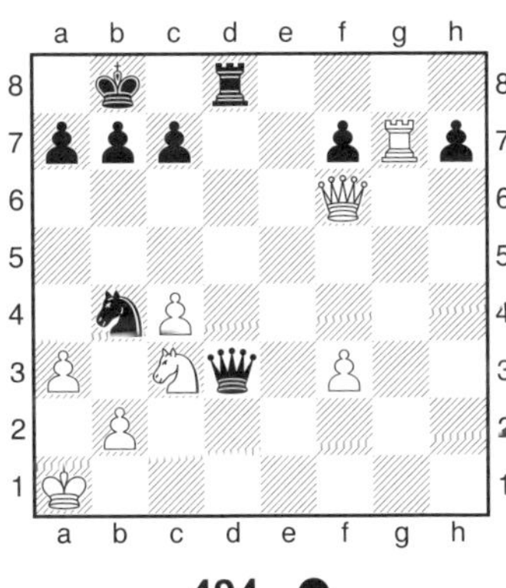

494 ●

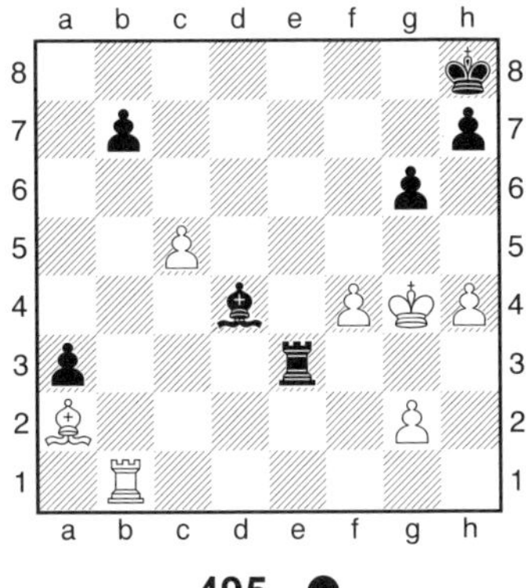

495 ●

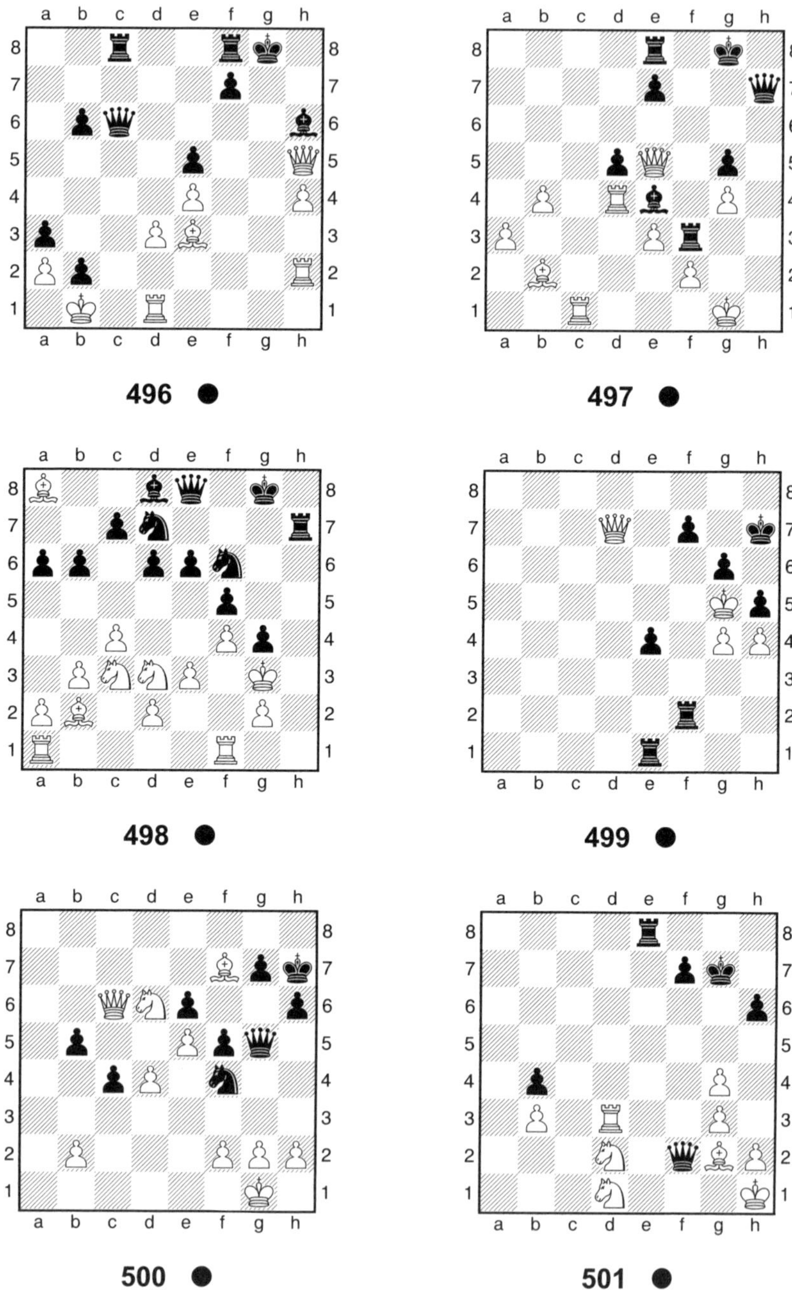

496 ●

497 ●

498 ●

499 ●

500 ●

501 ●

496. 1...♕c6–c1+ 2.♖d1xc1 b2xc1♕+ 3.♗e3xc1 ♖c8xc1# [2...♖c8xc1+ 3.♗e3xc1 b2xc1♕#]
N.N. – Merettig, Cuxhaven 2004

497. 1...♕h7–h1+ 2.♔g1xh1 ♖f3–h3+ 3.♔h1–g1 ♖h3–h1#
Stempkin - Jacubiec
Polnische Meisterschaft 2002

498. 1...♘f6–e4+ 2.♗a8/♘c3xe4 ♗d8–h4+ 3.♔g3–h2 ♗h4–f2#
Torres - Ossa, Medellin Osteropen 2010

499. 1...♖e1–f1 2.♕d7xf7+ [2.♕d7–d6 ♖f2–f5+ 3.g4xf5 ♖f1xf5#; 2.♕d7–b5 f7–f6#] 2...♖f2xf7 3.g4xh5 ♖f1–g1# [1...♖e1–g1?? 2.♕d7xf7+ ♖f2xf7 Patt!]
Sjugirow – Kokarev, Russland Cup 2009

500. 1...♘f4–h3+ 2.♔g1–f1 ♕g5–c1+ 3.♔f1–e2 ♘h3–g1#
Bekker-Jensen,S - McShane
Politiken Cup Kopenhagen 1999

501. 1...♖e8–e1+ 2.♘d2–f1 ♖e1xf1+ 3.♗g2xf1 ♕f2xf1#
Karpow – Kasparow
II.Match, 16.Partie Moskau 1985

502. 1...♖f7–f1+ 2.♔g1–h2 ♖c5–h5+ 3.♔h2–g3 ♕f8–f4#
Sykes - Thomson
Schottische Meisterschaft Edinburg, 2009

503. 1...♖e8xe3+ 2.♔e2–d2 ♕f5–d3+ 3.♔d2–c1 ♖e3xe1# [2.♔e2xe3 ♕f5–d3#; 2.♔e2–d1 ♖e3xe1+ 3.♔d1–d2 ♕f5–d3#]
Svidinsky - Szabo, St. Petersburg 2010

504. 1...♕f6–g5+/g6+ 2.♔g2xh3 ♖f8xf3+ 3.♖e3xf3 ♕g5–g4# [2.♔g2–h1 ♘h3–f2#]
Erwich - Szekely, Haarlem 1998

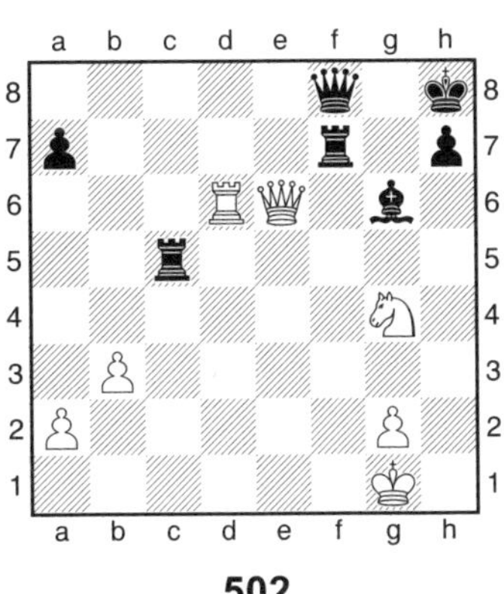

502

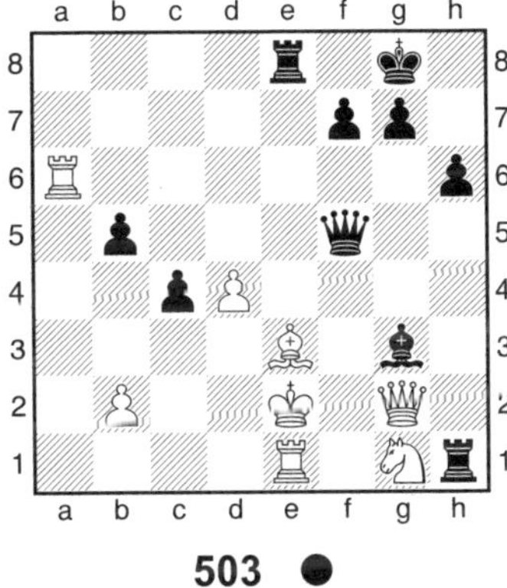

503 ●

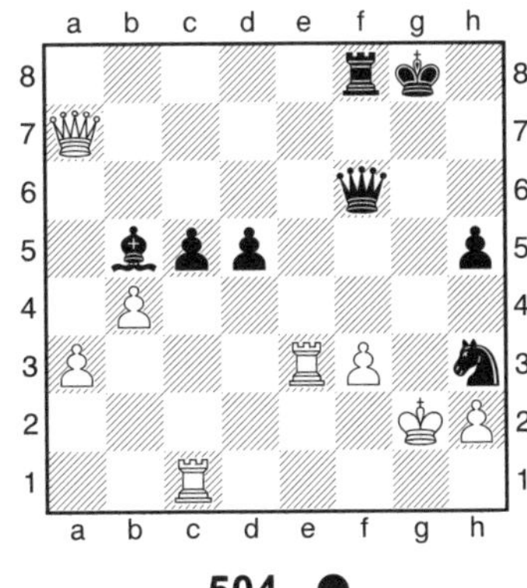

504 ●

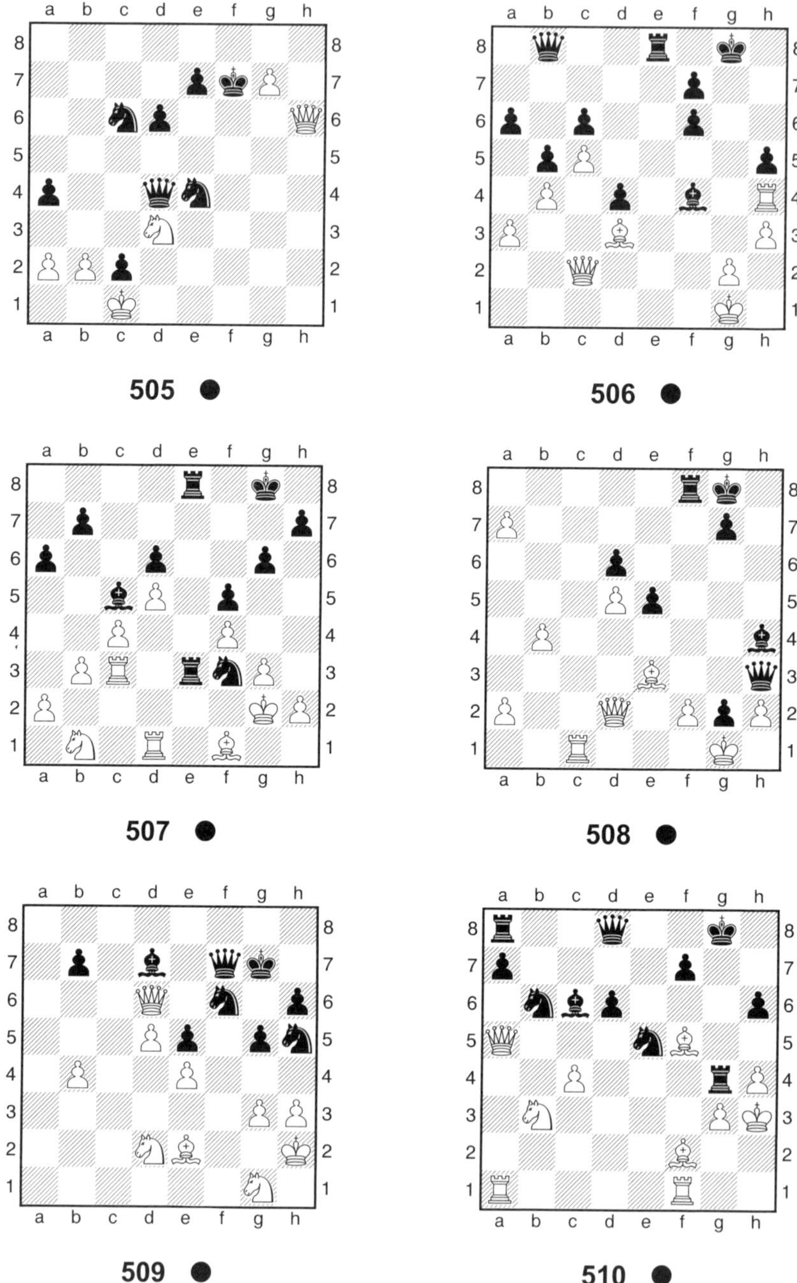

505 ●

506 ●

507 ●

508 ●

509 ●

510 ●

505. 1...♕d4-g1+ 2.♘d3-e1 ♕g1xe1+ 3.♔c1xc2 ♘c6-b4#
Ziogaite - Richtrova
Olympiade Frauen Dresden 2008

506. 1...♖e8-e1+ 2.♔g1-f2 ♗f4-g3+ 3.♔f2-f3 ♖e1-e3#
[2.♗d3-f1 ♗f4-h2+ 3.♔g1-f2 ♕b8-g3#]
Vicente - Kaminski, WM U14 2009

507. 1...♖e3-e2+ 2.♗f1xe2 ♖e8xe2+ 3.♔g2-f1 ♖e2-f2# [3.♔g2-h1/h3 ♖e2xh2#; 3.♔g2xf3 ♖e2-f2#]
Bogner,C - Bakhtadze, WM U20 1999

508. 1...♗h4-g3 2.f2xg3 ♖f8-f1+ 3.♖c1xf1 g2xf1♖#
[2.h2xg3 ♕h3-h1#; 2. -- ♕h3/♗g3xh2#]
Mendeiros - Torralba, Frankreich 2000

509. 1...♘f6-g4+ 2.h3xg4 ♕f7-f2+ 3.♔h2-h1 ♘h5xg3# [2.*♔h2-h1 / 2.♗e2xg4* ♘h5xg3+ 3.♔h1-g2 ♕f7-f2#; *2.♔h2-g2* ♕f7-f2+ 3.♔g2-h1 ♕f2-h2# / ♘h5xg3#]
Neese - Villing Bad Wörishofen Senioren 2006

510. 1...♕d8xh4+ 2.g3xh4 ♗c6-g2+ 3.♔h3-h2 ♘e5-f3#
Cruz,P - van der Heide, Leeuwarden 2009

511. 1...♕a6xa3 2.♖c1xc2 ♕a3-a2+ 3.♔b1-c1 ♕a2-a1# [2.b2xa3 ♘c2xa3#]
Rizzitano - Rogan, Chicago 1989

512. 1...♘e4-d2+ 2.♖d1xd2 ♖c2-c1+ 3.♘e2xc1 ♖c8/♕a3xc1#
[2.♕d4xd2 ♕a3-b2#; 2.♔b1-a1 ♘d2xb3+ 3.♔a1-b1 ♕a3xa2#]
Guo Qi - Lhamsuren
Asienmeisterschaft Frauen 2009

513. 1...♘g3-f1+ 2.♔h2-g1 ♕d6-h2+ 3.♔g1xf1 ♕h2-h1#
Hattingh - Marshall, WM U18 Girls 2009

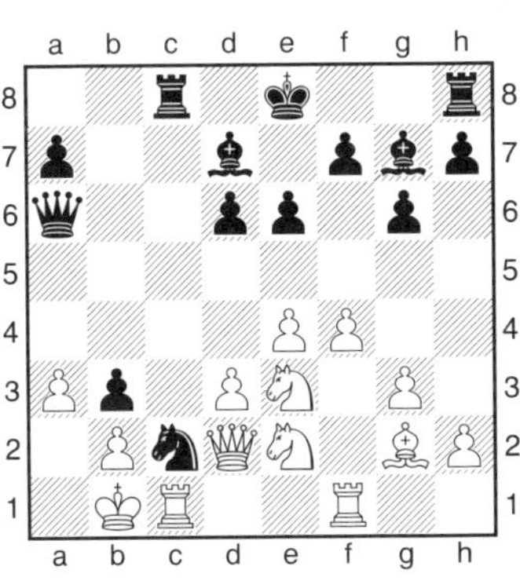

511

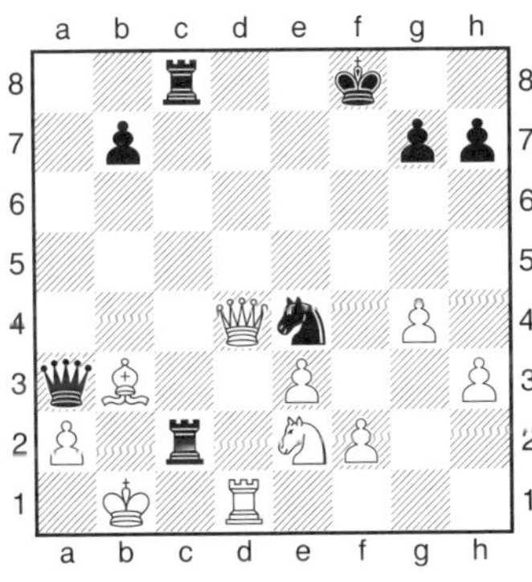

512

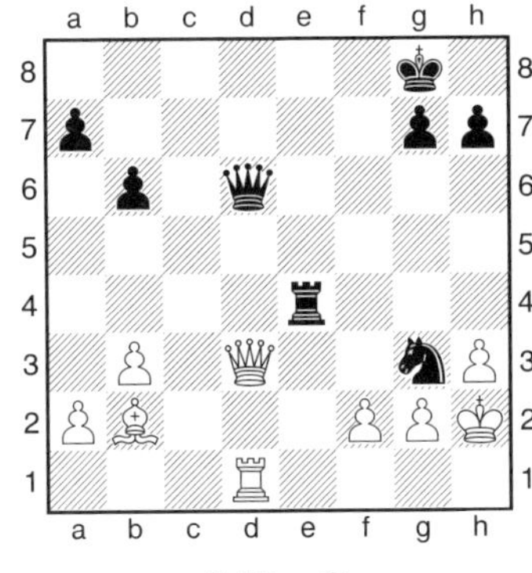

513 ●

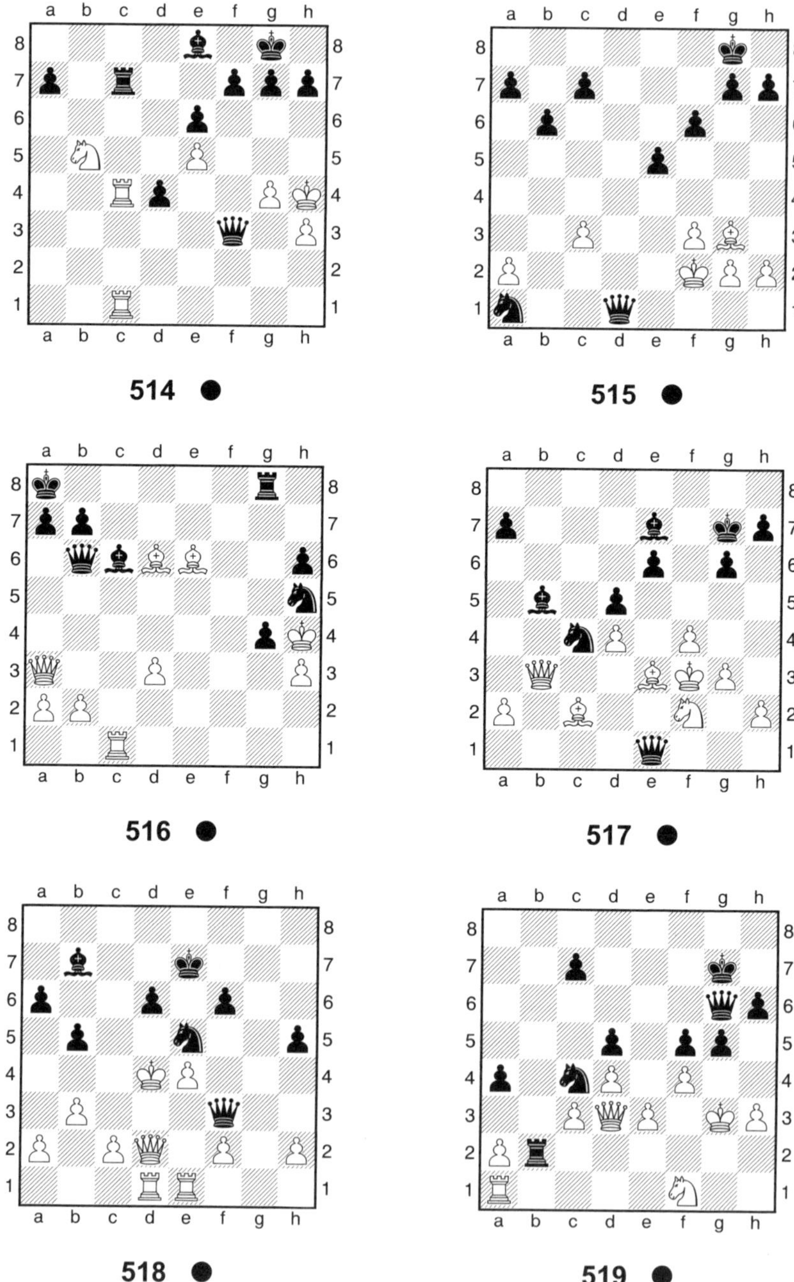

514 ●

515 ●

516 ●

517 ●

518 ●

519 ●

514. 1...♕f3-f2+ 2.♔h4-g5 [2.♔h4-h5 f7-f6#]
2...f7-f6+ [2...h7-h6+ 3.♔g5-h5 f7-f6/5#]
3.e5xf6 ♕f2xf6# / h7-h6#
Taube - Loberg, Tromsö 2008

515. 1...♘a1-c2 2.f3-f4 e5-e4
3. -- ♕d1-e1# / e4-e3#
Dong - Garland, Mst. von Neuseeland 2010

516. 1...♕b6-f2+ 2.♔h4xh5 ♖g8-g5+
3.♔h5xh6 ♕f2-h4#
[2.♗d6-g3 ♕f2xg3+ 3.♔h4xh5 ♕g3xh3#]
Santos - Kleijn, WM U18 2009

517. 1...♘c4-e5+ 2.f4xe5 [2.d4xe5] ♗b5-e2+
3.♔f3-f4 g6-g5# [3.♔f3-g2 ♕e1-f1#]
Filipov - Nguyen Ngoc
Olympiade Chanty Mansijsk 2010

518. 1...♘e5-c6+ 2.♔d4-d5 ♘c6-d8+
[2...♕f3-g4 3.♕d2-c3 ♕g4-e6#/g8#]
3.♔d5-d4 ♘d8-e6#
Keller – Ferstl, Bad Wörishofen 2005

519. 1...g5xf4+ 2.♔g3-f3
[2.♔g3xf4 ♖b2-f2#; 2.♔g3-h4 ♕g6-g5#]
2...♕g6-g2+ 3.♔f3xf4 ♖b2/♕g2-f2#
Amateurpartie, Pattaya 2011

520. 1...♕h3xf1+ 2.♔g1xf1 ♗c8-h3+ 3.♔f1-g1
♖e8-e1#
Samar – Arash, Meisterschaft U18 Dubai 2002

521. 1...♖e2-b2+ 2.♔b4-a5
[2.♔b4-a3 ♘e5-c4#]
2...♘e5-c6+ [2...♖b2-b6 3.-- ♘e5-c4#]
3.♔a5-a6 ♖b2-b6#
Hazim – Zagrebelny, Belaguer Open 2005

522. 1...♕a3xa2+ 2.♔b1xa2 ♘b5-c3+
3.♔a2-a3 ♖b8-b3#
Vovk - Ajrapetjan, Alushta 2005

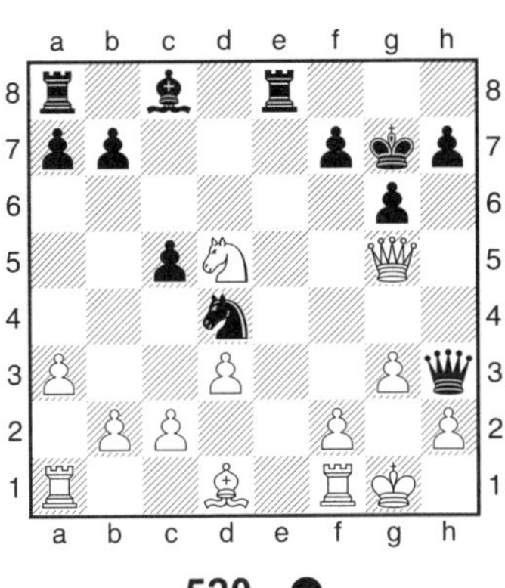
520 ●

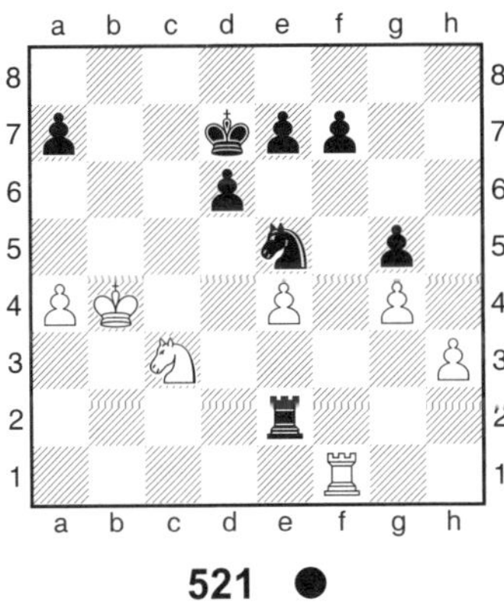
521 ●

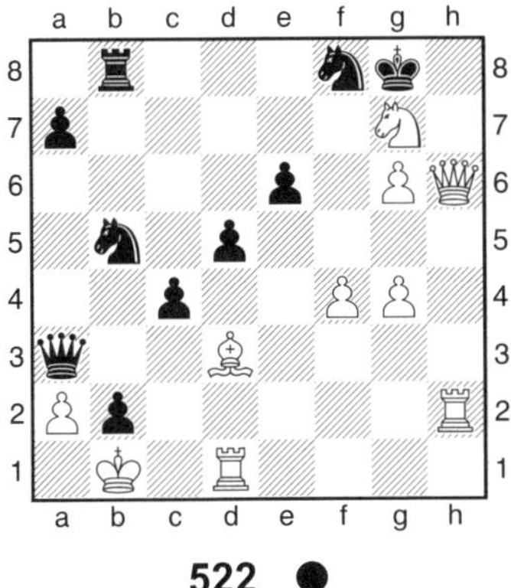
522 ●

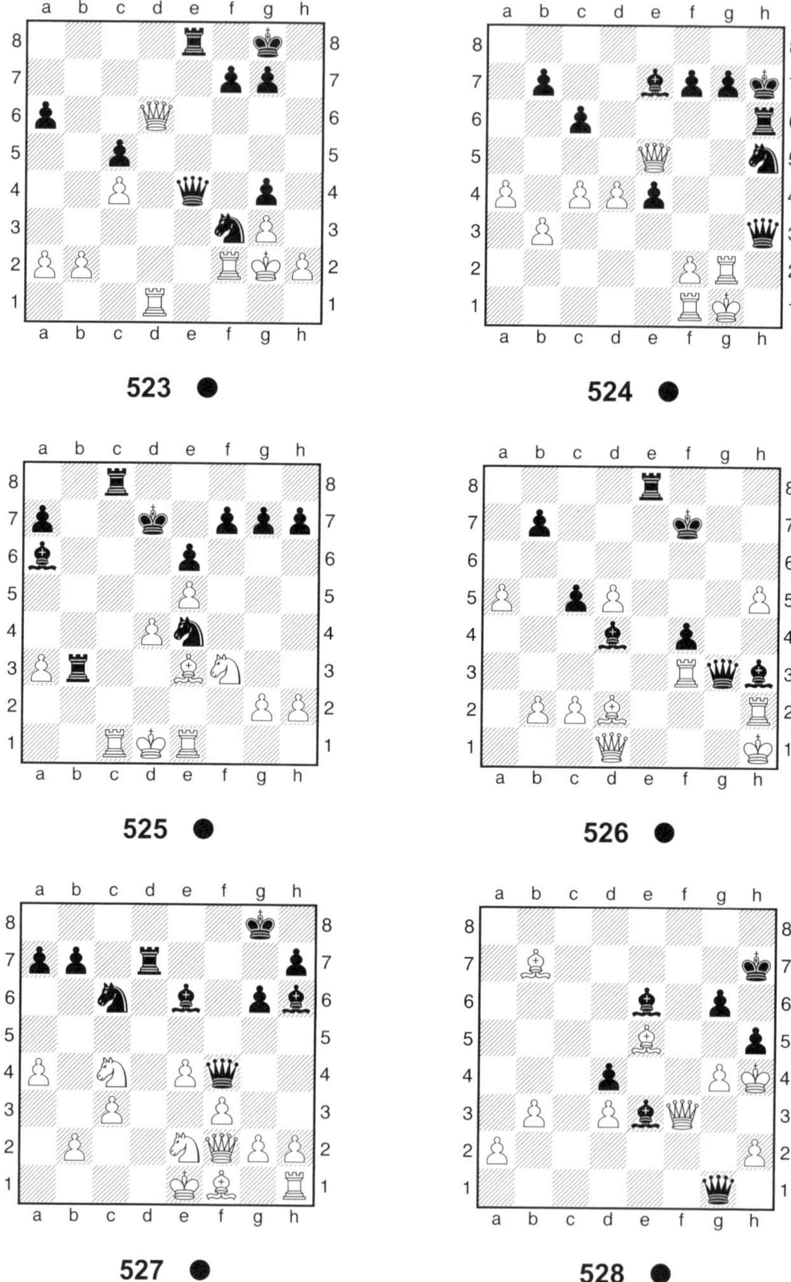
523 ●
524 ●
525 ●
526 ●
527 ●
528 ●

523. 1...♘f3-g5+ 2.♔g2-g1 ♘g5-h3+ 3.♔g1-f1 ♕e4-h1#
Hübner,R - Schmaltz, Internet Blitz 2004

524. 1...♕h3-h1+ 2.♔g1xh1 ♘h5-g3+ 3.♔h1-g1 ♖h6-h1# / ♘g3-e2#
Chowdury - Wang Rui, Hyderabad 2005

525. 1...♖b3-d3+ 2.♗e3-d2 ♖d3xd2+ 3.♘f3xd2 ♘e4-f2 [2.♔d1-e2 ♖d3-d2#; 2.♘f3-d2 ♖d3xd2+ 3.♗e3xd2 ♘e4-f2#]
Andreikin – Aronian, Blitz WM Moskau 2010

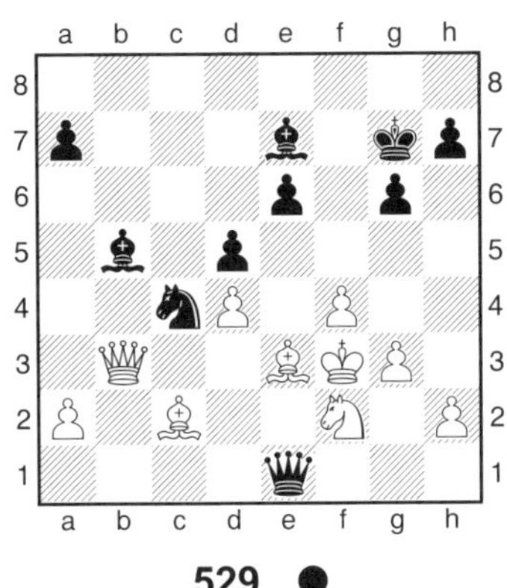

529 ●

526. 1...♖e8-e1+ 2.♕d1xe1 ♕g3xf3+ 3.♖h2-g2 ♕f3xg2# [2.♗d2xe1 ♕g3-g1#; 2.♖f3-f1 ♗h3xf1 3.♕d1-g4 ♗f1-g2#]
Campos,E - Al Hadarani, Olymp. Elista 1998

527. 1...♕f4-d2+ 2.♘c4xd2 ♗h6xd2+ 3.♔e1-d1 ♗e6-b3#
Boss - Armbrust, DLM U20 Essen 2002

528. 1...g6-g5+ 2.♔h4xh5 ♕g1xg4+ 3.♕f3xg4 ♗e6-f7# [2.♔h4-h3 ♗e6xg4+ 3.♕f3xg4 h5/♕g1xg4#]
Lanni - Sarno, Italien 1993

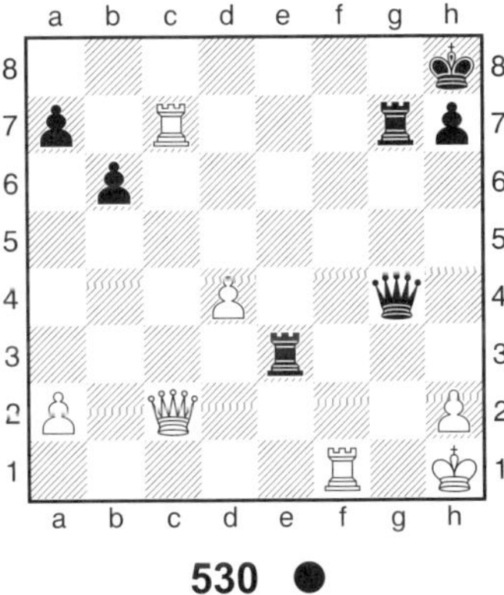

530 ●

529. 1...♘c4-e5+ 2.f4/d4xe5 ♗b5-e2+ 3.♔f3-f4 g6-g5# [3.♔f3-g2 ♕e1-f1#]
Filipov - Nguyen Ngoc
Olympiade Chanty Mansijsk 2010

530. 1...♕g4-f3+ 2.♖f1xf3 ♖e3-e1+ 3.♖f3-f1 ♖e1xf1#
Eingorn – Troyke (Variante)
Berliner Sommer 1995

531. 1...♕d3xg3+ 2.♗h4xg3 ♖b8-h8+ 3.♗g3-h4 ♖h8xh4#
Schwenda – Liiva, Jugend WM Duisburg 1992

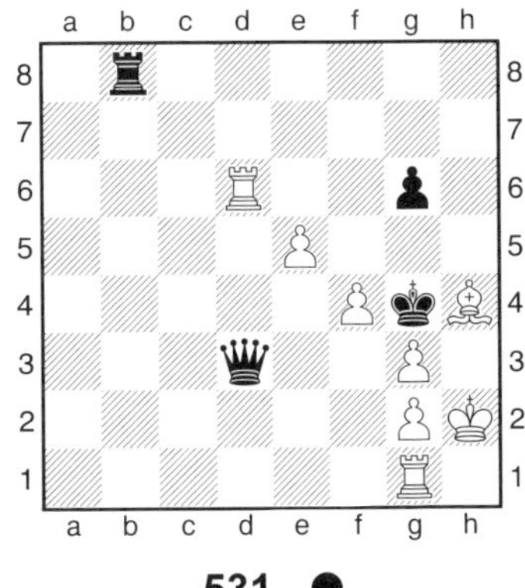

531 ●

Matt 3

❑ ? / ■ ? / plus?

Wieder gilt es für den Leser, die Stellung genau anzuschauen. Wer kann Matt setzen, Schwarz oder Weiß? oder sogar beide? Ist ein zusätzliches Matt im Spiel, oder müssen wir schon mit einem Matt in 4 Zügen rechnen? Man darf also nicht nur nach einem Zug suchen, sondern muss sich bemühen, die gesamte Stellung zu verstehen.

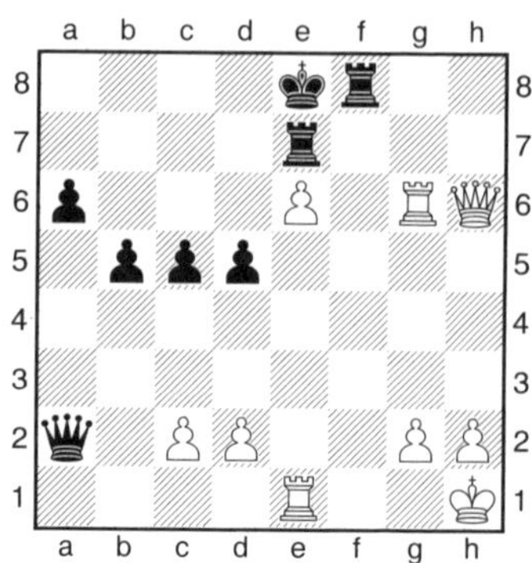

532

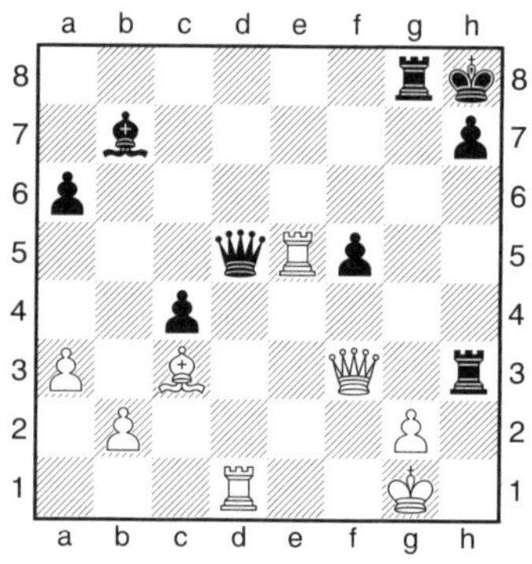

533

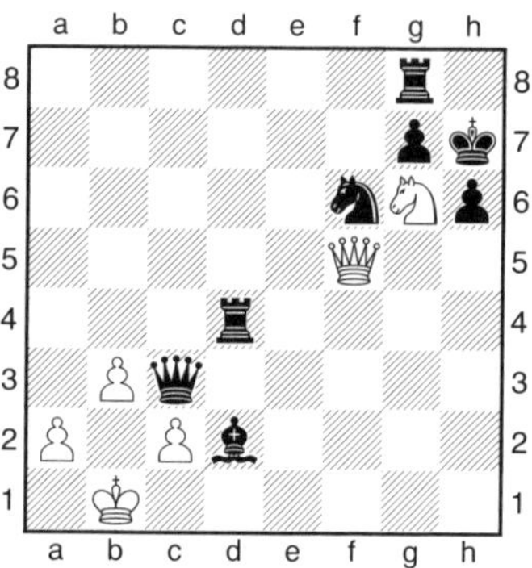

534

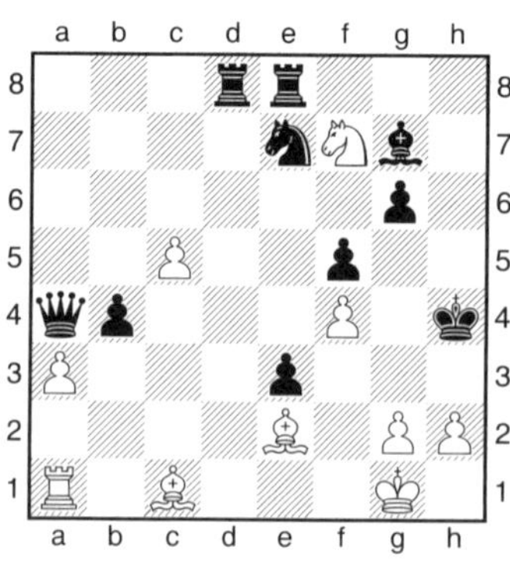

535

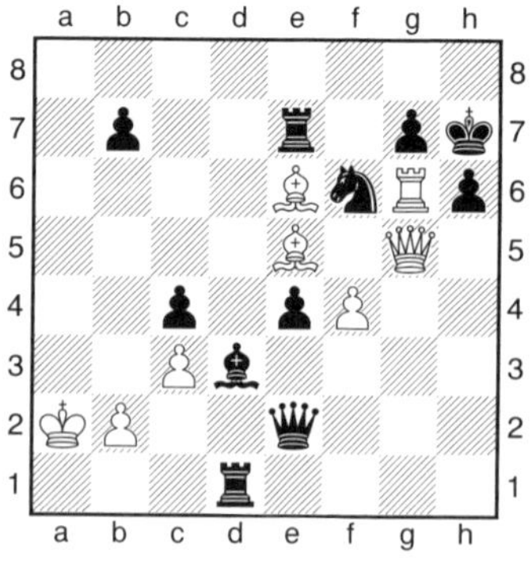

536

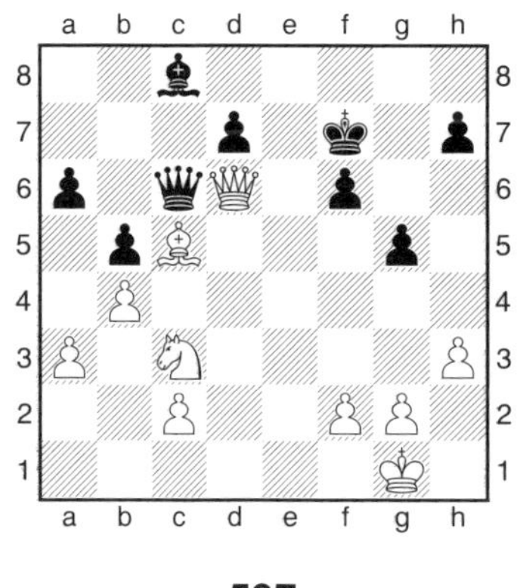

537

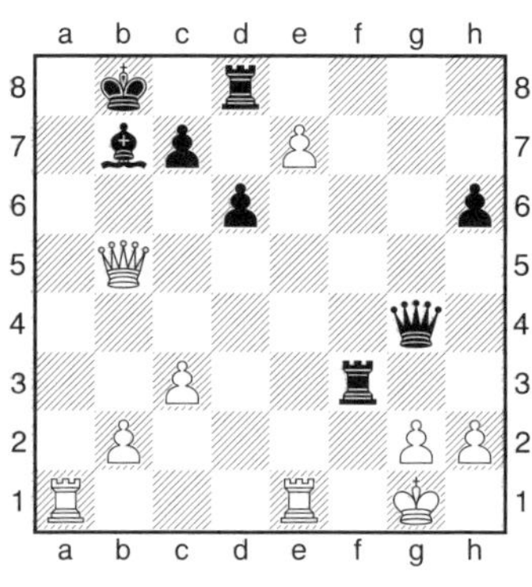

538

532. 1.♕h6xf8+ ♔e8xf8 2.♖e1–f1+ ♔f8–e8 3.♖g6–g8#
[2...♖e7–f7 3.♖f1xf7+ ♔f8–e8 4.♖g6–g8#]
Jones,G - van Wely, Staunton Memorial London 2007

533. ❑ 1.♖e5xd5+ ♖g8–g7 2.♖d5–d8#
■ 1...♖g8xg2+ 2.♔g1xg2 ♕d5xf3+ 3.♔g2–g1 ♖h3–h1#

534. ❑ 1.♘g6–f8+ ♔h7–h8 2.♕f5–h7+ ♘f6xh7 3.♘f8–g6#
■ 1...♕c3–a1+ 2.♔b1xa1 ♗d2–c3+ 3.♔a1–b1 ♖d4–d1#

535. ❑ 1.g2–g3+ ♔h4–h3 2.♘f7–g5#
■ 1...♖d8–d1+ 2.♗e2–f1 ♖d1xf1+ 3.♔g1xf1 ♕a4–d1#

536. ❑ 1.♖g6xh6+ g7xh6 2.♕g5–g8+ ♘f6xg8 3.♗e6–f5#
[2.♗e6–f5+ ♔h7–h8 3.♗e5xf6+ ♖e7–g7 4.♕g5xg7#;
2.♗e6–g8+ ♘f6xg8 3.♕g5–f5#]
■ 1...♖d1–a1+ 2.♔a2xa1 ♕e2–d1+ 3.♔a1–a2 ♕d1–a4#

537. ❑ 1.♕d6–e7+ [1.♕d6–f8+] 1...♔f7–g6 [1...♔f7–g8 2.♕e7–f8#]
2.♕e7–e8+ ♔g6–f5
[2...♔g6–h6 3.♗c5–f8#; 2...♔g6–g7 3.♗c5–f8+ ♔g7–g8 4.♗f8–h6#]
3.g2–g4+ ♔f5–f4 4.♕e8–e3#
Graw - Schukowski, Rhein Main Open 2004

538. ❑ 1.e7xd8♕+ ♕g4–c8 2.♕d8xc8+ ♔b8xc8 3.♖e1/♕b5–e8#
■ 1...♕g4xg2+ 2.♔g1xg2 ♖d8–g8+ 3.♔g2–h1 [3.♕b5–g5 ♖g8xg5+ ...]
♖f3–f1# **Eade - Cater**, Neuseeländische Meisterschaft Major 2010

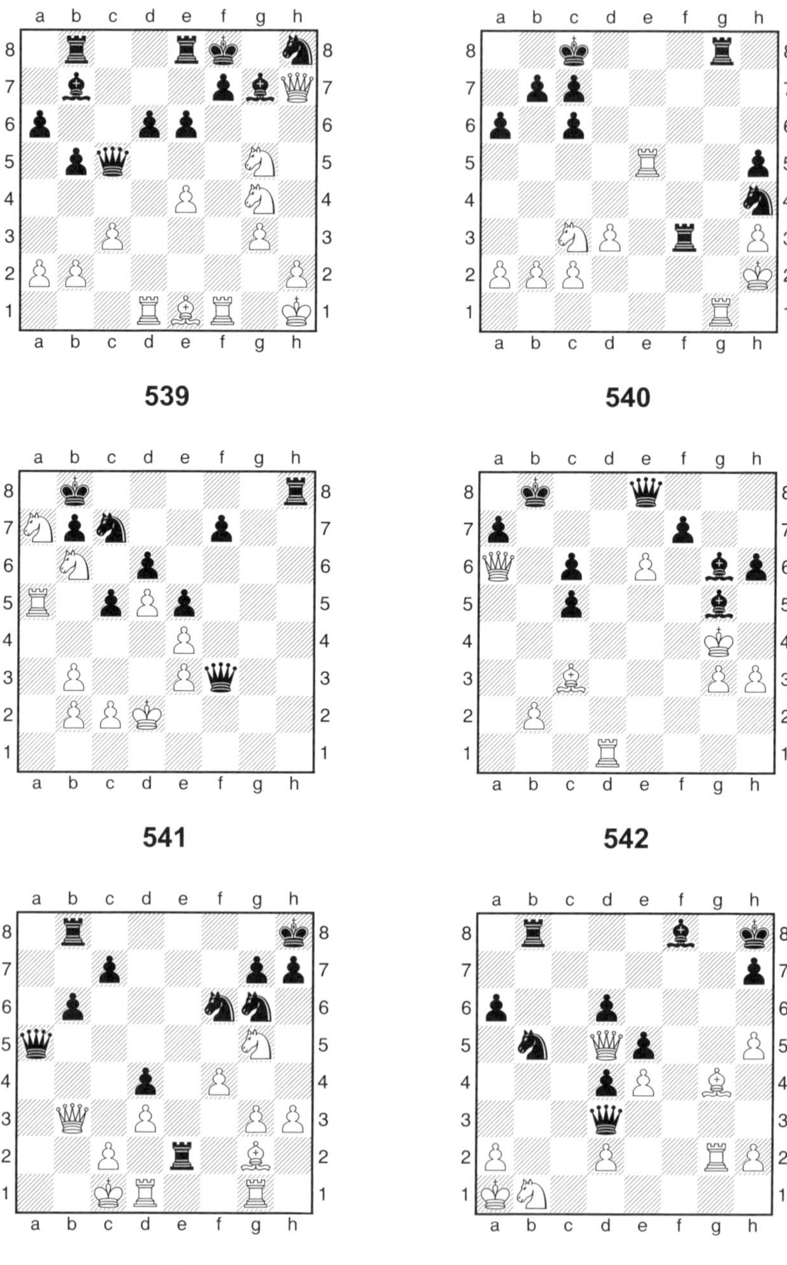
539
540
541
542
543
544

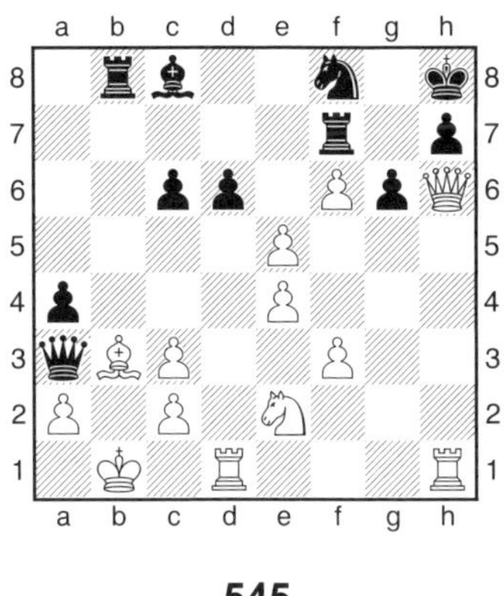

545

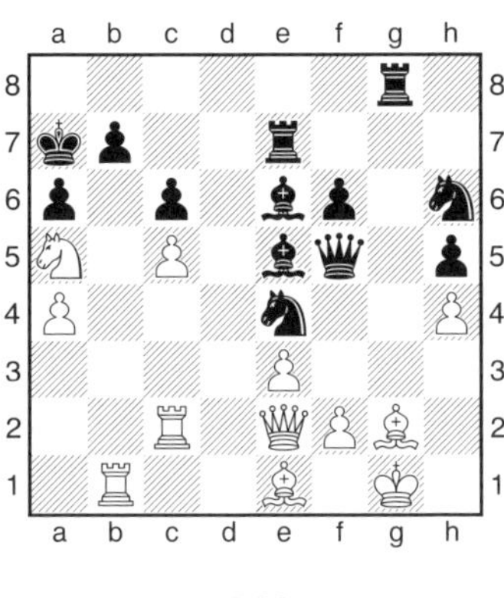

546

539. ❑ 1.♕h7xh8+ ♔f8–e7 2.♖f1xf7+ ♔e7–d8 3.♘g5xe6+ ♔d8–c8 4.♕h8xe8# [1...♗g7xh8 2.♖f1xf7+ ♔f8–g8 3.♘g4–h6#]
Simacek - Teterew, Juniorenturnier Pilsen 1998

540. ■ 1...♖f3–f2+ 2.♔h2–h1 ♖f2–h2+ 3.♔h1xh2 ♘h4–f3+ 4.♔h2–h1 ♖g8xg1#

541. ❑ 1.♘b6–d7+ ♔b8–a8 2.♘a7–c6+ ♘c7–a6 3.♘d7–b6#
■ 1...♖h8–h2+ 2.♔d2–d3 ♕f3–e2+ 3.♔d3–c3 ♕e2xc2# [2.♔d2–c3 ♕f3xe3+ 3.♔c3–c4 ♕e3–d4# /.♖h2xc2#]

542. ❑ 1.♗c3–e5+ ♔b8–a8 2.♖d1–d8+ ♕e8xd8 3.♕a6xc6# [2...♗g5xd8 3.♕a6–c8#]
■ 1...♗g6–h5+ 2.♔g4xh5 f7–f5#

543. ❑ 1.♘g5–f7+ ♔h8–g8 2.♘f7–h6+ ♔g8–h8 3.♕b3–g8+ ♖b8xg8 4.♘h6–f7#
■ 1...♕a5–a1+ 2.♕b3–b1 ♖e2xc2+ 3.♔c1xc2 ♕a1–c3#

544. ❑ 1.♕d5–g8+ ♔h8xg8 2.♗g4–e6+ ♔g8–h8 3.♖g2–g8#
■ 1...♕d3xb1+ 2.♔a1xb1 ♘b5–a3+ 3.♔b1–c1/a1 ♖b8–b1#

545. ❑ 1.♕h6xf8+ ♖f7xf8 2.♖h1xh7+ ♔h8xh7 3.♖d1–h1+ ♗c8–h3 4.♖h1xh3#

546. ❑ 1.♖b1xb7+ ♖e7xb7 2.♘a5xc6+ ♔a7–a8 3.♕e2xa6+ ♖b7–a7 4.♕a6xa7#
■ 1...♖g8xg2+ [2.♔g1–f1 ♘e4–g3+ 3.♔f1xg2 ♕f5–h3+ 4.♔g2–g1 ♕h3–h1#] 2.♔g1xg2 ♕f5–h3+ 3.♔g2–g1 ♕h3–h2+ 4.♔g1–f1 ♗e6–h3#/♕h2–h1# [3...♖e7–g7+ 4.♕e2–g4 ♖g7xg4#]

Matt in 4 Zügen

Ein Matt in 4 Zügen lässt uns kaum Spielraum für raten und es mit wahllosen Schachgeboten zu probieren, bis eines davon zum Matt führt. Längstens hier ist es unverzichtbar, die Stellung anzuschauen und nach Ansätzen für Mattmotive und Schwächen in der gegnerischen Stellung zu suchen. Das 4-zügige Matt erfordert schon ein systematisches und analytisches Vorgehen!

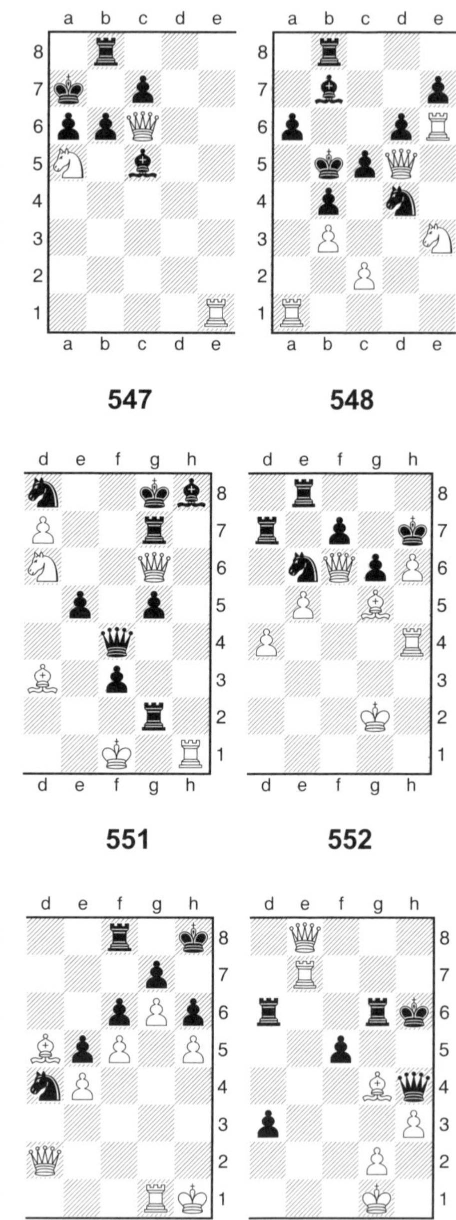

547

548

549

550

551

552

553

554

555

556

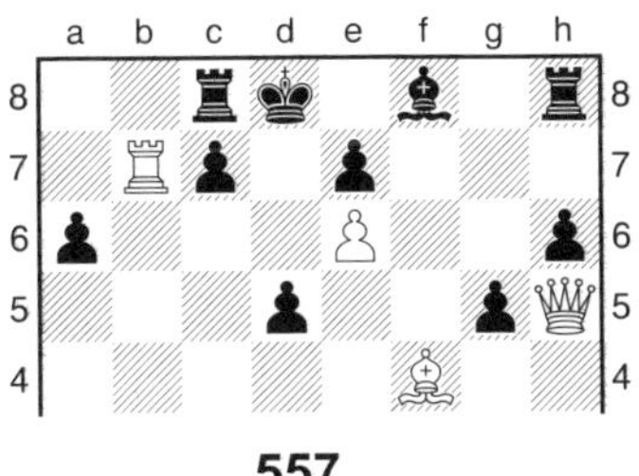

557

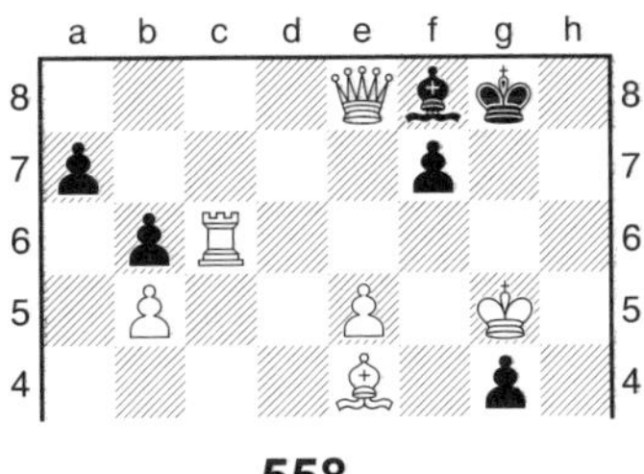

558

547. 1.♕c6-b7+ ♖b8xb7 2.♘a5-c6+ ♔a7-a8 3.♖e1-e8+ ♖b7-b8 4.♖e8xb8#

548. 1.♖a1-a5+ ♔b5xa5 2.♕d5xc5+ d6xc5 3.♘e3-c4+ ♔a5-b5 4.♖e6-b6# [2...♘d4-b5 3.♘e3-c4#]

549. 1.♖h4-h8+ ♔g8-f7 2.♖h8xf8+ ♔f7xf8 3.♖h1-h8+ ♔f8-f7 4.♕e4-e8#
Kilgus - Tabernig, Österreichische Bundesliga 2009/10

550. 1.♖g6-g8+ ♔h8-h7 2.♖g8-h8+ ♔h7xh8 3.♖g3-g8+ ♔h8-h7 4.♕g1-g6#

551. 1.♕g6-e8+ ♕f4-f8 2.♖h1xh8+ ♔g8xh8 3.♕e8xf8+ ♖g7-g8 4.♕f8-h6#

552. 1.♕f6-g7+ ♘e6xg7 2.h6xg7+ ♔h7xg7 3.♗g5-f6+ ♔g7-g8 4.♖h4-h8# [2...♔h7-g8 3.♖h4-h8+ ♔g8xg7 4.♗g5-f6#]
Kipi – Väryrynen, Finnland 1989

553. 1.♕h5xh7+ ♔h8xh7 2.g5-g6+ ♔h7-h8 3.♖g1-g5 f6xg5 4.h4xg5# [3... -- 4.♖g5-h5#]

554. 1.♖g5xg6+ f7xg6 2.♗h3xe6+ ♕f6xe6 3.♕h6-h8+ ♔g8-f7 4.♖h4-h7#
Purnama - Al Sayed, Amsterdam Open 2005

555. 1.♕d2xh6+ g7xh6 2.g6-g7+ ♔h8-h7 3.g7xf8♘+ ♔h7-h8 4.♖g1-g8#

556. 1.♕e8-f8+ ♔h6-g5 2.♕f8xf5+ ♔g5-h6 3.♕f5-f8+ ♔h6-g5 4.♖e7-e5#
Baron – Payen, Cappelle 2008

557. 1.♗f4xc7+ ♖c8xc7 2.♕h5-e8+ ♔d8xe8 3.♖b7-b8+ ♖c7-c8 4.♖b8xc8#

558. 1.♗e4-h7+ ♔g8-g7 [1...♔g8xh7 2.♕e8xf7+ ♗f8-g7 3.♖c6-h6#] 2.♖c6-g6+ f7xg6 3.♕e8xg6+ ♔g7-h8 4.♕g6-g8#
Hagasaether - Sigurdsson, Reykjavik 2004

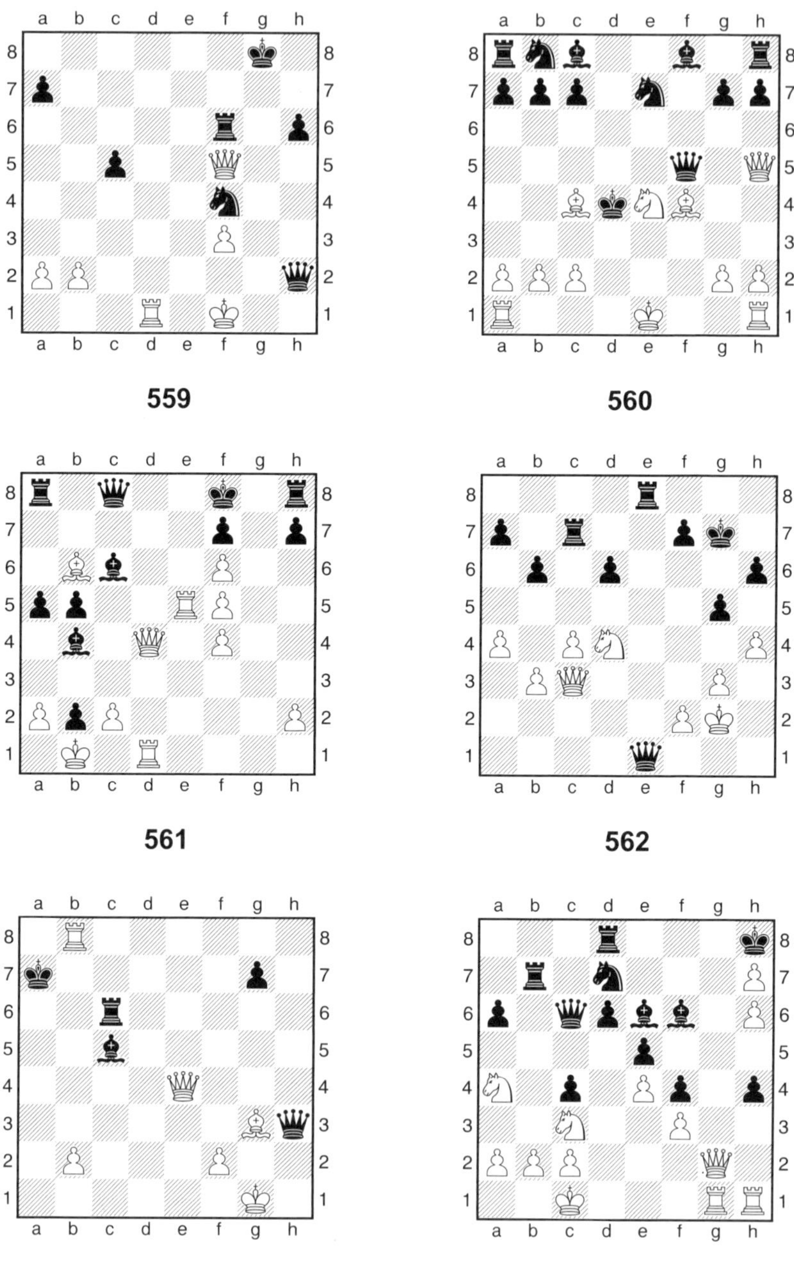
559
560
561
562
563
564

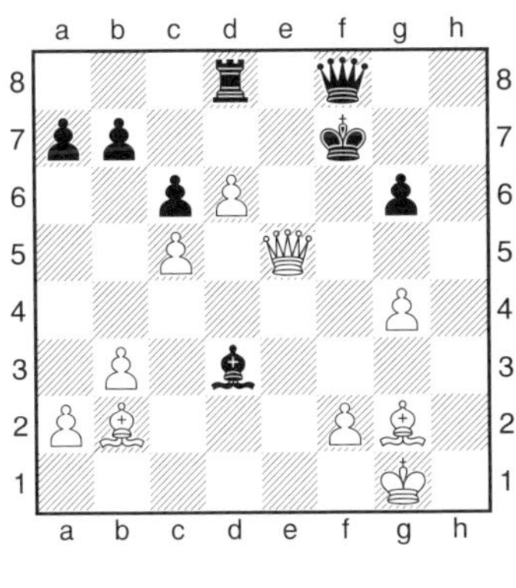

565

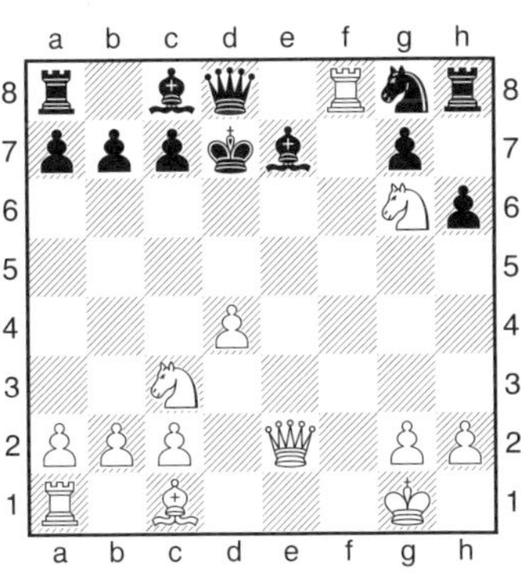

566

559. 1.♖d1-d8+ ♔g8-f7 [1...♔g8-g7 2.♖d8-d7+ ♔g7-g8 3.♕f5-h7+ ♔g8-f8 4.♕h7-h8#/♖d7-d8#] 2.♕f5-d7+ ♔f7-g6 3.♖d8-g8+ ♔g6-h5 4.♕d7-g4#
Zhao Xue - Rajlich, Olympiade Frauen Dresden 2008

560. 1.0-0-0+ ♔d4xc4 [1...♔d4xe4 2.♕h5-f3#] 2.♕h5-e2+ ♔c4-b4 3.♗f4-d2+ ♔b4-a4 4.♕e2-c4#
Bobby Fischer - Michalopoulos, Simultan Houston 1964

561. 1.♕d4/♗b6-c5+ ♗b4xc5 2.♗h6xc5+ ♔f8-g8 3.♖d1-g1+ ♗c6-g2 4.♖g1xg2# **Gallagher - Collas** (Variante), Französische Liga Top 16, 2005

562. 1.♘d4-e6+ ♔g7-g6 2.h4-h5+ ♔g6-f5 [2...♔g6xh5 3.g3-g4+ ♔h5xg4/-h4 4.♕c3-h3# *(3...♔h5-g6 4.♕c3-g7#)*] 3.♘e6-g7+ ♔f5-g4 4.f2-f3# / ♕c3-f3#
Schebler - Lange, NRW Meisterschaft 2002

563. 1.♕e4-a4+ ♖c6-a6 2.♖b8-a8+ ♔a7xa8 3.♕a4xa6+ ♗c5-a7 4.♕a6-c6#
Kveinys - Bellia, Italien 2003

564. 1.♕g2-g7+ ♗f6xg7 2.h6xg7+ ♔h8xh7 3.g7-g8♕+ ♗e6xg8 4.♖h1xh4# [3...♖d8xg8 4.♖h1xh4#; 3...♔h7-h6 4.♕g8-g6# / 4.♖h1xh4#]
Vachier-Lagrave - David, Paris 2004

565. 1.♗g2-d5+ c6xd5 2.♕e5xd5+ ♔f7-e8 3.♕d5-e6+ ♕f8-e7 4.♕e6xe7#
Karpow - Malaniuk, UdSSR Meisterschaft 1988

566. 1.♘g6-e5+ ♔d7-d6 2.♘c3-b5+ ♔d6-e6 [2...♔d6-d5 3.c2-c4+ = Zugumstellung] 3.♕e2-g4+ ♔e6-d5 4.c2-c4#
Hübner,R - Kuderna, Simultan München 2002

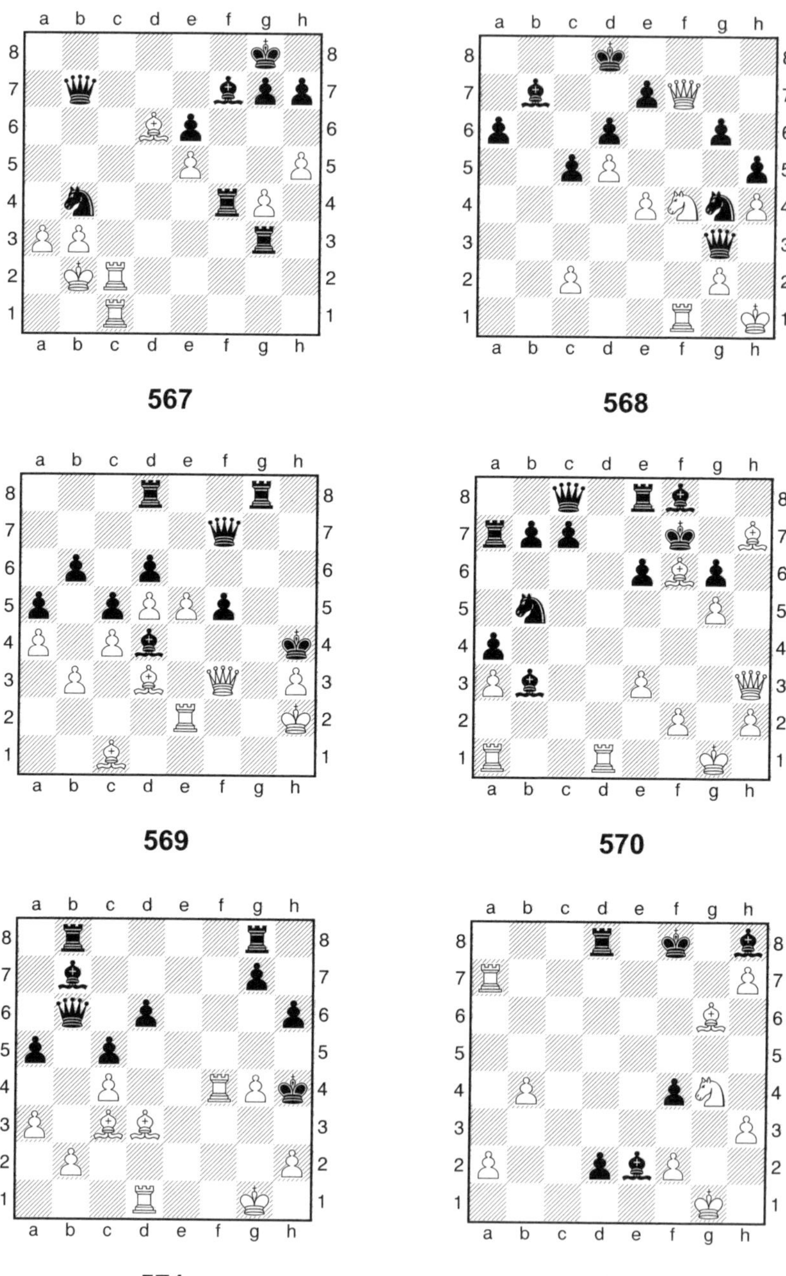
567
568
569
570
571
572

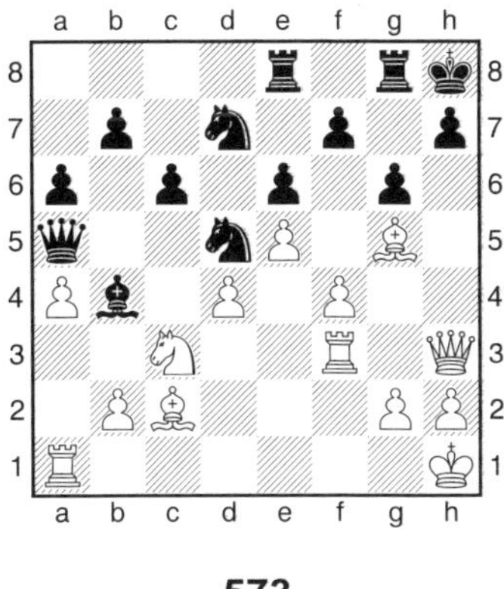

573

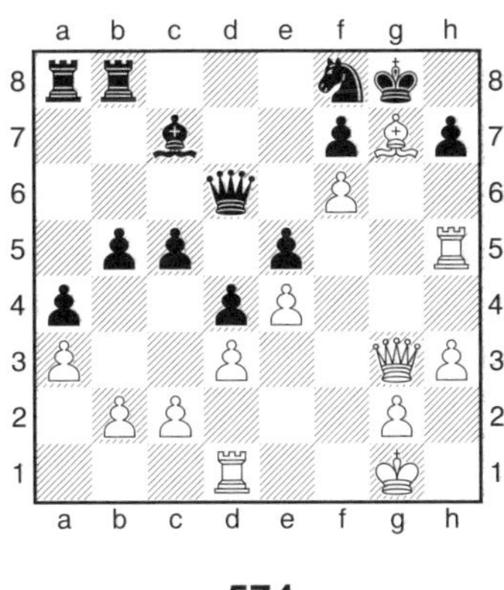

574

567. 1.♖c2−c8+ ♕b7xc8 [1...♗f7−e8 2.♖c8xe8+ ♔g8−f7 3.♖e8−f8#] 2.♖c1xc8+ ♗f7−e8 3.♖c8xe8+ ♔g8−f7 4.♖e8−f8#
Motyljow - Naiditsch, FiNet Chess960 Mainz 2008

568. 1.♘f4−e6+ ♔d8−d7 [1...♔d8−c8? 2.♕f7−e8#] 2.♕f7−e8+ ♔d7xe8 3.♖f1−f8+ ♔e8−d7 4.♖f8−d8# **Spink - Wilmoth**, London 1992

569. 1.♖e2−e4+ f5xe4 2.♕f3xe4+ ♔h4−h5 3.♗d3−e2+ ♕f7−f3 4.♕e4−h7# [3...♖g8−g4 4.♕e4xg4#]
1.♕f3−f4+ ♖g8−g4 2.h3xg4 ♗d4xe5 3.♖e2xe5 d6xe5 4.♕f4−g5#/g3#
Born,L - Reichwald (Variante), Bad Wörishofen Senioren 2005

570. 1.♗h7−g8+ ♔f7xg8 2.♕h3−h8+ ♔g8−f7 3.♕h8−h7+ ♗f8−g7 4.♕h7xg7#
Sturua - Xu Jun, Istanbul 2000

571. 1.♗c3−e1+ ♔h4−g5 2.♗e1−g3 h6−h5 3.h2−h4+ ♔g5−h6 4.g4−g5#
Narciso - Pogorelov, Andorra 1999

572. 1.♖a7−f7+ ♔f8−e8 2.♘g4−f6+ ♗h8xf6 3.♖f7−g7+ ♔e8−f8 4.h7−h8♕#
Aronian – Grischuk, WM Mexico City 2007

573. 1.♕h3xh7+ ♔h8xh7 2.♖f3−h3+ ♔h7−g7 3.♗g5−h6+ ♔g7−h7 4.♗h6−f8#
Nasser - Maasarani, Meisterschaft des Libanon 1998

574. 1.♖h5xh7 ♘f8−g6 [1...♘f8xh7 2.♗g7−h6+ ♔g8−h8 3.♕g3−g7#; 1...♔g8xh7 2.♕g3−h4+ ♔h7−g6 3.♕h4−h6#]
2.♕g3−h4 −− [2...♘g6xh4 3.♖h7−h8#] 3.♖h7−h8+ ♘g6xh8 4.♕h4xh8#
Seitaj - Tsichlis, Zonenturnier Ponormo (Kreta) 1998

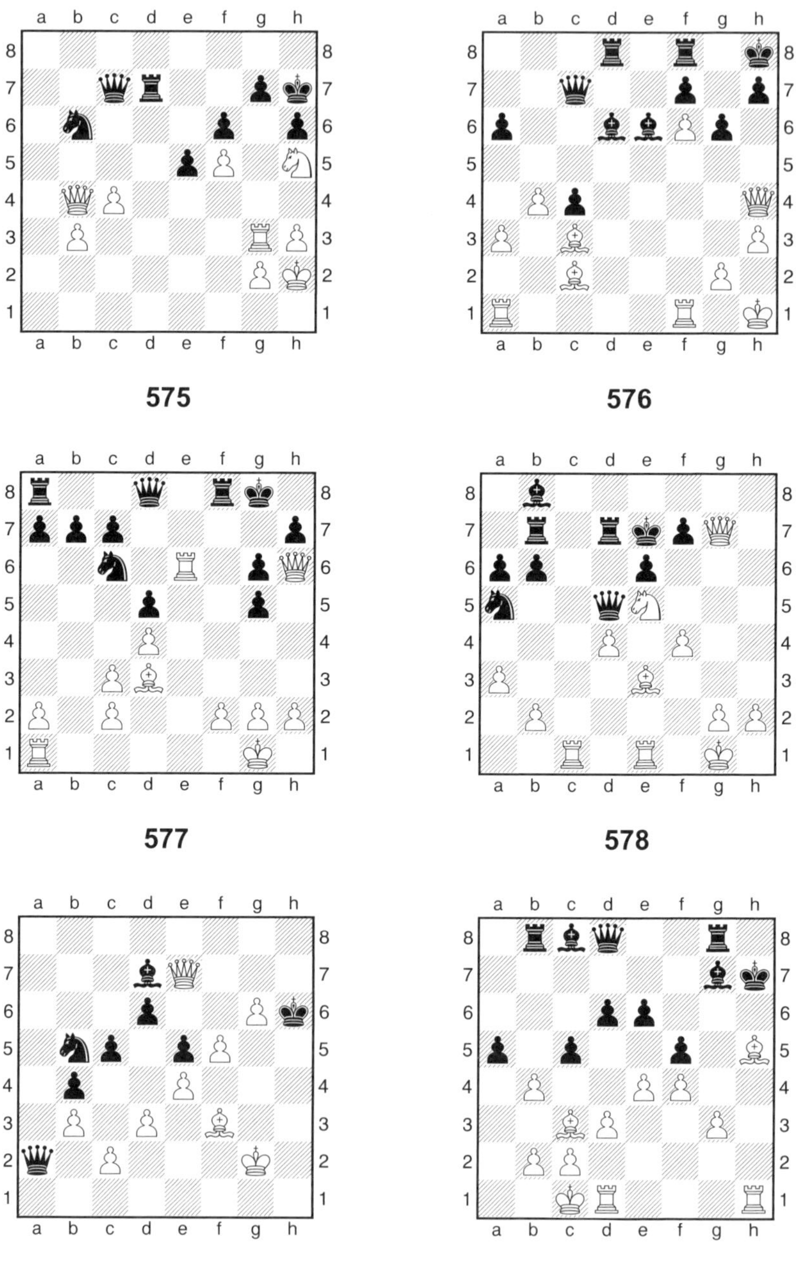

575

576

577

578

579

580

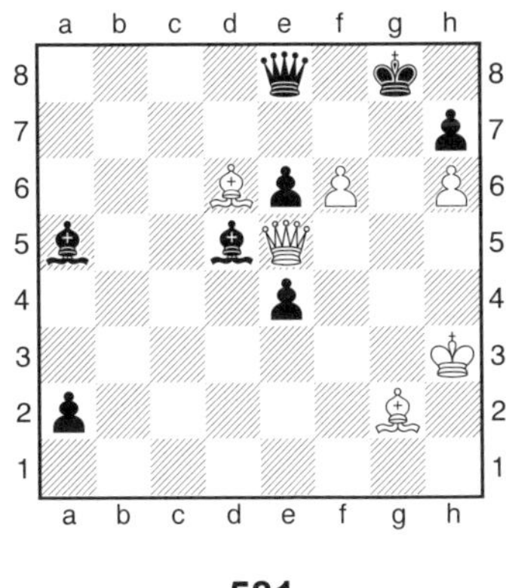

581

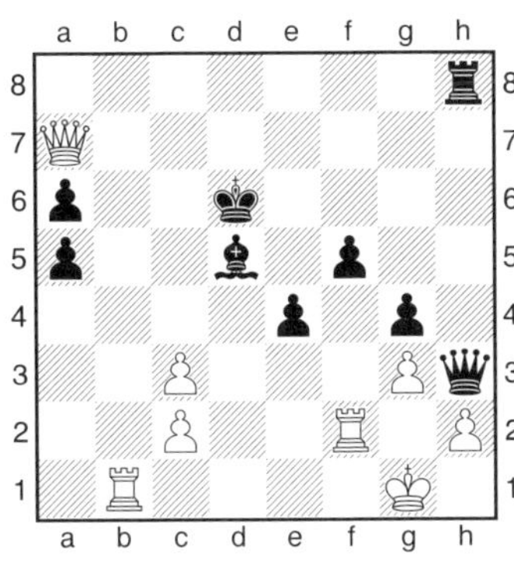

582

575. 1.♖g3xg7+ ♖d7xg7 2.♘h5xf6+ ♔h7-h8 3.♕b4-f8+ ♖g7-g8
4.♕f8xg8# [4.♕f8xh6+ ♕c7-h7 5.♕h6xh7#]
1.♕b4-f8 -- 2.♘h5xf6+ g7xf6 3.♕f8-g8#;
1...♖d7-f7 2.♖g3xg7+ ♖f7xg7 3.♘h5xf6#)
Enders - Scholz,C Bundesliga 2008

576. 1.♗c2xg6 f7xg6 2.f6-f7+ ♗d6-e5 3.♕h4-f6+ ♗e5xf6 4.♗c3xf6#
Oltra Caurin - Kovacevic, Open Valencia 1998

577. 1.♖e6xg6+ ♔g8-f7 [1...h7xg6 2.♕h6xg6+ ♔g8-h8 3.♕g6-h7#]
2.♖g6-g7+ ♔f7-e8 3.♕h6-h5+ ♖f8-f7 4.♕h5xf7#
Albers - Alemany Ramon, Open Palma 2009

578. 1.♕g7xf7+ ♔e7-d6 2.♕f7-f8+ ♖d7-e7 3.♘e5-f7+ ♔d6-d7
4.♕f8-d8#/c8# **Azimova - Shpartko**, St. Petersburg Juni Open 2008

579 1.♕e7-h4+ ♔h6-g7 2.f5-f6+ ♔g7xg6 3.♗f3-h5+ ♔g6-h7 4.♗h5-f7#
McShane - Computer (Variante), Kuppenheim Blitz 2002

580. 1.♗h5-f7+/e8+ ♗g7-h6 2.♖h1xh6+ ♔h7xh6 3.♖d1-h1+ ♕d8-h4
4.♖h1xh4# **Jekel – Van Hecke**, Vlissingen 1998

581. 1.♕e5-g5+ ♕e8-g6 2.f6-f7+ ♔g8xf7 3.♕g5-e7+ ♔f7-g8 4.♕e7-f8#
Guerra Tulcan - Tuamsang Sawapop, Olympiade 2010

582. 1.♖b1-b6+ ♗d5-c6 [1...♔d6-e5 2.♕a7-c7#/g7#;
1...♔d6-c5 2.♕a7-c7+ ♗d5-c6 3.♕c7xc6#]
2.♖f2-d2+ ♔d6-e6 [2...♔d6-c5 3.♖b6-b4#]
3.♖b6xc6+ ♔e6-e5 4.♕a7-e7#/c5#/d4#/g7#/c7#]
Gosciniak - Anandajeyarajah, WM U18 Girls 2008

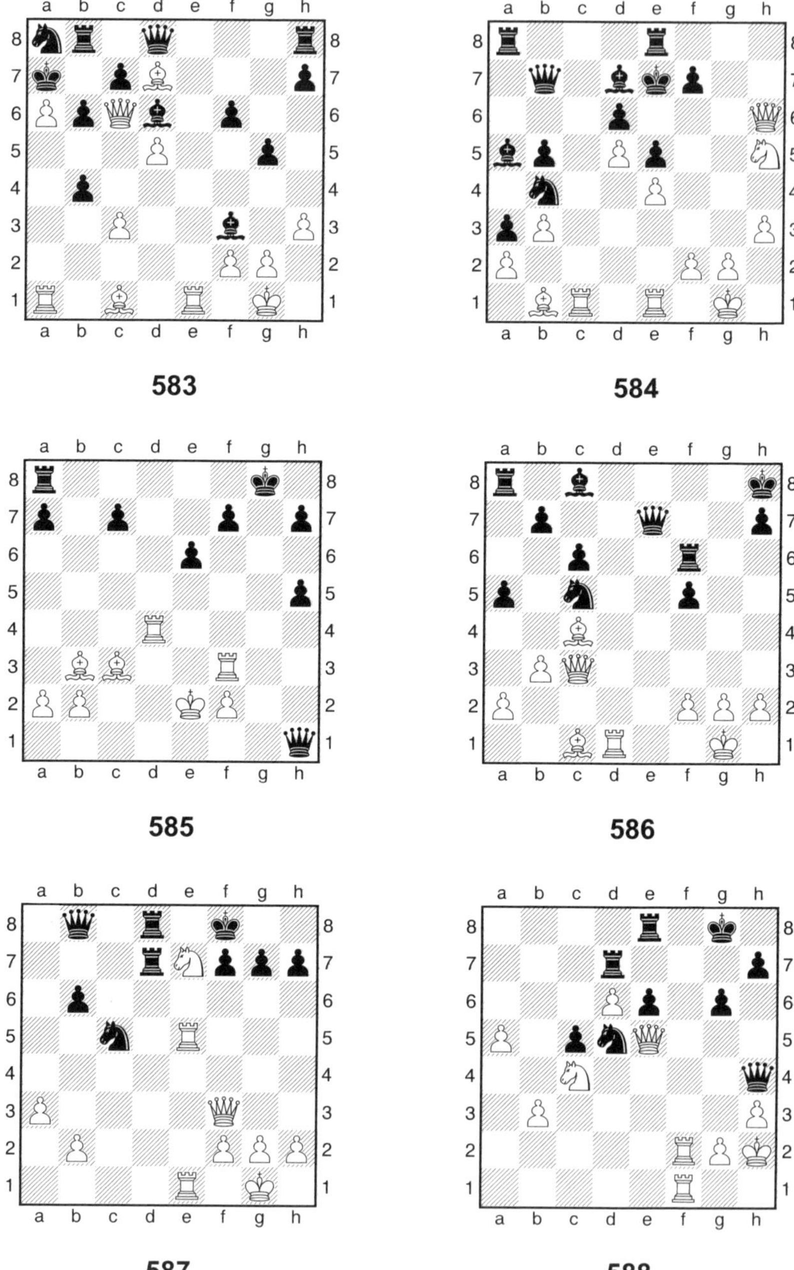

583

584

585

586

587

588

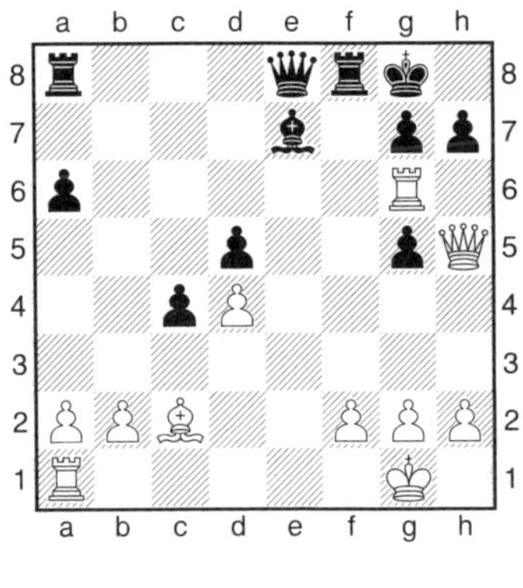

589

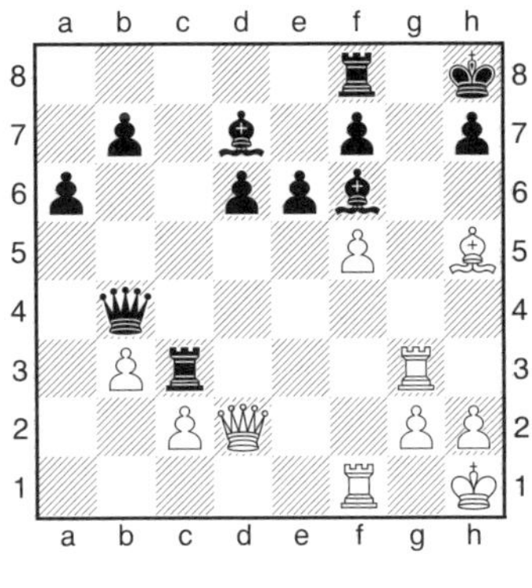

590

583. 1.♕c6–b7+ ♖b8xb7 2.a6xb7+ ♔a7xb7 3.♗d7–c6+ ♔b7–b8/c8 4.♖a1xa8#
Slovineau - Rukminto, Griechenland 2007

584. 1.♕h6–f6+ ♔e7–f8 2.♕f6xd6+ ♖e8–e7
[2...♔f8–g8 3.♕d6–h6 -- 4.♕h6–g7# / ♘h5–f6#]
3.♕d6–h6+ ♔f8–e8 4.♕h6–h8# [3...♔f8–g8 4.♘h5–f6# / ♕h6–g7#]
Kanarek - Binder, WM U16 2008

585. 1.♖f3–g3+ g8–f8 2.♗c3–b4+ c7–c5 [2...♔f8–e8 3.♖g3–g8#]
3.♗b4xc5+ ♔f8–e8 4.♖g3–g8#
Chernikov - Norman, Europäische Seniorenmeisterschaft 2011

586. 1.♕c3xf6+ ♕e7xf6 2.♖d1–d8+ ♕f6xd8 3.♗c1–b2+ ♕d8–f6/d4
4.♗b2xf6# [2...♔h8–g7 3.♖d8–g8#; 2...♕f6–f8 3.♗c1–b2#]
Winants - Gooris, Belgien 1992

587. 1.♕f3xf7+ ♔f8xf7 2.♖e5–f5+ ♔f7–e8 3.♘e7–g6+ ♘c5–e6/e4
4.♖f5–f8# [3...♖d7–e7 4.♖e1xe7#]
Muse - N.N., Erfurter Weihnachtsturnier 1992

588. 1.♖f2–f8+ ♖e8xf8 2.♖f1xf8+ ♔g8xf8 3.♕e5–h8+ ♔f8–f7 4.♘c4–e5#
Kramnik - Atkinson (Variante), Arnheim 1990

589. 1.♖g6xg7+ ♔g8xg7 2.♕h5xh7+ ♔g7–f6 3.♕h7–h6+ ♔f6–f7 4.♕h6–g6#
Collutiis - Samaritani, Bratto 1998

590. 1.♕d2–h6 ♖c3xg3 2.♗h5–g6 ♖g3xg6 3.f5xg6 f7xg6 4.♕h6xf8#
[1...♖f8–g8 2.♕h6xf6+ ♖g8–g7 3.♕f6xg7#]
Tal - Platonov, Dubna 1973

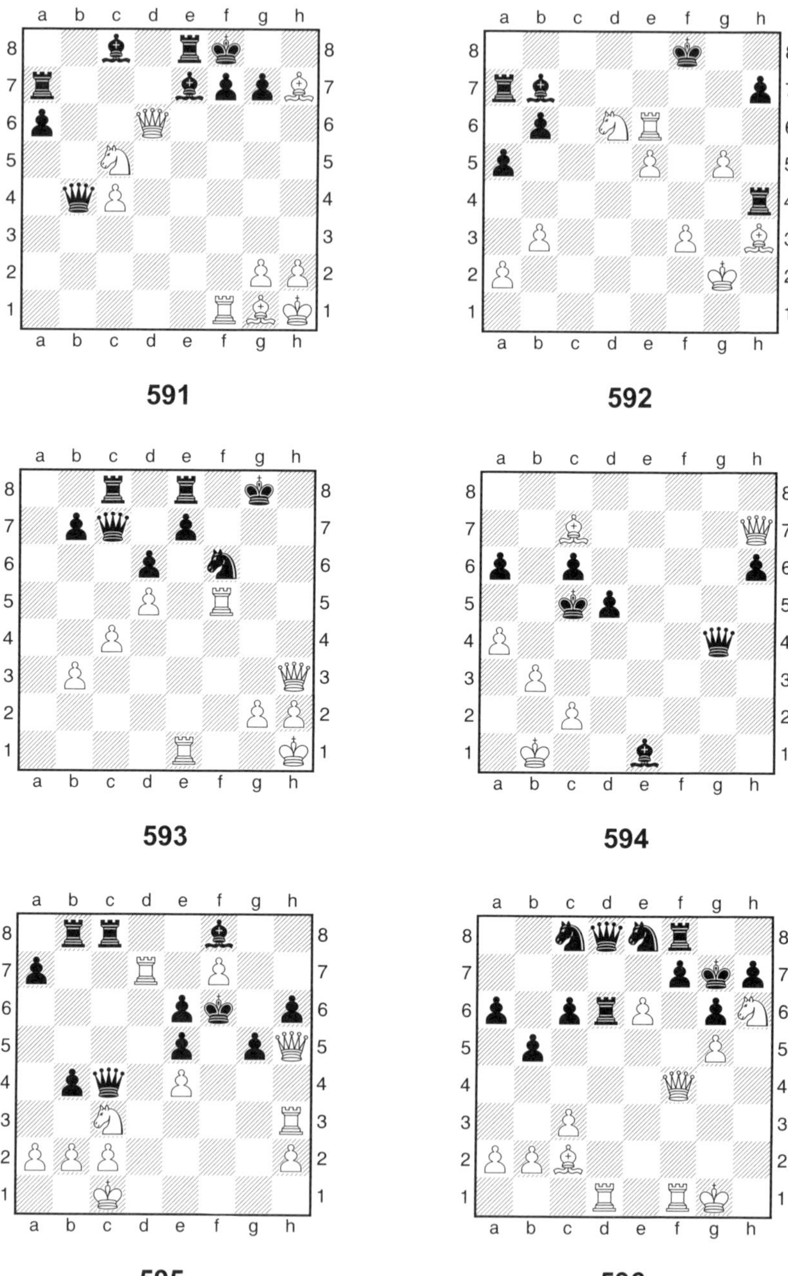
591
592
593
594
595
596

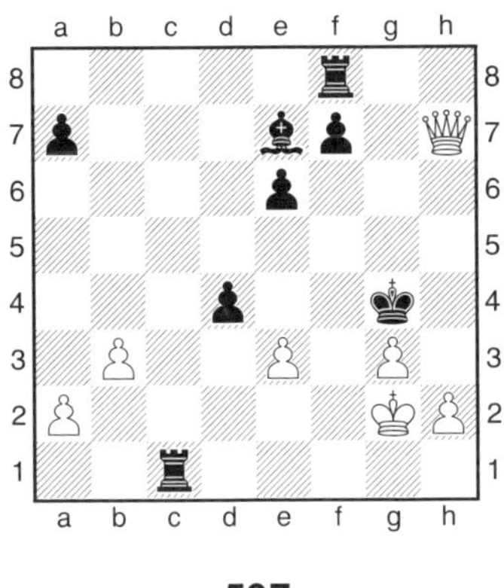

597

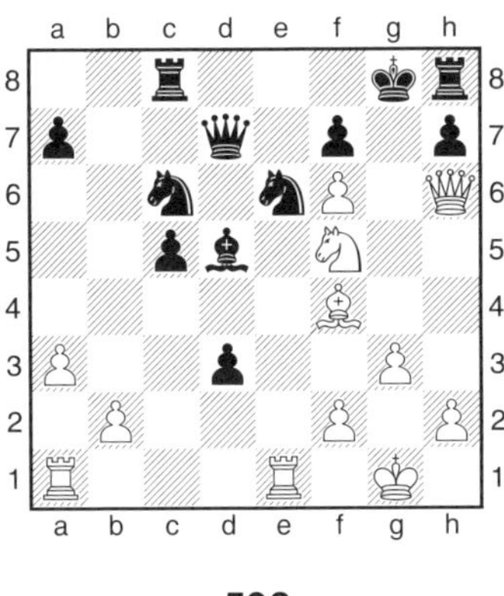

598

591. 1.♖f1xf7+ ♔f8xf7 2.♕d6-d5+ ♗c8-e6 3.♕d5xe6+ ♔f7-f8 4.♕e6-g8#
Smirnov,P - Petrosian,T Aeroflot Open Moskau 2006

592. 1.♖e6-f6+ ♔f8-g8 [1...♔f8-g7 2.♘d6-e8+ ♔g7-h8 3.♖f6-f8#]
2.♗h3-e6+ ♔g8-g7 [2...♔g8-h8 3.♖f6-f8+ ♔h8-g7 4.♖f8-g8#]
3.♘d6-f5+ ♔g7-h8 4.♖f6-f8#
Kraidman - Goy (Variante), Senioren WM Naumburg 2002

593. 1.♖f5-g5+ ♔g8-f7 2.♕h3-e6+ ♔f7-f8 3.♖e1-f1 -- 4.♖g5-g8#
Schirow - Leon Hoyos, World Cup Chanty Mansiysk 2011

594. 1.♕h7-e7+ ♔c5-d4 2.♗c7-b6+ c6-c5 3.♗b6xc5+ ♔d4-c3
4.♕e7-e3#/xe1#
Sax - Enders (Variante), Balatonlelle 2006

595. 1.♕h5xh6+ ♗f8xh6 2.♖h3xh6+ ♔f6-g7 3.f7-f8♕+ ♔g7xf8 4.♖h6-h8#
Hou Yifan - Sebag, Hangzhou 2011

596. 1.♕f4xf7+ ♖f8xf7 2.♖f1xf7+ ♔g7-h8 3.♖f7-f8+ ♔h8-g7 4.♖f8-g8#
Pikula - Kostic, Nis 1995

597. 1.h2-h3+ ♔g4-g5 2.♕h7-g7+ ♔g5-h5 [2...♔g5-f5 3.g3-g4+ ♔f5-e4
4.♕g7xd4#] 3.g3-g4+ ♔h5-h4 4.♕g7-h6#
Carlsen,M - Tallaksen, Norwegische Meisterschaft Sandnes 2005

598. 1.♗f4-d6 ♕d7xd6 [1...♘c6-d4 A: 2.♕h6-f8+ ♘e6/♖c8xf8 3.♘f5-h6#;
B: 2.♕h6-g7+ ♘e6xg7 3.♘f5-h6#]
2.♖e1xe6 ♕d6-f8 3.♕h6-g5+ ♕f8-g7 4.♕g5xg7#
Adly - Laznicka, Junioren WM 2007

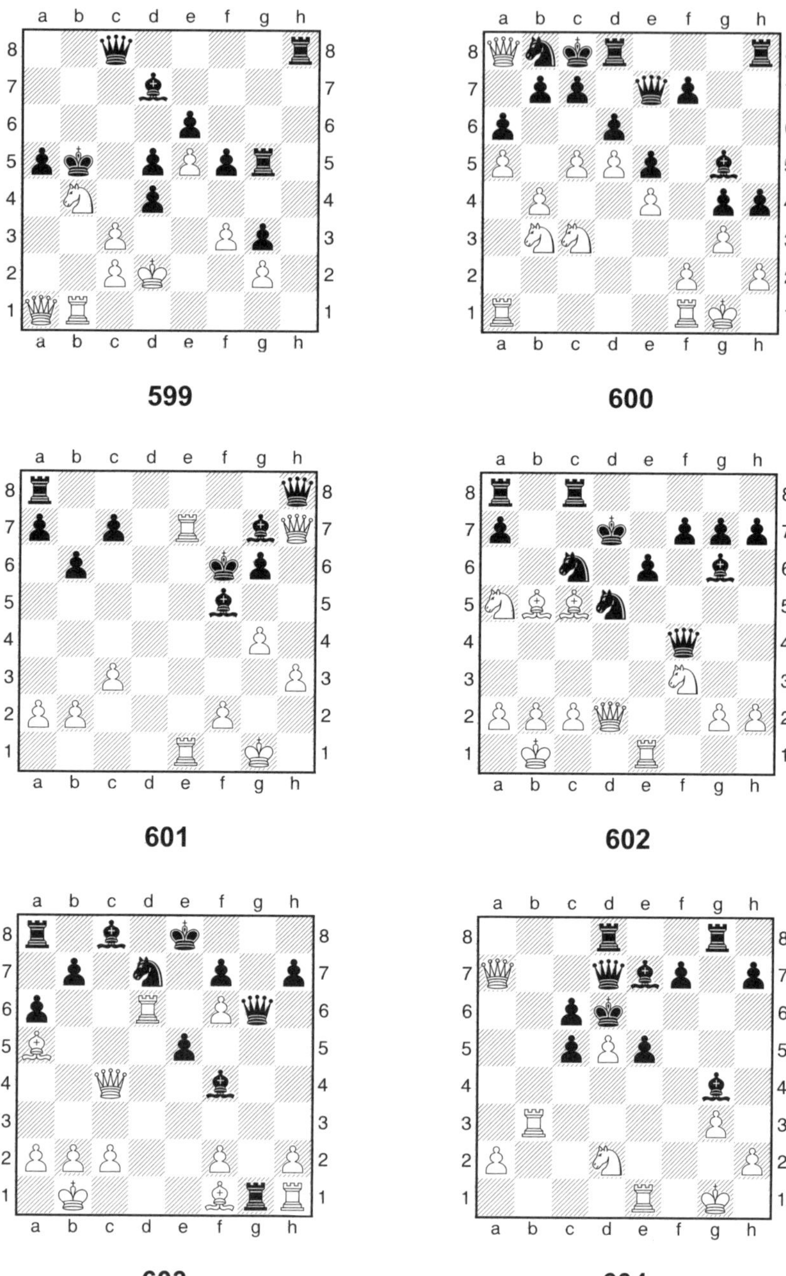
599
600
601
602
603
604

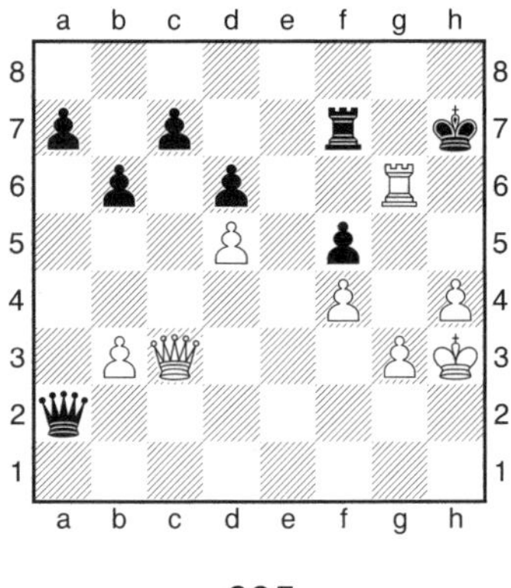

605

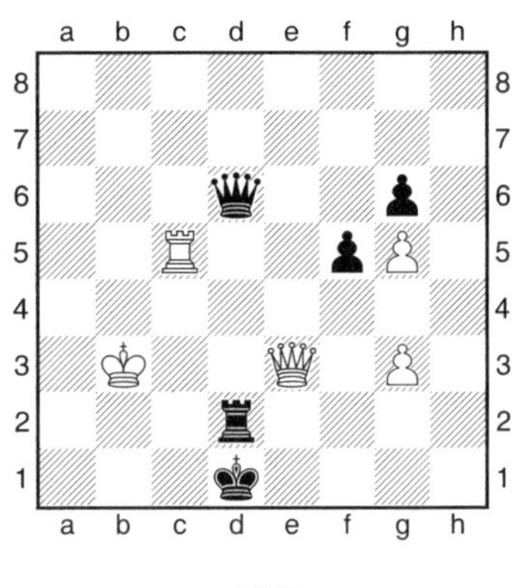

606

599. *1.♘b4xd5+* ♔b5–c6
[1...♔b5–a6 2.♖b1–b6+ ♔a6–a7 3.♕a1xa5+ ♕c8–a6 4.♕a5xa6#]
2.♘d5–e7+ ♔c6–c5 3.♕a1xa5+ ♗d7–b5 4.♕a5xb5#
1.♘b4–c6+ ♔b5xc6 2.♕a1–a4+ ♔c6–c7 3.♕a4xa5+ ♔c7–c6
4.♕a5–b6# **Greet - Farrell**, Schottische Meisterschaft Edinburg 2009

600. 1.c5–c6 b7xc6 2.d5xc6 ♖d8–d7/g8 3.♕a8–b7+ ♔c8–d8 4.♕b7xb8#
Luciani - Canutti, Korsika 2009

601. 1.f2–f4 ♗f5–c8 2.♖e1–e5 ♗c8xg4 3.h3xg4 ♕h8xh7 4.g4–g5#
Larusson - Michalzcak, Reykjavik Open 2011

602. 1.♕d2xd5+ ♔d7–e8 [1...e6xd5 2.♖e1–e7+ ♔d7–d8 3.♘a5–b7#]
2.♗b5xc6+ ♖c8xc6 3.♕d5xc6+ ♔e8–d8 4.♘a5–b7#
Ewald – Schwarz, Eberswalde 1990

603. 1.♖d6–e6+ f7xe6 2.♕c4xe6+ ♔e8–f8 3.♗a5–b4+ ♘d7–c5 4.♗b4xc5#
[1...♔e8–f8 2.♗a5–b4+ ♔f8–g8 3.♖e6–e8+ ♘d7–f8 4.♖e8xf8#]
Schirow - Topalov, Wijk aan Zee 2001

604. 1.♘d2–c4+ ♔d6xd5 2.♖e1xe5+ ♔d5–d4 3.♕a7–a5 ♔d4xc4
4.£a5-a4#/c3# **Stopa – Beukema**, Open Wunsiedel 2011

605. 1.♖g6–h6+ ♔h7xh6 2.♕c3–h8+ ♖f7–h7 [2...♔h6–g6 3.h4–h5#]
3.♕h8–f6+ ♔h6–h5 4.♕f6–g5#
Neckar - Tobyas, Tschechien 1999

606. 1.♖c5–c1+ ♔d1xc1 2.♕e3–e1+ ♖d2–d1 3.♕e1–c3+ ♔c1–b1 4.♕c3–b2#
Benko - Ende einer Studie 2000

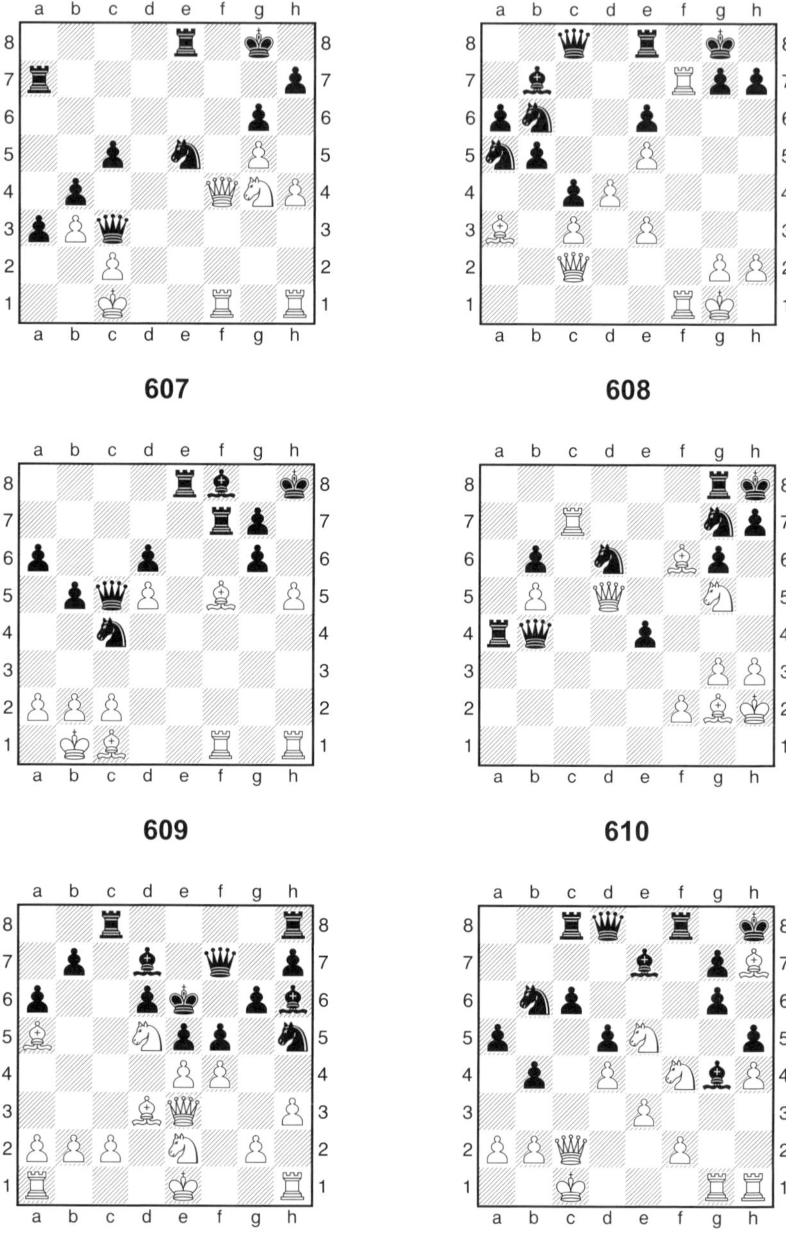
607
608
609
610
611
612

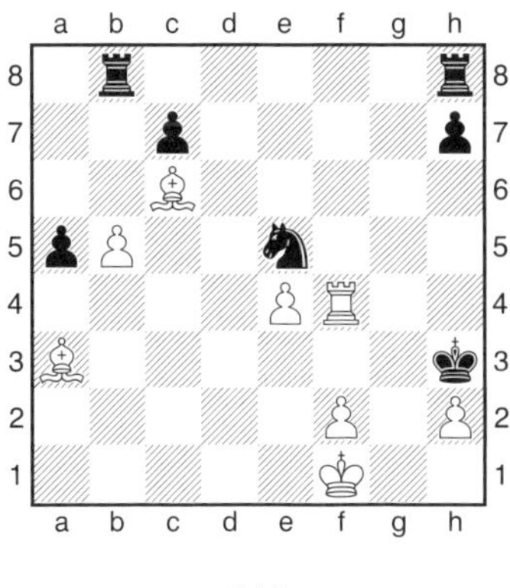

613

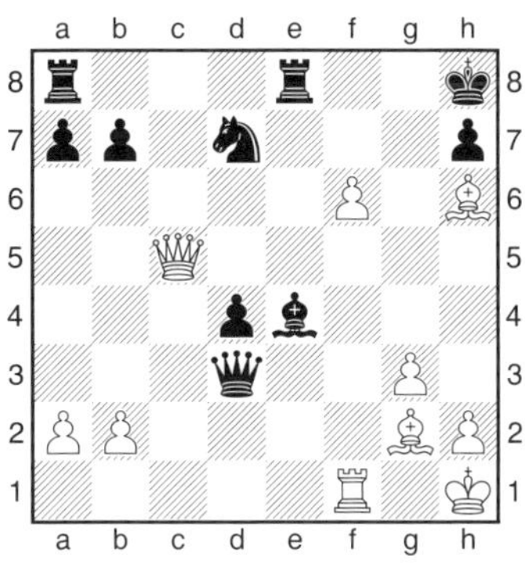

614

607. 1.♘g4-h6+ ♔g8-h8 [1...♔g8-g7 2.♕f4-f6#]
2.♕f4-f8+ ♖e8xf8 3.♖f1xf8+ ♔h8-g7 4.♖f8-g8#
Puuska - Chaves, Olympiade Frauen Bled 2002

608. 1.♖f7xg7+ ♔g8xg7 2.♖f1-f7+ ♔g7-h6 [2...♔g7xf7 3.♕c2xh7#]
3.♕c2xh7+ ♔h6-g5 4.♖f7-g7#
Dao Thien Hai - Nirosh, Asienmeisterschaft Teheran 1998

609. 1.h5xg6+ ♔h8-g8 2.g6xf7+ ♔g8xf7 3.♗f5-e6+ ♔f7-e7 4.♗c1-g5#
[3...♔f7-g6 4.♗e6-f7#]
Zawadzka - Schut, Europameisterschaft Frauen 2010

610. *1.♕d5xg8+* ♔h8xg8 2.♖c7xg7+ ♔g8-f8 3.♘g5-e6+ ♔f8-e8
4.♖g7-e7# [2...♔g8-h8 3.♖g7xg6#]
1.♕d5xd6 ♕b4-b3 2.♖c7xg7 ♖g8xg7 3.♕d6-f8+ ♕b3-g8 4.♘g5-f7#
[4.♗f6xg7#] **Karasew - Rasuwajewa**, Petrow-Memorial St.Petersburg 1998

611. 1.♘e2-d4+ e5xd4 2 .e4xf5+ ♔e6xd5 3.♕e3-e4+/f3+ ♔d5-c5
4.b2-b4# **Nielsen - Jorgensen**, Politiken Cup Kopenhagen 2008

612. 1.♘f4xg6+ ♔h8xh7 2.♘g6xf8+ ♔h7-g8 3.♕c2-h7+ ♔g8xf8 4.♕h7-h8#
Arnalds - Gasanova, Reykjavik Open 2009

613. 1.♗c6-d7+ ♘e5xd7 [1...♘e5-g4 2.♗d7xg4+ ♔h3-h4 3.♗a3-e7#]
2.♗a3-e7 ♘d7-f6 3.♗e7xf6 -- 4.♖f4-h4#
Fedorchuk - Bonnaud, Avoine Open 2005

614. 1.♗h6-g7+ ♔h8-g8 2.♕c5-d5+ ♗e4xd5 3.♗g2xd5+ ♖e8-e6 4.♗d5xe6#
Khmelnitsky - Alburt, USA Meisterschaft Parsippany 1995

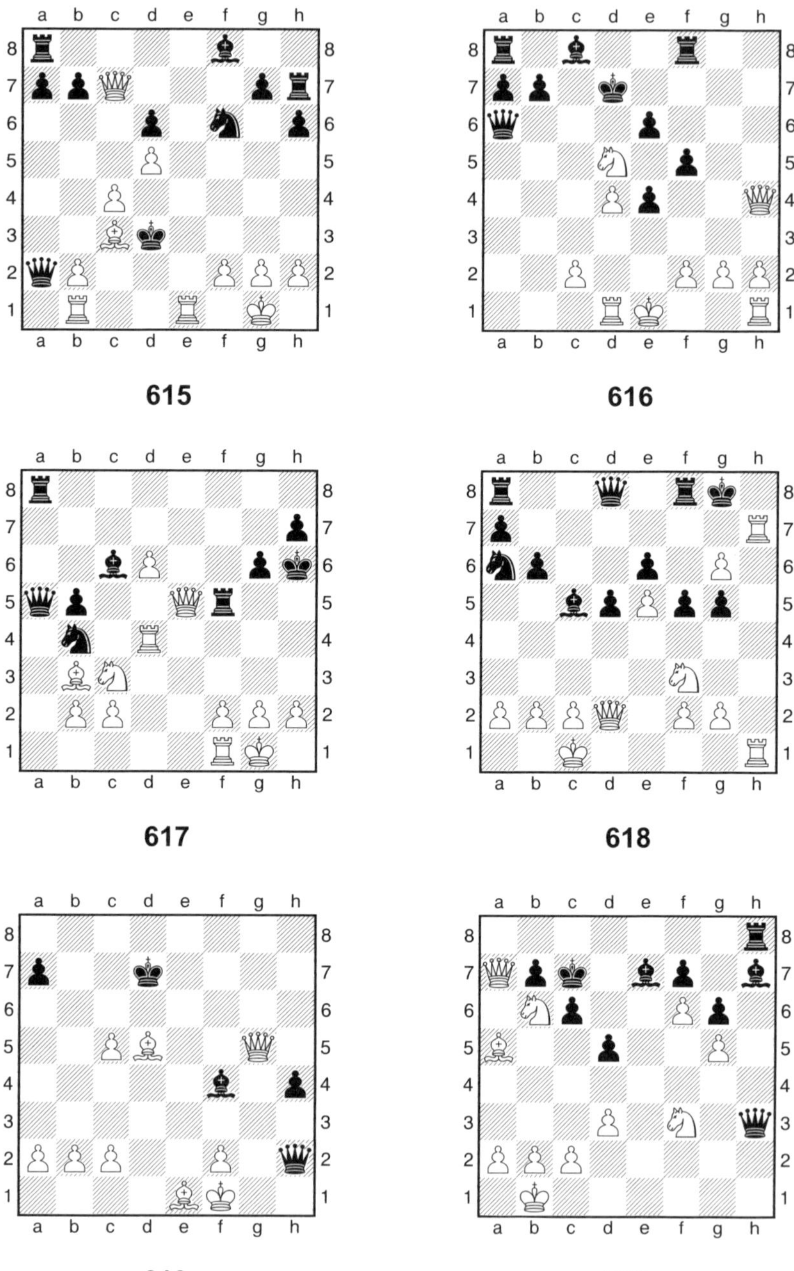

615

616

617

618

619

620

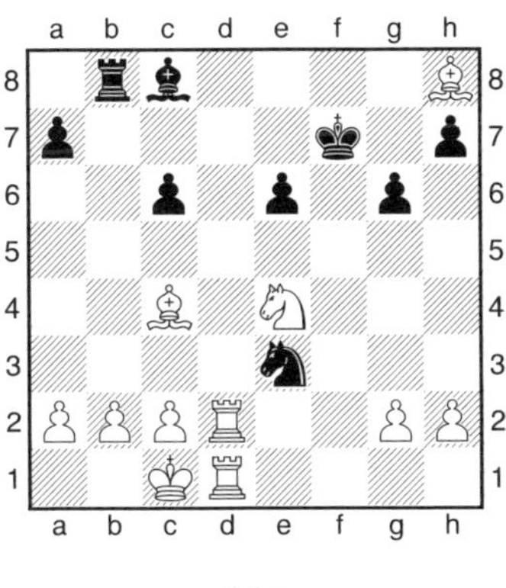

621

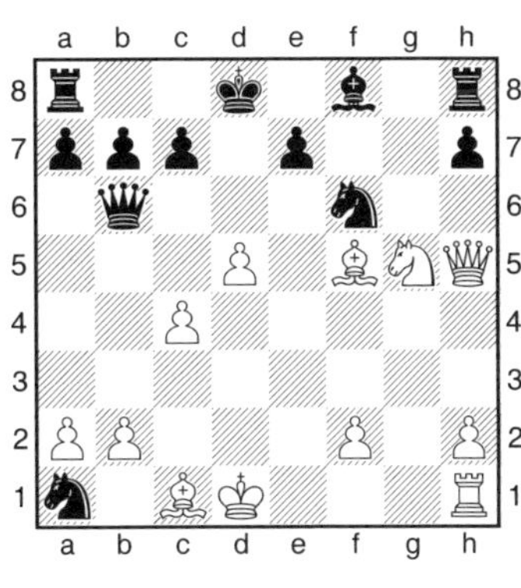

622

615. 1.♖b1–d1+ ♔d3–c2 2.♖d1–d2+ ♔c2–b3 3.♕c7xb7+ ♔b3xc4 4.♕b7–b4# [3...♔b3–a4 4.♕b7–b5#/b4#]
Oswald - Emery, Schottische Meisterschaft Edinburg 2009

616. 1.♕h4–e7+ ♔d7–c6 2.♘d5–b4+ ♔c6–b5 3.♕e7–c5+ ♔b5–a4 4.♖d1–a1# **Choko - Davies**, Amatuermeisterschaft von Afrika 2005

617. 1.♖d4–h4+ ♔h6–g5 2.♕e5–e3+ ♔g5xh4 3.♕e3–h6+ ♔h4–g4 4.h2–h3# [1...♖f5–h5 2.♖h4xh5+ g6xh5 3.♕e5–f6#]
Aragon Neto - Ramos (Variante), Americana Open 2009

618. 1.♖h7–h8+ ♔g8–g7 2.♖h1–h7+ ♔g7xg6 3.♘f3–h4+ g5xh4 4.♕d2–h6#
Chalakov - Semenenko, Albena Open 2009

619. 1.♕g5–g7+ ♔d7–d8
[1...♔d7–c8 2.♕g7–f8+ ♔c8–d7 3.c5–c6+ ♔d7–c7 4.♗e1–a5#]
2.♗e1–a5+ ♗f4–c7 3.♕g7–f8+ ♔d8–d7 4.c5–c6#
[*1.♕g5–f5*+ ♔d7–e7 2.♕f5–f7+ ♔e7–d8 3.♗e1–a5+ ♗f4–c7 *(3...♔d8–c8 4.♕f7–e8#)* 4.♕f7–f8+ ♔d8–d7 5.c5–c6#]
Martins - Gungor, Junioren-WM 2008

620. 1.♘b6–c4+ ♔c7–c8 2.♕a7–a8+ ♔c8–d7 3.♕a8xb7+ ♔d7–e6 4.♘f3–d4# **Kalogeris – Robotis**, Griech. Mannschaftsmst. Div. A 2010

621. 1.♖d2–d7+ ♗c8xd7 2.♖d1xd7+ ♔f7–f8 [♔f7–e8] 3.♗h8–g7+ ♔f8–e8 4.♘e4–f6# **Kempe – Rogozenko** (Variante) DJEM U10, 2009

622. 1.♘g5–f7+ ♔d8–e8 2.♘f7–d6+ ♔e8–d8 3.♕h5–e8+ ♘f6xe8 4.♘d6–f7#
Vilar Lopez - Regan, Saint Vincent 1999

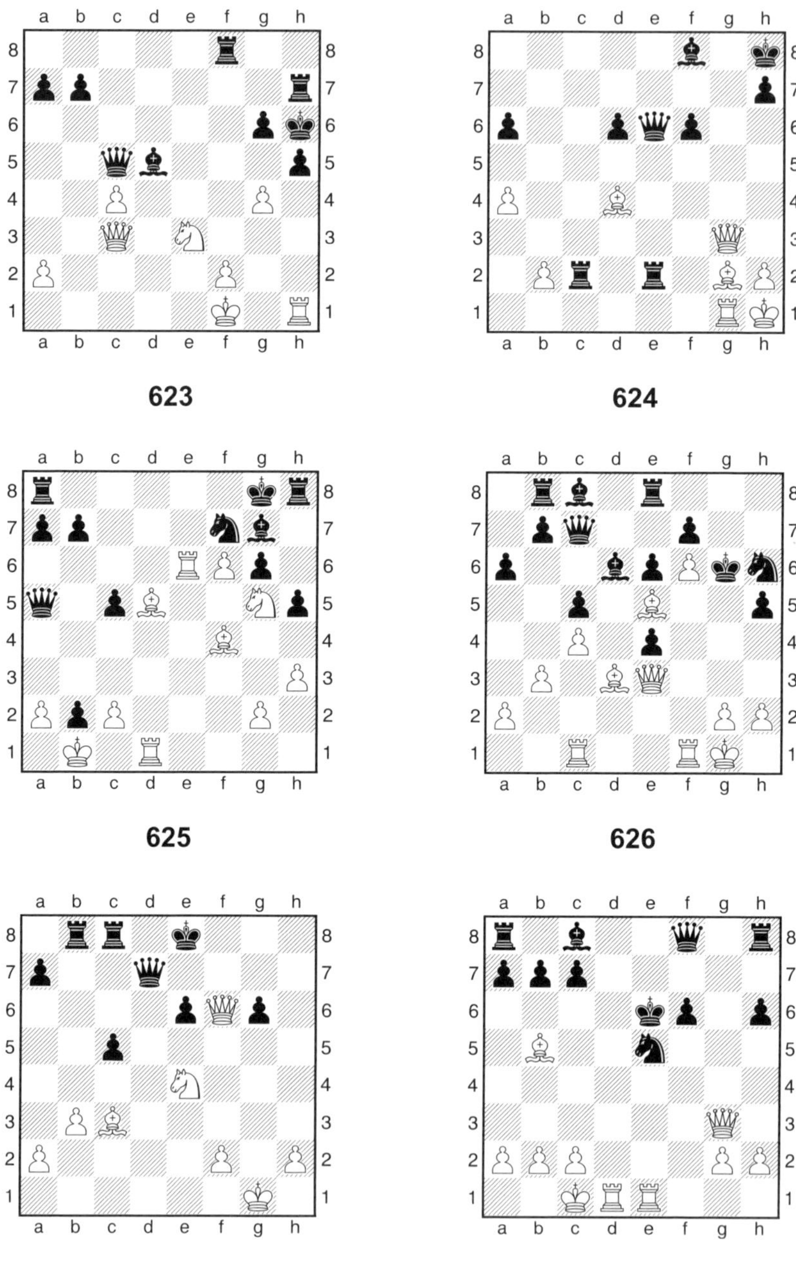
623
624
625
626
627
628

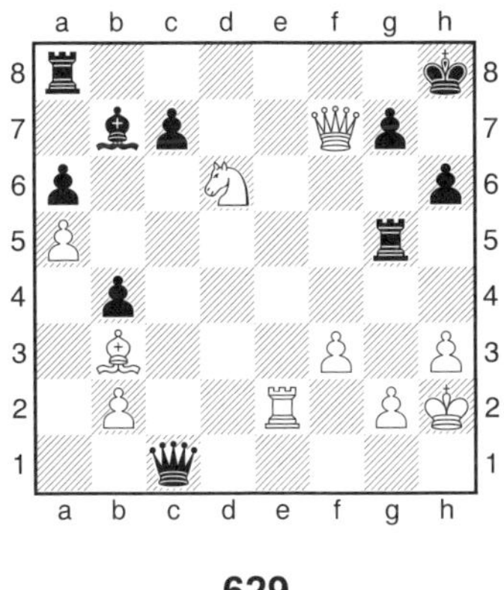

629

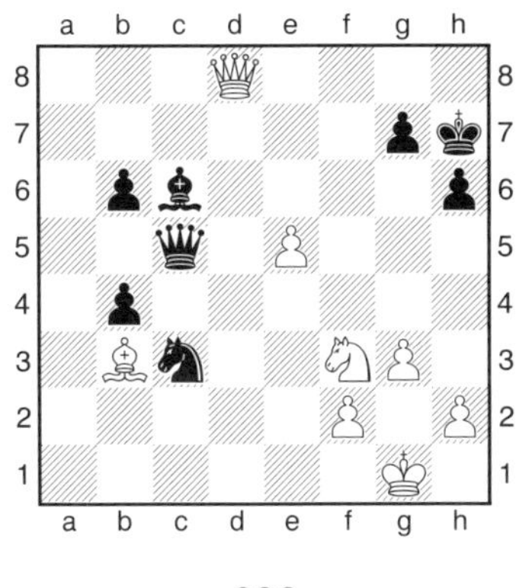

630

623. 1.g4–g5+ ♔h6xg5 2.♕c3–e5+ ♖f8–f5 [2...♔g5–h6 3.♘e3–g4#]
3.f2–f4+ ♔g5–h6 4.♘e3–g4# **Turner - Howell**, 4NCL 2004

624. 1.♗d4xf6+ ♕e6xf6 2.♕g3–g8+ ♔h8xg8 3.♗g2–d5+ ♔g8–h8 4.♖g1–g8#
Gdanski - Fallace, Göteborg 1996

625. 1.♖e6–e8+ ♖a8xe8 2.♗d5xf7+ ♔g8–f8 3.♗f4–d6+ ♖e8–e7 4.♗d6/f6xe7#
Malinin - Toporov, UdSSR 1989

626. *1.♕e3–g3+* ♘h6–g4 2.♗d3xe4+ ♔g6–g5 3.h2–h4+ ♔g5–h6 4.♕g3–f4#
1.♗d3xe4+ ♘h6–f5 2.♗e4xf5+ [2.♖f1xf5 ♔g6–h7 3.♕e3–g3, z.B.
3...♖e8–g8 4.♖f5xh5#] 2...e6xf5 3.♕e3–g3+ ♔g6–h7/h6 4.♕g3–g7#]
Mirkovic - Pantaleev, Nova Pazova 1996

627. 1.♕f6–h8+ ♔e8–f7 [1...♔e8–e7 2.♗c3–f6+ ♔e7–f7 3.♘e4–g5#]
2.♕h8–g7+ ♔f7–e8 3.♘e4–f6+ ♔e8–d8 4.♕g7xd7#
Shaw - Oswald, Schottische Meisterschaft Edinburg 2009

628. 1.♗b5–c4+ ♔e6–e7 [1...♔e6–f5 2.♖d1–d4
(2.♖e1–f1+ ♔f5–e4 3.♗c4–d5#) 2...♘e5xc4 3.♕g3–g4#]
2.♖e1xe5+ f6xe5 3.♕g3xe5+ ♗c8–e6 4.♕e5xe6#
Foord - Brett, 4NCL2 2007/8

629. 1.♖e2–e8+ ♖a8xe8 2.♕f7xe8+ ♔h8–h7 3.♗b3–g8+ ♔h7–h8 4.♘d6–f7#
[1...♔h8–h7 2.♕f7–g8+ ♔h7–g6 3.♗b3–f7+ ♔g6–f6 4.♖e8–e6#]
Joseph – Dominguez, Bogota 2011

630. 1.♕d8–g8+ ♔h7–g6 2.♕g8–f7+ ♔g6–h7 3.♘f3–g5+ h6xg5 4.♕f7–h5#
[3...♔h7–h8 4.♕f7–g8#] **Pickard - Taylor**, 4NCL 2008

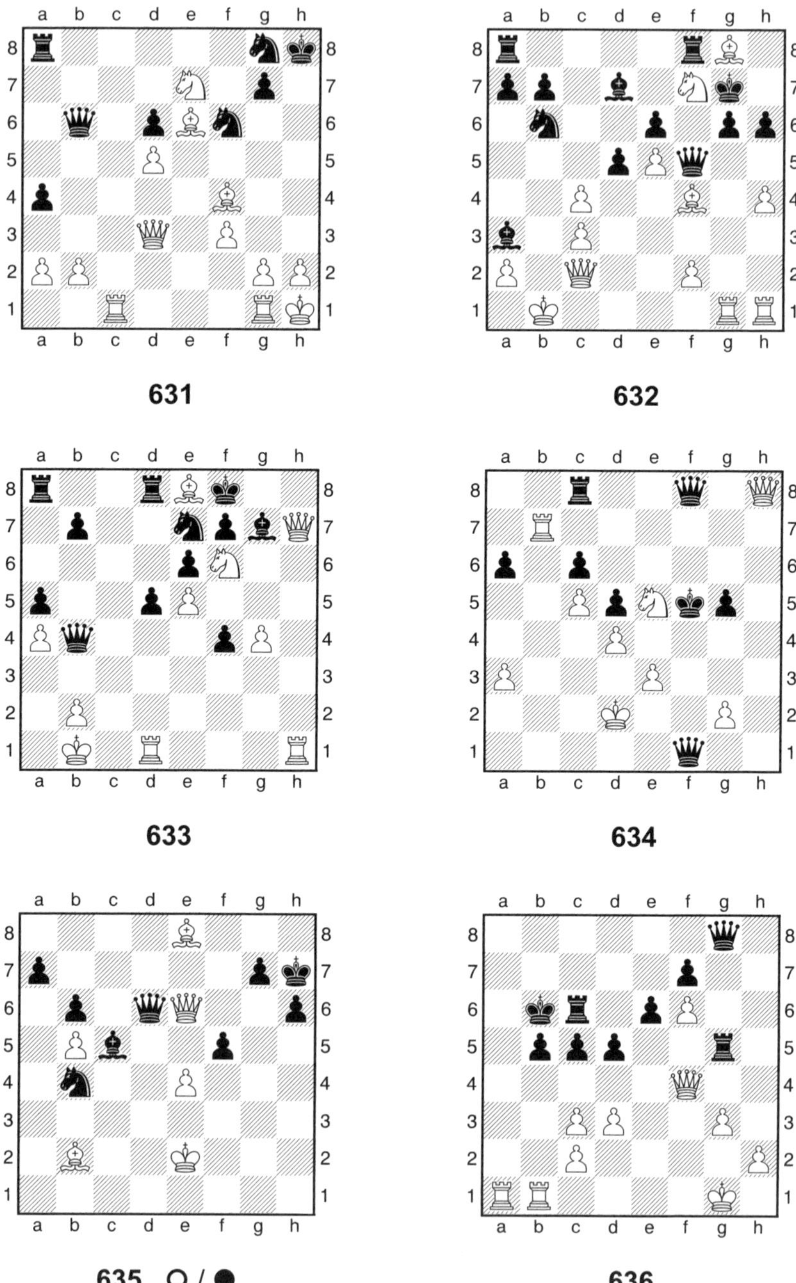
631
632
633
634
635 ○ / ●
636

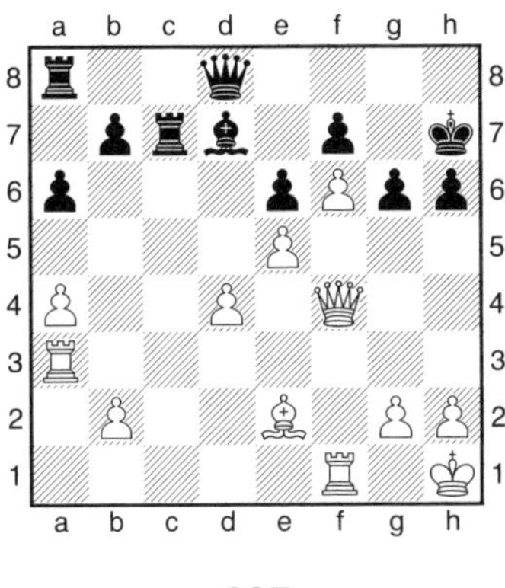

637

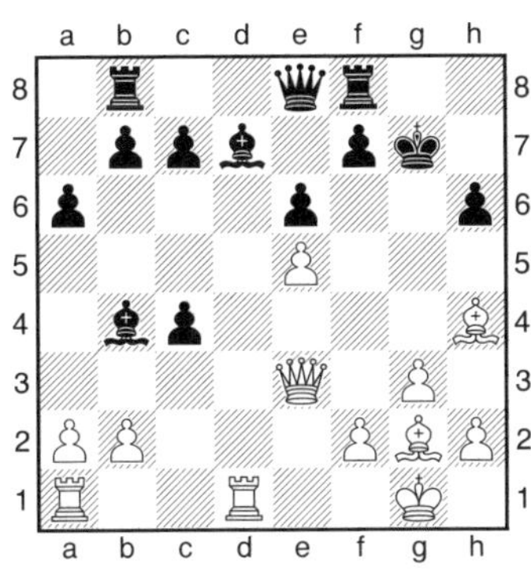

638

631. 1.♘e7-g6+ ♔h8-h7 2.♘g6-f8+ ♔h7-h8 3.♕d3-h7+ ♘f6xh7 4.♘f8-g6#
Rihan - Shivan, Commonwealth Meisterschaft 2008

632. 1.♕c2xf5 e6xf5 2.♖g1xg6+ ♔g7xg6 3.h4-h5+ ♔g6-g7 4.♖h1-g1#
633. [*1.♖g1xg6+ ♕f5xg6 (1...♔g7xg6 2.h4-h5+ ♔g6-g7 3.♖h1-g1+ ♕f5-g6 4.♖g1/♕c2xg6#)* 2.♕c2xg6+ ♔g7xg6, ...]
Holt,C – Milman, Berkeley Open 2011

633. 1.♕h7xg7+ ♔f8xg7 2.♖h1-h7+ ♔g7-g6 [2...♔g7-f8 3.♖h7xf7#]
3.♗e8xf7+ ♔g6-g5 4.♖h7-h5#
Kuzman - Ovsejevitsch, Donetsk 1998

634. 1.♕h8-h7+ ♔f5-e6 [1...♔f5-f6 2.♕h7-g6#]
2.♕h7-d7+ ♔e6-f6 3.♘e5-g4+ ♔f6-g6 4.♕d7-h7#
Charlow - Drejew, Russische Superliga Dagomys 2008

635. 1.♗e8-g6+ ♔h7-h8 2.♗b2xg7+ ♔h8xg7 3.♕e6-f7+ ♔g7-h8 4.♕f7-h7#
● 1...♕d6-d3+ 2.♔e2-e1 ♘b4-c2#
Koneru - Kosinzewa,T (Analyse), Krasnoturinsk 2005

636. 1.♖b1xb5+ ♔b6xb5 2.♕f4-a4+ ♔b5-b6 3.♕a4-a7+ ♔b6-b5
4.♕a7/♖a1-a5#/b1# **Prol Nagueira – Soto Guiterrez**, Burgas Open 2006

637. 1.♕f4xh6+ ♔h7xh6 2.♖a3-h3+ ♔h6-g5 3.♖h3-h7 -- 4.h2-h4#
Becker,B - Nogueiras,J Kuba 1998

638. 1.♗h4-f6+ ♔g7-h7 2.♕e3-e4+
[2.♗g2-e4+ ♔h7-g8 3.♕e3xh6 -- 4.♕h6-h8#/h7#/g5#]
2...♔h7-g8 3.♕e4-g4+ ♔g8-h7 4.♗g2-e4# /4.♕g4-g7#
D'Costa - Machin Arbelo, Gibraltar 2009

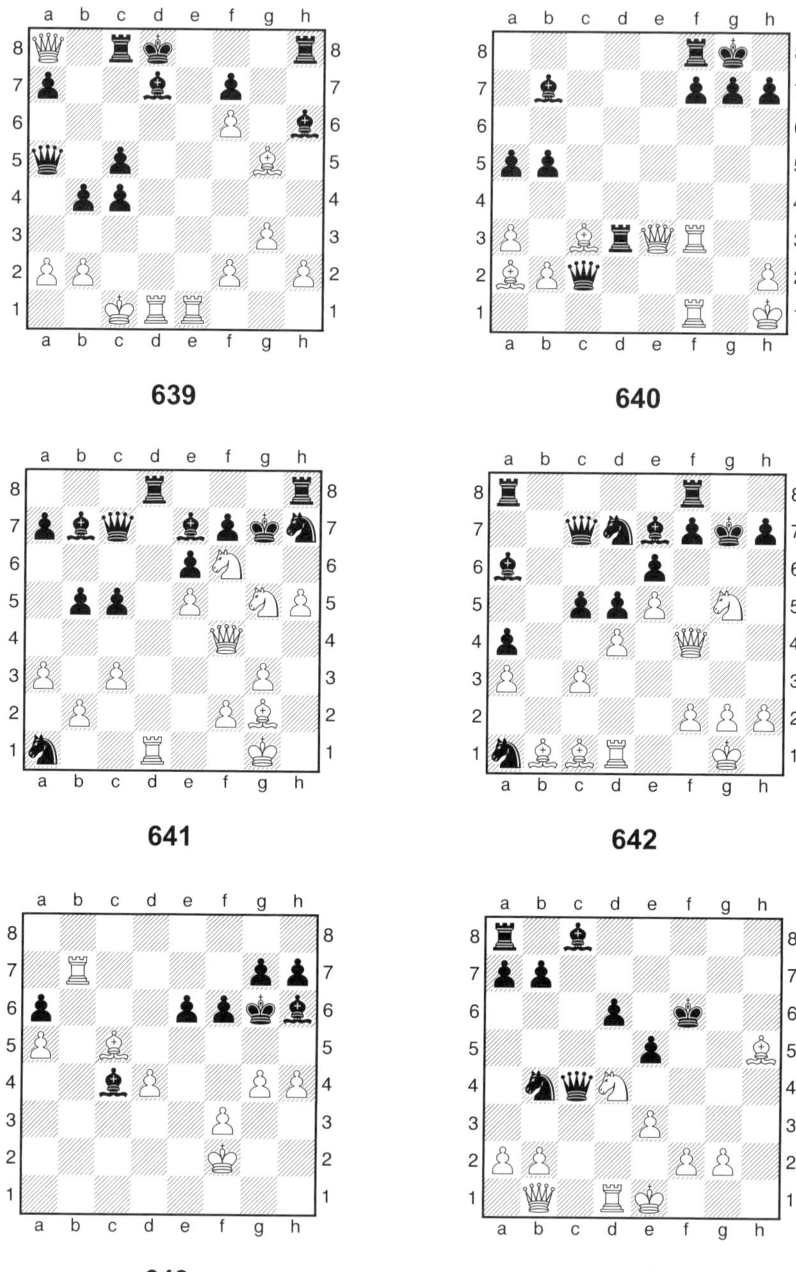

639
640
641
642
643
644

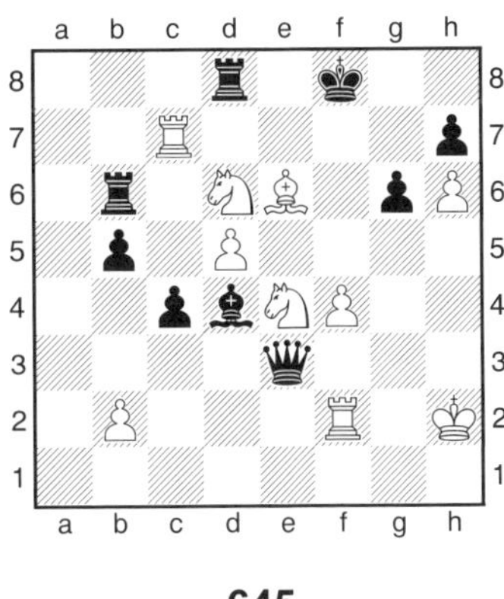

645

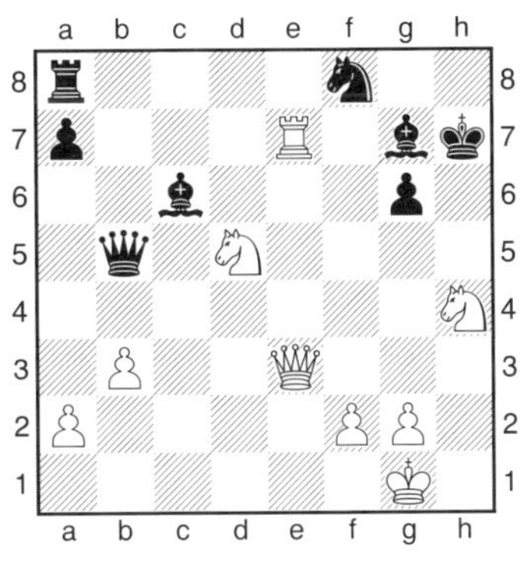

646

639. 1.♖d1xd7+ ♔d8xd7 2.♕a8–d5+ ♔d7–c7 3.♖e1–e7+ ♔c7–b8 4.♕d5–b7#
Kramnik - Ehlvest, Riga 1995

640. 1.♗a2xf7+ ♔g8–h8 2.♗c3xg7+ ♔h8xg7 3.♕e3–g5+ ♔g7–h8 4.♕g5–f6#
Johansson - Hobber, Rilton Cup Stockholm 2009/10

641. 1.♘f6–e8+ ♔g7–h6 [1...♖h8xe8 2.♕f1xf7+ ♔g7–h6 3.♕f7 g6# *(2...♔g7–h8 3.♕f7xh7#)*]
2.♘g5xf7+ ♔h6xh5 3.♕f4–h6+ ♔h5–g4 4.♕h6–h3#
Varavin - Moskvin, UdSSR 1989

642. 1.♘g5xe6+ f7xe6 2.♕f4–h6+ ♔g7–f7 3.♕h6–h5+ ♔f7–g7/g8
4.♕h5xh7# **Fuchs - De Seroux** (Variante), Olympiade Damen 2010

643. 1.h4–h5+ ♔g6–g5 2.♔f2–g3 e6–e5 3.d4xe5 f6xe5 4.♗c5–e7#
Flumbert - Degtiarev (Variante), Bundesliga 2010

644. 1.♕b1–g6+ ♔f6–e7 2.♘d4–f5+ ♔e7–d8
[2...♗c8xf5 3.♕g6xd6#; 2...♔e7–f8 3.♕g6–e8#; 2...♔e7–d7 3.♕g6xd6#]
3.♕g6xd6+ ♗c8–d7 4.♕d6xd7#
Petruskina - Yakushev, Novosibirsk Sputik Open 2010

645. 1.♖c7–f7+ ♔f8–g8 2.♖f7–d7+ ♔g8–f8 3.♖d7xd8+ ♔f8–e7 4.♖d8–e8#
Amanov,M - Amanov,Z (Variante), United States Chess League 2011

646 1.♘d5–f6+ ♔h7–h8 2.♘h4xg6+
[2.♕e3–h6+ ♗g7xh6 3.♘h4xg6+ ♘f8xg6 4.♖e7–h7#]
2...♘f8xg6 3.♕e3–h6+ ♗g7xh6 4.♖e7–h7#
Ardelean - Raut, Bukarest 2003

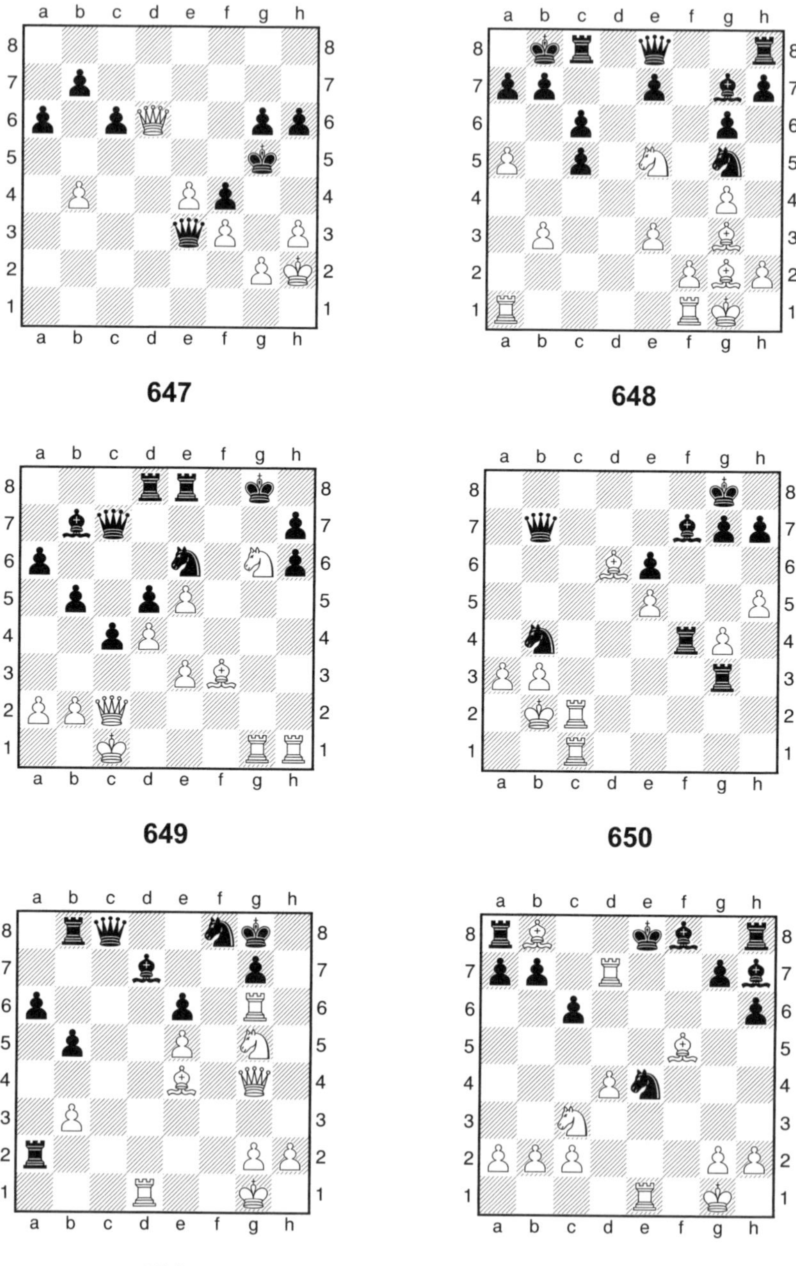

647

648

649

650

651

652

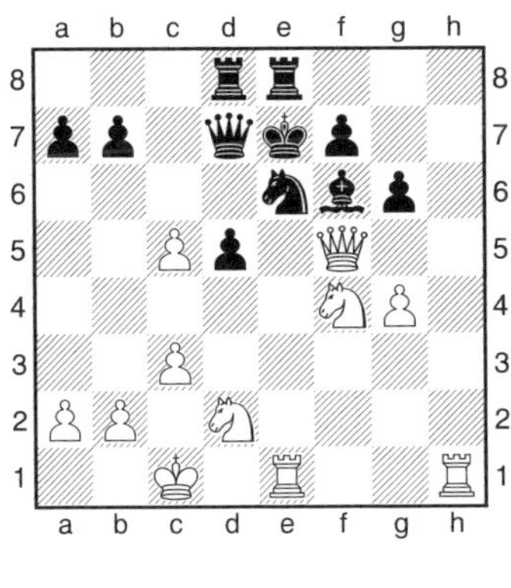

653

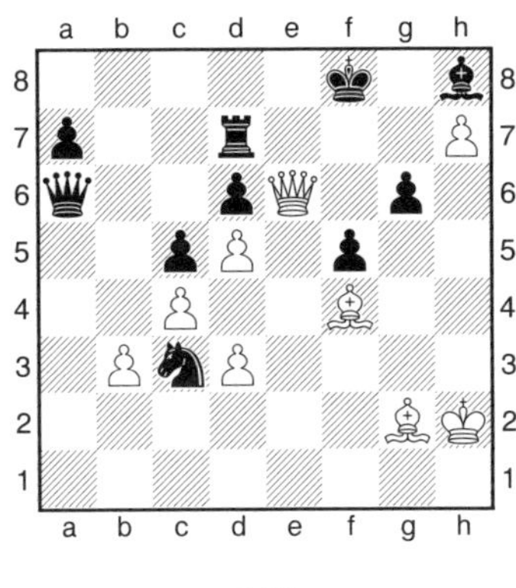

654

647. 1.♕d6–e5+ ♔g5–h4 2.g2–g3+ f4xg3+ 3.♕e5xg3+ ♔h4–h5 4.♕g3–g4#
Kasparow,S (2458) **- Kuipers**, Cappelle la Grande 2008

648. 1.♘e5–d7+ ♔b8–a8 2.♘d7–b6+ a7xb6 3.a5xb6+ ♗g7xa1 4.♖f1xa1#
Golovnjov - Zorin, Russland 2000

649. 1.♘g6–e7+ ♔g8–h8 [1...♔g8–f7 2.♕c2xh7+ ♘e6–g7 3.♖g1xg7+ ♔f7–e6 4.♕h7–f5# / 4.♗f3–g4#]
2.♕c2xh7+ ♔h8xh7 3.♖g1–g6 ♕c7xe7 4.♖h1xh6#
Har-Zwi - Bus (Variante), Deutschland 1990

650. 1.♖c2–c8+ ♕b7xc8 [1...♗f7–e8 2.♖c8xe8+ ♔g8–f7 3.♖e8–f8#]
2.♖c1xc8+ ♗f7–e8 3.♖c8xe8+ ♔g8–f7 4.♖e8–f8#
Motyljow – Naiditsch, FiNetChess960 Mainz 2008

651. 1.♖g6xg7+ ♔g8xg7 2.♘g5xe6+ ♔g7–f7 3.♕g4–g7+ ♔f7xe6 4.♕g7–f6# [3...♔f7–e8 4.♕g7xf8#]
Weiner - Leib, ODFEM Gladenbach 2010

652. 1.♘c3xe4 ♗f8–e7 2.♘e4–d6+ ♔e8–f8 3.♖d7–d8+ ♗e7xd8 4.♖e1–e8#
Berkes - Moya, Saint Lo 1999

653. 1.♘f4xg6+ f7xg6 2.♖h1–h7+ ♔e7–f8 [2...♗f6–g7? 3.♖h7xg7#]
3.♕f5xf6+ ♔f8–g8 4.♕f6–h8#
Lochte - Kelly, Gibraltar Masters 2011

654. 1.♕e6–g8+ ♔f8–e7 2.♗f4–g5+ ♗h8–f6 3.h7–h8♕ ♗f6xg5 4.♕g8–e6#
1.♗f4–h6+ ♖d7–g7 2.♕e6–g8+ ♔f8–e7 3.♗h6–g5+ ♔e7–d7 4.♕g8–d8#
Perelshteyn - Coleman, USA Mannschaftsmeisterschaft Gruppe Ost 2010

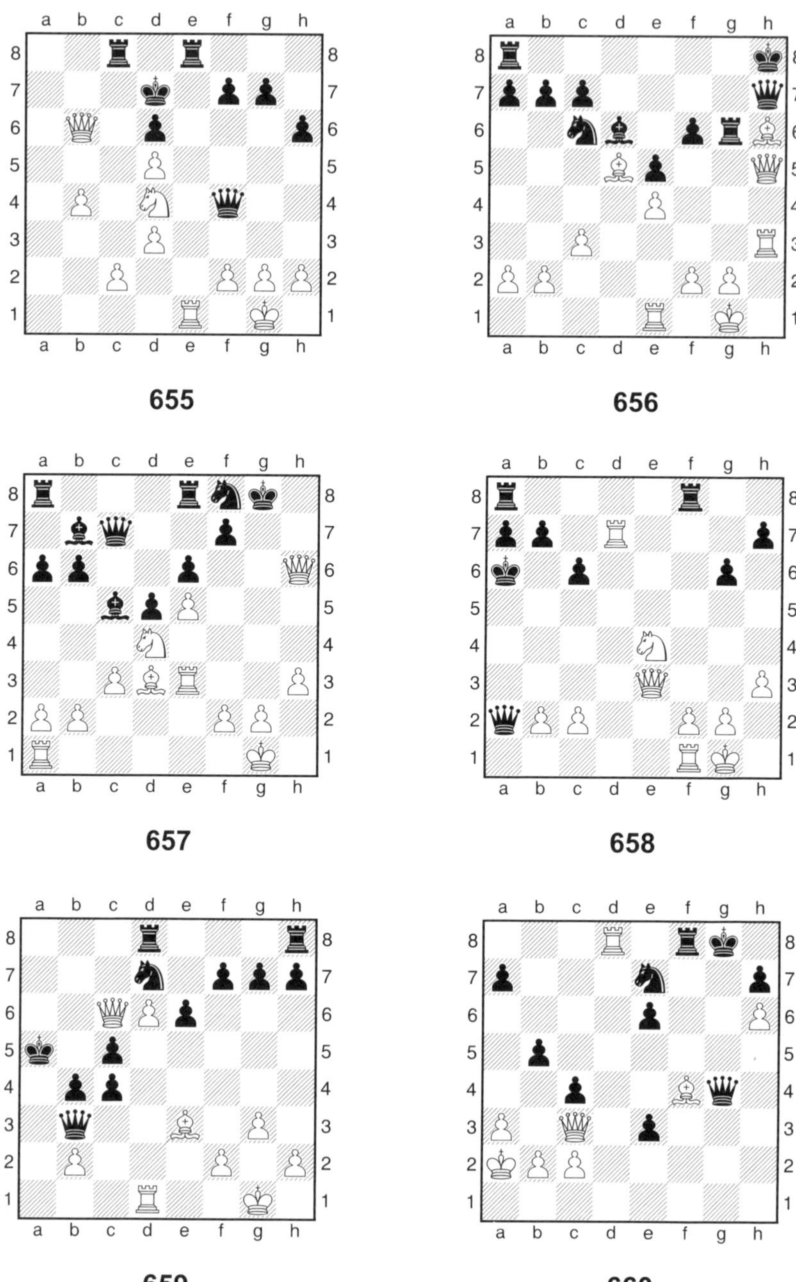

655

656

657

658

659

660

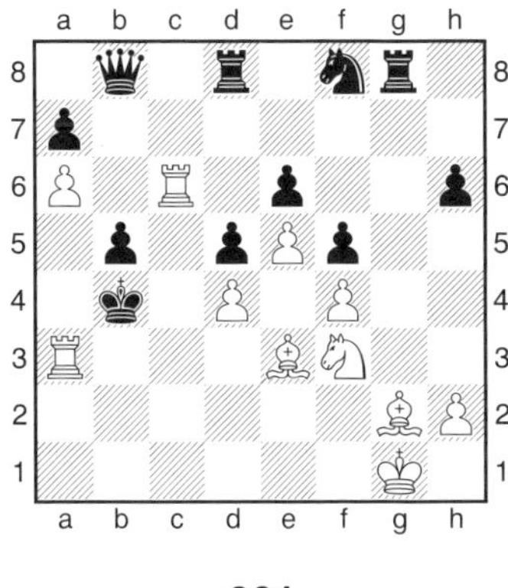

661

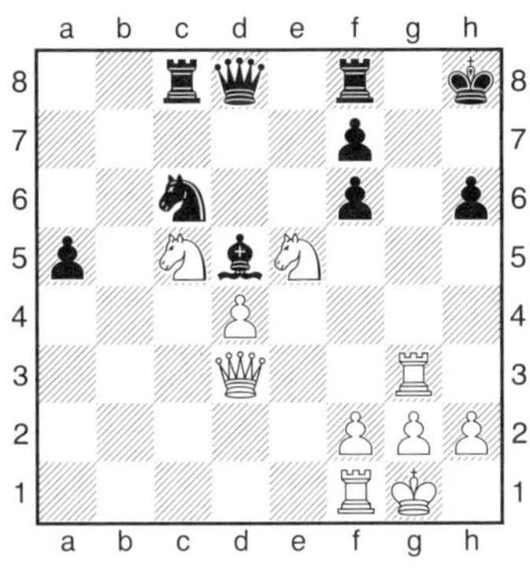

662

655. 1.♕b6–b5+ ♔d7–c7 2.♕b5–c6+ ♔c7–b8 3.♕c6–b6+ ♔b8–a8 4.♖e1–a1#
Hovhannisyan - Potapov (Variante), Europameisterschaft Aixles-Bain 2011

656. 1.♗h6–f8 ♖g6–g7 [1...♕h7xh5 2.♖h3xh5+ ♖g6–h6 3.♖h5xh6#]
2.♗f8xg7+ ♔h8xg7 3.♕h5xh7+ ♔g7–f8 4.♕h7–f7#
Frois - Ramon,V Capablanca Memorial "Mixto" Havanna 2005

657. *1.♗d3–h7+* ♔g8–h8 2.♖e3–g3 ♘f8–g6 3.♗h7xg6+ ♔h8–g8 4.♗g6–h5#
1.♖e3–g3+ ♘f8–g6 2.♗d3xg6 f7xg6 3.♖g3xg6+ ♕c7–g7 4.♕h6xg7#
Mirke - Brodmann, DEM U16 Oberhof 2010

658. 1.♘e4–c5+ ♔a6–b5
[1...♔a6–a5 2.♕e3–c3+ ♔a5–b6 3.♖d7xb7# / ♕c3–b4#]
2.♖d7xb7+ ♔b5–c4 3.♕e3–c3+ ♔c4–d5 4.♖b7–d7#
Wibe – Jacobsen, Tromsoe 2006

659. 1.♖d1–a1+ ♕b3–a3 2.♖a1xa3+ b4xa3 3.♗e3–d2+ c4–c3 4.♗d2xc3#
Galliamova - Stefanova, Frauen Grand Prix 2011

660. 1.♕c3–h8+ ♔g8xh8 2.♖d8xf8+ ♘e7–g8 [2...♕g4–g8 3.♗f4–e5#]
3.♗f4–e5+ ♕g4–g7 4.h6xg7#
Morozevich - Bologan, Sotchi 2004

661. 1.♖c6–c3 ♖g8xg2+ 2.♔g1xg2 ♖d8–c8 3.♖c3–b3+ ♔b4–c4 4.♘f3–d2#
Maciel – Leonnoff, Buenos Aires 1998

662. 1.♕d3–e3/d2 ♔h8–h7 2.♘e5–g4 ♔h7–g6 3.♕e3xh6+ ♔g6–f5
4.♘g4–e3#
Adly - Brandenburg,D Universiade 2011

■ Matt in 4 Zügen

Nach 114 Aufgaben mit 4-zügigem Matt für Weiß ist sicher auch dieser schwierige Bereich der schachlichen Weiterentwicklung zur Routine geworden. Wer nicht alle Aufgaben lösen konnte (was vermutlich nur sehr wenigen Amateuren gelingen dürfte), sollte sich nicht grämen. Neue, interessante Motive und Mattwege kennen zu lernen ist unser Ziel, nicht Lösungsrekorde aufzustellen!

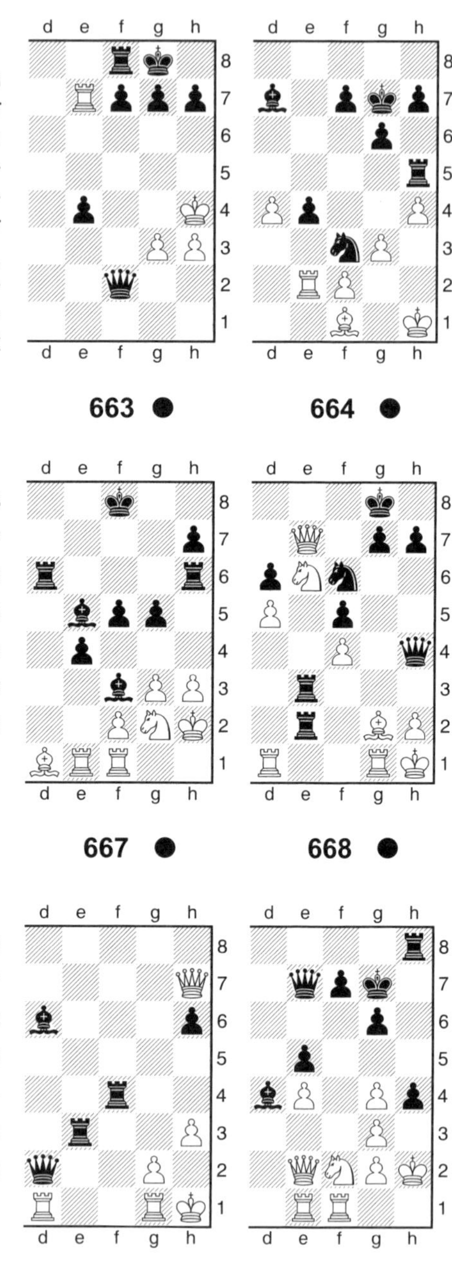

663 ●

664 ●

665 ●

666 ●

667 ●

668 ●

669 ●

670 ●

671 ●

672 ●

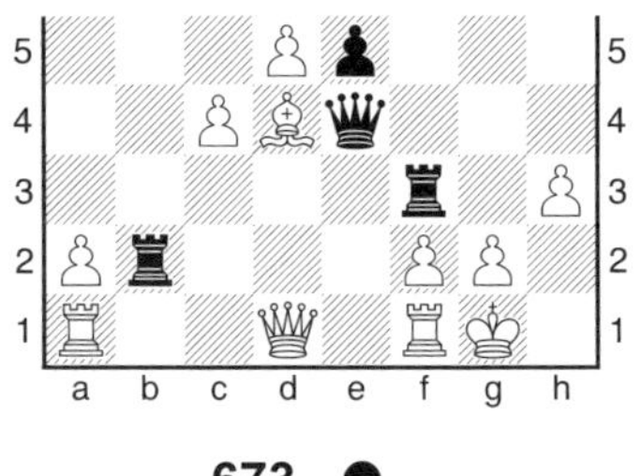

673 ●

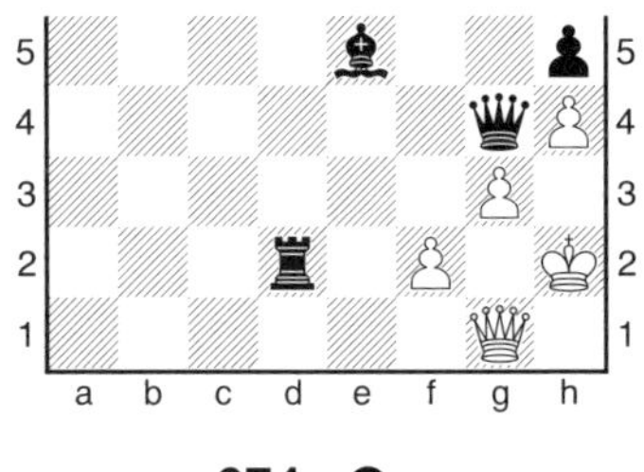

674 ●

663. 1...♕f2–f6+ 2.♔h4–g4 h7–h5+ 3.♔g4xh5 ♕f6–h6+ 4.♔h5–g4 f7–f5#
Mamedjarova - Ziaziulkina, Europameisterschaft Frauen 2010

664. 1...♖h5xh4+ 2.♗f1–h3 [2.g3xh4 ♕b8–h2#]
2...♖h4xh3+ 3.♔h1–g2 ♖h3–h2+ 4.♔g2–f1 ♗d7–h3#
Gazioglu – Canbulan, Türkische Meisterschaft 2012

665. 1...♘e4–g3+ 2.♔h1–h2 ♘g3–f1+ 3.♔h2–h1 ♕d6–h2+
4.♘f3xh2 ♘f1–g3#

666. 1...♕f6–h4+ 2.♕d7–h3 ♖f1–h1+ 3.♔h2xh1 ♕h4xh3+
4.♔h1–g1 ♕h3xg2#
Wong – Basanta, Canadian Open Richmond 1999

667. 1...♖h6xh3+ 2.♔h2xh3 [2.♔h2–g1 ♖d6–h6 3. -- ♖h3–h1#]
2...♖d6–h6+ 3.♘g2–h4 ♖h6xh4+ 4.g3xh4 g5–g4#

668. 1...♕h4xh2+ 2.♔h1xh2 ♘f6–g4+ 3.♔h2–h1 ♖e3–h3+
4.♗g2xh3 ♖e2–h2#

669. 1...♘f5xg3+ 2.h2xg3 ♕d7–h3+ 3.♕g1–h2 ♗f3xg2+ 4.♔h1–g1 ♖f8–f1#

670. 1...♕h3–g2+ 2.♖g1xg2 ♖e8–e1+ 3.♕d3–f1 ♖e1xf1+ 4.♖g2–g1 ♖f1xg1#

671. 1...♖e3xh3+ 2.g2xh3 ♕d2–h2+ 3.♔h1xh2 ♖f4–f2+ 4.♔h2–h1 ♖f2–h2#

672. 1...h4xg3+ 2.♔h2xg3 [2.♔h2–g1 ♕e7–h4 3. -- ♕h4–h2#]
2...♕e7–h4+ 3.♔g3–f3 ♕h4–f6+ 4.♔f3–g3 ♕f6–f4#
Vesely – Klemanic, Tatranska Lomnica Open (SLO) 1999

673. 1...♖f3–g3 2.f2–f3 [2.♗d4xb2 ♕e4xg2#]
2...♖g3xg2+ 3.♔g1–h1 ♖g2–h2+ 4.♔h1–g1 ♖b2–g2#
Chaviano – Campos, Kuba 1999

674. 1...♕g4xh4+ 2.♔h2–g2 ♕h4xg3+ 3.♔g2–f1 ♖d2–d1+
4.♔f1–e2 ♕g3–d3#
Wall – Arkell,K Britische Meisterschaft Torquay 1998

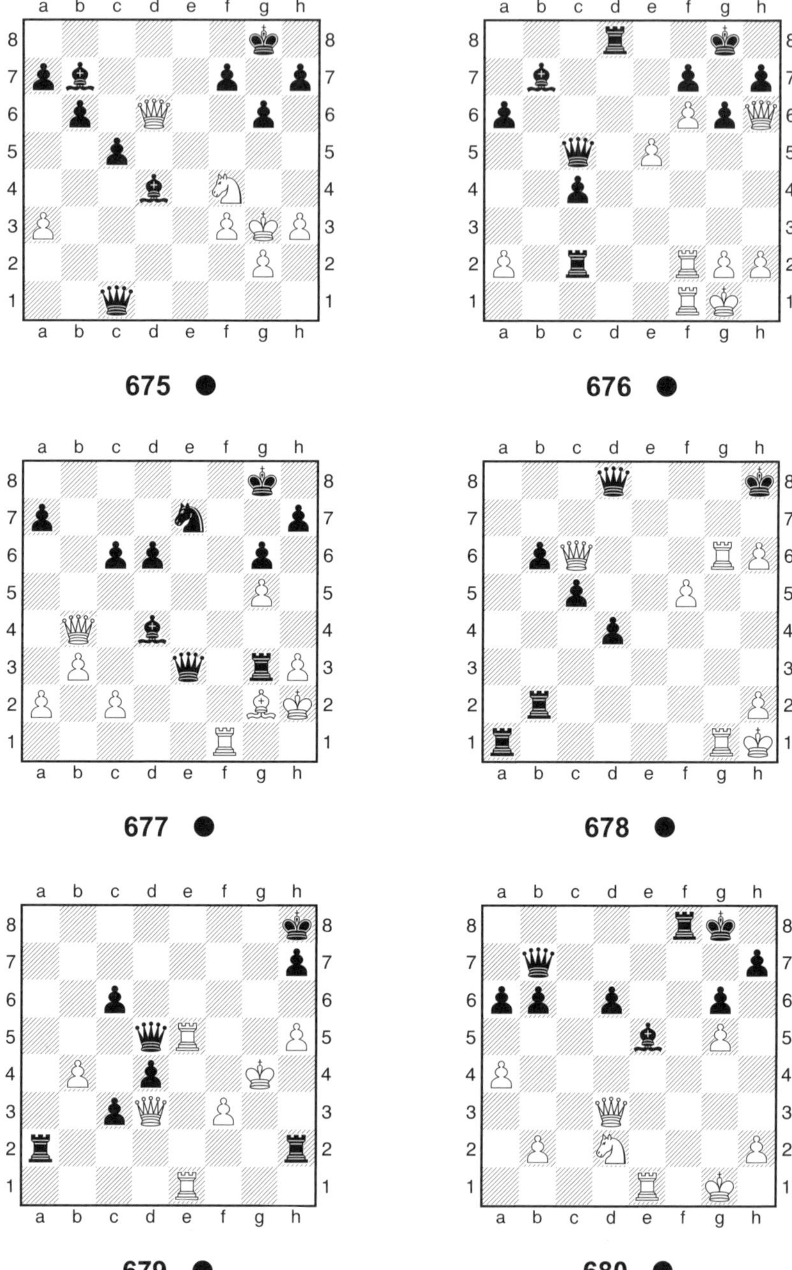

675 ●

676 ●

677 ●

678 ●

679 ●

680 ●

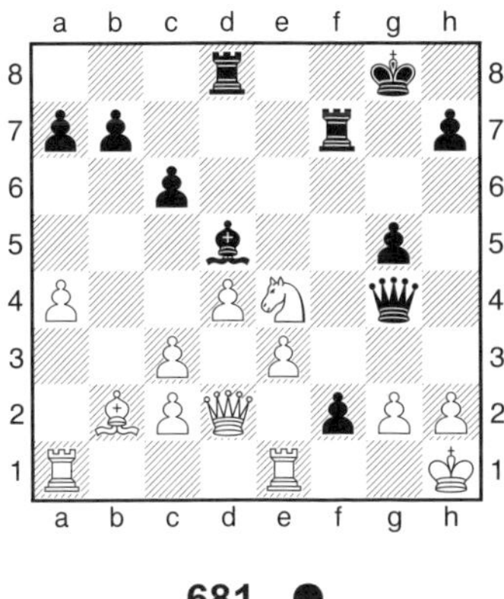

681 ●

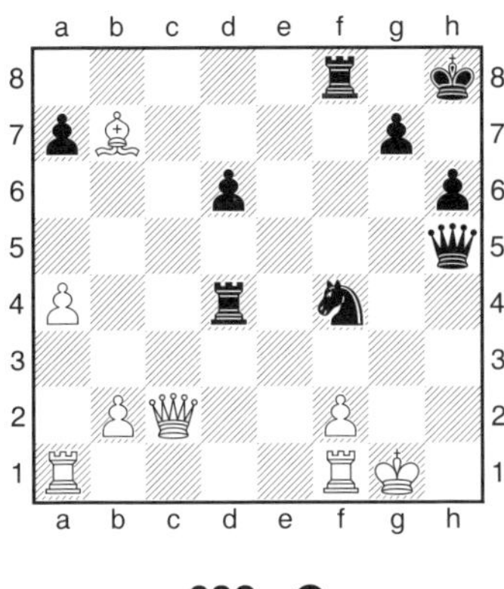

682 ●

675. 1...♕c1–e1+ 2.♔g3–g4 f7–f5+ 3.♔g4–g5 ♕e1–g3+ 4.♔g5–h6 ♗d4–g7# [2.♔g3–h2 ♗d4–g1+ 3.♔h2–h1 ♗g1–f2+ 4.♔h1–h2 ♗f2–g3#]
Mimano – Pham, WM U18 Girls 2008

676. 1...♕c5xf2+ 2.♖f1xf2 ♖d8–d1+ 3.♖f2–f1 ♖c2xg2+ 4.♔g1–h1 ♖d1xf1#
Petkov – Makropoulou, Cappelle la Grande 2006

677. 1...♖g3xg2+ 2.♔h2xg2 ♕e3–e2+ 3.♔g2–g3 [3.♔g2–h1 ♕e2xf1+ 4.♔h1–h2 ♕f1–g1#; 3.♖f1–f2 ♕e2xf2+ 4.♔g2–h1 ♕f2–g1#] 3...♗d4–e5+ 4.♖f1–f4 ♘e7–f5# **Boyd – Khandelwal**, Britische Mst. 2011

678. 1...♖b2xh2+ 2.♔h1xh2 ♕d8–h4+ 3.♔h2–g2 ♖a1–a2+ 4.♔g2–f3 ♖a2–f2#
Egri - Dede, Rundenturnier Debrecen 1998

679. 1...♖a2–g2+ 2.♔g4–f5 [2.♔g4–f4 ♖h2–h4+ 3.♔f4–f5 ♕d5–f7#] 2...♕d5–f7+ 3.♔f5–e4 ♖h2–h4+ 4.f3–f4 ♕f7/♖h4xf4#
De Leon - Ulms, Olympiade Frauen Dresden 2008

680. 1...♗e5xh2+ 2.♔g1xh2 ♖f8–f2+ 3.♔h2–g3 ♕b7–g2+ 4.♔g3–h4 ♖f2–f4#
Almasi - David, Korsika 2005

681. 1...♗d5xe4 2.♖e1–g1 [2.♕d2xf2 ♖f7xf2 3.♖e1–g1 ♗e4xg2+ 4.♖g1xg2 ♕g4xg2#] 2...♕g4xg2+ 3.♖g1xg2 f2–f1♕+ 4.♖a1xf1 ♖f7xf1#
Shahrokhi - Aliev, Fajr Open 2010

682. 1...♘f4–h3+ 2.♔g1–h2 ♘h3xf2+ [2...♘h3–g5+ 3.♔h2–g1 ♖d4–g4+ 4.♗b7–g2 ♘g5–f3#] 3.♔h2–g1 [3.♔h2–g2 ♖d4–g4#] 3...♖d4–g4+ 4 .♗b7–g2 ♕h5–h1#
Ragnarsson - Reppen, Reykjavik Open 2011

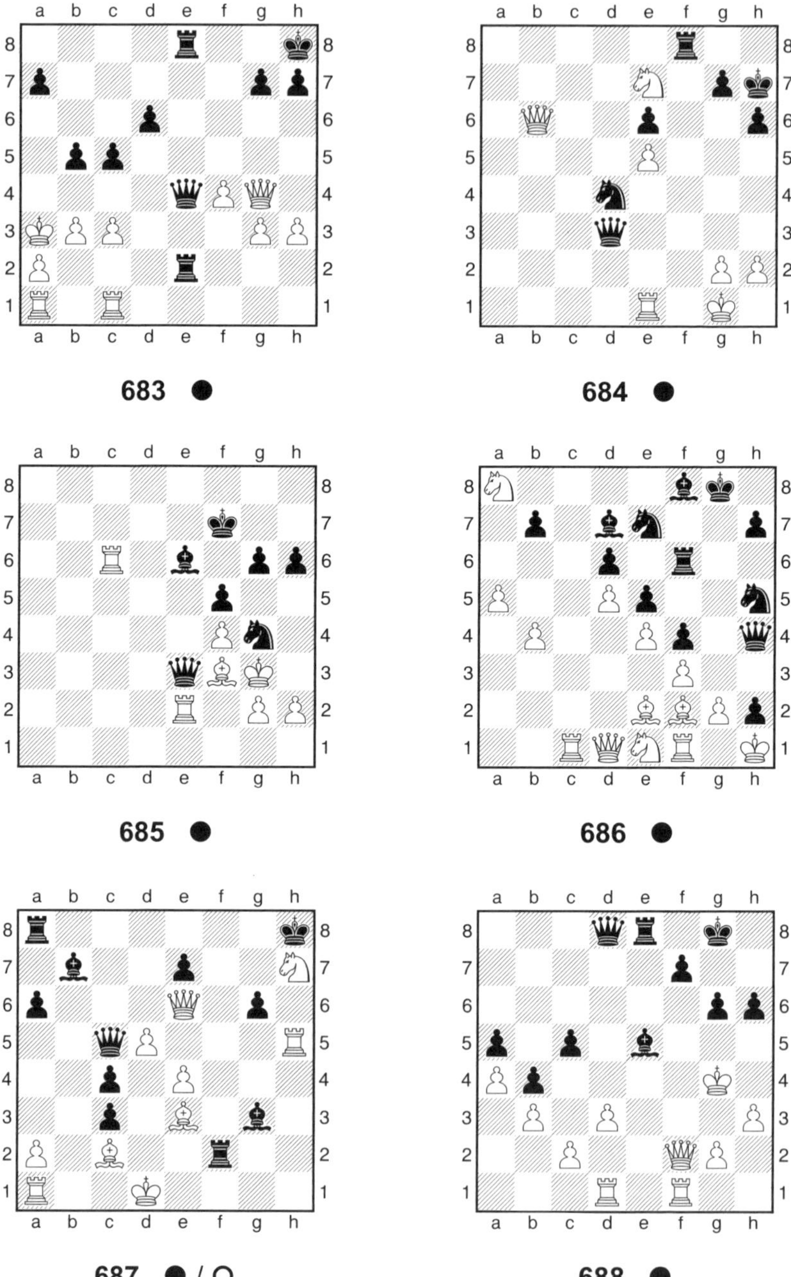
683 ●
684 ●
685 ●
686 ●
687 ● / ○
688 ●

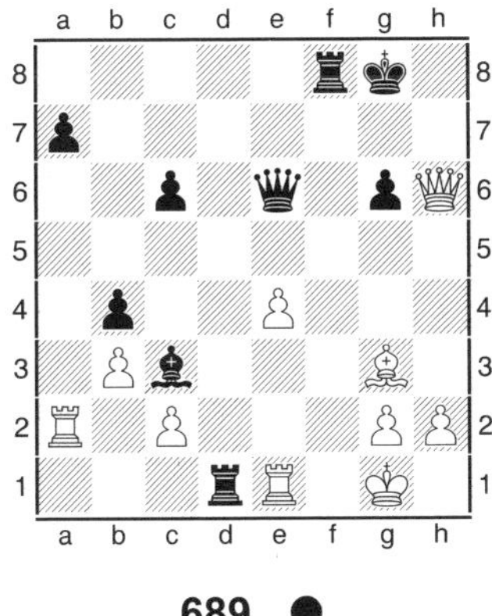

689 ●

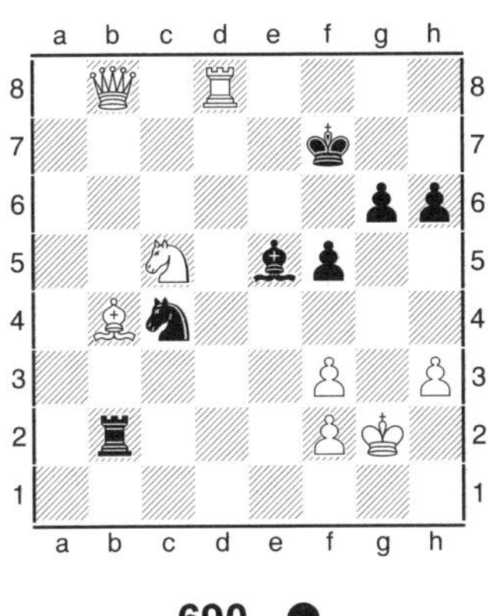

690 ●

683. 1...b5-b4+ 2.♔a3-a4 ♕e4-c6+ 3.♔a4-a5 ♕c6-b6+ 4.♔a5-a4 ♕b6-a6# [2.c3xb4 ♕e4xb4#]
Norbakken - Steinskog, Tromsö 2008

684. 1...♕d3-f1+ 2.♖e1xf1 ♘d4-e2+ 3.♔g1-h1 ♖f8xf1+ 4.♕b6-g1 ♖f1xg1#
Zhou - Li Shilong, Singapur 2005

685. 1...♕e3xf4+ 2.♔g3xf4 g6-g5+ 3.♔f4-g3 f5-f4+ 4.♔g3-h3 ♘g4-f2# [2.♔g3-h3 ♕f4xh2#]
Sugar - Vegh, Ungarn 1979

686. 1...♕h4xf2 2.♖f1xf2 ♘h5-g3+ 3.♔h1xh2 ♖f6-h6+ 4.♔h2-g1 ♖h6-h1#
Friesen - Lomineischwili, Universitätsmeisterschaft Rotterdam 1998

687. 1...♖f2-d2+ 2.♗e3xd2 [2.♔d1-c1 ♕c5-a3+ 3.♔c1-b1 ♕a3-b2#] 2...♕c5-g1+ 3.♔d1-e2 ♕g1-f2+ 4.♔e2-d1 ♕f2xd2#

O 1.♘h7-f8+ g6xh5 2.♕e6-h6+ ♔h8-g8 3.♕h6-g6+ ♔g8xf8 4.♗e3-h6# [4...♔g8-h8 5.♕g6-h7#] **Nikolidze – Priborsky**, Junioren WM 2007

688. 1...♕d8-g5+ 2.♔g4-f3 ♕g5-f4+ 3.♔f3-e2 ♗e5-d4+ 4.♕f2-e3 ♕f4xe3#
Topalov - Svidler, Frankfurt 1999

689. 1...♗c3-d4+ 2.♕h6-e3 [2.♗g3-f2 ♖d1xe1#] 2...♗d4xe3+ 3.♔**g1-h1** ♖d1xe1+ [3...♖f8-f1+ 4.♖e1xf1 ♖d1xf1#] 4.♗g3xe1 ♖f8-f1#
Martinez Lopez - Bortnik (Variante), Dos Hermanas Internet Blitz Qualif. 2009

690. 1...♘c4-e3+ 2.♔g2-g1 ♖b2-b1+ 3.♖d8-d1 ♖b1xd1+ 4.♗b4-e1 ♖d1xe1#
Karpow - Tkatschiew, Blitzweltmeisterschaft Moskau 2009

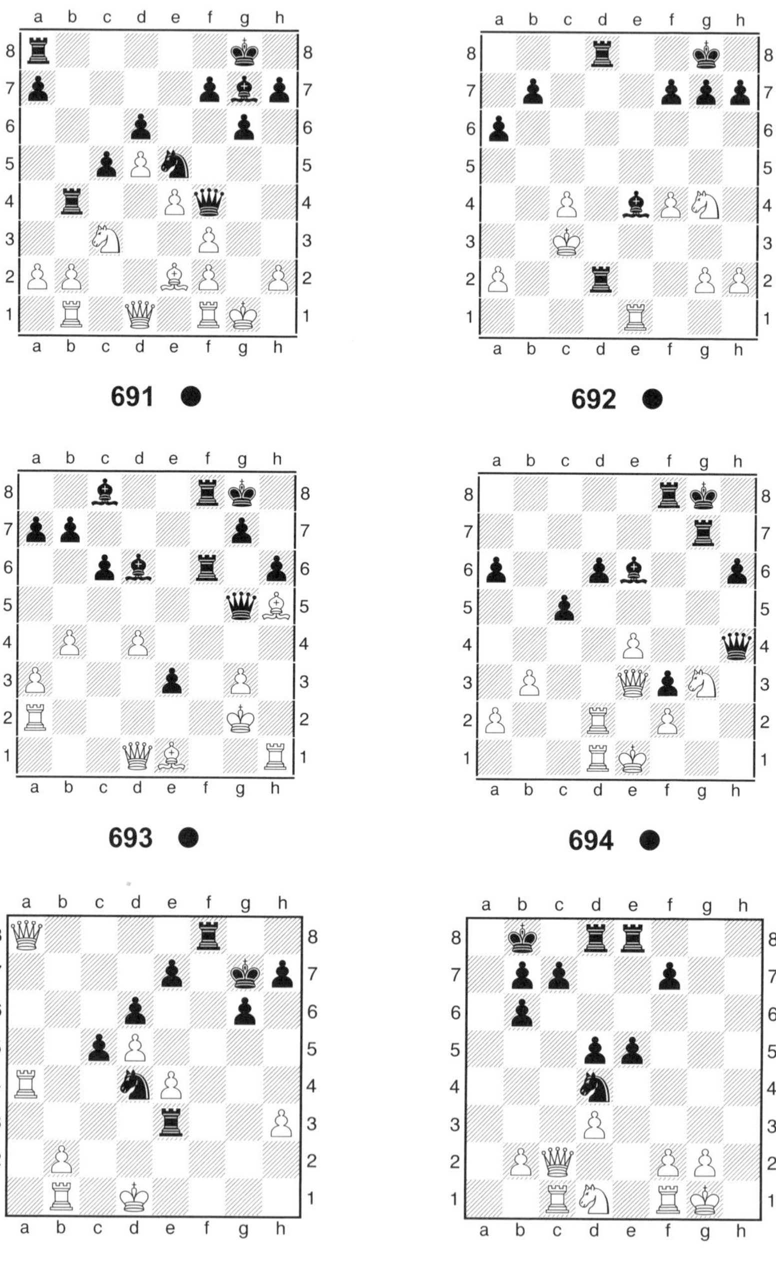
691
692
693
694
695
696

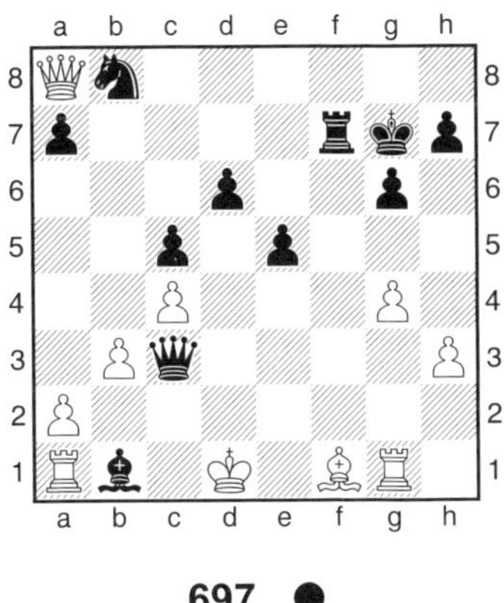

697 ●

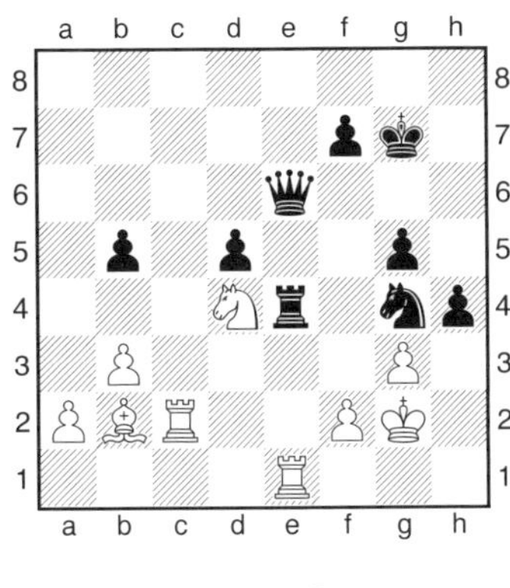

698 ●

691. 1...♘e5–g4 2.f3xg4 ♗g7–e5 3.♖f1–e1 ♕f4xh2+ 4.♔g1–f1 ♕h2–h1# [3.♔g1–g2 ♕f4xh2+ 4.♔g2–f3 ♕h2–h3#]
Thejkumar - Roy Chowdhury, Indische Meisterschaft 2006

692 1...♖d8–d3+ 2.♔c3–b4 ♖d2–b2+ 3.♔b4–a4 [3.♔b4–c5 b7–b6#] 3...♗e4–c6+ 4.♔a4–a5 ♖d3–a3#
Zermiche - Richard, Französische Mannschaftsmeisterschaft B 2010

693. 1...♖f6–f2+ 2.♗e1xf2 ♖f8xf2+ 3.♖a2xf2 ♕g5xg3+ 4.♔g2–f1 ♕g3xf2#
Garcia Lopez - Garcia Gutierrez, Spanische Seniorenmeisterschaft 2010

694. 1...♕h4–h1+ 2.♘g3–f1 ♕h1xf1+ 3.♔e1xf1 ♗e6–h3+ 4.♔f1–e1 ♖g7–g1# [2.♘g3xh1 ♖g7–g1#]
Wiedner - Löbler, Österreichische Staatsliga 1997

695. 1...♖f8–f1+ 2.♔d1–d2 ♖e3–e2+ 3.♔d2–d3 ♖f1–f3+ 4.♔d3–c4 ♖e2–c2# [3.♔d2–c3 ♖e2–c2+ 4.♔c3–d3 ♖f1–f3#]
Djalalova - Nguyen, Bad Wiessee 2009

696. 1...♘d4–f3+ 2.g2xf3 ♖e8–g8+ 3.♔g1–h2 ♖g8–h8+ 4.♔h2–g3 ♖d8–g8#
Martinez - De la Paz, Manicaragua 1998

697. 1...♗b1–c2+ 2.♔d1–e2 ♕c3–d3+ 3.♔e2–e1 ♕d3–e3+ 4.♗f1–e2 ♕e3–c3# [2...♗c2–d3+ 3.♔e2–e3 ♗d3xf1+ 4.♔e3–e4 ♕c3–d4#/d3#/f3#]
Bellaiche - Olivier, Meisterschaft von Paris 2010

698. 1...h4–h3+ 2.♔g2xh3 ♕e6–h6+ 3.♔h3–g2 ♕h6–h2+ 4.♔g2–f3 ♘g4–e5# [4.♔g2–f1 ♕h2–h1#] **Jörger – Lippuner**, Bad Ragaz Senioren Open 2005

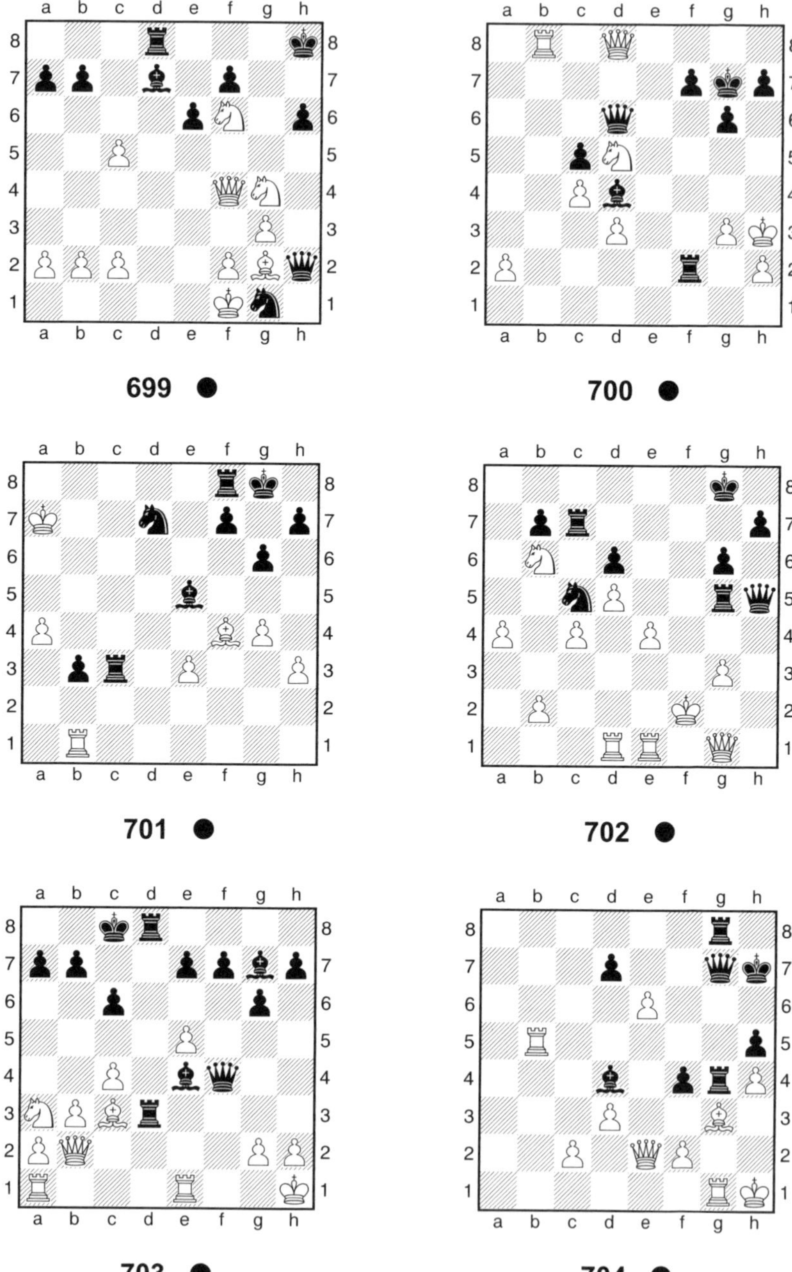

699 ●

700 ●

701 ●

702 ●

703 ●

704 ●

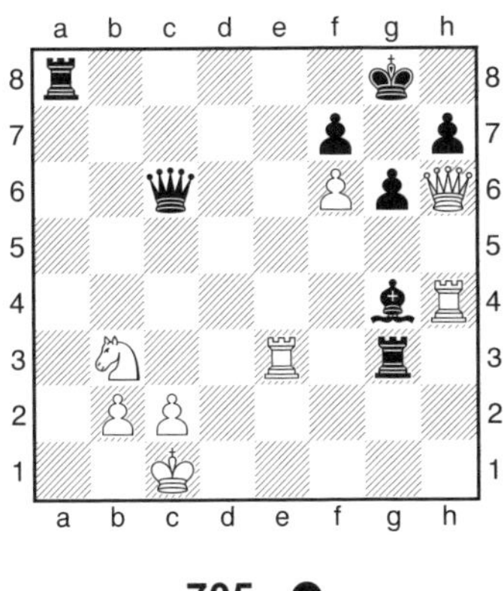

705 ●

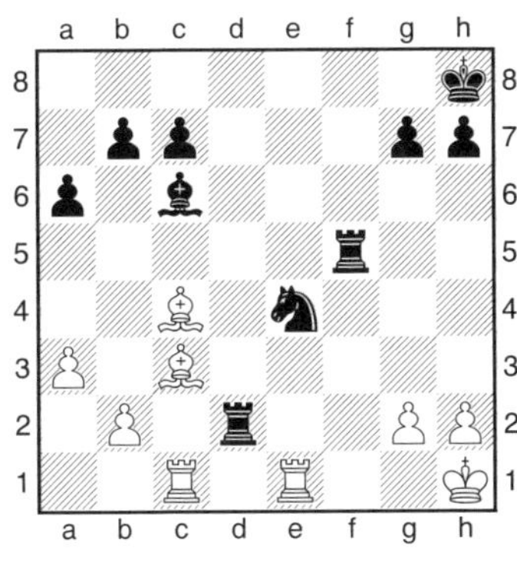

706 ●

699. 1...♗d7-b5+ 2.♔f1-e1 ♘g1-f3+ 3.♕f4xf3 ♕h2-g1+ 4.♗g2-f1 ♕g1xf1#
Howell - Palliser, Britische Meisterschaft 2009

700. 1...♕d6-e6+ 2.g3-g4 ♖f2-f3+ 3.♔h3-h4
[3.♔h3-g2 ♕e6xg4+ 4.♔g2-h1 ♖f3-f1# / ♕g4-g1#]
3...♗d4-f2+ [3...♕e6-e1+] 4.♔h4-g5 h7-h6#
Gindi - Horton, Dos Hermanas Internet Blitz Qualifikation 2009

701. 1...♖c3-c7+ 2.♔a7-a6 ♖f8-b8 [2...♖f8-a8+ 3.♔a6-b5 ♖a8-b8+
4.♔b5-a6 ♘d7-c5+ 5.♔a6-a5 ♗e5-c3# / ♖c7-a7#]
3.♗f4xe5 ♘d7-c5+ 4.♔a6-a5 ♖c7-a7#
Höppner - Runonen, Europa Senioren Mannschaft-Mst. Dresden 2010

702. 1...♖c7-f7+ 2.♔f2-e3 [2.♔f2-g2 ♕h5-f3+ 3.♔g2-h2 ♖g5-h5#]
2...♕h5-f3+ 3.♔e3-d2 ♕f3-d3+ 4.♔d2-c1 ♘c5-b3#
Burg - Meinhardt, Bad Zwesten 2005

703. 1...♖d3-h3 2.♔h1-g1 ♕f4xh2+ 3.♔g1-f1 ♕h2-h1+ 4.♔f1-e2 ♕h1xg2#
Krasotin - Yin, Nürnberg Zabo Open 2010

704. 1...♖g4xh4+ 2.♔h1-g2 ♕g7xg3+ 3.f2xg3 ♖g8xg3+ 4.♔g2-f1 ♖g3xg1#
Iuldachev - Aronian, Olympiade Calvia 2004

705. 1...♖g3-g1+ 2.♖e3-e1 [2.♔c1-d2 ♖g1-d1#] 2...♖g1xe1+ 3.♔c1-d2
♖e1-d1+ 4.♔d2-e3 ♕c6-f3# **Loskutov - Yemelin**, Moskau Open 2007

706. 1...♘e4-g3+ 2.h2xg3 ♖f5-h5+ 3.♔h1-g1 ♖d2xg2+
4.♔g1-f1 ♖h5-f5#/h1#
Koneru - Hou Yifan, Frauen Weltmeisterschaft Tirana 2011

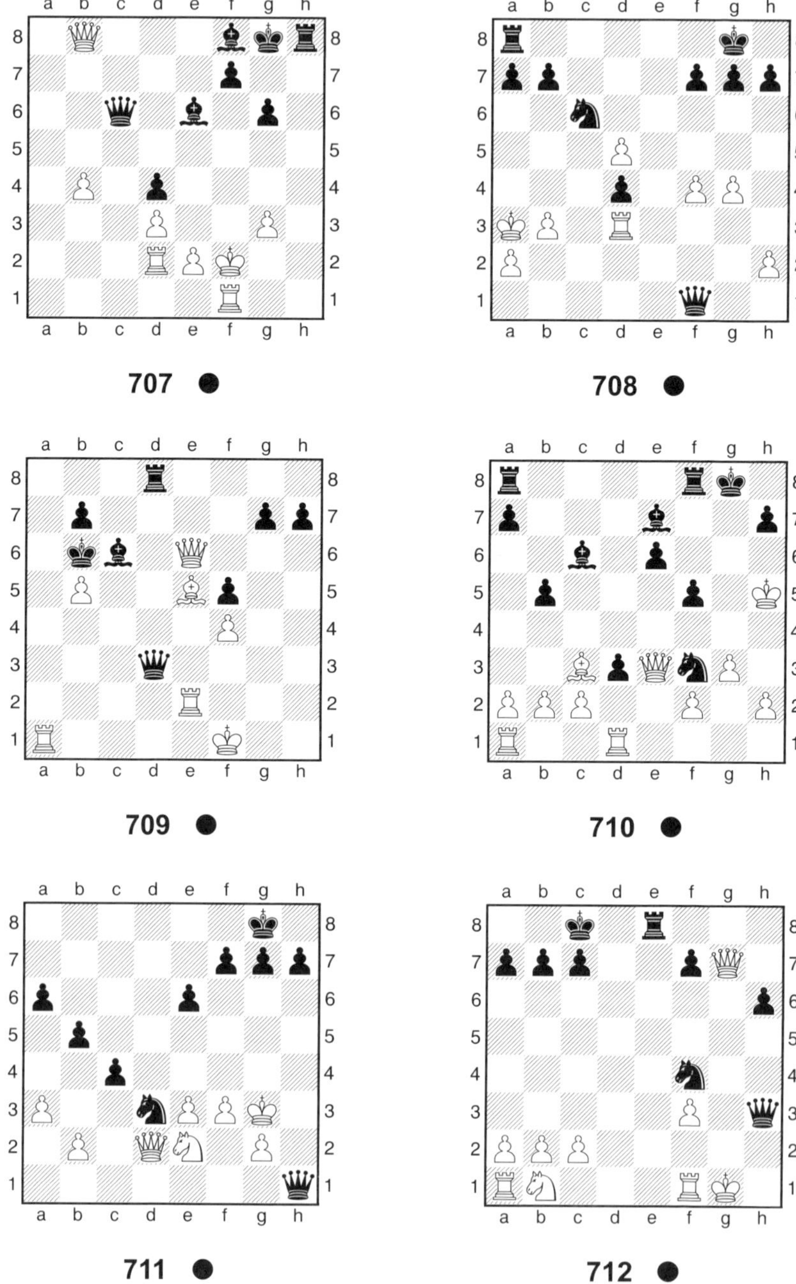
707
708
709
710
711
712

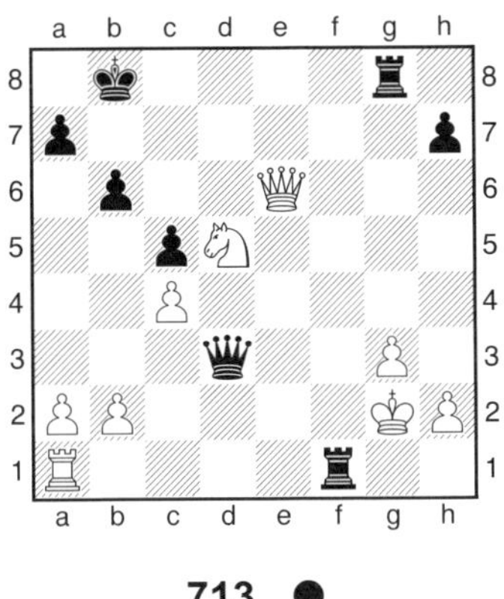

713 ●

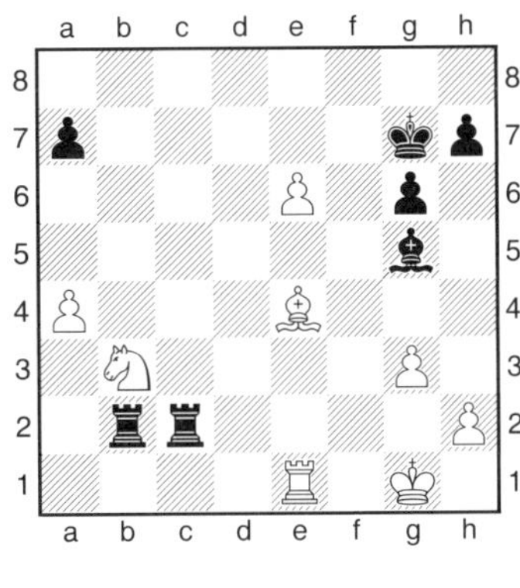

714 ●

707. 1...♖h8–h2+ 2.♔f2–e1 ♕c6–c1+ 3.♖d2–d1 ♖h2xe2+ 4.♔e1xe2 ♕c1–e3#
Langer,C - Hickl, Uhrensimultan Bali 2009

708. 1...♕f1–c1+ 2.♔a3–a4 b7–b5+
[2...♕c1–c5 3.d5xc6 a7–a5 4.♖d3xd4 b7–b5#]
3.♔a4xb5 ♖a8–b8+ 4.♔b5–a6 [4.♔b5–a4 ♖b8–b4#]
4...♖b8–b6# / ♕c1–a3# **Kovac - Hujo**, Bratislava Slovan Open 2004

709. 1...♕d3–f3+ 2.♔f1–e1 ♕f3–h1+ 3.♔e1–f2 ♕h1–g2+
4.♔f2–e1 ♕g2–g1# [4.♔f2–e3 ♕g2–g3#/f3#]
Andersen - Gullaksen, Oslo 2011

710. 1...♗c6–e8+ 2.♔h5–h6 ♖f8–f6+ 3.♗c3xf6 ♗e7–f8+ 4.♗f6–g7 ♗f8xg7#
Beck - Smirina, DEM U12 Willingen 2001

711. 1...g7-g5 2.f3-f4 £h1-h4+ 3.¢g3-f3 f7-f5 4.f4xg5 £h4-f2#/g4# /
♘d3–e5# [4.g2–g3 ♕h4–h1#; 4.♘e2–g3 ♕h4–g4#]
Amateurpartie, Pattaya 2011

712. 1...♘f4–e2+ 2.♔g1–f2 ♕h3–h2+ 3.♕g7–g2 [3.♔f2–e1 ♘e2–c3+
4.♕g7–e5 ♖e8xe5#] 3...♕h2–h4+ 4.♕g2–g3 ♕h4xg3#
Clement - Platel, St. Lorrain 2003

713. 1...♖g8xg3+ 2.h2xg3 ♕d3–f3+ 3.♔g2–h3 ♕f3–h5+ 4.♔h3–g2 ♕h5–h1#
Cooper – Wells, Hastings 2003

714. 1...♗g5–e3+ 2.♔g1–f1 [2.♖e1xe3 ♖b2–b1+ 3.♖e3–e1 ♖b1xe1#]
2...♖c2–f2+ 3.♔f1–g1 ♖f2–g2+ 4.♔g1–f1 ♖g2–g1# / ♖b2–f2#
Orzech - Babula, Bundesliga 2008

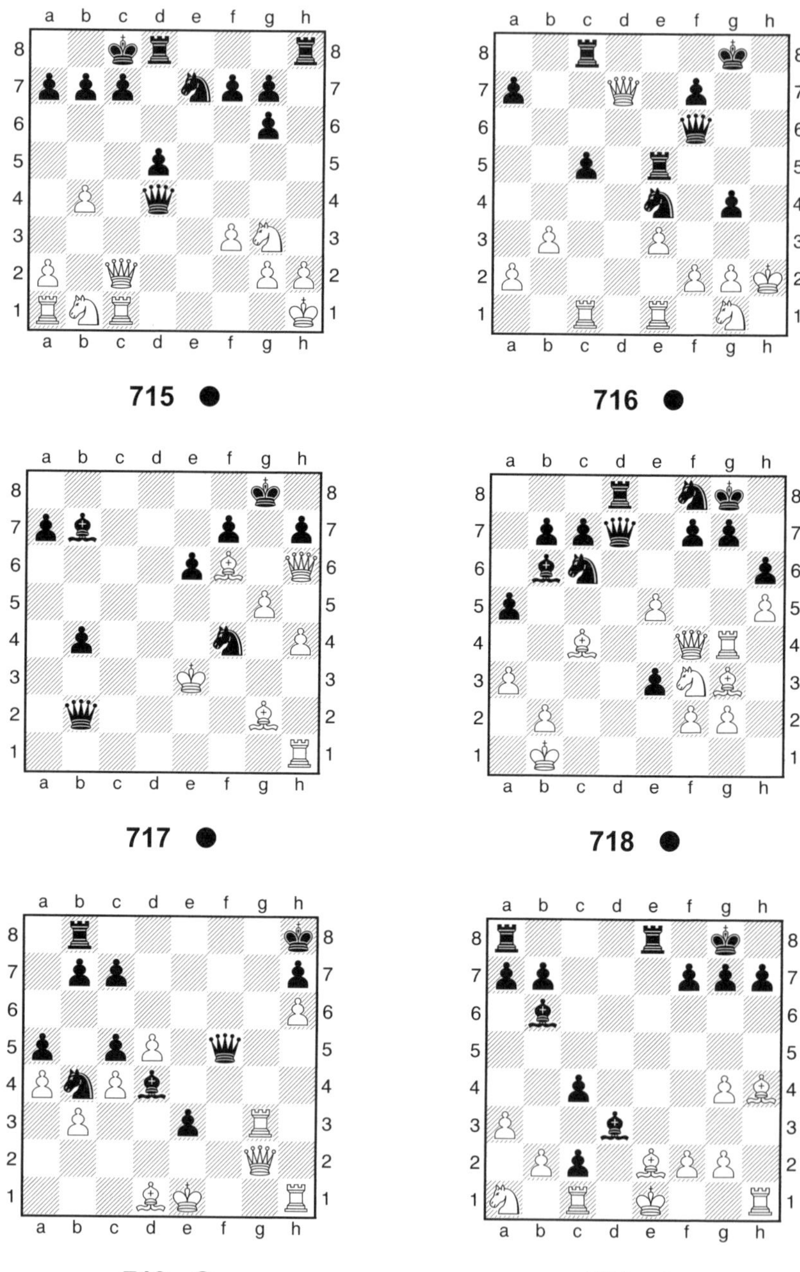
a b c d e f g h
8 7 6 5 4 3 2 1
715
716
717
718
719
720

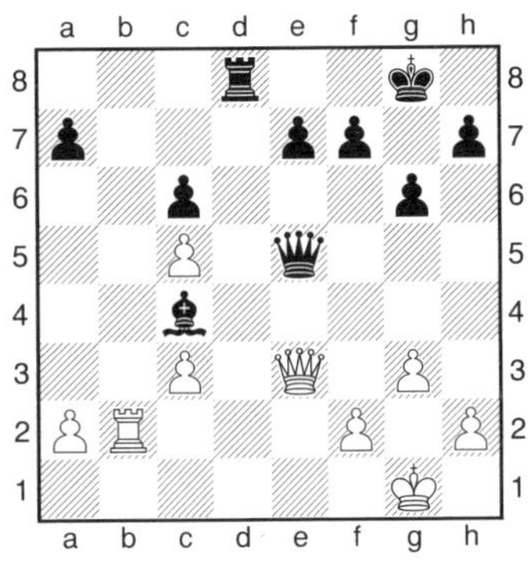

721 ●

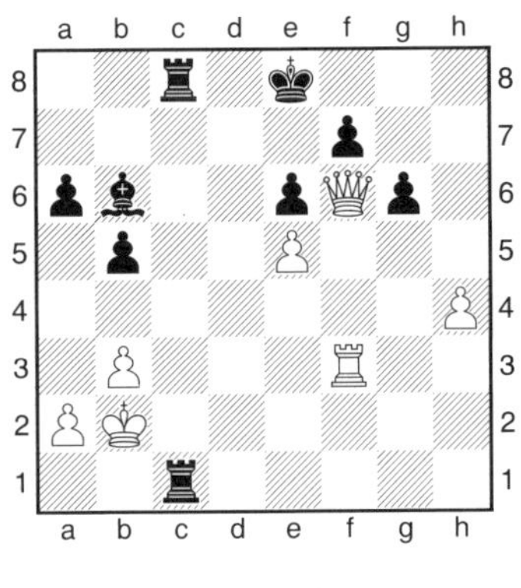

722 ●

715. 1...♖h8xh2+ 2.♔h1xh2 ♖d8–h8+ 3.♘g3–h5 ♖h8xh5+ 4.♔h2–g3 ♕d4–h4#
Kirikova - Fomin, Moskau Open 2007

716. 1...♖e5–h5+ 2.♘g1–h3 ♖h5xh3+ 3.g2xh3 [3.♔h2–g1 ♕f6xf2#] 3...♕f6xf2+ 4.♔h2–h1 ♘e4–g3#
Insfram - Benares de sa Leitao, Rio de Janeiro U20 Turnier 1999

717. 1...♘f4xg2+ 2.♔e3–d3 ♗b7–a6+ 3.♔d3–e4 ♕b2–e2+ 4.♔e4–d4 ♕e2–e3#
Zhou - Gähwiler (Variante), Bodensee Cup Konstanz (Jugendbrett) 2011

718. 1...♕d7–d1+ 2.♔b1–a2 ♘c6–b4+ 3.a3xb4 ♕d1–a4+ 4.♔a2–b1 ♖d8–d1#
Salem – Mansour, Abu Dhabi 2005

719. 1...♘b4–d3+ 2.♔e1–e2 ♘d3–c1+ 3.♔e2–e1 ♗d4–c3+ 4.♕g2–d2 e3/♗c3xd2# / ♕f5–f2#
Kollowa - Krüger,E (Variante), Deutsche Seniorenmeisterschaft 2010

720. 1...♖e8xe2+ 2.♔e1–f1 ♖e2–e1+ 3.♔f1xe1 ♗b6–a5+ 4.b2–b4 c4xb3# e.p.
Benett - Salem, Dubai Open 2010

721. 1...♖d8–d1+ 2.♔g1–g2 ♗c4–f1+ 3.♔g2–f3 [3.♔g2–g1 ♗f1–h3+ 4.♕e3–e1 ♖d1/ ♕e5xe1#] 3...♕e5–f5+ 4.♕e3–f4 ♖d1–d3#
Osmers - Hermes, Solinger Meisterschaft 2004

722. 1...♖c8–c2+ 2.♔b2–a3 b5–b4+ [2...♗b6–c5+? 3.b3–b4 ♖c2–c3+ =] 3.♔a3xb4 ♗b6–c5+ 4.♔b4–a4/a5 ♖c2xa2#
Kritz – Kolbus (Variante), Port Erin 2005

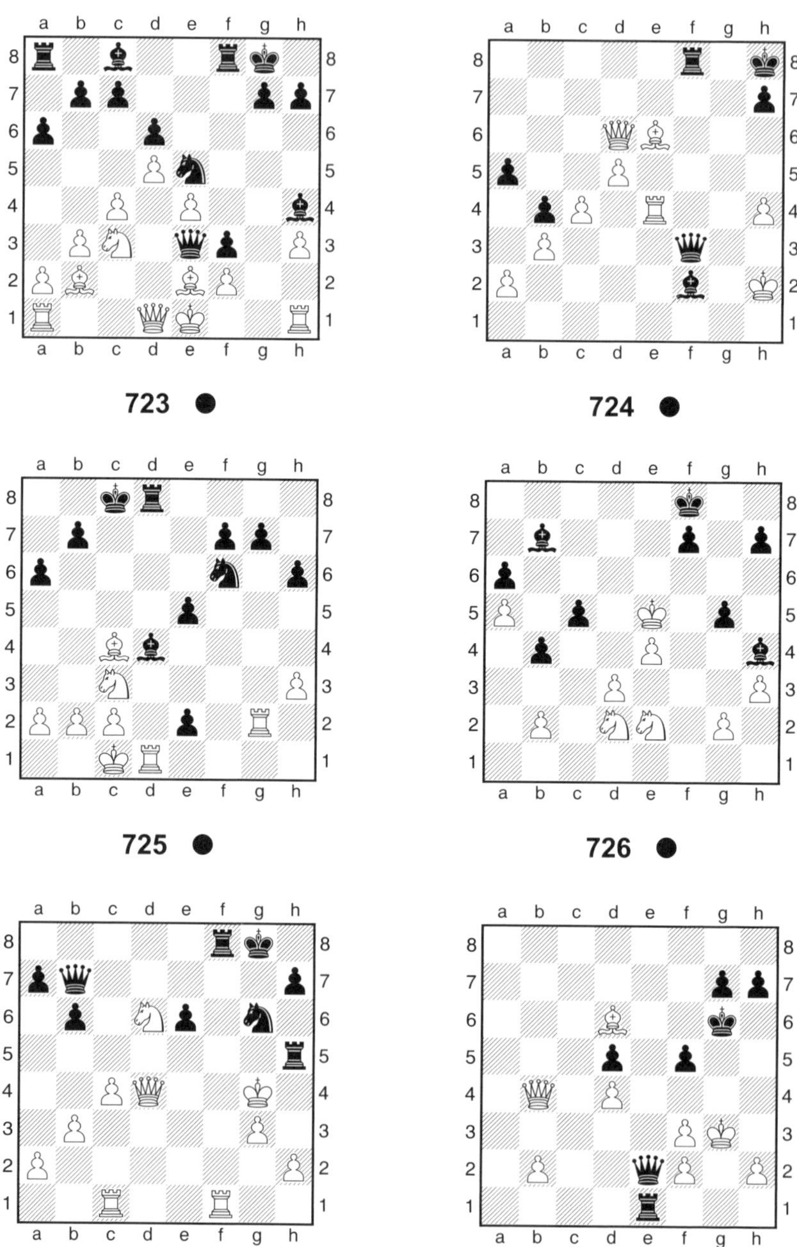

723
724
725
726
727
728

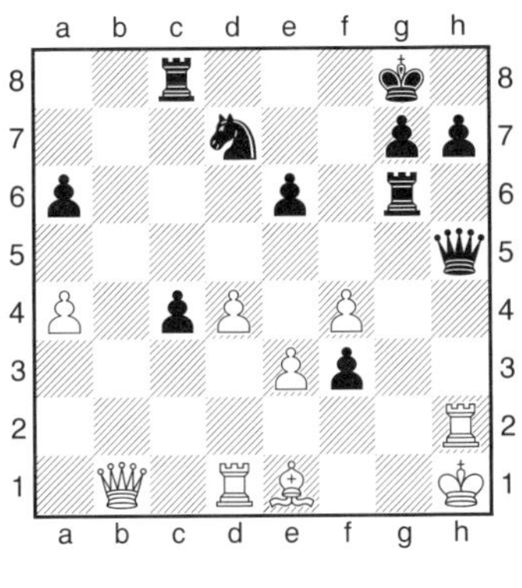

729 ●

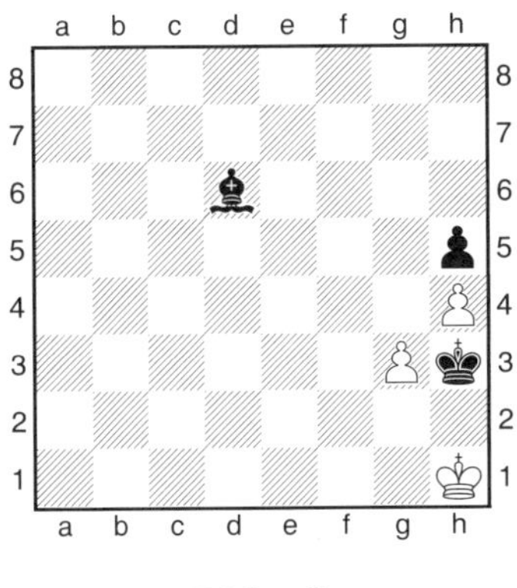

730 ●

723. 1...♗h4xf2+ 2.♔e1-f1 f3xe2+ 3.♕d1/♘c3xe2 ♗c8xh3+ [3...♗f2-h4+ 4.♔f1-g2 ♕e3-g3#; 3...♕e3xh3+ 4.♖h1xh3 ♗c8xh3#] 4.♖h1xh3 ♕e3xh3#
Scheffner - Mamedov (Variante), Europa Club Cup 2011

724. 1...♗f2-g1+ 2.♔h2xg1 ♕f3-f1+ 3.♔g1-h2 ♖f8-f2+ 4.♔h2-g3 ♕f1-g2#
Escobar Forero - Zhigalko, Olympiade Dresden 2008

725. 1...♗d4-e3+ 2.♖d1-d2 [2.♔c1-b1 e2xd1♕+ 3.♘c3xd1 ♖d8xd1#] 2...♗e3xd2+ [2...e2-e1♕+ 3.♘c3-d1 ♗e3xd2+ 4.♖g2xd2 ♕e1xd2+ 5.♔c1-b1 ♕d2xd1#] **3.♔c1-b1 e2-e1♕+ 4.♘c3-d1 ♕e1xd1#**
Kyrkjebo - Hess,R Politiken Cup Kopenhagen 2011

726. 1...♔f8-e7 2.♔e5-f5 [2.g2-g3 f7-f6+ 3.♔e5-f5 ♗b7-c8#] 2...♗b7-c8+ 3.♔f5-e5 ♗c8-e6 4. -- f7-f6#
Boskovic – Benkovic, Serbische Meisterschaft Kragujevac 2000

727. 1...♖h5-h4+ 2.g3xh4 [2.♔g4-g5 h7-h6+ 3.♔g5xg6 ♕b7-h7#] 2...♕b7-g2+ 3.♔g4-h5 ♘g6-f4+ 4.♕d4/♖f1xf4 [4.♔h5-h6] ♕g2-g6#
Epishin – Korobov, Europameisterschaft Ohrid 2001

728. 1...♖e1-g1+ 2.♔g3-f4 ♖g1-g4+ 3.f3xg4 ♕e2-e4+ 4.♔f4-g3 ♕e4xg4#
Xheladini - Gast, Schweizer Mannschaftsmeisterschaft 2004

729. 1...f3-f2 2.♕b1xg6 [2.♗e1xf2 ♕h5-f3+ 3.♖h2-g2 ♕f3xg2#; 2.♖h2xh5 f2-f1♕+, ...] 2...f2-f1♕+ 3.♕g6-g1 ♕h5-f3+ 4.♖h2-g2 ♕f3xg2#
Kovacievic – Almond, Europameisterschaft Kusadasi 2006

730. 1...♗d6-c5 2.g3-g4 h5xg4 3.h4-h5 g4-g3 4.h5-h6 g3-g2#
Dubrowska – Lissowska, Bielsko Biala 1988

Matt in 5 Zügen

Nun wird es richtig schwer, denn 5 Züge im Voraus exakt zu berechnen ist selbst für erfahrene Klubspieler hart. Noch wichtiger als zuvor bei den 4-Zügern ist hier, nicht nach irgendwelchen Opfereinschlägen zu suchen, sondern die Stellung anzuschauen und so gut wie möglich zu verstehen. Wer die Schwäche des Gegners erkennt, kann auch den Weg finden, wie sie zu nutzen ist.

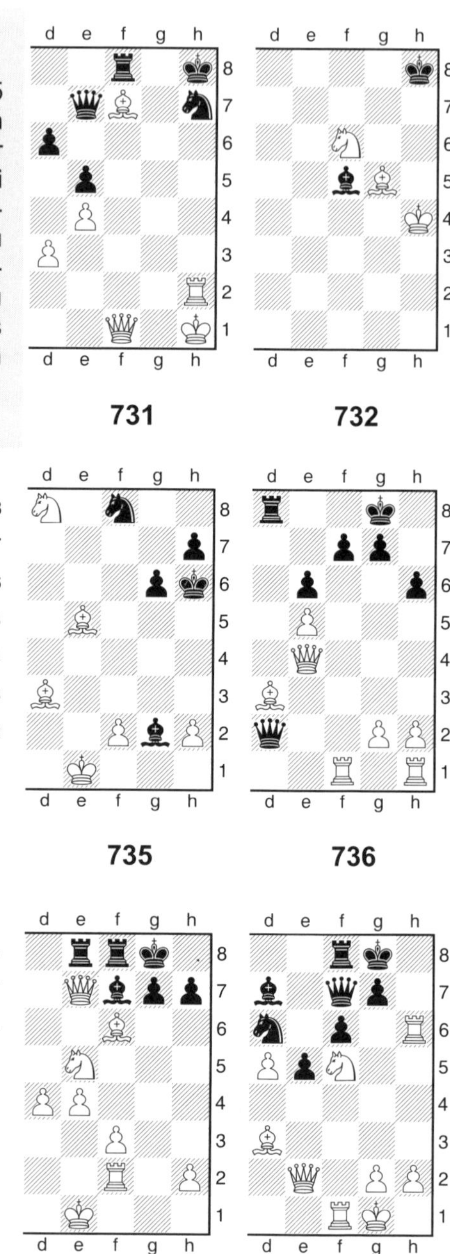

731 732

733 734 735 736

737 738 739 740

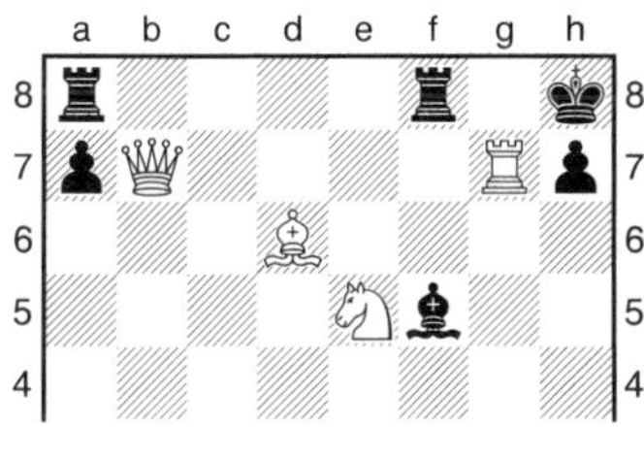

741

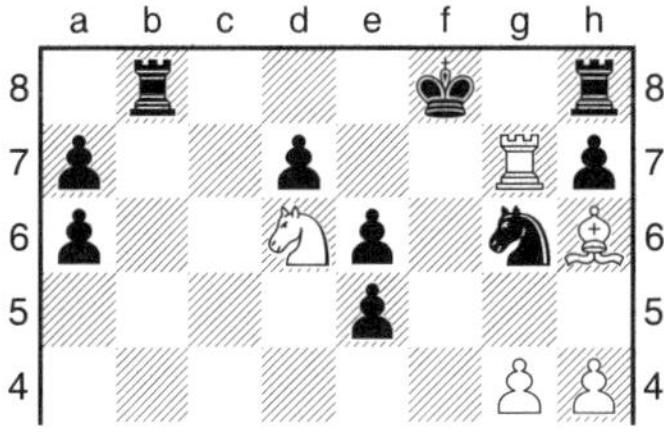

742

731. 1.♖h2xh7+ ♔h8xh7 2.♕f1-f5+ ♔h7-h8 [2...♔h7-g7 3.♕f5-g6+ ...] 3.♕f5-h5+ ♔h8-g7 4.♕h5-g6+ ♔g7-h8 5.♕g6-h6#

732. 1.♗g5-h6 ♗f5-d3 2.♗h6-f8 -- 3.♔h4-g5 -- 4.♔g5-h6 -- 5.♗f8-g7# **Iwantschuk - Schirow** (Variante), Bazna 2009

733. 1.♕d8-h4+ ♕f5-h5 2.♗e5-g7+ ♔h6xg7 3.♕h4-e7+ ♔g7-g8 4.♕e7-f7+ ♔g8-h8 5.♕f7-f8#

734. 1.♕h5-e8+ ♕g7-f8 2.♖h1-h8+ ♔g8xh8 3.♕e8xf8+ ♔h8-h7 4.♖c1-h1+ ♔h7-g6 5.♖h1-h6#

735. 1.♘d8-f7+ ♔h6-h5 2.♗d3-e2+ ♗g2-f3 3.♗e2xf3+ ♔h5-h4 4.♗e5-g3+ ♔h4-h3 5.♘f7-g5#

736. 1.♕e4-h7+ ♔g8-f8 2.♖f1xf7+ ♔f8xf7 3.♗d3-g6+ ♔f7-f8 4.♕h7-h8+ ♔f8-e7 5.♕h8xg7# **Sokolov,A – Desboeufs**, St.Chely d'Aubrac 2004

737. 1.♘e4-f6+ ♔g8-h8 2.♗h6xg7+ ♘e8xg7 3.♕g3-h4+ ♘g7-h5 4.♕h4xh5+ ♔h8-g7 5.♕h5-h7# **Lennart – Stefan**, DEM U8, 2009

738. 1.♖f7xf8+ ♖e8xf8 2.♕e2-h5+ ♔h8-g8 3.♗e4-h7+ ♔g8-h8 4.♗h7-g6+ ♔h8-g8 5.♕h5-h7# **Dimakiling - Fatianova**, Kuala Lumpur Open 2010

739. 1.♖f2-g2 g7-g6 2.♘e5xf7 ♖f8xf7 [2...♖e8xe7? 3.♘f7-h6#] 3.♕e7xe8+ ♖f7-f8 4.♖g2xg6+ h7xg6 5.♕e8xg6# **Motahabere – Bashkamsky**, Jugend WM Caldos Novas (BRA) 2011

740. 1.♘f5-e7+ ♕f7xe7 2.♖h6-h8+ ♔g8xh8 3.♕e2-h5+ ♔h8-g8 4.♕h5-h7+ ♔g8-f7 5.♗d3-g6#
[2...♔g8-f7 3.♕e2-h5+ g7-g6 4.♕h5xg6#]

741. 1.♘e5-g6+ ♗f5xg6 2.♖g7xh7+ ♗g6xh7 3.♗d6-e5+ ♖f8-f6 4.♗e5xf6+ ♔h8-g8 5.♕b7-g7#

742. 1.♖g7xd7+ ♔f8-g8 2.♖d7-g7+ ♔g8-f8 3.♖g7-b7+ ♔f8-g8 4.♖b7xb8+ ♘g6-f8 5.♖b8xf8#

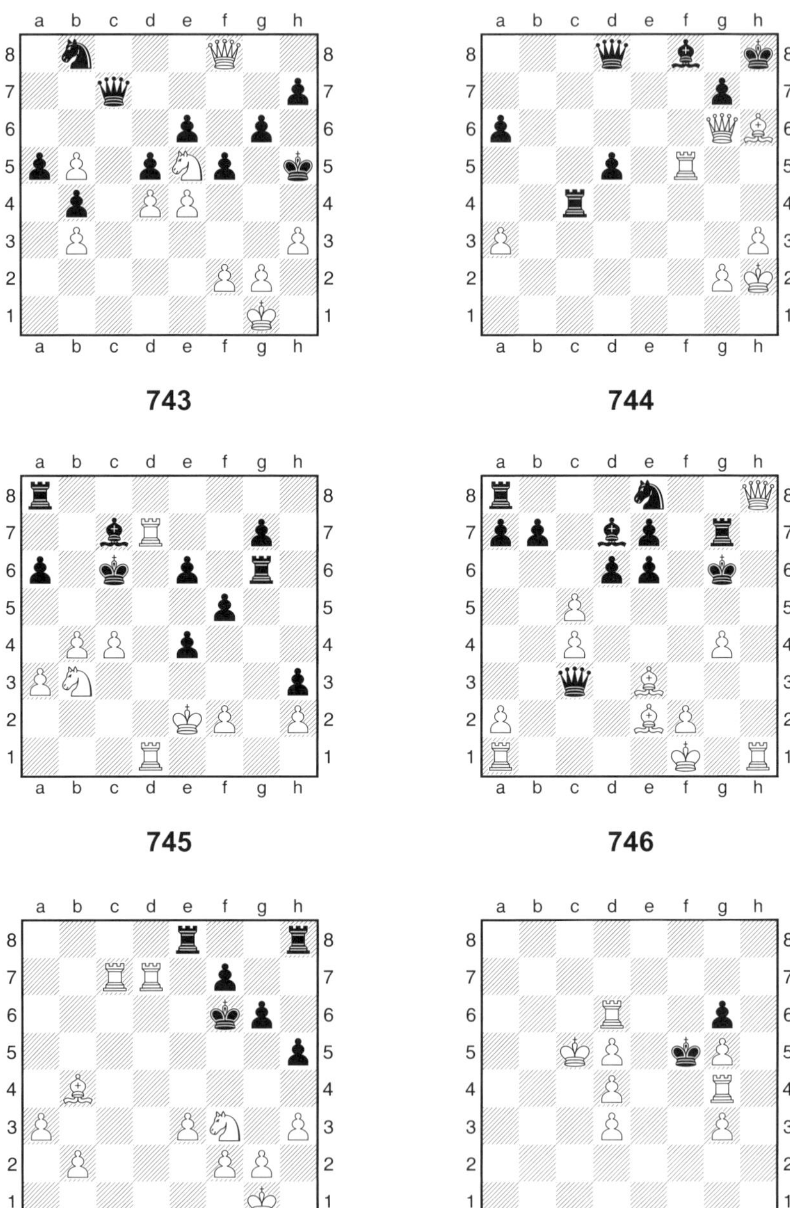

743

744

745

746

747

748

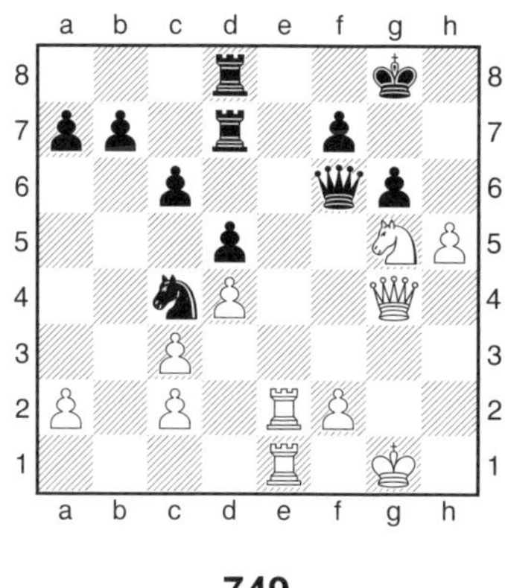

749

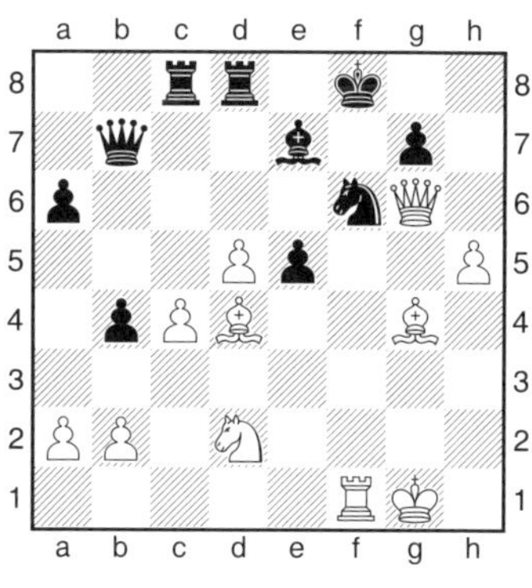

750

743. 1.g2–g4+ f5xg4 [1...♔h5–g5 2.h3–h4+ *(2.♘e5–f3+)* ♔g5–f4 3.♕f8–h6+ g6–g5 4.♕h6xg5+ ♔f4xe4 5.♕h6–e3#] 2.h3xg4+ ♔h5–g5 3.f2–f4+ ♔g5–h4 4.♕f8–h6+ ♔h4–g3 5.♕h6–h2# **Hevia - Pedersen**, Capablanca Memorial Havanna 2010

744. 1.♗h6xg7+ ♗f8xg7 2.♕g6–h5+ ♔h8–g8 3.♕h5–f7+ ♔g8–h8 4.♖f5–h5+ ♗g7–h6 5.♖h5xh6# **Melia – Zhao Zue**, Moskau Open 2010

745. 1.♘b3–a5+ ♔c6–b6 2.♖d1–d6+ ♔b6–a7 [2...♗c7xd6 3.♖d7–b7#] 3.♖d7xc7+ ♔a7–b8 4.♖d6–c6 -- 5.♖c7–b7# [4...♖a8–a7 5.♖c7–c8#] **Rombaldoni - Salgado Lopez**, Junioren WM Chennai 2011

746. 1.♕h8–h5+ ♔g6–f6 2.g4–g5+ ♖g7xg5 [2...♔f6–f5 3.g5–g6+ ♔f5–f6 4.♕h5–g5#] 3.♗e3xg5+ ♔f6–e5/f5 4.♗g5xe7+ ♔e5–f4 5.♖h1–h4# **Noiroux - Braun**, IM-Turnier Eupen 2010

747. ***1.♖d7xf7+*** ♔f6–e6 2.♘f3–g5+ ♔e6–d5 3.♖f7–d7+ ♔d5–e5 4.f2–f4+ ♔e5–f5 5.♖d7–f7#;
1.♗b4–c3+ ♖e8–e5 2.♗c3xe5+ ♔f6–f5 [2...♔f6–e6 3.e3–e4 -- 4.♖d7–d6#/e7#] 3.♖d7xf7+ ♔f5–e4 4.♖c7–d7 -- 5.♖f7–f4# / ♖d7–d4# **Martinez Saenz - Serrano Garzon**, Spanien 2011

748. 1.♖g4–h4 ♔f5xg5 2.♖d6–e6 ♔g5–f5 3.♔c5–d6 ♔f5–g5 [3...g6–g5 4.♖h4–e4 g5–g4 5.♖e4–e5#] 4.♔d6–e7 ♔g5–f5 5.♖e6–e5# **M.Hentschel** – Studie 2010

749. 1.♖e2–e8+ ♖d8xe8 2.♖e1xe8+ ♔g8–g7 3.h5–h6+ ♔g7xh6 4.♕g4–h4+ ♔h6–g7 5.♕h4–h8#/h7# **Friedel - Chow**, Chicago Open 2010

750. 1.♗g4–e6 ♗e7–c5 2.♖f1xf6+ g7xf6 3.♕g6–g8+ ♔f8–e7 4.♕g8–f7+ ♔e7–d6 5.♘d2–e4# **Solovjov - Boldysh** (Variante), Geller Memorial 2010

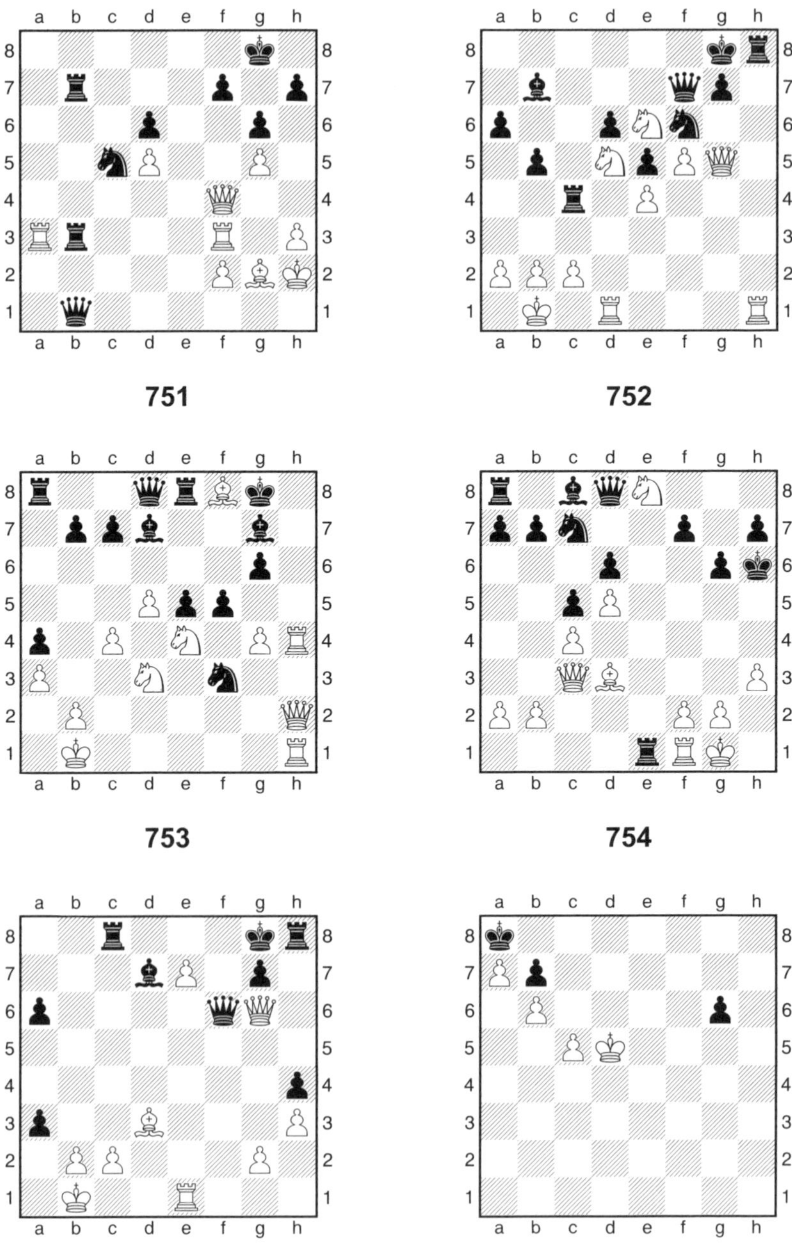

751
752
753
754
755
756

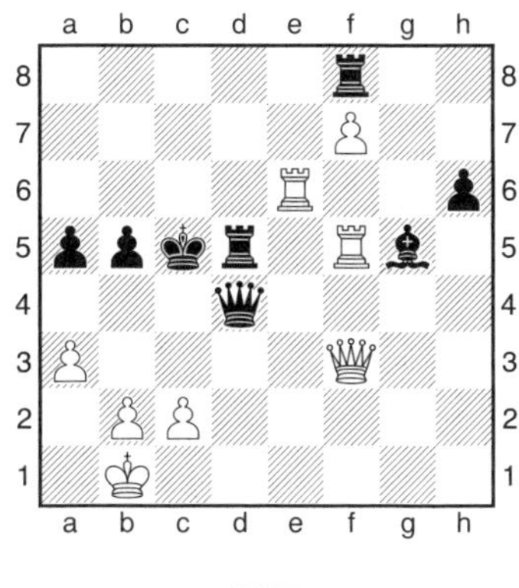

757

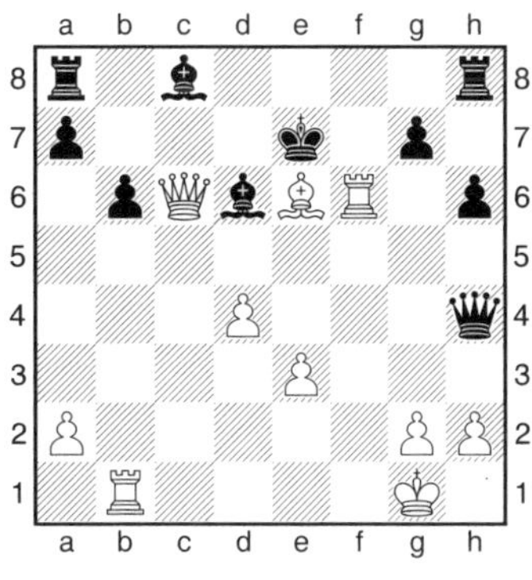

758

751. 1.♖a3–a8+ ♖b7–b8 [1...♔g8–g7 2.♕f4–f6#] 2.♕f4xf7+ ♔g8–h8 3.♕f7–f8+ ♖b8xf8 4.♖a8xf8+ ♔h8–g7 5.♖f3–f7#
Stanojoski - Takyrbashev, Olympiade Dresden 2008

752. 1.♘d5xf6+ ♕f7xf6 2.♕g5xf6 g7xf6 3.♖d1–g1+ ♔g8–f7 4.♖g1–g7+ [4.♖h1xh8 -- 5.♖g1–g7#] 4...♔f7–e8 5.♖h1xh8#
Gutierrez - Zivkovic (Variante), Bajada de la Virgen Open 2005

753. 1.♖h4–h8+ ♔g8–f7 [1...♗g7xh8 2.♕h2xh8+ ♔g8–f7 3.♖h1–h7# / 3.♕h8–g7#] 2.♕h2–h7 ♘f3–d2+ 3.♔b1–a2 ♖e8xf8 4.♕h7xg7+ ♔f7xg7 5.♖h1–h7# **Pähtz, sen. - van Wely**, Luxemburg 1991

754. 1.♕c3–g7+ ♔h6–g5 [1...♔h6–h5 2.♕g7xh7+ ♔h5–g5 3.f2–f4#] 2.f2–f4+ ♔g5–h4 3.♔g1–h2 ♗c8–g4 4.♕g7–h6+ ♗g4–h5 5.g2–g3# [4.g2–g3+ ♔h4–h5 5.♕g7xh7#] **Rustemow - Meissner**, Bundesliga 2010/11

755. 1.e7–e8♕+ ♖c8xe8 2.♖e1xe8+ ♗d7xe8 3.♕g6xe8+ ♕f6–f8 4.♗d3–c4+ ♔g8–h7 5.♕e8–h5#
Kurnosov - D'Costa, Europameisterschaft Budva 2009

756. 1.♔d5–c4 g6–g5 2.♔c4–b5 g5–g4 3.c5–c6 b7xc6+ [3...g4–g3 4.c6–c7 g3–g2 5.c7–c8♕#] 4.♔b5–a6 g4–g3 5.b6–b7# **Tschernuchin** - 2006

757. 1.♖f5xd5+ ♕d4xd5 [1...♔c5–c4 2.b2/♕f3–b3#] 2.♕f3–c3+ ♕d5–c4 3.b2–b4+ a5xb4 4.a3xb4+ ♔c5–d5 5.♕c3–e5#
Schirow – Norwood, Bundesliga 1994

758. 1.♖f6–f7+ ♔e7–d8 [1...♔e7xe6 2.♕c6–c4#] 2.♖f7–d7+ ♔d8–e8 3.♗e6–f7+ ♔e8–f8 4.♕c6xd6+ ♕h4–e7 5.♕d6xe7#
Carlsen,M – Groenn, Norwegische Meisterschaft 2005

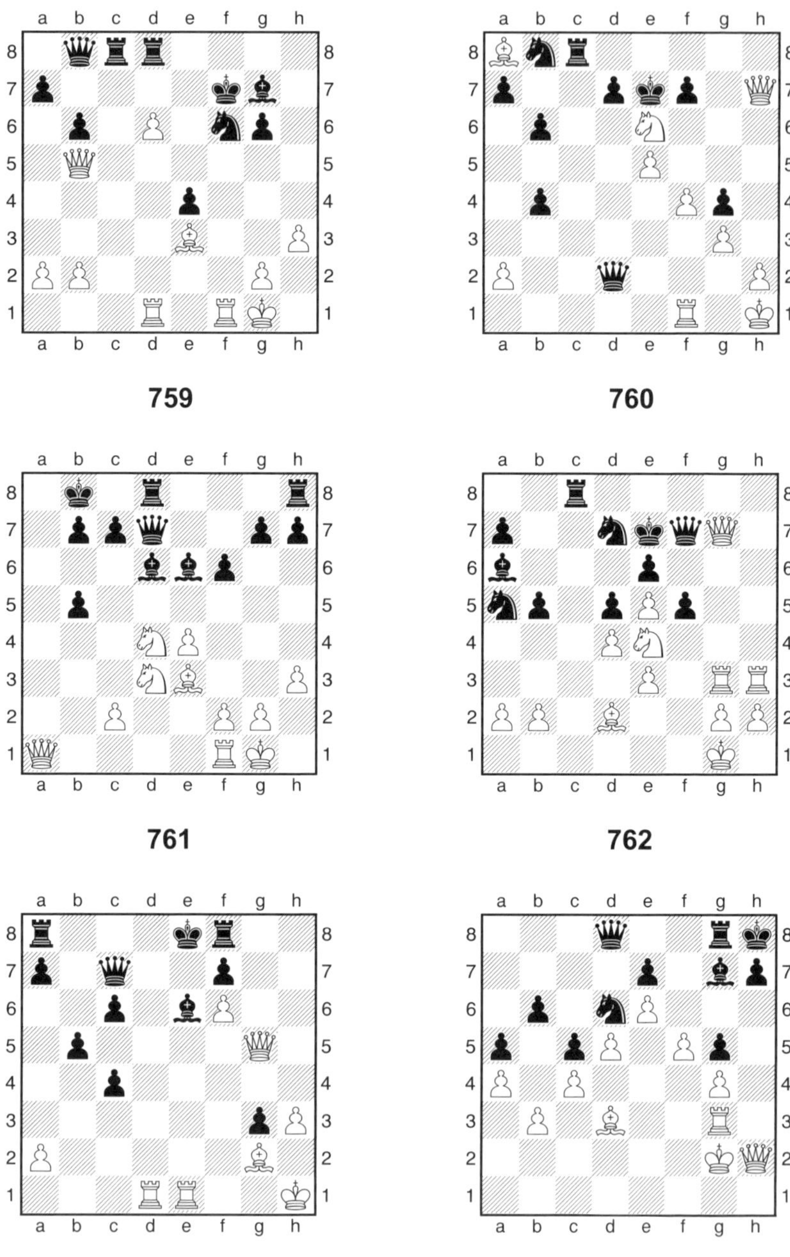

759
760
761
762
763
764

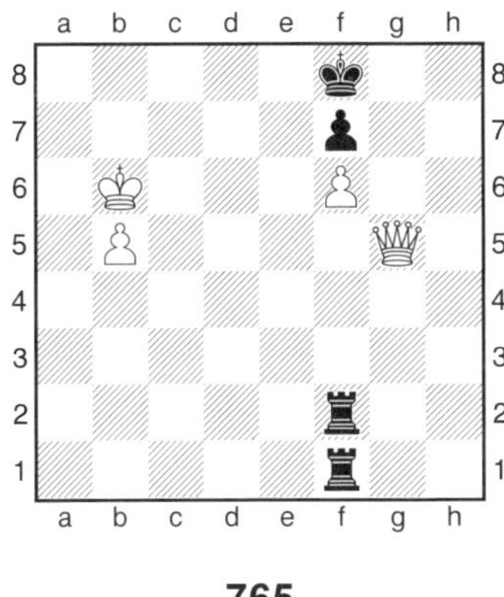

765

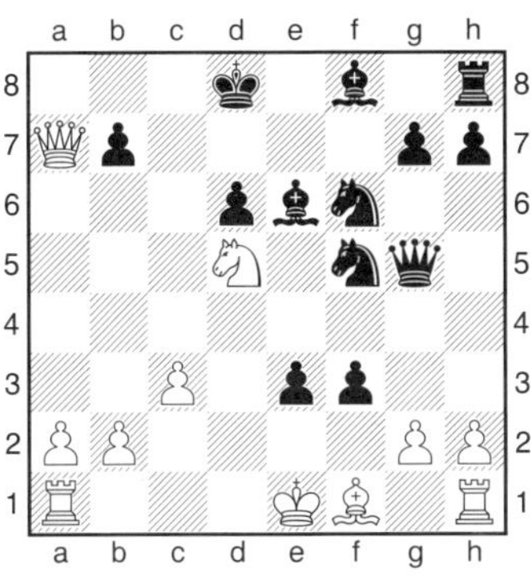

766

759. 1.♕b5–d5+ ♔f7–f8 [1...♔f7–e8 2.♕d5–e6+ ♔e8–f8, ...] 2.♖f1xf6+ ♗g7xf6 3.♗e3–h6+ ♗f6–g7 4.♖d1–f1+ ♔f8–e8 5.♕d5–e6/f7#
Koneru – Seeger, Budapest 2005

760. 1.♕h7–h4+ ♔e7–e8 2.♘e6–g7+ ♔e8–f8 3.♕h4–h8+ ♔f8–e7 4.♘g7–f5+ ♔e7–e6 5.♕h8–f6# **Ernst,S – Wohl**, Open Dieren 2009

761. 1.♕a1–a7+ ♔b8xa7 2.♘d4–c6+ ♔a7–a8/a6 3.♖f1–a1+ ♗e6–a2 4.♖a1xa2+ ♗d6–a3 5.♖a2xa3# **Wahls - Bjarnason**, Malmö 1985/6

762. 1.♕g7xf7+ ♔e7xf7 [1...♔e7–d8 2.♗d2xa5+ ...] 2.♖h3–h7+ ♔f7–f8 3.♖h7–h8+ ♔f8–f7 4.♘e4–d6+ ♔f7–e7 5.♖g3–g7#
Rodriguez Lucena - Fernandez Lopez, Burgas Open 2008

763. 1.♖e1xe6+ f7xe6 2.♕g5–g6+ ♖f8–f7 [2...♕c7–f7 3.♗g2xc6#] 3.♕g6–g8+ ♖f7–f8 4.♕g8xe6+ ♕c7–e7 5.♕e6xe7# [5.♗g2xc6#]
Giri - Grandelius, Sigeman Turnier Malmö 2010

764. 1.♕h2xh7+ ♔h8xh7 2.f5–f6+ ♘d6–f5 3.♗d3xf5+ ♔h7–h8 4.♖g3–h3+ ♗g7–h6 5.♖h3xh6# [2...♔h7–h8 3.♖g3–h3+ ♗g7–h6 4.♖h3xh6#]
Rogers,I - Senador (Analyse), Bangkok Open Cha-Am 2005

765. 1.♕g5–h6+ ♔f8–e8 2.♕h6–e3+ ♔e8–f8 [2...♔e8–d8/d7 3.♕e3–e7+ ♔d8–c8 4.♕e7–e8#/c7#] 3.♕e3–a3+ ♔f8–g8 [3...♔f8–e8 4.♕a3–e7#] 4.♕a3–g3+ ♔g8–f8 5.♕g3–b8#
Horvath - Jacobsen, Kopenhagen 1988

766. 1.♕a7–b8+ ♗e6–c8 [1...♔d8–d7 2.♗f1–b5#] 2.♕b8–c7+ ♔d8–e8 3.♘d5xf6+ ♕g5xf6/g7xf6 4.♗f1–b5+ ♗c8–d7 5.♕c7xd7#
Nuri - Jurek, Winterthur 2007

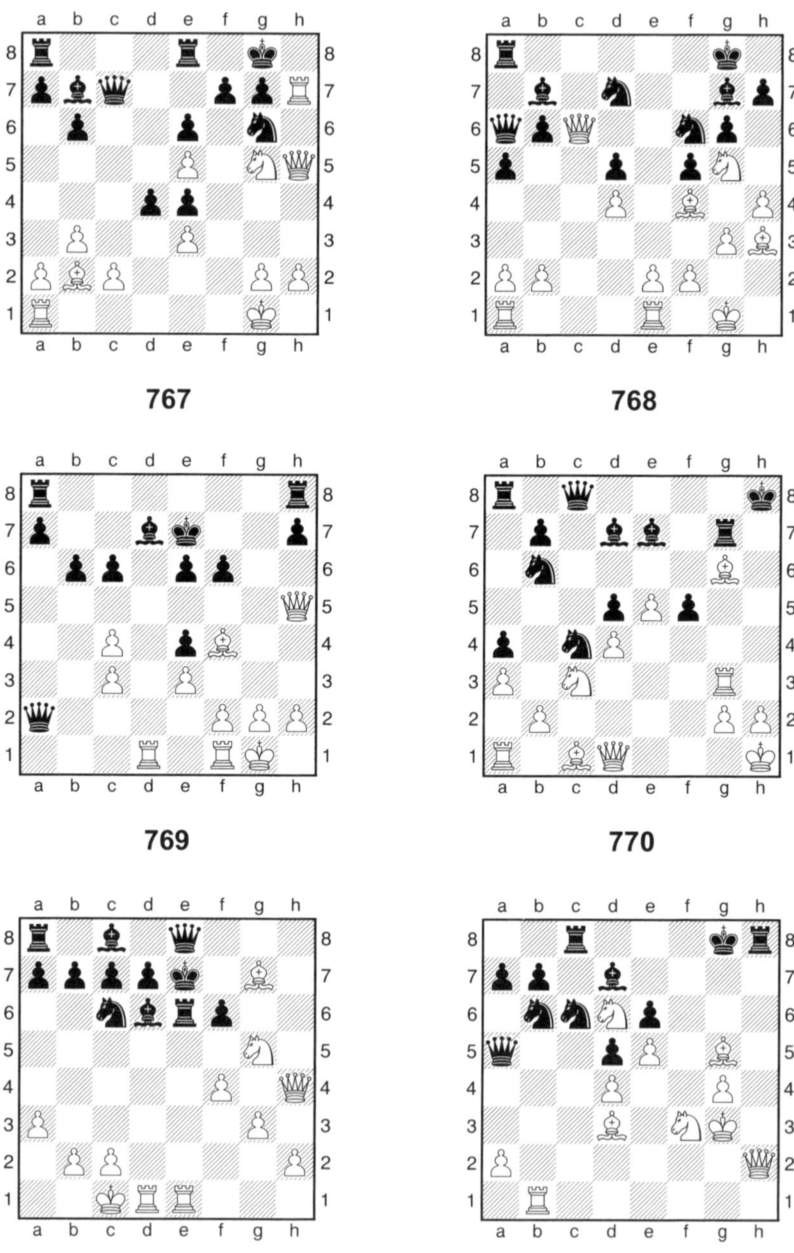

767

768

769

770

771

772

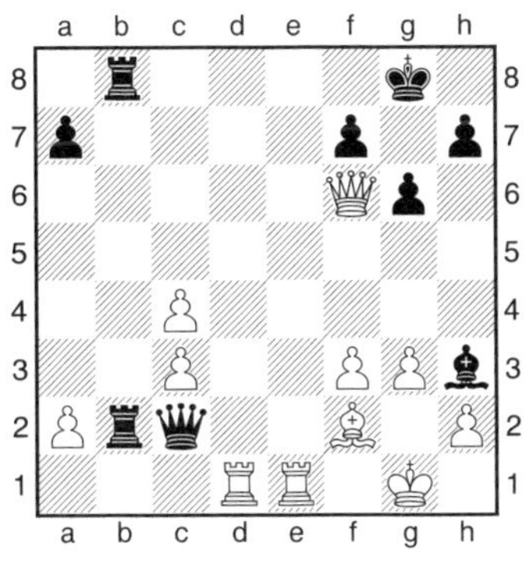

773

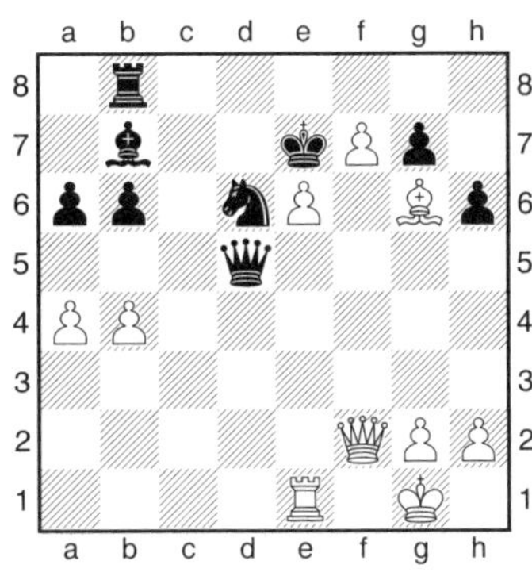

774

767. 1.♖h7xg7+ ♔g8-f8 [1...♔g8xg7 2.♕h5-h7+ ♔g7-f8 3.♗b2-a3+ ♖e8-e7 *(3...♘g6-e7 4.♕h7-h8#)* 4.♕h7xf7#]
2.♗b2-a3+ ♖e8-e7 3.♖g7-g8+ ♔f8xg8 4.♕h5-h7+ ♔g8-f8 5.♕h7xf7#
Michna,M - Zepeda, Olympiade Frauen Dresden 2008

768. 1.♕c6-e6+ ♔g8-h8 2.♘g5-f7+ ♔h8-g8 3.♘f7-h6+ ♔g8-h8
4.♕e6-g8+ ♖a8/♘f6xg8 5.♘h6-f7#
Sahajasri - Sangeet, Commonwealth Spiele 2008

769. 1.♖d1xd7+ ♔e7xd7 2.♕h5-f7+ ♔d7-d8 3.♖f1-d1+ ♕a2-d2
4.♖d1xd2+ ♔d8-c8 5.♕f7-c7#, **Zhao – Hashemi**, WM Girls U8 2008

770. 1.♕d1-h5+ ♔h8-g8 2.♗g6-f7+ ♔g8-f8 3.♖g3xg7
[3.♕h5-h8+ ♔f8xf7 4.♖g3xg7+ ♔f7-e6 5.♕h8-h6+ ♗e7-f6 6.♕h6xf6#]
3...♔f8xg7 4.♕h5-g6+ ♔g7-h8 5.♕g6-h6#
Tiviakov - Lieb, Bad Wörishofen 2011

771. 1.♗g7xf6+ ♔e7xf6 2.♘g5xe6+ ♔f6-f7 3.♕h4-h7+ ♔f7-f6
4.♕h7-g7+ ♔f6-f5 5.♕g7-g5# **Kujovic - Bick**, Open Reykjavic 2006

772. 1.♕h2xh8+ ♔g8xh8 2.♖b1-h1+ ♔h8-g8 3.♗g5-f6 ♕a5-e1+
4.♘f3xe1 ♘c6xd4 [4... -- 5.♖h1-h8#] **De Witt - Piket**, Holland 1983

773. 1.♖d1-d8+ ♖b8xd8 2.♕f6xd8+ ♔g8-g8 3.♗f2-d4+ f7-f6 [3...♔g7-h6
4.♕d8-h4#] 4.♕d8xf6+ ♔g7-g8 5.♕f6-g7# / 5.♖e1-e8#
Berry - Rahls, Bad Wörishofen Senioren 2011

774. 1.f7-f8♕+ ♖b8xf8 2.♕f2xf8+ ♔e7xf8 3.e6-e7+ ♔f8-g8
4.e7-e8♕+ ♘d6xe8 5.♖e1xe8#
Lima - Quinn,M Olympiade Erewan 1996

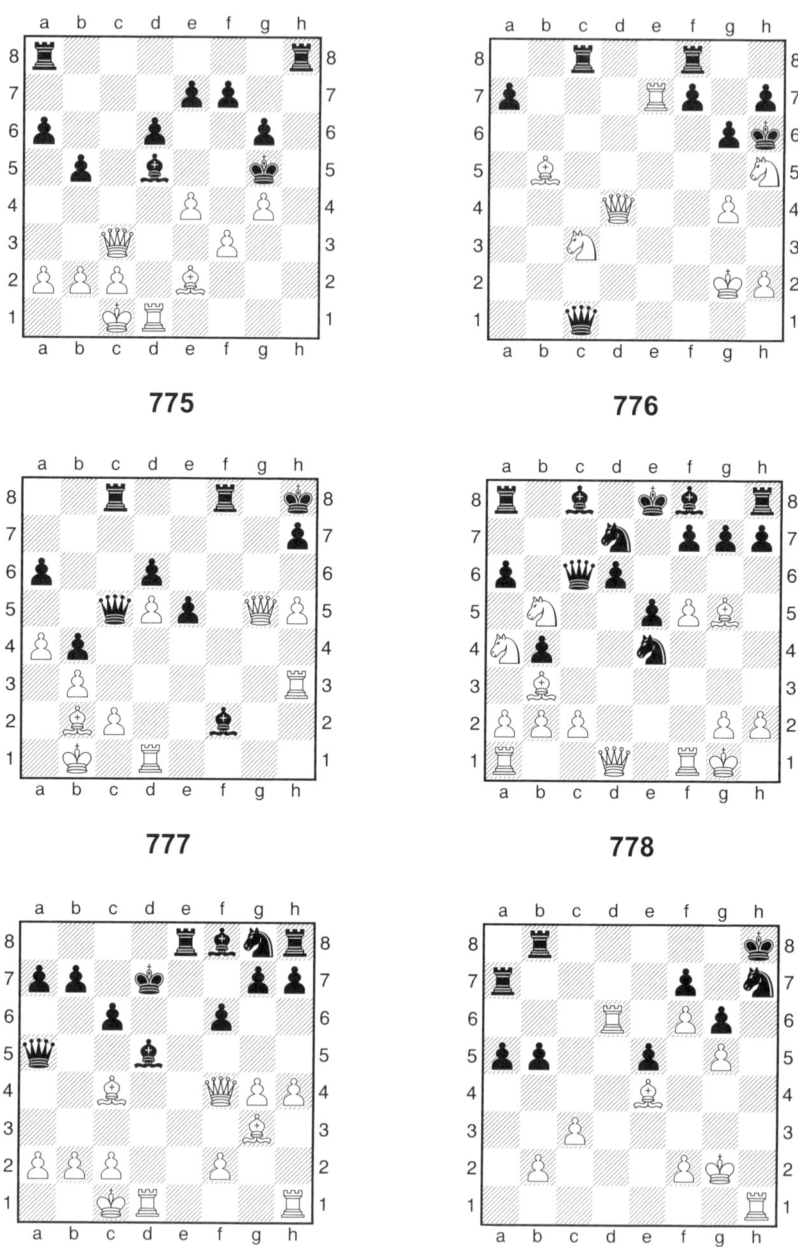

775

776

777

778

779

780

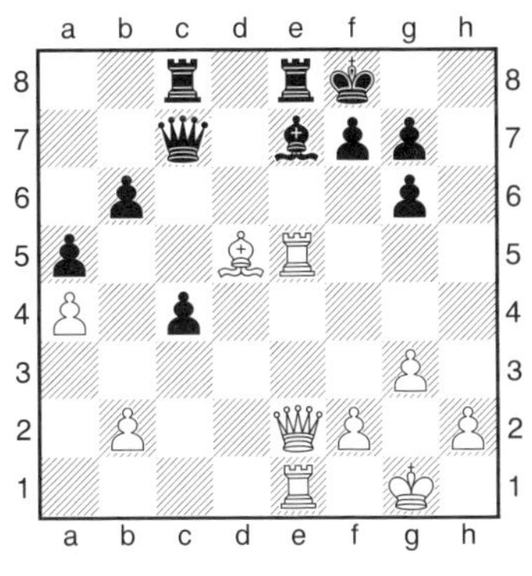

781

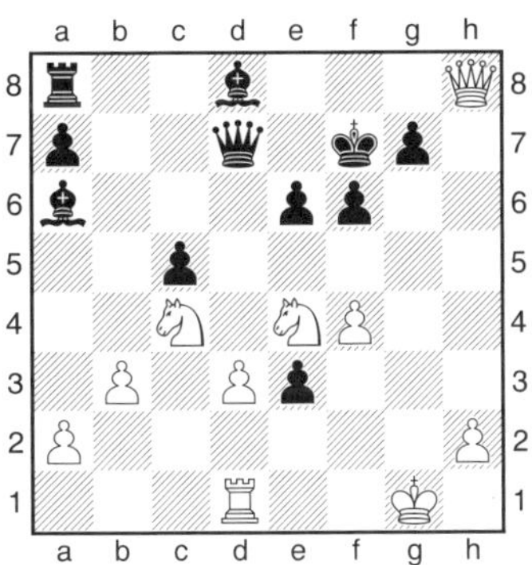

782

775. 1.f3–f4+ ♔g5xf4 2.♖d1–f1+ ♔f4xe4 [2...♔f4–g5 3.♕c3–e3+ ♔g5–h4 4.♖f1–h1#] **3.♗e2–d3+ ♔e4–e3 4.♗d3xg6+ ♔e3–e2 5.♕c3–d3#/e1#**
Petersen,S - Jörgensen,C.E., Poliiken Cup Kopenhagen 1999

776. 1.♕d4–g7+ ♔h6–g5 2.♘c3–e4+ [2.h2–h4+ ♔g5xh4 3.♕g7–f6+ g6–g5 4.♕f6–f2+ ♔h4xg4 5.♘h5–f6# / ♗b5–e2#]
2...♔g5xg4 [2...♔g5–h4 3.♕g7–f6+ g6–g5 4.♕f6–f2+ ♔h4xg4 ...]
3.♘h5–f6+ ♔g4–f4 4.♕g7–h6+ ♔f4–f5 5.♗b5–d7#
Bronnikova - Senkevich, St. Petersburg 2008

777. 1.♗b2xe5+ d6xe5 2.♕g5xe5+ ♔h8–g8 3.♖d1–g1+ ♗f2xg1 4.♖h3–g3+ ♔g8–f7 5.♕e5–e6# / ♖g3–g7# **Radovonivic – Sperdekli**, Griechenland 1999

778. 1.♘b5–c7+ ♕c6xc7 2.♗b3xf7+ ♔e8xf7 3.♕d1–d5+ ♔f7–e8 4.♕d5–e6+ ♗f8–e7 5.♕e6xe7# **Wilson - Del Corral**, Spanien 1995

779. 1.♖d1xd5+ c6xd5 2.♗c4–b5+ ♕a5xb5 3.♕f4–c7+ ♔d7–e6 4.♖h1–e1+ ♕b5–e2 5.♖e1xe2# **Li Ying - Laylo**, Olympiade Turin 2006

780. 1.♖d6–d3 ♔h8–g8 2.♖d3–h3 ♔g8–f8 3.♖h3xh7 ♔f8–e8 4.♖h1–d1 ♖b8–d8 [4...♖a7–d7] 5.♖h7–h8#
Kosteniuk – Cao, Kings vs Queens (rapid) 2011

781. 1.♖e5–h5 g6xh5
[1...♔f8–g8 2.♗d5xf7+ ♔g8xf7 3.♕e2–e6+ ♔f7–f8 4.♖h5–h8#]
2.♕e2xh5 ♕c7xg3+ 3.h2xg3 ♔f8–g8 4.♕h5xf7+ ♔g8–h8 5.♕f7–h5#
Danilov - Vajda, Rumänien 2004

782. 1.♘e4–g5+ f6xg5 2.♘c4–e5+ ♔f7–e7 3.♕h8xg7+ ♔e7–e8 4.♕g7xd7+ ♔e8–f8 5.♕d7–f7#
Krieger - Rahls, Bad Wörishofen (Senioren) 2011

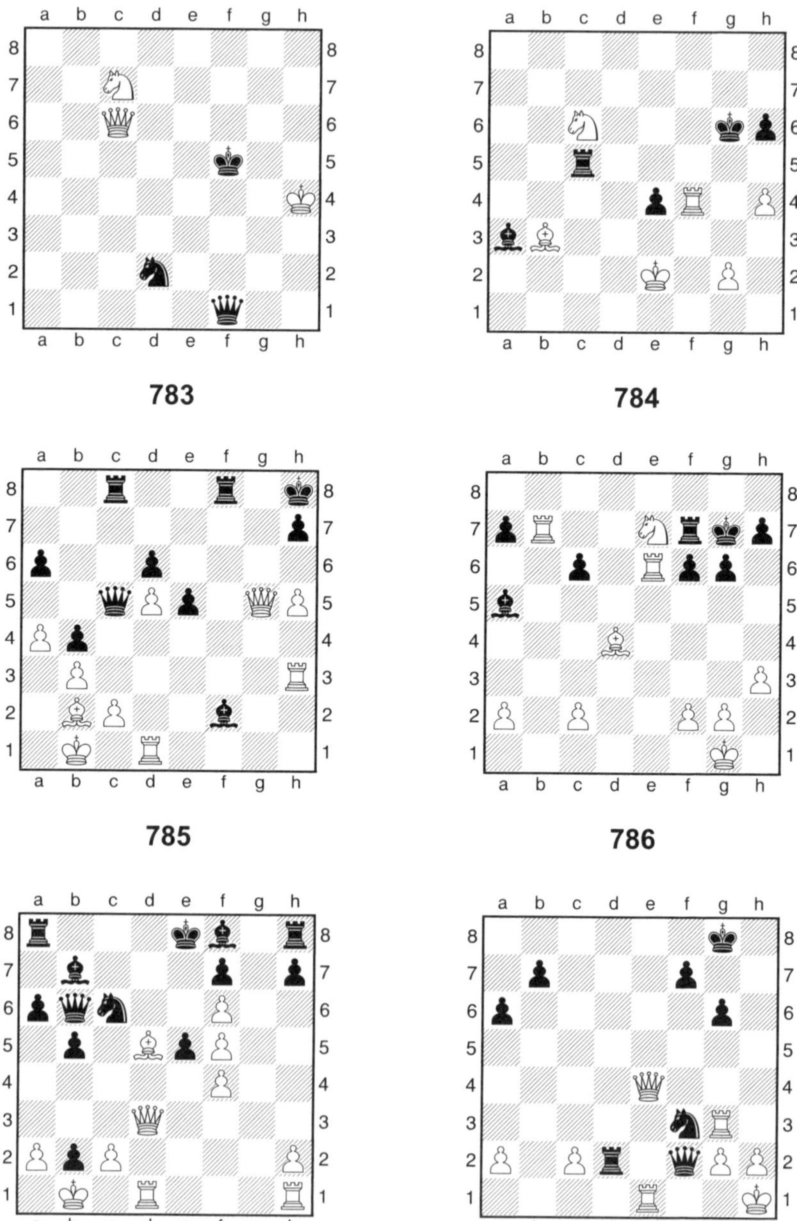

783

784

785

786

787

788

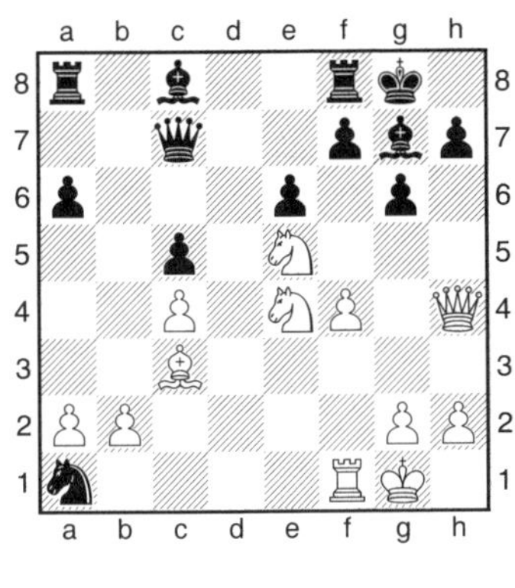

789

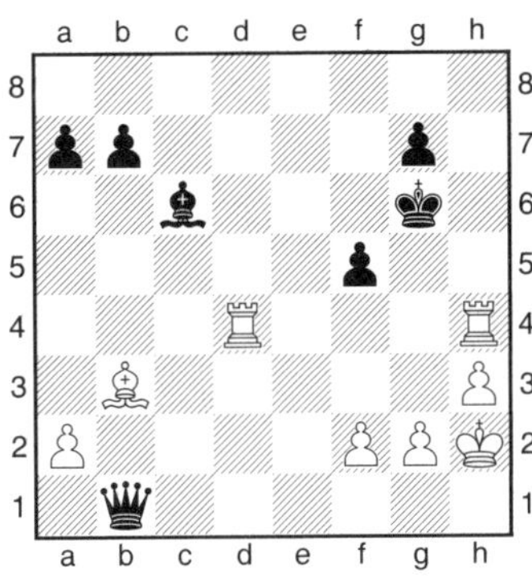

790

783. 1.♕c6–e6+ ♔f5–f4 2.♘c7–d5+ ♔f4–f3 3.♕e6–g4+ ♔f3–f2 4.♕g4–g3+ ♔f2–e2 5.♘d5–c3# **Gurgenidze** - Ende einer Studie 2005

784. 1.♘c6–e7+ ♔g6–g7/h7 [1...♔g6–h5? 2.♗b3–f7#] 2.♖f4–f7+ ♔g7–h8 3.♘e7–g6+ ♔h8–g8 4.♖f7–e7+ ♖c5–d5 5.♗b3xd5#
Zhang - Pornariyasombat, Thailand Open Pattaya 2009

785. 1.♗b2xe5+ d6xe5 2.♕g5xe5+ ♔h8–g8 3.♖d1–g1+ ♗f2xg1 4.♖h3–g3+ ♔g8–f7 5.♖g3–g7#
Radovanovic – Sperdokli, Open Korinth 1999

786. 1.♗d4xf6+ ♖f7xf6 [1...♔g7–h6 2.♘e7–g8+ ♔h6–h5 3.g2–g4#] 2.♘e7–f5+ ♔g7–f8 3.♖e6xf6+ ♔f8–e8 [3...♔f8–g8 4.♖b7–g7+ ♔g8–h8 5.♖f6–f8#] 4.♖b7–e7+ ♔e8–d8 5.♖f6–f8#
Verstraeten - Romo Herrera Ibarola, Jugend WM Brasilien 2011

787. 1.♗d5xf7+ ♔e8xf7 2.♕d3–d7+ ♔f7xf6 3.♕d7–e6+ ♔f6–g7 4.♖h1–g1+ ♕b6xg1 5.♖d1xg1# **Gallagher - Collas** (Variante), Top 16 Franz. Liga 2005

788. 1.♖g3xg6+ ♔g8–h7 [1...f7xg6 2.♕e4xg6+] 2.♖g6–g3+ ♔h7–h8 [2...♔h7–h6 3.♕e4–f4+ ♔h6–h7 4.♕f4xf7+ ♔h7–h8 5.♖g3–g8#, ...] 3.♕e4–e8+ ♔h8–h7 4.♕e8xf7+ ♔h7–h6 5.♖e1–e6#
Scetinin - Montaigne, Cappelle la Grande 2008

789. 1.♘e4–f6+ ♗g7xf6 2.♕h4xf6 ♕c7–d8 [2...♖f8–d8 3.♘e5xf7 ♔g8–f8 (3...♕c7xf7 4.♕f6–h8#) 4.♘f7–d6+ ♔f8–g8 5.♕f6–h8#] 3.♕f6–h8+ ♔g8xh8 4.♘e5xf7+ ♔h8–g8 5.♘f7–h6#
Bolacky - Rode, Litomysl 2010

790. 1.♖d4–d6+ ♔g6–g5 2.f2–f4+ ♔g5xh4 3.♖d6–h6+ g7xh6 4.g2–g3+ ♔h4–h5 5.♗b3–f7# **Schmittdiel - Wegener,O** Dortmunder Schachtage 2000

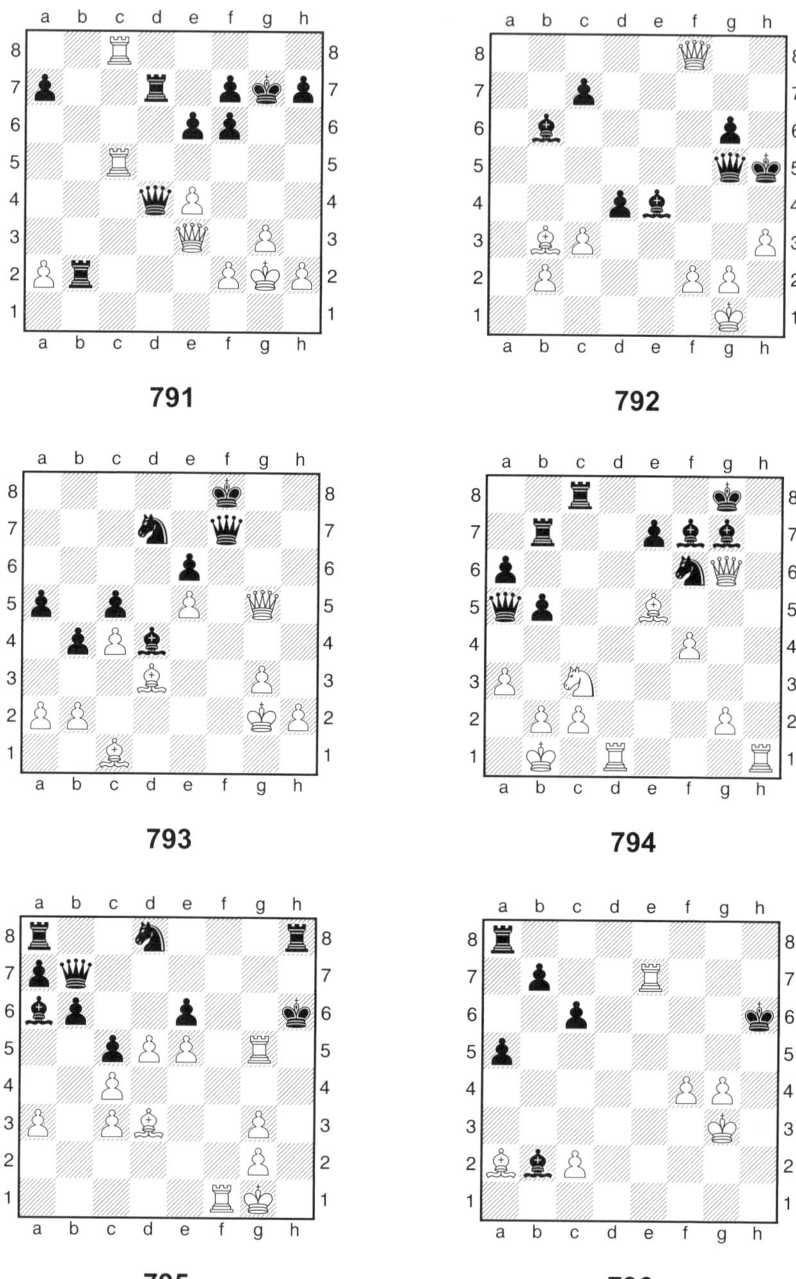
791
792
793
794
795
796

791. **1.♖c5-g5+ ♔g7-h6** [1...f6xg5? 2.♕e3xg5#]
2.♖g5-g6+ [2.♖g5-h5+ ♔h6xh5 3.g3-g4+ ♔h5xg4
(3...♔h5-h4 4.♕e3-h6+ ♔h4xg4 5.h2-h3#)
4.♖c8-g8+ ♔g4-h5 5.♕e3-h3#]
2...♔h6xg6 3.♖c8-g8+ ♔g6-h5 4.g3-g4+ ♔h5-h4 5.♕e3-h6#
Carlsen - Morozevich (Variante), GM-Turnier Biel 2011

792. **1.♕f8-h8+ ♕g5-h6 2.♗b3-d1+**
[2.♕h8-e5+ ♗e4-f5 *(2...♕h6-g5 3.g2-g4+ ♔h5-h4 4.♕e5-g3#)*
3.♗b3-d1+ *(3.♕e5-e2+ ♔h5-h4 4.g2-g3+ ♔h4xh3 5.♗b3-d1 --
6.♕e2-e1 -- 7.♕e1-f1#)* 3...♔h5-g5 4.♕e5-e7+ ♔g5-f4 5.g2-g3#]
2...♔h5-g5 3.♕h8-e5+ ♗e4-f5 4.♕e5-e7+ ♔g5-f4 5.g2-g3#
van Kampen - Gupta (Variante) Corus C, Wijk aan Zee 2010

793. **1.♕g5-d8+ ♕f7-e8**
[1...♔f8-g7 2.♗c1-h6+ ♔g7xh6 3.♕d8-h8+ ♕f7-h7 *(3...♔h6-g5
4.♕h8-h4#)* 4.♕h8xh7+ ♔h6-g5 5.♕h7-g6#]
**2.♗c1-h6+ ♔f8-f7 3.♗d3-g6+ ♔f7xg6 4.♕d8-g5+ ♔g6-h7
5.♕g5-g7#**
Just - Jacob, Leipzig 2011

794. **1.♖h1-h8+ ♔g8xh8 2.♕g6xf7 ♖c8-g8**
[2...♘f6-e8 3.♗e5xg7+ ♘e8xg7 4.♖d1-h1+ ♘g7-h5 5.♖h1xh5#]
3.♗e5xf6 e7xf6 [3...♗g7xf6 4.♖d1-h1+ ♗f6-h4 5.♖h1xh4#]
4.♖d1-h1+ ♗g7-h6 5.♖h1xh6#
Womacka – Jirovsky, Chemnitz 2005

795. 1.♖g5-g6+ ♔h6-h7 2.♖g6-g4+ ♔h7-h6 3.♖f1-f6+ ♔h6-h5
4.♖g4-h4+ ♔h5-g5 5.♖f6-g6#
1.♖f1-f6+ ♔h6xg5 2.♖f6-g6+ ♔g5-h5 3.g3-g4+ ♔h5-h4
4.♔g1-h2 e6xd5 5.g2-g3#
Zhao Jun - Xie Xinghua, Jiangsu 2011

796. **1.g4-g5+ ♔h6-g6 2.c2-c3**
[2.c2-c4 ♗b2-g7 3.♗a2-b1+ ♔g6-h5 4.♖e7xg ♖a8-h8 / ...--
5.♗b1-g6#]
2...♖a8-f8 3.♗a2-b1+ ♖f8-f5 4.♔g3-g4 -- 5.♗b1xf5#
Zhao – Bennett, Queenstown (Neuseeland) 2012

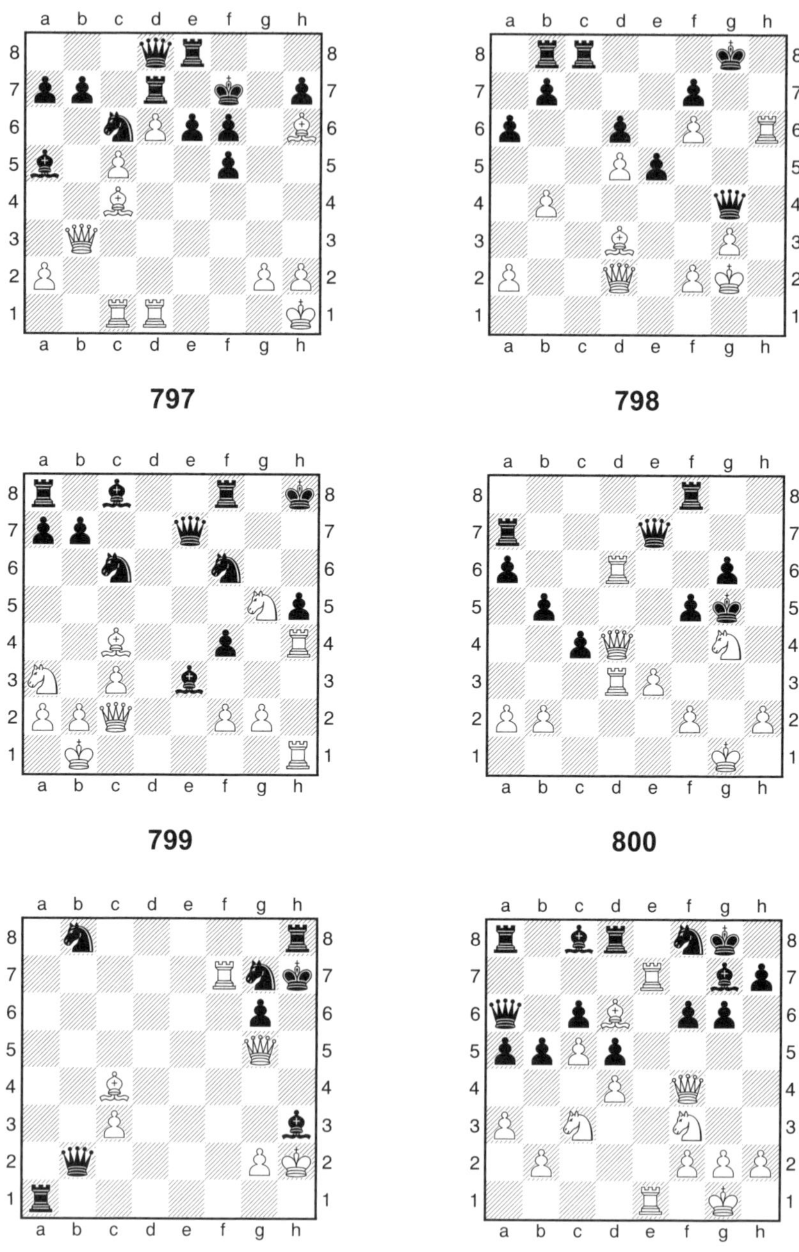

797

798

799

800

801

802

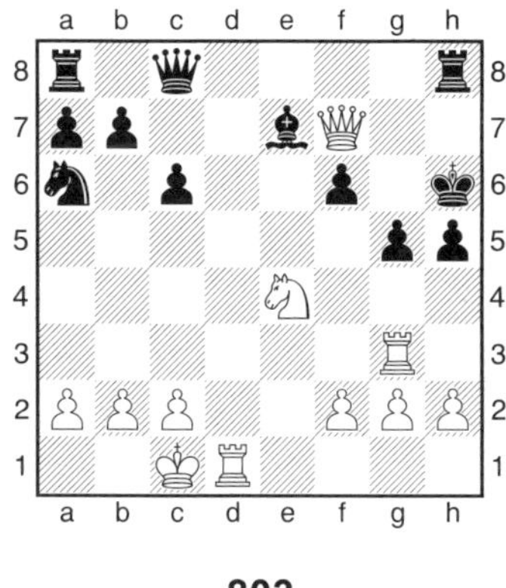

803

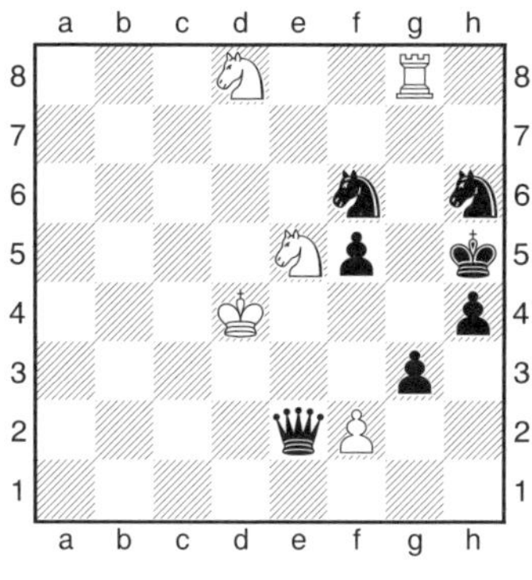

804

797. 1.♕b3–g3 ♖e8–h8 [1...♖e8–g8 2.♗c4xe6+ ♔f7xe6 3.♕g3–b3+ ♔e6–e5 4.♕b3–e3#/d5#] 2.♕g3–g7+ ♔f7–e8 3.♕g7xh8+ ♔e8–f7 4.♕h8xh7+ ♔f7–e8 5.♕h7–g8# **Zellner - Waldmann**, Oberliga Nord 1991

798. 1.♖h6–h8+ ♔g8xh8 2.♕d2–h6+ ♔h8–g8 3.♗d3–h7+ ♔g8–h8 4.♗h7–g6+ ♔h8–g8 5.♕h6–g7# **Asejev - Solowjov**, St. Petersburg 1998

799. 1.♖h4xh5! ♘f6xh5 2.♖h1xh5+ ♔h8–g7 3.♖h5–h7+ ♔g7–f6 4.♖h7–h6+ ♔f6–e5 [4...♔f6–g7/xg5 5.♕c2–g6#] 5.♕c2–e4#/♘g5–f3# **Benjamin - Tate**, Philadelphia 2000

800. 1.♕d4–f4+ ♔g5–h5 2.♕f4–h6+ ♔h5xg4 3.♖d6xg6+ [3.h2–h3+ ♔g4–f3, ... ; 3.f2–f3+ ♔g4xf3 4.♕h6–f4+ ♔f3–e2 5.♕f4–f2#/1#] 3...♔g4–f3 4.e3–e4+ c4xd3 5.♕h6–e3# **Wakkee - De Groote**, Stock Young Masters Open 2004

801. 1.♕g5–h4+ ♔h7–g8 2.♖f7–f5+ [2.♖f7–f2+? ♗h3–e6] 2...♘g7–e6 3.♗c4xe6+ ♔g8–g7 4.♖f5–f7+ ♔g7–g8 5.♕h4–d8# **Brunthaler - Gianni**, Pattaya 2011

802. 1.♖e7xg7+ ♔g8xg7 2.♖e1–e7+ ♔g7–g8 3.♕f4xf6 [3.♕f4–h6 ♘f8–e6 4.♕h6xh7+ ♔g8–f8 5.♕h7–h8#/f7#] 3...♘f8–e6 4.♕f6–f7+ [4.♗d6–e5 -- 5.♕f6–h8#] ♔g8–h8 5.♕f7xh7# **Palliser - Shaw**, Britische Meisterschaft 2011

803. 1.♖g3xg5 f6xg5 2.♖d1–d6+ ♗e7xd6 3.♕f7–f6+ ♔h6–h7 4.♘e4xg5+ ♔h7–g8 5.♕f6–f7# **Garcia - Ben Shalom**, USA Amateur-Team Ch.Ost 2006

804. 1.♖g8–g5+ ♔h5xg5 2.♘d8–e6+ ♔g5–h5 3.♘e6–g7+ ♔h5–g5 4.f2–f4+ ♔g5xf4 5.♘g7–e6# **Bent** - Ende einer Studie 1999

■ Matt in 5 Zügen

Nun geht es zur Abwechslung wieder dem Weißen an den Kragen. Verzagen Sie nicht, wenn Sie Aufgaben nicht lösen können. Denken Sie immer daran, dass viele dieser Matt selbst von Meistern nicht am Brett, sondern erst nachträglich in der Analyse oder gar vom Computer gefunden wurden!

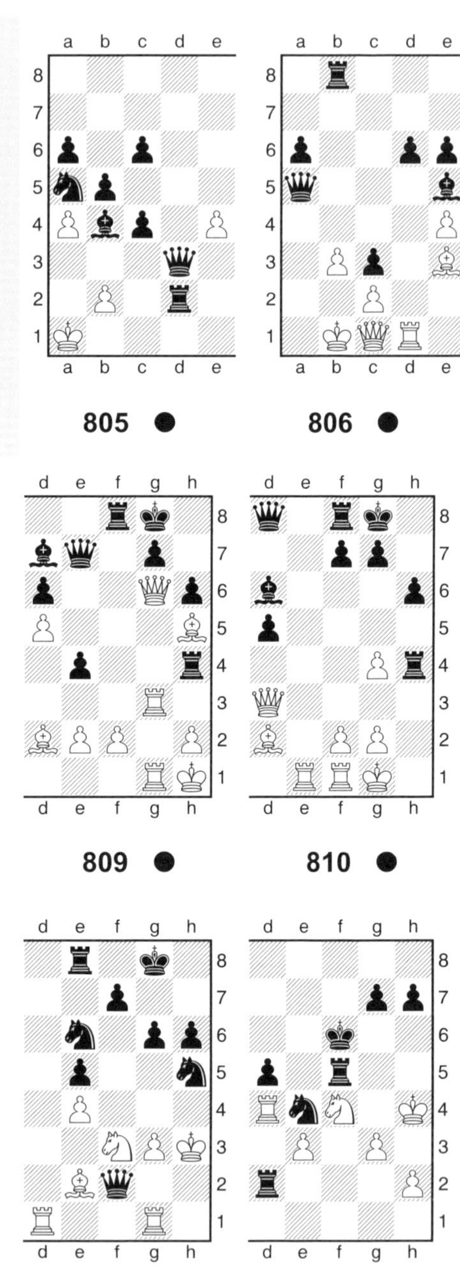

805 ●

806 ●

807 ●

808 ●

809 ●

810 ●

811 ●

812 ●

813 ●

814 ●

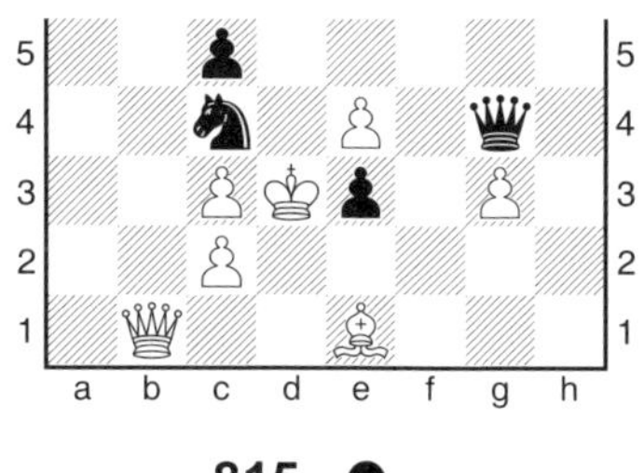

815 ●

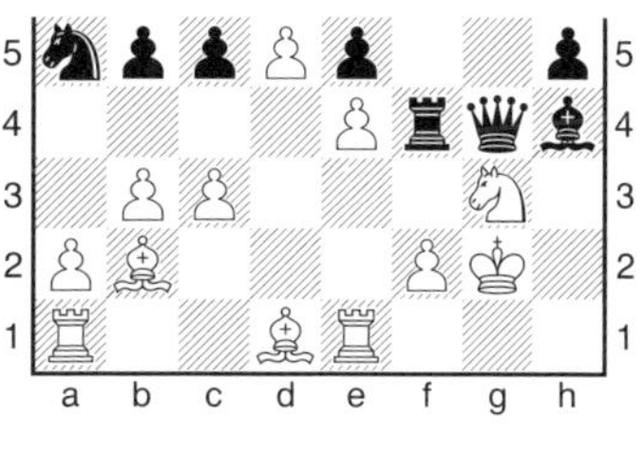

816 ●

805. 1...♘a5–b3+ 2.♔a1–a2 ♖d2xb2+ 3.♔a2xb2 ♗b4–c3+ 4.♔b2–a3 [4.♔b2–a2 ♕d3–c2+ 5.♔a2–a3 b5–b4#] 4...b5–b4+ 5.♔a3–a2 ♕d3–c2# **Maris - Vedder**, Hoogeveen 2011

806. 1...♖b8xb3+ 2.c2xb3 c3–c2+ 3.♔b1xc2 [3.♕c1xc2 ♕a5–a1#] 3...♕a5–c3+ 4.♔c2–b1 ♕c3xb3+ 5.♕c1–b2 ♕b3xb2#

807. 1...♖h6xh2+ 2.♔h1xh2 ♖f5–h5+ 3.♔h2–g1 ♖h5–h1+ 4.♔g1xh1 ♕g4–h3+ 5.♔h1–g1 ♕h3–g2#

808. 1...♖h8–h1+ 2.♘g3xh1 ♗e5–h2+ 3.♔g1xh2 ♖d8–h8+ 4.♔h2–g3 ♘e7–f5+ 5.♔g3–g4/f4 ♖h8–h4#

809. 1...♖h4xh2+ 2.♔h1xh2 ♕e7–h4+ 3.♔h2–g2 ♗d7–h3+ 4.♔g2–h2/h1 ♗h3–f1+ 5.♖g3–h3 ♕h4xh3# [4.♖g3xh3 ♖f8xf2+ 5.♔g2–h1 ♕h4xh3#]

810. 1...♗d6–h2+ 2.♔g1–h1 ♗h2–g3+ 3.♔h1–g1 ♖h4–h1+ 4.♔g1xh1 ♕d8–h4+ 5.♔h1–g1 ♕h4–h2#

811. 1...♖g6xg2+ 2.♔g1xg2 ♖e8–g8+ 3.♔g2–f3 ♕h6–h5+ 4.♔f3–f2 ♕h5–h2+ 5.♔f2–f3 ♗e6–g4#

812. 1...♖h8–h1+ 2.♔g1xh1 ♕e4–h7+ 3.♔h1–g1 ♕h7–h2+ 4.♔g1xh2 ♘e5–f3+ 5.♔h2–h1 ♖d8–h8#

813. 1...♘h5–f4+ 2.g3xf4 ♘e6xf4+ 3.♔h3–g4 h6–h5+ 4.♔g4–g5 ♔g8–g7 5.♘f3xe5 ♖e8xe5# [5. -- f7–f6# / ♘f4–e6#] **Nimsch - Heck**, Hessenliga Neuberg 2009

814. 1...♖d2xh2+ 2.♘f4–h3 g7–g5+ 3.♔h4–g4 h7–h5+ [3...♘e4–f2+ 4.♔g4–h5 *(4.♘h3xf2 h7–h5#)* 4...g5–g4+ 5.♔h5–h6 ♖h2xh3#] 4.♔g4xh5 ♖h2xh3+ 5.♔h5–g4 ♘e4–f2# **NN – Brunthaler**, Pattaya 2012

815. 1...♘c4–e5+ 2.♔d3xe3 ♕g4–f3+ 3.♔e3–d2 ♘e5–c4+ 4.♔d2–c1 ♕f3–e2 5.♗e1–f2 ♕e2–d2# [5. -- ♕e2xe1#]

816. 1...♖f4xf2+ 2.♔g2xf2 ♕g4xg3+ 3.♔f2–e2 ♕g3–f2+ 4.♔e2–d3 c5–c4+ 5.b3xc4 b5xc4#

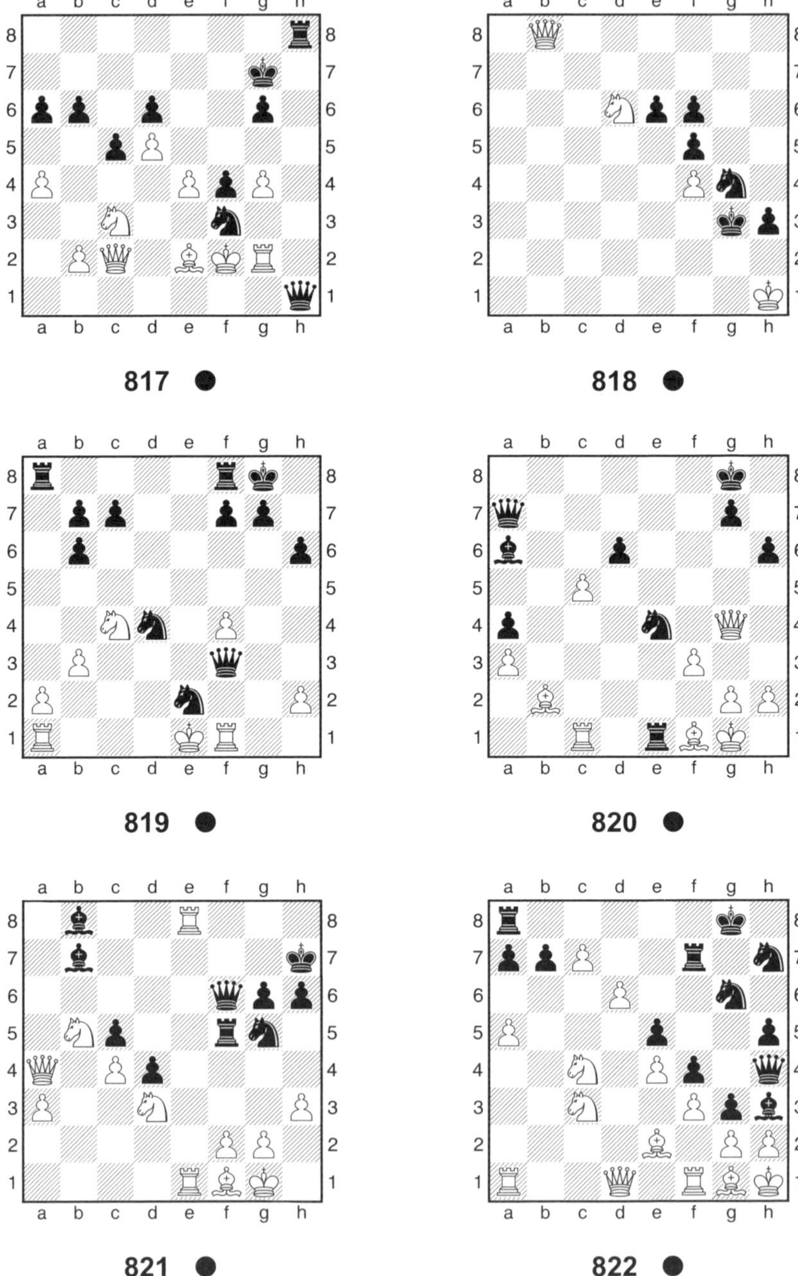

817 ●

818 ●

819 ●

820 ●

821 ●

822 ●

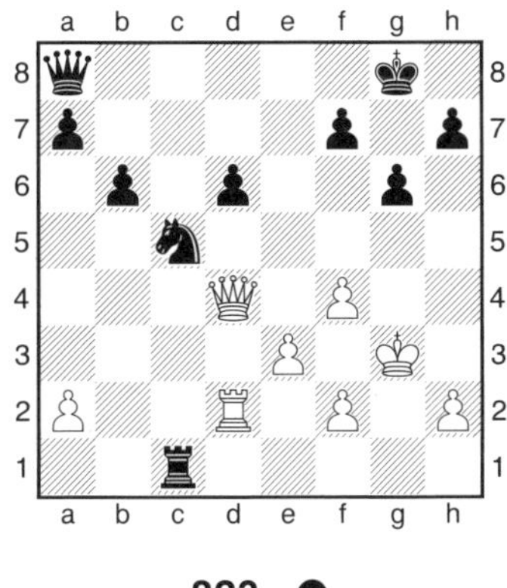

823 ●

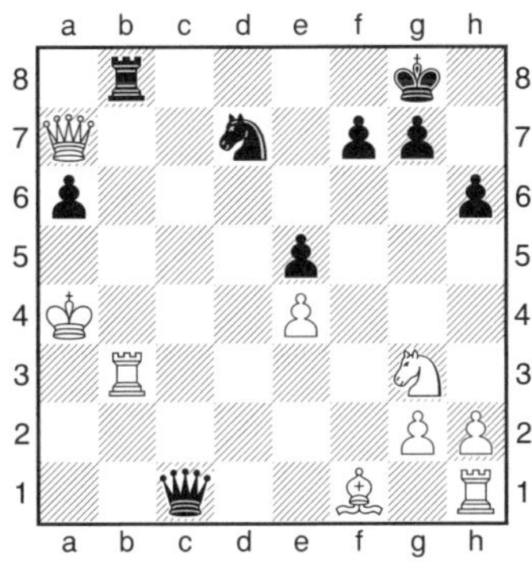

824 ●

817. 1...♕h1–h4+ 2.♔f2xf3 ♕h4–h3+ 3.♔f3–f2 ♕h3–e3+ 4.♔f2–f1/e1 ♖h8–h1+ 5.♖g2–g1 ♖h1/♕e3xg1# **Megalios - Aghabekian**, Kavala 2011

818. 1...♘g4–f2+ 2.♔h1–g1 h3–h2+ 3.♔g1–f1 h2–h1♕+ 4.♔f1–e2 ♕h1–d1+ 5.♔e2–e3 ♕d1–d3#
Markowski – Kempinski, Poln. Mst. Warschau 2001

819. 1...♘d4–c2+ 2.♔e1–d2 ♕f3–c3+ 3.♔d2xe2 [3.♔d2–d1 ♕c3–d3+ 4.♘c4–d2 ♖f8–d8 5. -- ♕d3xd2# *(5.♖f1–e1 ♘c2–e3#)*] 3...♘c2–d4+ 4.♔e2–f2 ♕c3–f3+ 5.♔f2–g1 ♘d4–e2#
Luo - Bartelt (Variante), DSSM WK2 (Schulschach) Husum 2002

820. 1...♕a7xc5+ 2.♗b2–d4 [2.♔g1–h1 ♘e4–f2+ 3.♔h1–g1 ♘f2–d1+ 4.♔g1–h1 ♖e1xf1#] 2...♕c5xd4+ 3.♔g1–h1 ♘e4–f2+ 4.♔h1–g1 ♘f2–h3+ 5.♔g1–h1 ♕d4–g1# **Sokolov - de Firmian**, Reykjavik, 1998

821. 1...♘g5xh3+ 2.♔g1–h1 [2.g2xh3 ♕f6–g5+ 3.♗f1–g2 ♕g5xg2#] 2...♘h3xf2+ 3.♔h1–g1 [3.♘d3xf2 ♕f6–h4+ 4.♔h1–g1 ♕h4–h2#] 3...♗b8–h2+ [3...♘f2–h3+ 4.g2xh3 ♕f6–g5+ 5.♗f1–g2 ♕g5xg2#] 4.♔g1xh2 ♕f6–h4+ 5.♔h2–g1 ♕h4–h1#
Andrews – Dworakowska, Open Groningen 1997

822. 1...♗h3xg2+ 2.♔h1xg2 ♕h4–h3+ 3.♔g2xh3 ♘h7–g5+ 4.♔h3–g2 ♘g6–h4+ 5.♔g2–h1 g3–g2# **Ftacnik – Cvitan**, Bundesliga 1997/98

823. 1...♖c1–g1+ 2.♔g3–h4 ♕a8–d8+ 3.♔h4–h3 ♕d8–d7+/c8+ 4.f4–f5 ♕d7xf5+ 5.♔h3–h4 ♕f5–h5#
Acebal Muniz - Vieito Ribelles, Spanische Frauenmeisterschaft 2008

824. 1...♕c1–a1+ 2.♖b3–a3 ♕a1–d1+ 3.♔a4–a5 ♕d1–d2+ 4.♔a5xa6 ♕d2–d6+ 5.♔a6–a5 ♕d6xa3# **Casella – Serper**, Philadelphia 1997

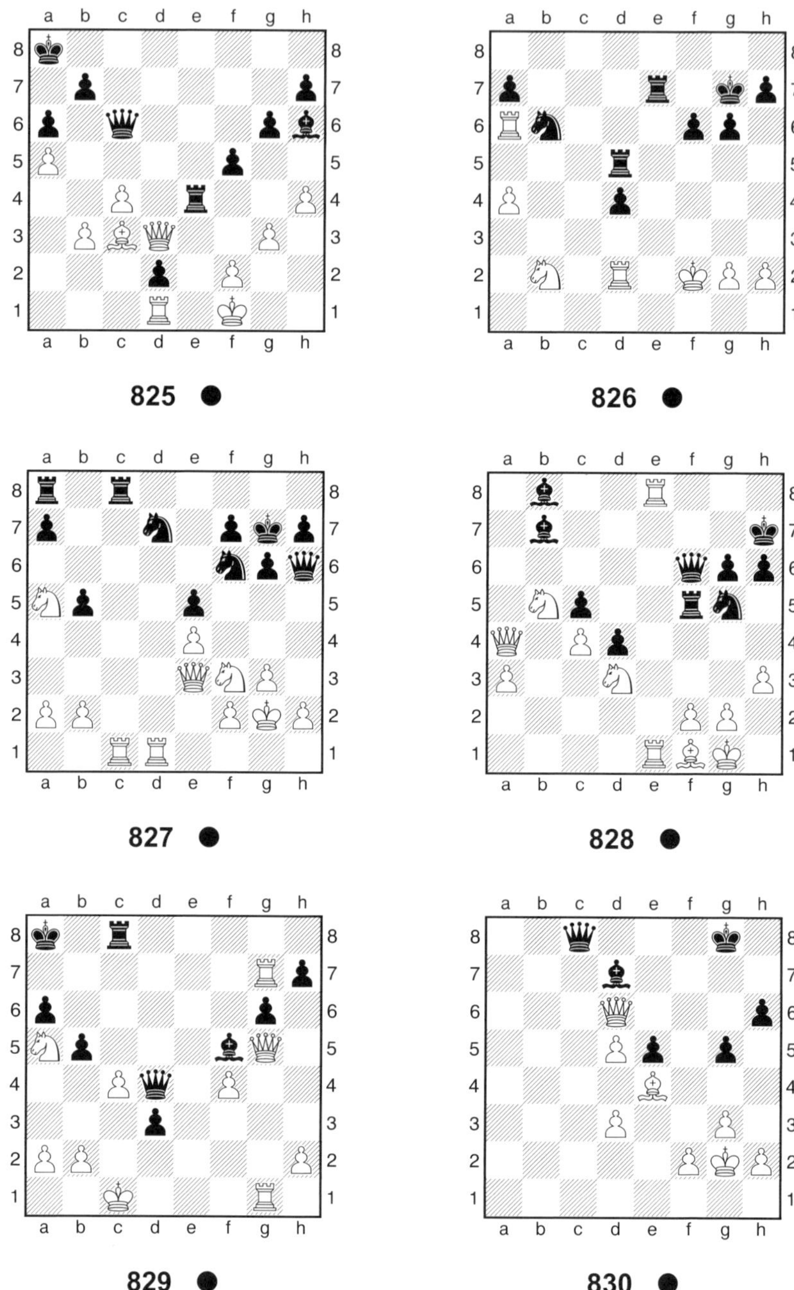

825 ●

826 ●

827 ●

828 ●

829 ●

830 ●

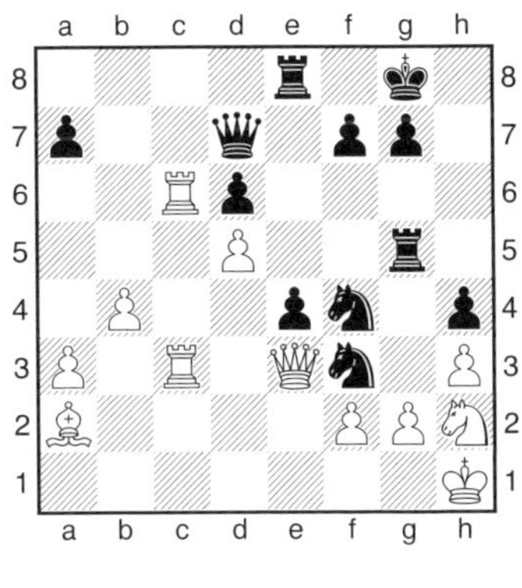

831 ●

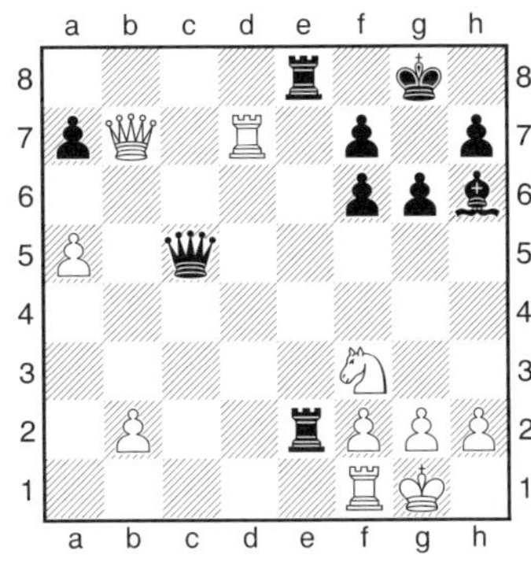

832 ●

825. 1...♖e4–e1+ 2.♖d1xe1 ♕c6–h1+ 3.♔f1–e2 ♕h1xe1+ 4.♔e2–f3 d2–d1♕+ 5.♕d3xd1 ♕e1–e4# [5.♔f3–g2 / ♕d3–e2 ♕e1–h1#]
Adams,M - Areschtschenko, Bundesliga 2010

826. 1...♖d5–f5+ 2.♔f2–g3 ♖e7–e3+ 3.♔g3–h4 [3.♔g3–g4 h7–h5+ 4.♔g4–h4 ♖f5–f4+ 5.g2–g4 ♖f4xg4#] 3...♖f5–f4+ [3...♖f5–h5+ 4.♔h4–g4 f6–f5+ 5.♔g4–f4 ♘b6–d5#] 4.g2–g4 g6–g5+ 5.♔h4–h5 ♖e3–h3#
Sahoo - Meenakshi, Commonwealth Spiele 2008

827. 1...♖f5–g5+ 2.♔g1–h1 ♕h4–h3 3.♕c2xg6+ ♖g5xg6 4.♖f1–g1 ♕h3xf3+ 5.♖g1–g2 ♕f3xg2# **Hoffmann,M - Seger** (Variante), Bundesliga 2011/12

828. 1...♘g5xh3+ 2.♔g1–h1 [2.g2xh3 ♕f6–g5+ ...] 2...♘h3xf2+ 3.♔h1–g1 [3.♘d3xf2 ♕f6–h4+ 4.♔h1–g1 ♕h4–h2#] 3...♗b8–h2+ [3...♘f2–h3+ 4.g2xh3 ♕f6–g5+ ...] 4.♔g1xh2 ♕f6–h4+ 5.♔h2–g1 ♕h4–h1#
Andrews - Dworakowska, Open Groningen 1997

829. 1...♕d4–e3+ 2.♔c1–b1 d3–d2+ 3.♕g5xf5 ♕e3xg1+ 4.♔b1–c2 d2–d1♕+ 5.♔c2–c3 ♕g1–e1#
Randazzo - Santos Ramos, Barbera des Valles 2005

830. 1...♕b1–d1+ 2.♔b3–a2 ♗g6–b1+ 3.♔a2–a1 ♗b1–c2+ 4.♗b2–c1 [4.♔a1–a2 ♗c2–b3#] 4...♕d1xc1+ 5.♔a1–a2 ♕c1–b1#
Van Wely - Kleiman (Variante), Las Vegas 2010

831. 1...♕d7xh3 2.♕e3xf3 e4xf3 3.g2xh3 ♖e8–e1+ 4.♘h2–f1 ♖e1xf1+ 5.♔h1–h2 ♖g5–g2# **Dena – Todorovic**, Bela Crkva 1997

832. 1...♗d7–h3+ 2.♔g2–f3 g5–g4+ 3.♔f3–e2 ♕c8–c2+ 4.♔e2–e3 ♕c2–c1+ 5.♔e3–e2 ♗h3–f1# **Hickl – Klovans**, Berliner Sommer 1992

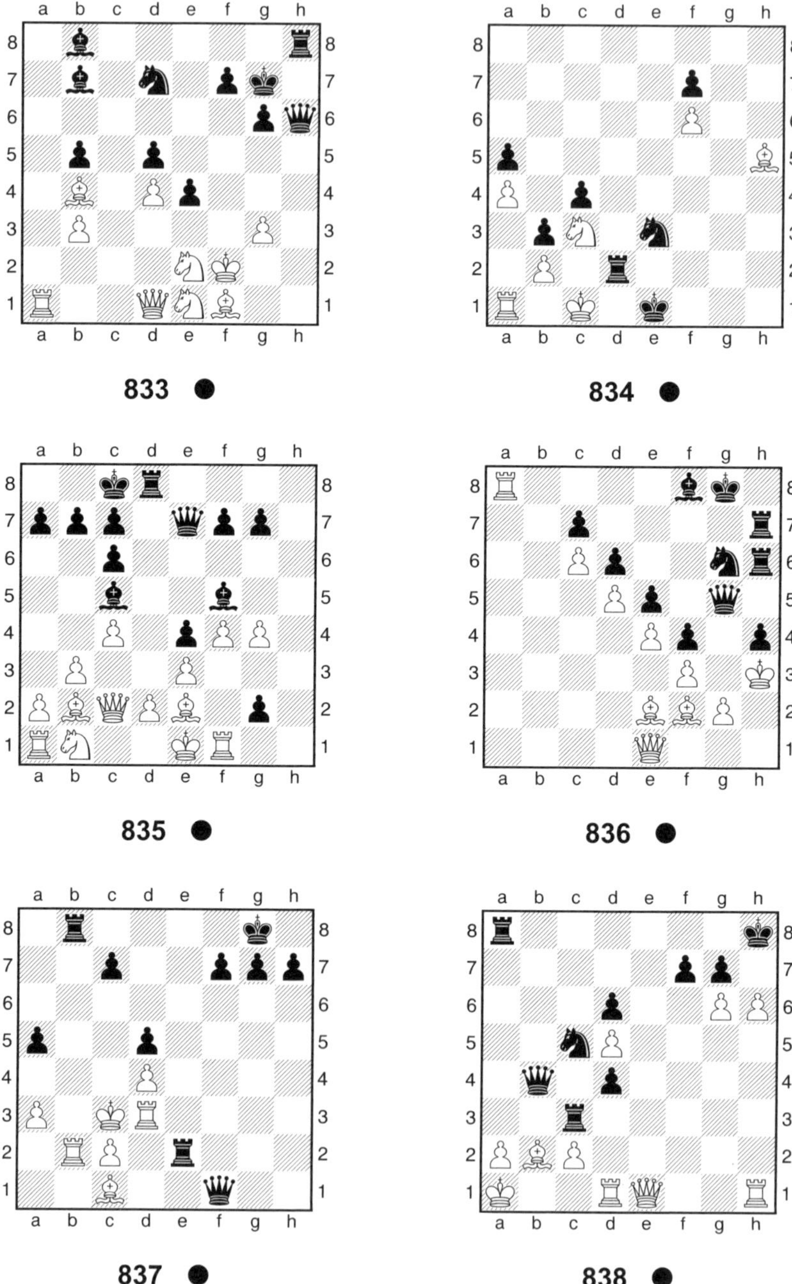
833 ●
834 ●
835 ●
836 ●
837 ●
838 ●

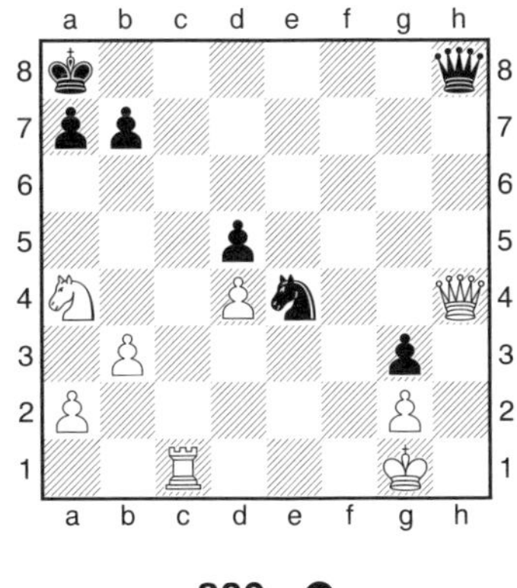

839 ●

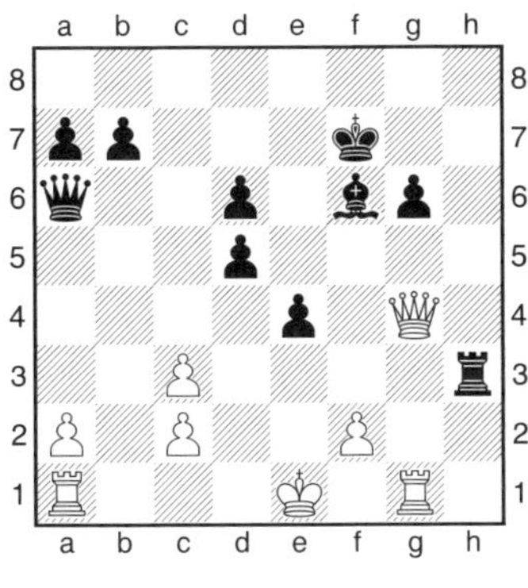

840 ●

833. 1...e4-e3+ 2.♔f2-f3 ♘d7-e5+ 3.d4xe5 d5-d4+ 4.♔f3-g4 ♕h6-h5+ 5.♔g4-f4 ♗b8xe5# / ♕h5-f5# **Hultin - Hillarp Persson**, Schwed. Mst. 1999

834. 1...♖d2-c2+ 2.♔c1-b1 ♘e3-f1 3.♘c3-e4
[3.♖a1-a3/a2 ♘f1-d2+ 4.♔b1-a1 ♖c2-c1+ 5.♘c3-b1 ♖c1xb1#]
3...♘f1-d2+ 4.♘e4xd2 ♔e1xd2 5.♗h5xf7 ♖c2-c1#
Rasmussen - Robson,R Arctic Chess Challenge 2009

835. 1...♕e7-h4+ 2.♔e1-d1 g2xf1♕+ 3.♗e2xf1 ♗f5xg4+ 4.♔d1-c1 ♕h4-e1+ 5.♕c2-d1 ♕e1xd1# **Larsen – Spasski**, UdSSR - Welt 1970

836. 1...♕g5-g3+ 2.♗f2xg3 h4xg3+ 3.♔h3-g4 ♘g6-e7 4.♖a8xf8+ ♔g8xf8 5.♕e1xg3 ♖h7-g7# / ♖h6-g6# **Piket - Douven**, Holland 1988

837. 1...♕f1-e1+ 2.♗c1-d2 [2.♖d3-d2? ♖e2-e3#] 2...♕e1-a1 3.♖d3-e3 ♕a1xb2+ 4.♔c3-d3 ♕b2-b5+ 5.♔d3-c3 ♕b5-c4#
Techer - Voltige, Open Reunion 2004

838. 1...♖a8xa2+ 2.♔a1xa2 ♕b4-a4+ 3.♔a2-b1 ♕a4xc2+ 4.♔b1-a2 ♖c3-a3+ 5.♔a2xa3 ♕c2-b3#/a4#
Skripchenko - Lautier - Naiditsch,A Dortmund 2001

839. 1...♕h8xd4+ 2.♔g1-h1 ♘e4-f2+ 3.♔h1-g1 ♘f2-h3+ 4.♔g1-h1 ♕d4-g1+ 5.♖c1xg1 ♘h3-f2#
Müller,P - Schönhof, Rhein-Main Open 2004

840. 1...♗f6xc3+ 2.♔e1-d1 ♖h3-d3+ 3.c2xd3
[3.♔d1-c1 ♕a6-a3+ 4.♔c1-b1 ♕a3-b2#;
3.♔d1-e2 ♖d3-d4+ 4.♔e2-e3 ♗c3-d2+ 5.♔e3xd4 ♕a6-c4#]
3...♕a6xd3+ 4.♔d1-c1 ♕d3-d2+ 5.♔c1-b1 ♕d2-b2#
Pap – Bogut, Open Bosnjaci 2010

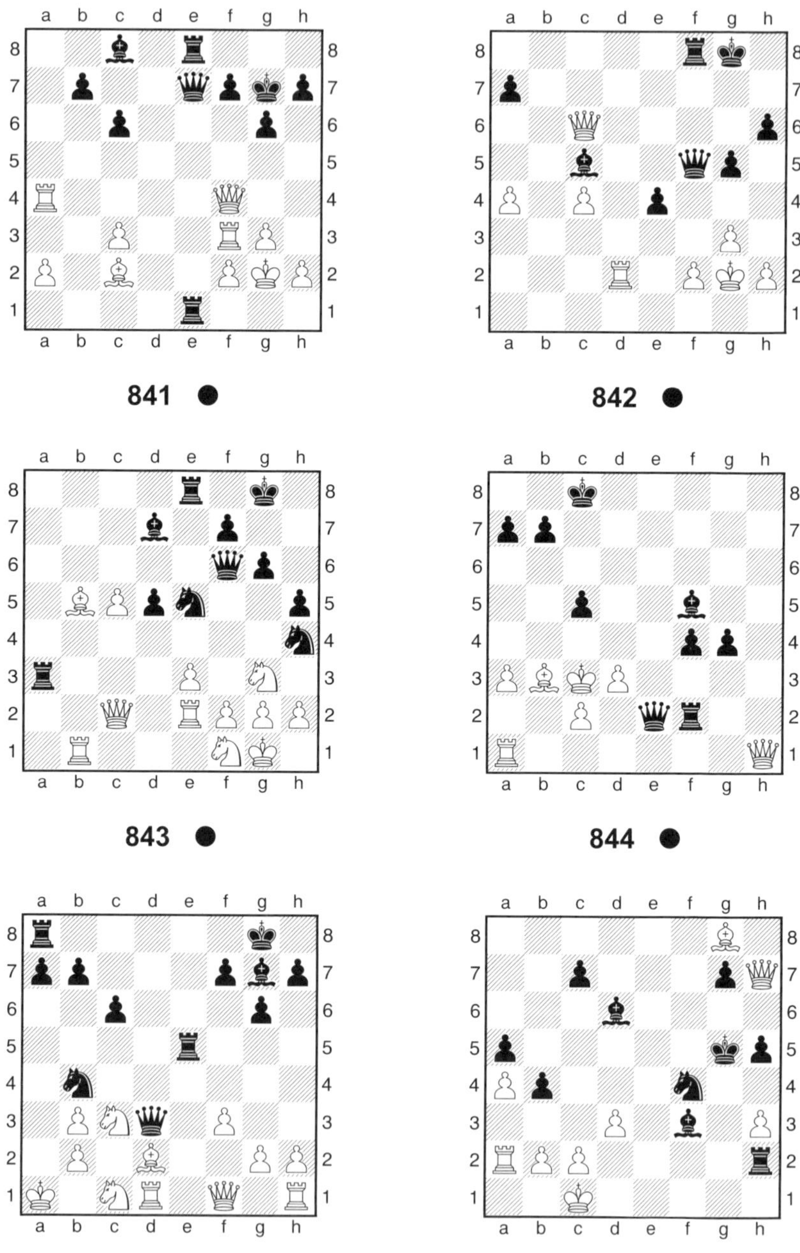

841 ●
842 ●
843 ●
844 ●
845 ●
846 ●

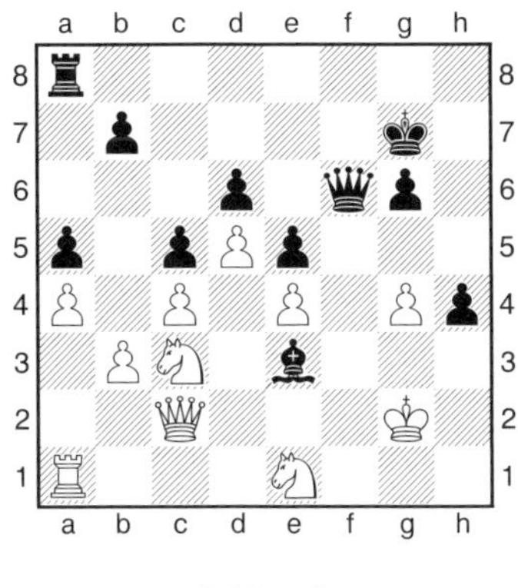

847 ●

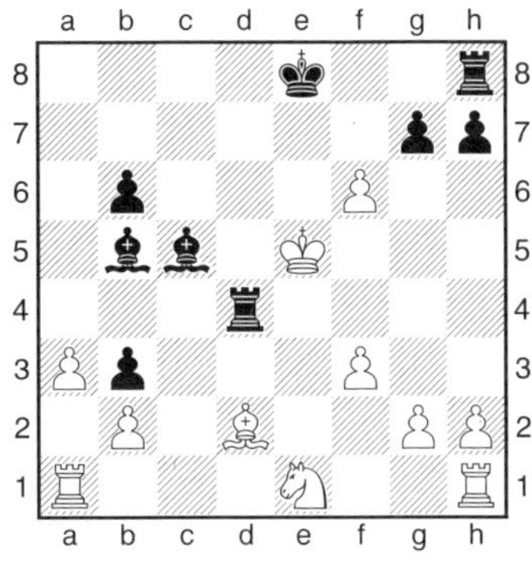

848 ●

841. 1...♖e1−g1+ 2.♔g2xg1 ♕e7−e1+ 3.♔g1−g2 ♕e1−f1+ 4.♔g2xf1 ♗c8−h3+ 5.♔f1−g1 ♖e8−e1# **Netto - Abente**, Paraguay 1983

842. 1...♕f5−f3+ 2.♔g2−h3 [2.♔g2−f1 ♕f3−h1+ 3.♔f1−e2 ♖f8xf2#] 2...g5−g4+ 3.♔h3−h4 ♗c5−e7+ 4.♔h4−h5 ♕f3−f5+ 5.♔h5xh6 ♕f5−h7#/g5# **Litzka - Müller,F** Seniorenmeisterschaft Ruhrgebiet 2004

843. 1...♕f6−f3 2.g2xf3 ♘e5xf3+ 3.♔g1−h1 ♗d7−h3 4.♕c2xg6+ f7xg6 5. -- ♗h3−g2# **Andruet - Spassky**, Koblenz 1988

844. 1...♕e2−e5+ 2.♔c3−c4 ♕e5−d4+ [2...♗f5−e6+ 3.♔c4−b5 ♗e6−d7+ 4.♕h1−c6+ ♗d7xc6+ 5.♔b5−a5 ♕e5−c3#/c7#] 3.♔c4−b5 a7−a6+ 4.♔b5−a5 ♕d4−d8+ 5.♔a5−a4 b7−b5# **Khallaeva – Acar**, WM U10 Girls Marina d'Or, 1998

845. 1...♖e5−a5+ 2.♘c1−a2 [2.♘c3−a4 ♖a5xa4+ 3.b3xa4 ♕d3−a3+, ...] 2...♘b4−c2+ 3.♔a1−b1 ♘c2−a3+ 4.♔b1−a1 ♕d3−b1+ 5.♖d1/♘c3xb1 ♘a3−c2# **Peray - Mikhalesvski**, London 1999

846. 1...♘f4xd3+ 2.c2xd3 [2.♕h7xd3 ♗d6−f4+] 2...♗d6−f4+ 3.♔c1−b1 ♖h2−h1+ 4.♔b1−c2 ♗f3−d1+ [4...♖h1−c1+ 5.♔c2−b3 ♗f3−d1#] 5.♔c2−b1 ♗d1−b3#/xa4# **Ivantschuk - Bacrot**, Europa-MM Heraklion 2007

847. 1...h4−h3+ 2.♔g2xh3 [2.♔g2−g3 ♕f6−f4+] 2...♕f6−f1+ 3.♘e1−g2 ♖a8−h8+ 4.♔h3−g3 ♗e3−f4+ 5.♘g2xf4 e5xf4# **Hallerod - Escobar Forero**, Barcelona Sants 2005

848. *1...♔e8−f7* 2.f6xg7 ♖h8−e8+ 3.♔e5−f5 ♗b5−d7+ 4.♔f5−g5 ♖e8−e5+ 5.♔g5−h6 ♖d4−h4#;
1...0−0 2.f6xg7 ♖f8−e8+ 3.♔e5−f6 ♖d4−d5 4.♗d2−c3 ♗b5−d7 5. -- ♗c5−e7#] **Zawadzki – Parikh**, WM U14 Marina d'Or 1998

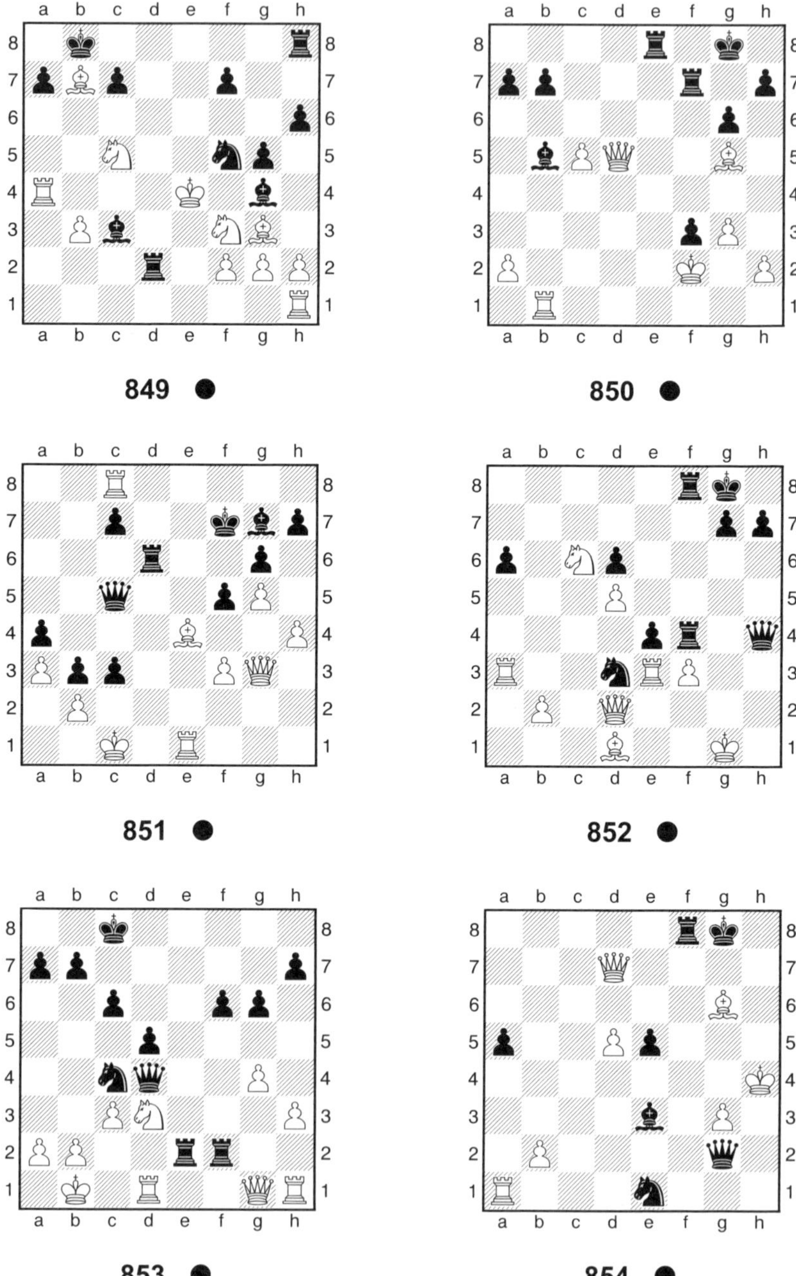

849 ●

850 ●

851 ●

852 ●

853 ●

854 ●

849. **1...♘f5xg3+ 2.♔e4-e3**
[2.h2xg3 ♖h8-e8+ 3.♘c5-e6 ♖e8xe6+ 4.♘f3-e5 ♖e6xe5#]
2...♖h8-e8+ [2...♘g3-f5+ 3.♔e3-e4 ♖h8-e8+ 4.♘c5-e6 ♖e8xe6+ 5.♘f3-e5 ♖e6xe5#]
3.♘c5-e6 [3.♘c5-e4 ♘g3-f5#]
3...♖e8xe6+ 4.♘f3-e5 [4.♖a4-e4 ♘g3-f5#]
4...♖e6xe5+ 5.♗b7-e4 ♘g3-f5#
Salazar - Caruana, U10 Pan American 2001

850. **1...♖e8-e2+ 2.♔f2-g1** [2.♔f2-f1 ♖e2-b2+ 3.♔f1-g1 f3-f2+ 4.♔g1-h1 *(4.♔g1-g2 f2-f1♕#)* 4...♖b2xb1+ 5.♔h1-g2 f2-f1♕#]
2...f3-f2+ 3.♔g1-h1 [3.♔g1-f1 ♖e2-e1+ 4.♔f1-g2 f2-f1♕#]
3...♖e2-e1+ 4.♖b1xe1 f2xe1♕+ 5.♔h1-g2 ♕e1-f1#
Bacrot - Vachier-Lagrave (Variante), Französische Meisterschaft 2011

851. **1...♕c5-e3+ 2.♔c1-b1** [2.♖e1xe3 c3xb2+ 3.♔c1-b1 ♖d6-d1#]
2...c3-c2+ 3.♗e4xc2
[3.♔b1-a1 c2-c1♕+ 4.♖e1xc1 ♕e3xc1+ 5.♗e4-b1 ♗g7xb2#]
3...b3xc2+ 4.♔b1xc2 ♕e3-d2+ 5.♔c2-b1 ♕d2xb2#
Milman – Burnett, Internet ICC 2007

852. **1...♖f4-g4+ 2.f3xg4** [2.♔g1-f1 ♕h4-h1+ 3.♔f1-e2 ♖g4/♕h1-g2#; 2.♕d2-g2 ♕h4-f2+ 3.♔g1-h1 ♕f2xg2#]
2...♖f8-f1+ 3.♔g1-g2 [3.♔g1xf1 ♕h4-h1+ 4.♔f1-e2 ♕h1-g2#]
3...♕h4-h1+ 4.♔g2-g3 ♖f1-g1+ 5.♕d2-g2 ♖g1xg2#
Abrahamian - Nebolsina (Analyse), Junioren WM Erewan 2007

853. **1...♖e2xb2+ 2.♘d3xb2 ♖f2xb2+ 3.♔b1-a1 ♕d4xc3**
[3...♖b2-b1+ 4.♔a1xb1 ♕d4xc3 5. -- ♘c4-a3#]
4.♖d1-c1 [4.♕g1-d4 ♖b2-b1+ 5.♔a1xb1 ♘c4-a3#]
4...¦b2-c2+ [4...£c3-a5] **5.¢a1-b1 ¤c4-a3#** / £c3-b2#
Hale - Webster, 4NCL 3.Division 2005/6

854. **1...♕g2-h2+ 2.♕d7-h3** [2.♔h4-g4 ♖f8-f4+ 3.g3xf4 ♕h2xf4+ 4.♔g4-h3 ♕f4-f3+ 5.♔h3-h4 ♘e1-g2#]
2...♘e1-f3+ [2...♖f8-f4+ 3.g3xf4 ♕h2xf4+ 4.♕h3-g4 ♘e1-f3+ 5.♔h4-h5 ♕f4-h6#]
3.♔h4-g4 ♖f8-f4+ 4.g3xf4 ♕h2xf4+ 5.♔g4-h5 ♕f4-g5#
Lintchevski – Nepomniachtchi, Russische Juniorenmeisterschaft 2009

❑ / ■ Matt in 6 Zügen

Nun ist die Ebene erreicht, wo auch sehr starke Klubspieler meistens große Mühe haben, die Lösung vom Diagramm zu finden. Unser Rat:

Bauen Sie die Stellung auf dem Schachbrett auf, schauen Sie eine Weile darauf und finden Sie heraus, was droht und wo ein Ansatzpunkt für einen Mattangriff sein könnte.

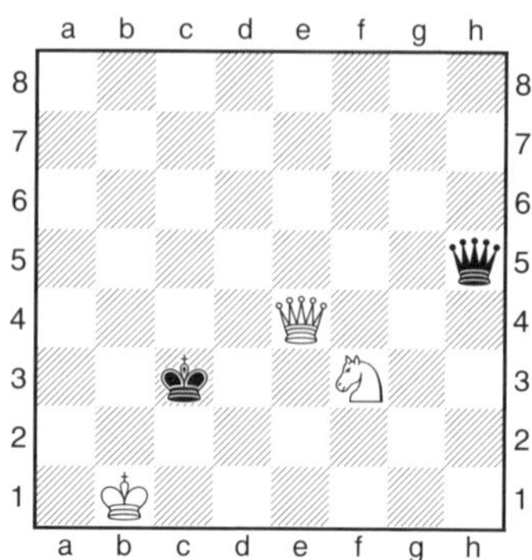

855

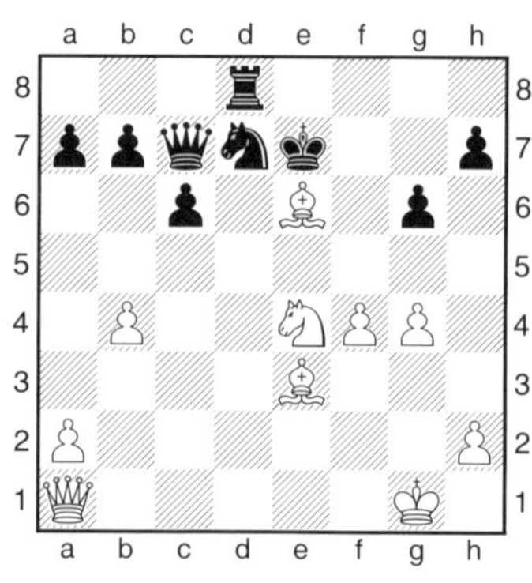

856

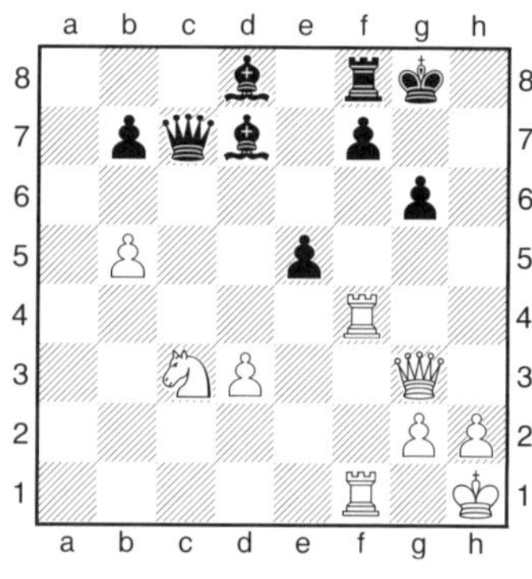

857

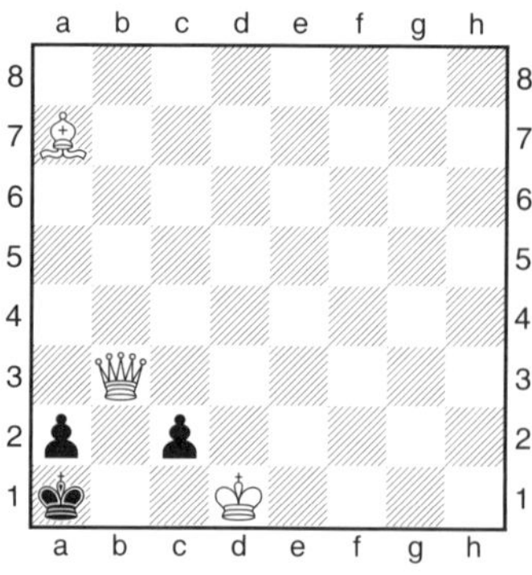

858

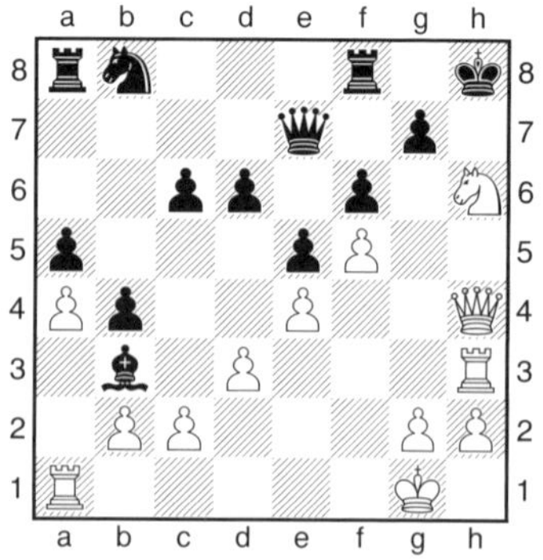

859

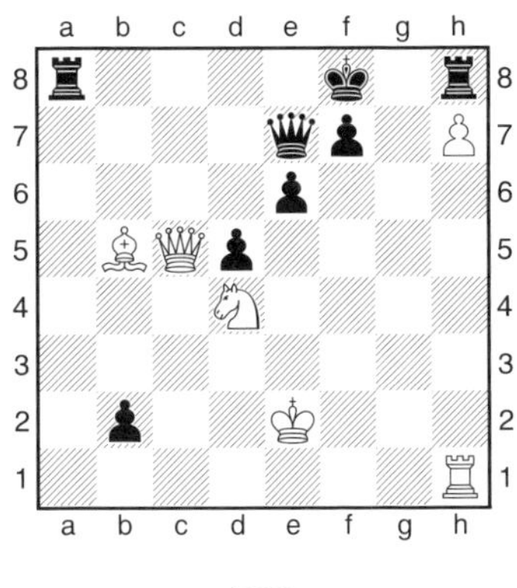

860

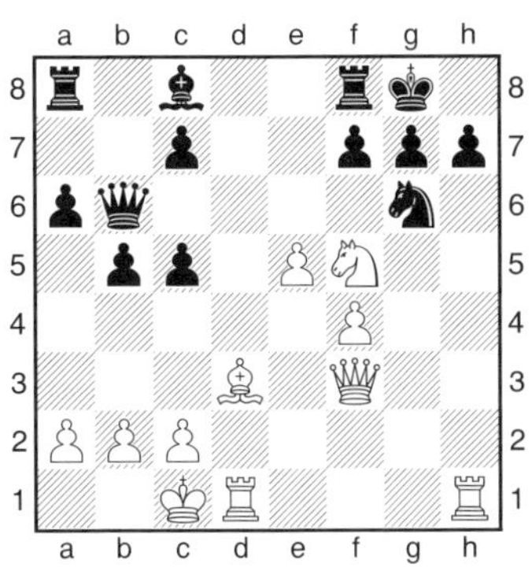

861

855. 1.♕e4–d4+ ♔c3–b3 2.♘f3–d2+ ♔b3–a3 3.♕d4–b2+ [3.♕d4–c3+ ♔a3–a4 4.♕c3–b3+] 3...♔a3–a4 4.♕b2–b3+ ♔a4–a5 5.♘d2–c4+ ♔a5–a6 6.♕b3–b6#
Holmqvist - Ende einer Studie, 1999

856. 1.♕a1–g7+ ♔e7xe6 2.f4–f5+ g6xf5 3.♘e4–g5+ ♔e6–d6 [3...♔e6–d5 4.♕g7–d4#] 4.♕g7–h6+ ♔d6–e7 [4...♔d6–d5 5.♕h6–e6#; 4...♔d6–e5 5.♕h6–e6#; 4...♘d7–f6 5.♕h6xf6+ ♔d6–d7 6.♕f6–e6#] 5.♕h6–e6+ ♔e7–f8 6.♕e6–f7#
Buhmann - Scheibmann (Variante), Neckar Open 2010

857. 1.♕g3xg6+ f7xg6 2.♖f4xf8+ ♔g8–g7 3.♖f1–f7+ ♔g7–h6 4.♖f8–h8+ ♔h6–g5 5.♘c3–e4+ ♔g5–g4 6.h2–h3#
Czarnota - Galkin, Europa-Meisterschaft Kusadasi 2006

858. 1.♔d1–e2 c2–c1♘+ 2.♔e2–d1 ♘c1xb3 3.♔d1–c2 ♘b3–c5 4.♗a7–b6 ♘c5–b3 5.♗b6–e3 ♘b3–d4+ [5... --] 6.♗e3xd4#
Gogberashvili - Ende einer Studie 2005

859. 1.♘h6–g4+ ♔h8–g8 2.♕h4–h7+ ♔g8–f7 3.♕h7–g6+ ♔f7–g8 4.♘g4–h6+ ♔g8–h8 5.♘h6–f7+ ♔h8–g8 6.♖h3–h8#
Thonig - Ludwig, Bayrische Seniorenmeisterschaft 2004

860. 1.♘d4xe6+ f7xe6 2.♖h1–f1+ ♔f8–g7 3.♕c5xe7+ ♔g7–g6 4.♗b5–d3+ ♔g6–h5 [4...♔g6–h6 5.♖f1–h1#] 5.♖f1–h1+ ♔h5–g4 6.♕e7–h4#
Rogers,I – Nadera, Bangkok Open Cha-Am 2000

861. 1.♘f5–e7+ ♘g6xe7 2.♗d3xh7+ ♔g8–h8 3.♗h7–g6+ ♔h8–g8 4.♖h1–h8+ ♔g8xh8 5.♕f3–h5+ ♔h8–g8 6.♕h5–h7#
Dworakowsa – Bryn, Tromsoe 2006

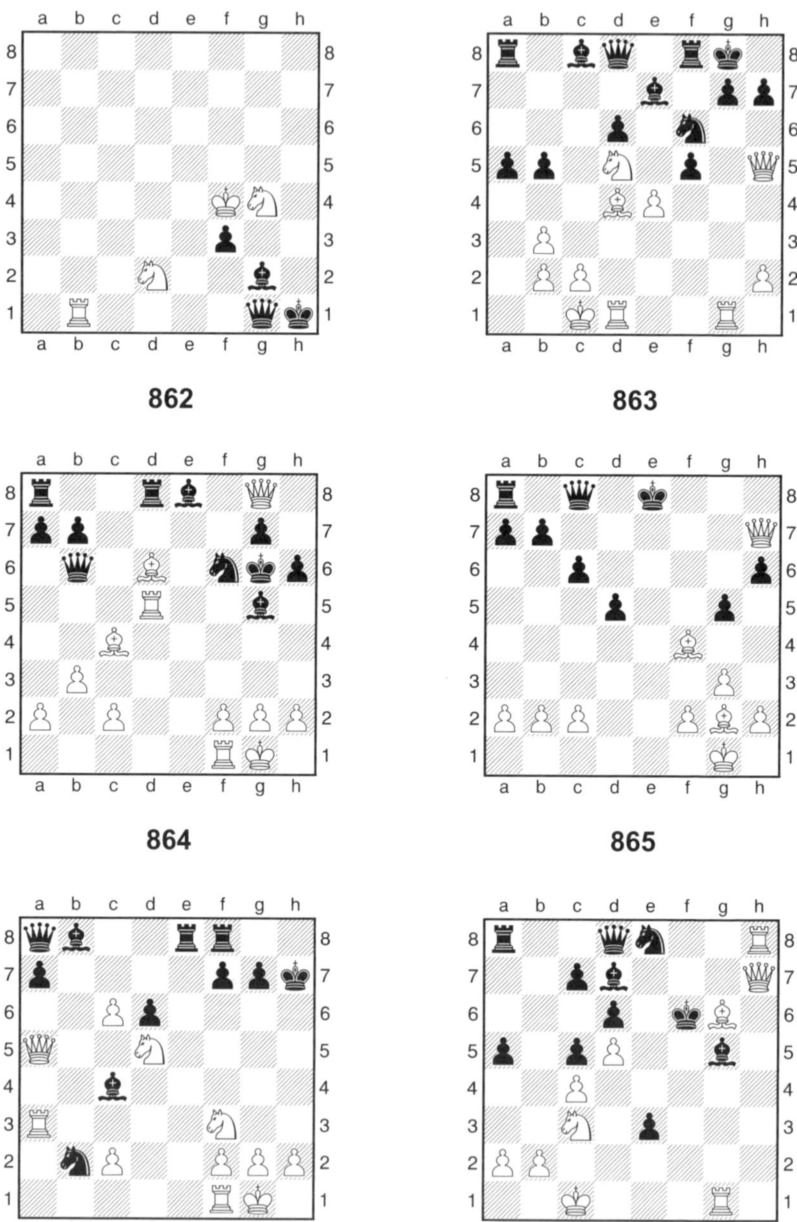

862

863

864

865

866

867

862. **1.♘g4-f2+ ♔h1-h2 2.♖b1xg1 ♔h2xg1 3.♔f4-g3 ♗g2-h3**
[3...♗g2-f1 4.♘d2xf3#; 3...♗g2-h1 4.♘f2-h3#]
4.♘f2xh3+ ♔g1-h1 5.♘d2-e4 f3-f2 6.♘e4xf2#
Kovalenko - Ende einer Studie 2005

863. **1.♖g1xg7+ ♚g8xg7** [1...♚g8-h8 2.♖g7xh7+ ♚h8-g8 3.♕h5-g6#]
2.♖d1-g1+ ♚g7-h8 3.♕h5-g5 ♜f8-g8
[3...♜f8-f7 4.♘d5xe7 *(4.♘d5xf6 -- 5.♘f6-e8+ ♜f7-g7 6.♕g5xg7#)*
4...♛d8-f8 5.♕g5-g8+ ♛f8xg8 6.♖g1xg8#]
4.♘d5xe7 ♜g8xg5 5.♗d4xf6+ ♜g5-g7 6.♗f6xg7#
Triana - Machado, Kuba 2000

864. **1.♗c4-d3+ ♚g6-h5**
[1...♞f6-e4 2.♗d3xe4+ ♚g6-f6 3.♕g8-f8+ ♝e8-f7 4.♕f8-e7#]
2.♖d5xg5+ ♚h5-h4 [2...♚h5xg5 3.♕g8xg7+ ♚g5-h5 4.♗d3-e2+
♚h5-h4 5.♕g7xf6#/g3# / ♗d6-g3#]
3.♗d6-g3+ ♚h4xg5 4.♕g8xg7+ ♚g5-h5 5.♗d3-e2+ ♞f6-g4
6.♗e2xg4# **Abramovic - Marinkovic** (Variante), Kladovo 1996

865. **1.♕h7-g6+ ♚e8-d8 2.♕g6-f6+ ♚d8-e8**
[2...♚d8-d7 3.♗g2-h3+ ♚d7-e8 4.♗f4-d6 ♛c8-e6
5.♕f6xe6+ ♚e8-d8 6.♕e6-e7#/d7#] ,
3.♗f4-d6 ♛c8-e6 4.♕f6xe6+ ♚e8-d8 5.♕e6-e7+ ♚d8-c8 6.♕e7-e8#
Savchenko - Tominsh, UdSSR 1987

866. **1.♘f3-g5+ ♚h7-g8**
[1...♚h7-g6 2.♘d5-f4+ ♚g6-f6 3.♘g5-h7+ ♚f6-e7 4.♖f1-e1+ ♝c4-e6
5.♘f4-d5#; 1...♚h7-h6 2.♖a3-h3+ ♚h6-g6 3.♘d5-f4+ ♚g6-f6, ...]
2.♘d5-f6+ g7xf6 3.♕a5-f5 ♝c4-d3 4.♖a3xd3 f6xg5
5.♕f5xg5+ ♚g8-h7 6.♖d3-h3#
Blanco - Quesada, Kuba 2004

867. ***1.♖h8-f8+*** [1.♖g1-f1+] 1...♚f6-e5 2.♕h7-h2+ ♚e5-d4
3.♖g1-d1+ ♚d4xc4 4.♖f8-f4+ ♝g5xf4 5.♕h2xf4#;
1.♕h7-f7+ ♚f6-e5 2.♖h8xe8+ ♛d8xe8 3.♖g1xg5+ ♝d7-f5
4.♕f7xf5+ ♚e5-d4 5.♕f5-d3#;
1.♖g1xg5 ♚f6xg5 2.♕h7-h5+ ♚g5-f6 (2...♚g5-f4 3.♘c3-e2#)
3.♘c3-e4+ ♚f6-e7 4.♕h5-g5+ ♞e8-f6 5.♕g5xf6#;
1.♕h7-h5 ♝d7-e6 2.♕h5xg5+ ♚f6-g7 3.♕g5-h6+ ♚g7-f6
4.♗g6-c2+ ♚f6-e7 5.♕h6xe6#
Katalymov - Batakova, Senioren WM 2011

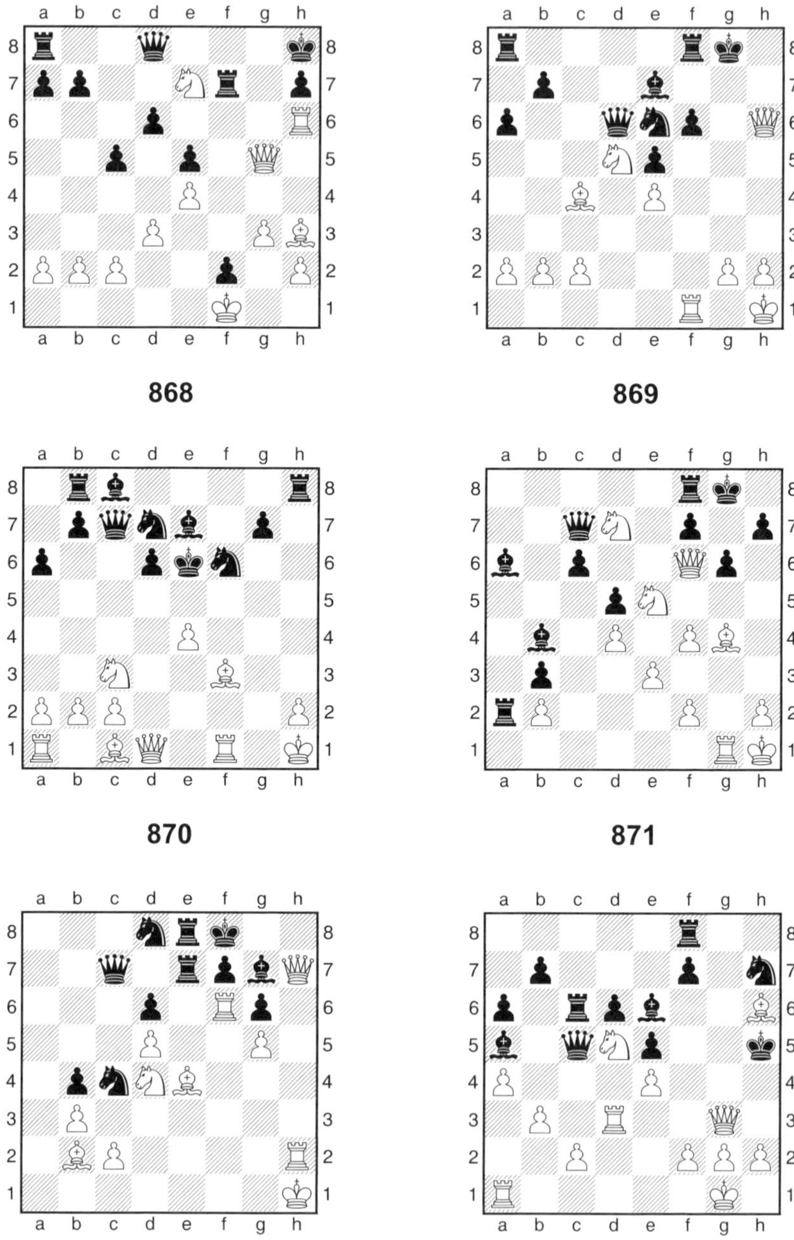

868 **869**

870 **871**

872 **873**

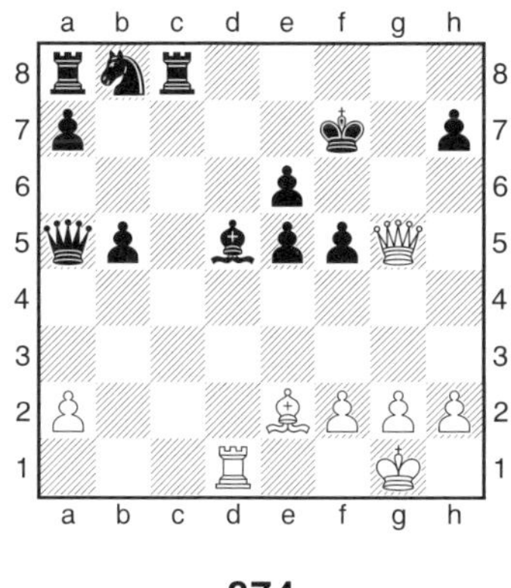

874

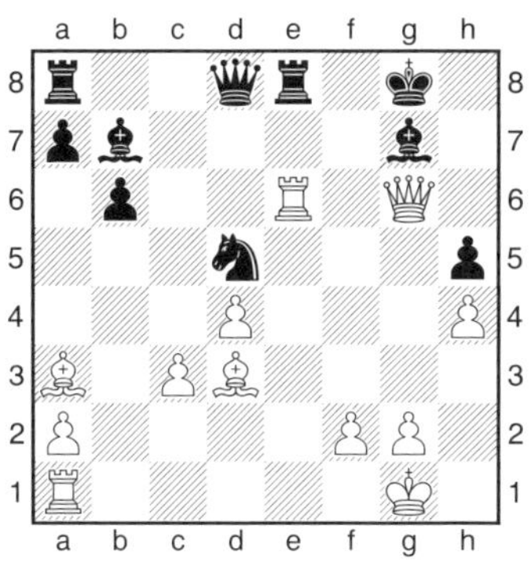

875

868. 1.♖h6xh7+ ♖f7xh7 2.♕g5-f6+ ♖h7-g7 3.♕f6-h6+ ♖g7-h7 4.♘e7-g6+ ♔h8-g8 5.♗h3-e6+ ♖h7-f7 6.♕h6-h8#
Rodriguez - Pelaez, Kuba 1994

869. 1.♕h6-g6+ ♔g8-h8 2.♖f1-f3 ♕d6-a3 3.b2xa3 ♘e6-g5 4.♖f3-h3+ ♘g5xh3 5.♕g6-h6+ ♔h8-g8 6.♘d5xe7#
Komliakov - Gadjily, Nikolaev 1993

870. 1.♕d1-d5+ ♘f6xd5 2.♗f3-g4+ ♔e6-e5 3.♖f1-f5+ ♔e5-d4 [3...♔e5-e6 4.e4xd5#] 4.♖f5xd5+ ♔d4-c4 5.♗g4-e2+ ♔c4-b4 6.a2-a3#
Shulman - Feldmus, UdSSR 1986

871. 1.♘e5xg6 h7xg6 2.♗g4-e6 ♗a6-d3 3.♖g1xg6+ ♗d3xg6 4.♕f6xg6+ ♔g8-h8 5.♕g6-h6+ ♔h8-g8 6.♘d7-f6#
Dreev - Rozentalis, Vilnius 1988

872. 1.♕h7xg7+ ♔f8xg7 2.♖f6xg6+ f7xg6 3.♘d4-f5+ ♔g7-f7 4.♖h2-h7+ ♔f7-g8 5.♖h7-h8+ ♔g8-f7 6.♘f5-h6#
Fontaine - Clemens, Open Hastings 1997

873. 1.♘d5-f6+ ♔h5xh6 2.♕g3-h4+ ♔h6-g7 [2...♔h6-g6 3.♖d3-g3+ ...] 3.♕h4xh7+ ♔g7xf6 4.♕h7-h4+ ♔f6-g7 5.♖d3-g3+ ♗e6-g4 6.♖g3xg4#
Fedorchuk - Ponomarjow, Spanische Mannschaftsmeisterschaft Melilla 2011

874. 1.♗e2-h5+ ♔f7-f8 2.♕g5-f6+ ♔f8-g8 3.♗h5-f7+ ♔g8-f8 4.♗f7-g6+ ♔f8-g8 5.♕f6-f7+ ♔g8-h8 6.♕f7xh7#
Hmadi - Vadasz, Budapest 1995

875. 1.♕g6-h7+ ♔g8-f7 2.♕h7xh5+ ♔f7-g8 [2...♔f7xe6 3.♕h5-f5#] 3.♗d3-h7+ ♔g8-h8 4.♗h7-g6+ ♗g7-h6 5.♕h5xh6+ ♔h8-g8 6.♕h6-h7#
Matsuura - Pelikian, Brasilien 2003

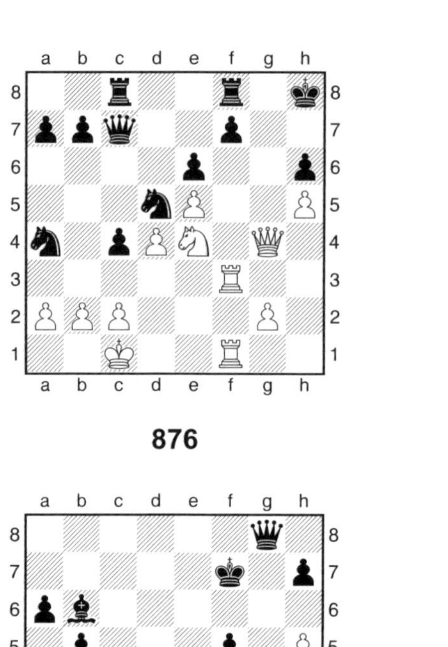

876

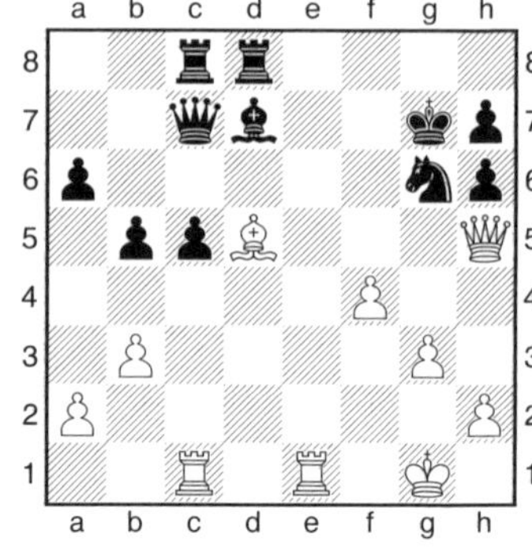

877

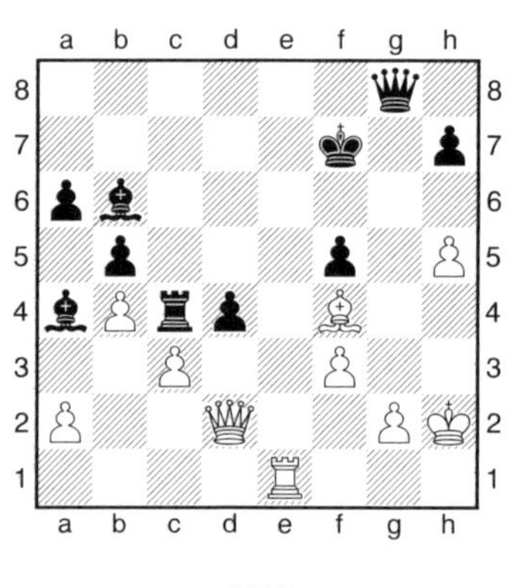

878

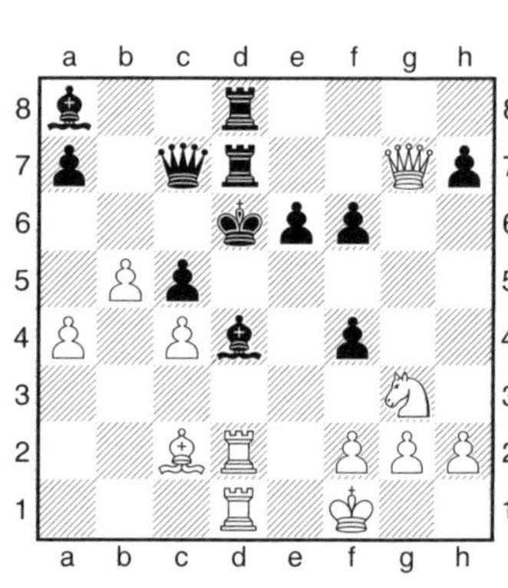

879

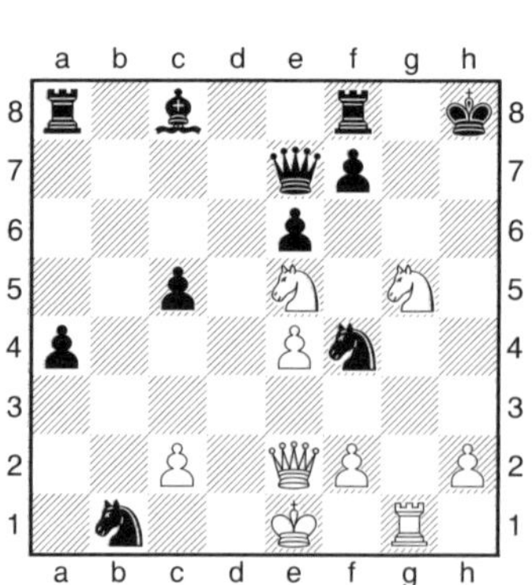

880

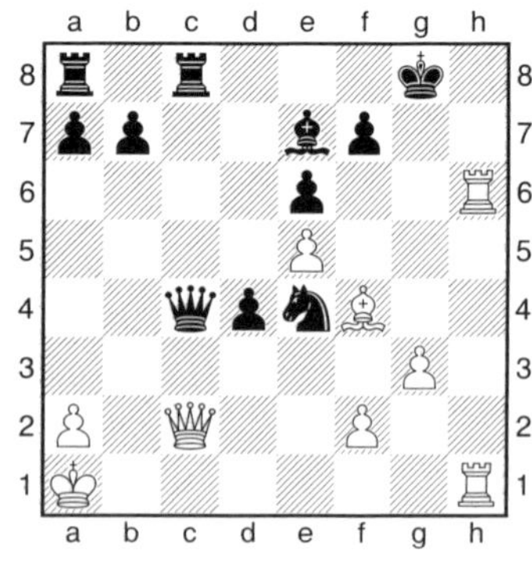

881

876. **1.♖f3–f6 ♘d5xf6 2.♖f1xf6 ♔h8–h7 3.♘e4–g5+ ♔h7–h8**
[3...h6xg5 4.♕g4xg5 -- 5.♖f6–h6#]
4.♕g4–e4 h6xg5 5.♖f6–h6+ ♔h8–g8/g7 6.♕e4–h7#
Perez,L - Perez,Ju Kuba 1996

877. **1.♖e1–e7+ ♔g7–f8 2.♕h5xh6+ ♔f8xe7 3.♕h6xh7+ ♔e7–d6**
4.♕h7xg6+ ♔d6–e7 [4...♔d6xd5 5.♖c1–d1#]
5.♕g6–g7+ ♔e7–d6 6.♕g7–e5# [5...♔e7–e8 6.♕g7–f7#]
Ehn - Bruckner,G Wien 1981

878. **1.♕d2–e2 ♖c4–c7**
[1...♕g8–d8 2.♕e2–e6+ ♔f7–g7 3.♗f4–h6+ ♔g7–h8
4.♕e6–e8+ ♕d8xe8 5.♖e1xe8#]
2.♕e2–e6+ ♔f7–g7 3.h5–h6+ ♔g7–h8 4.♗f4–e5+ ♖c7–g7
5.h6xg7+ ♕g8xg7 6.♕e6–e8#
Xie Jun - Zhukova, Fide WM Frauen New Delhi 2000

879. **1.♘g3–f5+ ♔d6–e5** [1...e6xf5 2.♕g7xf6#]
2.♖d2–e2+ ♗d4–e3 3.♖e2xe3+ ♗a8–e4 [3...f4xe3 4.♕g7–g3#]
4.♖e3xe4+ ♔e5xf5 5.♖e4xf4+ [5.g2–g4+ f4xg3 6.♕g7–g4#]
5...♔f5xf4 6.♕g7–g3#
Berg,Em. – Kanatov, WM U18 Marina d'Or 1998

880. **1.♕e2–g4 ♕e7xg5**
[1.. .-- 2.♘g5xf7+ ♕e7xf7 *(2...♔h8–h7 3.♕g4–g7#)*
3.♘e5xf7+ ♖f8xf7 4.♕g4–g8#]
2.♕g4xg5 ♘f4–g6 3.♘e5xg6+ f7xg6 4.♕g5–h6+ ♔h8–g8
5.♕h6xg6+ ♔g8–h8 6.♕g6–g7#
Videcki - Kranzl, Österreich 1995

881. **1.♖h6–h8+ ♔g8–g7 2.♖h1–h7+ ♔g7–g6 3.♕c2xe4+ f7–f5**
4.e5xf6+ ♔g6xf6 5.♗f4–e5+ [5.♕e4–e5+ ♔f6–g6 6.♖h7–g7#]
5...♔f6–g5 6.♖h7–h5#/g7#
Ganguly - Meier,G (Variante), Marx György Memorial Paks 2009

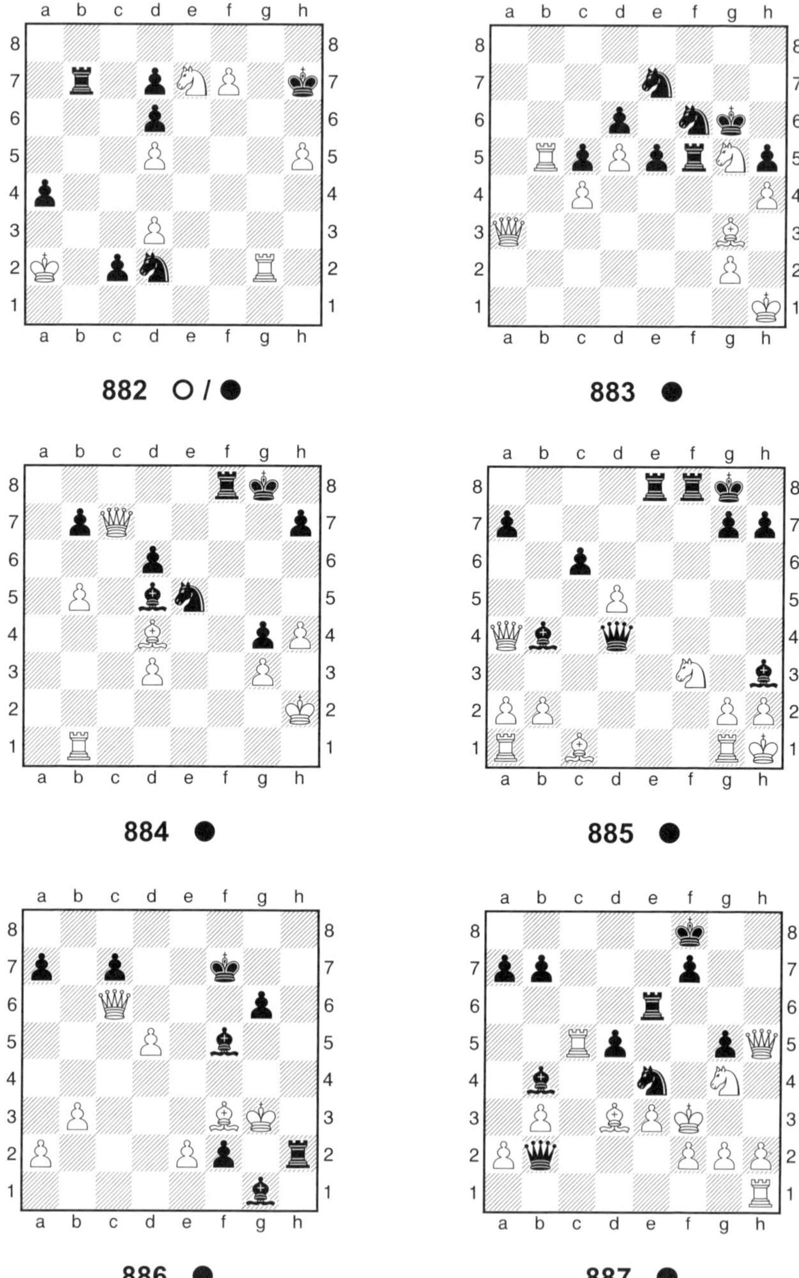

882 ○ / ●

883 ●

884 ●

885 ●

886 ●

887 ●

882. **1.f7–f8♘+ ♔h7–h6 2.♘e7–f5+** [2.♘e7–g8+ ♔h6xh5 3.♘g8–f6+]
❑ **2...♔h6xh5 3.♘f5–g7+ ♔h5–h4 4.♘f8–g6+ ♔h4–h3 5.♘g6–f4+ ♔h3–h4 6.♘g7–f5#**

882. 1...c2–c1♘+ 2.♔a2–a3 ♘d2–b1+ 3.♔a3xa4 ♘b1–c3+
■ 4.♔a4–a5 ♘c1–b3+ 5.♔a5–a6 ♘b3–c5+ 6.♔a6–a5 ♖b7–b5#
Razumenko - Studie 2005

883. 1...♖f5–f1+ 2.♔h1–h2 ♘f6–g4+ 3.♔h2–h3 ♖f1–h1+ 4.♗g3–h2 ♘e7–f5 5.♕a3–g3 ♖h1xh2+ 6.♕g3xh2 ♘g4–f2#
Kaabi - Lanka, Tunesien 1988

884. **1...♘e5–f3+ 2.♔h2–g2 ♘f3xd4+ 3.♔g2–h2**
[3.♔g2–g1 ♘d4–e2+ 4.♔g1–h2 ♖f8–f2#]
3...♘d4–f3+ 4.♔h2–g2
[4.♔h2–h1 ♘f3–g5+ 5.♔h1–g1 ♘g5–h3+ 6.♔g1–h2 ♖f8–f2#]
4...♘f3–g5+ 5.♔g2–g1 ♘g5–h3+ 6.♔g1–h2 ♖f8–f2#
Csom - Rohl (Variante), Budapest 1996

885. **1...♗h3xg2+ 2.♖g1xg2 ♖e8–e1+ 3.♖g2–g1**
[3.♘f3–g1 ♖e1xg1+ 4.♖g2xg1 ♕d4xd5+ 5.♖g1–g2 ♖f8–f1#]
3...♖e1xg1+ 4.♘f3xg1 ♕d4xd5+ 5.♘g1–f3 ♕d5xf3+ 6.♔h1–g1 ♕f3–f1#
Lalic - Schekachev, Metz 1998

886. **1...f2–f1♘+ 2.♔g3–f4 ♖h2–h4+ 3.♔f4–g5**
[3.♔f4–e5? ♗g1–h2#/d4#; 3.♗f3–g4 ♖h4xg4+ 4.♔f4–e5 *(4.♔f4–f3 ♘f1–h2#/d2#)* 4...♗g1–d4#]
3...♗g1–e3+ 4.♔g5xh4 g6–g5+ 5.♔h4–h5 ♘f1–g3+ 6.♔h5–h6 g5–g4#
Fontaine - Vachier La Grave, Frankreich 2007

887 **1...♖e6–f6+ 2.♘g4xf6 ♕b2xf6+ 3.♔f3–g4**
[3.♔f3–e2 ♕f6xf2+ 4.♔e2–d1 ♕f2–d2#]
3...♕f6–e6+ 4.♔g4–f3 ♕e6–f5+ 5.♔f3–e2 ♕f5xf2+ 6.♔e2–d1 ♕f2–d2#
So - Grandelius, Sigeman Turnier Malmö 2008

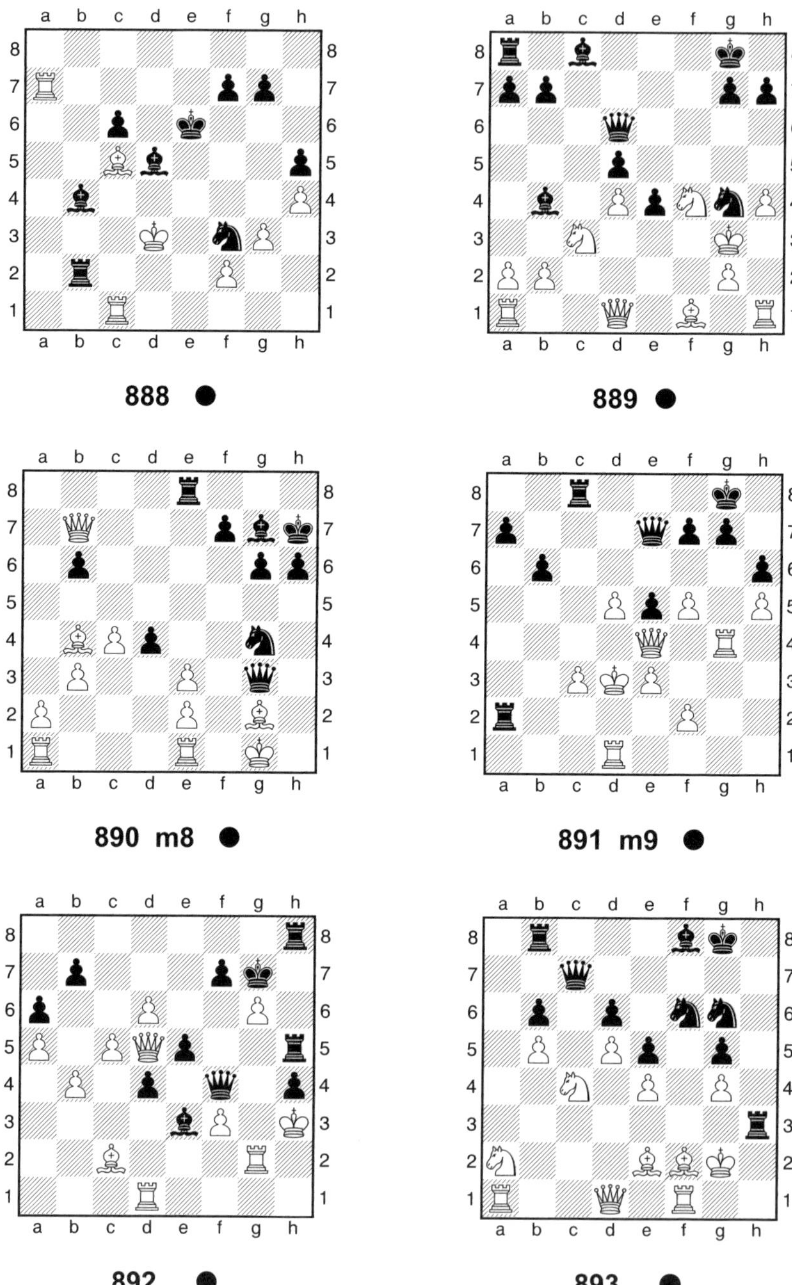

888 ●

889 ●

890 m8 ●

891 m9 ●

892 ●

893 ●

888. **1...♘f3-e5+ 2.♔d3-d4** [2.♔d3-e3 ♘e5-g4+ 3.♔e3-f4, ...]
2...♖b2-d2+ 3.♔d4-e3 ♘e5-g4+ 4.♔e3-f4 ♖d2xf2+
5.♗c5xf2 ♗b4-d2+ 6.♗f2-e3 ♗d2xe3#
Rogozenko – Morozevich, Kishniev 1998

889 **1...♕d6xf4+ 2.♔g3xf4** [2.♔g3-h3?? ♘g4-f2#]
2...♗b4-d6+ 3.♔f4-g5 ♗d6-e7+ 4.♔g5-f4 g7-g5+ 5.♔f4-g3
[5.h4xg5 ♗e7-d6#]
5...♗e7-d6+ 6.♔g3-h3 ♘g4-f2#
Ullea - Gomez, Kuba 1994

890. **1...♕g3xe3+ 2.♔g1-h1 ♘g4-f2+ 3.♔h1-h2**
[3.♔h1-g1 ♘f2-h3+ 4.♔g1-h2
(4.♔g1-h1 ♕e3-g1+ 5.♖e1xg1 ♘h3-f2+ 6.♔h1-h2 ♗g7-e5#)
4...♗g7-e5+ 5.♔h2-h1 ♕e3-g1+ 6.♖e1xg1 ♘h3-f2#]
3...♗g7-e5+ 4.♔h2-g1 ♘f2-h3+ 5.♔g1-h1 ♕e3-g1+
6.♖e1xg1 ♘h3-f2#
Gergel - Ziwitz, Fernpartie 1972/73

891. **1...♖c8xc3+ 2.♔d3xc3 ♕e7-a3+ 3.♔c3-c4 ♕a3-c5+**
4.♔c4-b3 [4.♔c4-d3 ♕c5-c2#]
4...♖a2-a3+ 5.♔b3-b2 ♕c5-c3+ 6.♔b2-b1 ♖a3-a1#
Dusa - Berkes, Slovakische Meisterschaft 1998

892. **1...♕f4-g3+ 2.♖g2xg3 h4xg3+ 3.♔h3-g2** [3.♔h3xg3 ♖h5-g5#]
3...♖h5-h2+ 4.♔g2xg3
[4.♔g2-f1 ♖h2-f2+ 5.♔f1-g1 ♖f2xc2+ 6.♔g1-f1 ♖h8-h1#]
4...♗e3-f2+ 5.♔g3-g4 ♖h2-h4+ 6.♔g4-g5/f5 ♖h8-h5#
Kowtschan - Moisejenko, GM Turnier Kat.13 Charkow (UKR) 2002

983. **1...♘g6-f4+ 2.♔g2-g1 ♕c7-h7 3.♗f2-e1**
[3.♗e2-f3 ♘f6xg4 4.♗f2xb6 *(4.♗f3xg4 ♖h3-h1#)*
4...♖h3-h1+ 5.♗f3xh1 ♕h7-h2#]
3...♖h3-h1+ 4.♔g1-f2 ♕h7-h3 5.♗e2-f3 [5.♖f1xh1 ♘f6xe4+]
5...♘f6xg4+ 6.♗f3xg4 ♖h1xf1#
Fernandez-Campa - Lopez, Kuba 1998

❑ / ■ Matt in 7 Zügen

Wieder gehen wir einen Schritt weiter und setzen noch einen Zug drauf. Manche Aufgaben haben zudem auch etliche Varianten, die teilweise zum gleichen Ziel führen. Da heißt es, den Überblick zu behalten und sich nicht verwirren zu lassen, denn wir wollen ja das beste und schnellste Matt finden!

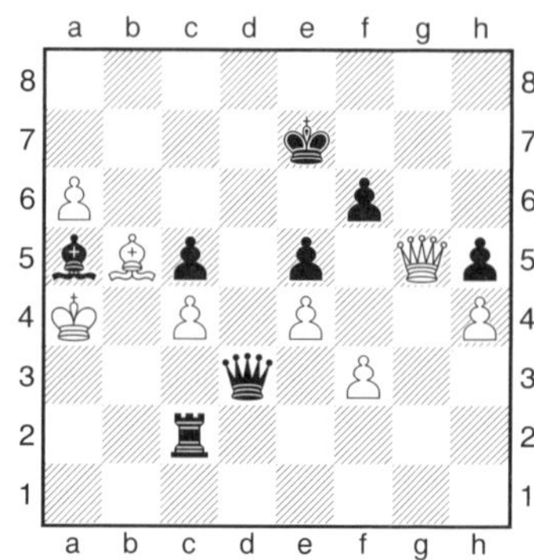

894

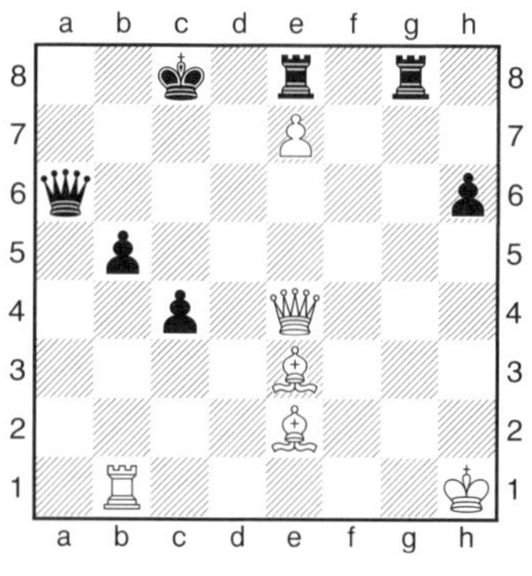

895

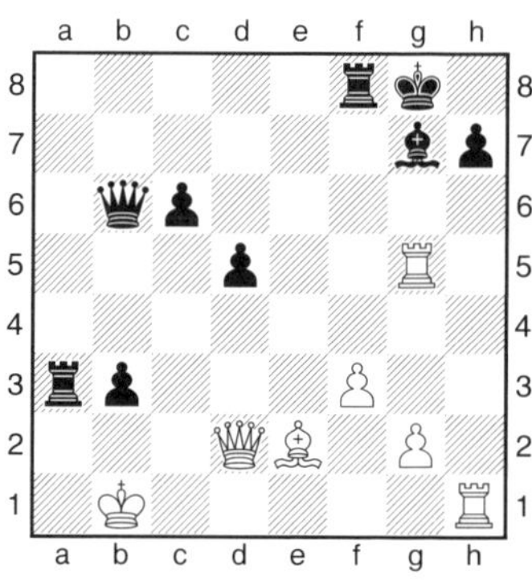

896

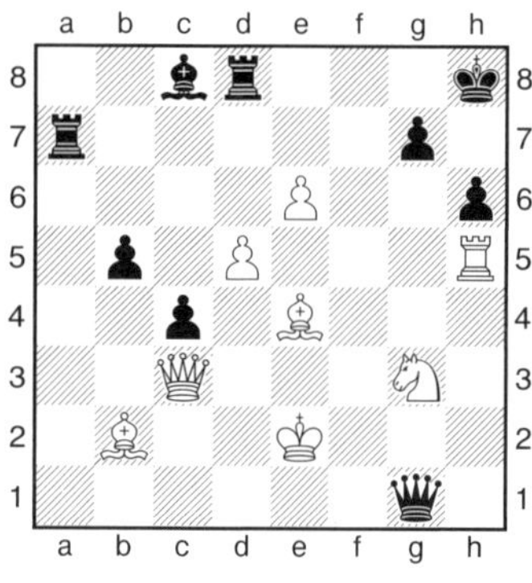

897

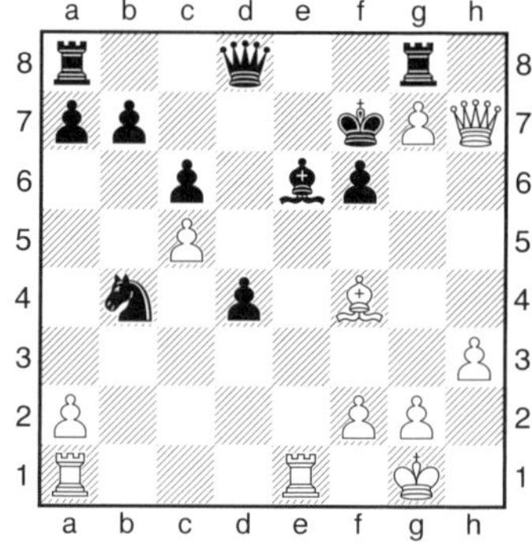

898

894. **1.♕g5-g7+ ♔e7-d8**
[1...♔e7-e6 2.♕g7-g8+ ♔e6-d6 3.♕g8-b8+ ♗a5-c7
(3...♔d6-e6 4.♕b8-e8+ ♔e6-d6 5.♕e8-d7#)
4.♕b8-f8+ ♔d6-e6 5.♕f8-e8+ ♔e6-d6 6.♕e8-d7#]
2.♕g7-f8+ ♔d8-c7 3.♕f8-e7+ ♔c7-c8 4.♕e7-b7+ ♔c8-d8
5.♕b7-b8+ ♔d8-e7 6.♕b8-e8+ ♔e7-d6 7.♕e8-d7#
Laughlin – Wang, Kitchener 2007

895. **1.♕e4-f5+ ♔c8-c7 2.♗e3-f4+ ♔c7-b6** [2...♔c7-c6 3.♕f5-e6+
(3.♗e2-f3+ ♔c6-b6 4.♕f5-f6+ ♔b6-a7 5.♕f6-d4+ ♕a6-b6 6.♖b1-a1#)
3...♔c6-b7 4.♕e6-d7+ *(4.♗e2-f3+ ♔b7-a7 5.♕e6-d7+ ♔a7-b6*
6.♕d7-c7#) 4...♔b7-a8, ...]
3.♕f5-f6+ ♔b6-a7 4.♕f6-d4+ ♕a6-b6 5.♖b1-a1+ ♔a7-b7
6.♕d4-d7+ ♕b6-c7 7.♕d7xc7#
Williams,S - Cori,T Reykjavik Open 2009

896. **1.♖g5xg7+ ♔g8xg7 2.♕d2-g5+ ♔g7-h8**
[2...♔g7-f7 3.♖h1xh7+ ♔f7-e6 4.♕g5-e7+ ♔e6-f5 5.♖h7-h5+ ♔f5-g6
(5...♔f5-f4 6.♕e7-e5#) 6.♖h5-g5+ ♔g6-h6 7.♕e7-g7#]
3.♖h1xh7+ ♔h8xh7 4.♗e2-d3+ ♖f8-f5 5.♗d3xf5+ ♔h7-h8
6.♕g5-h6+ ♔h8-g8 7.♗f5-e6#
Perez,Y - Espinosa, Kuba 2004

897. **1.♖h5xh6+ ♔h8-g8 2.♗e4-h7+ ♔g8-h8**
[2...♔g8-f8 3.♕c3-f3+ ♔f8-e7 4.♕f3-f7+ ♔e7-d6
5.♘g3-e4+ ♔d6xd5 6.e6-e7+ ♗c8-e6 7.♕f7xe6#]
3.♗h7-g6+ ♔h8-g8 4.♗g6-f7+ ♖a7xf7 5.e6xf7+ ♔g8xf7
[5...♔g8-f8 6.♕c3xg7+ ♔f8-e7 7.f7-f8♕#]
6.♕c3xg7+ ♔f7-e8 7.♖h6-h8#
Tikkanen - Grandelius, Sigeman Turnier Malmö 2011

898. **1.♕h7-h5+ ♔f7-e7** [1...♔f7xg7 2.♗f4-h6+ ♔g7-h8 3.♗h6-f8#]
2.♖e1xe6+ ♔e7-d7 [2...♔e7xe6 3.♖a1-e1+ ♔e6-d7 4.♕h5-f5#]
3.♖e6-d6+ ♔d7-c7
[3...♔d7-c8 4.♕h5-f5+ ♔c8-c7 5.♖d6-d7+ ♔c7-c8
6.♖d7xd4+ ♕d8-d7 7.♕f5xd7#; 3...♔d7-e7 4.♖a1-e1#]
4.♕h5-f7+ ♔c7-c8 5.♕f7-e6+ ♕d8-d7 6.♕e6xd7+ ♔c8-b8
7.♖d6xd4#/f6#/c6#
Grimal - Rodriguez, Kuba 2000

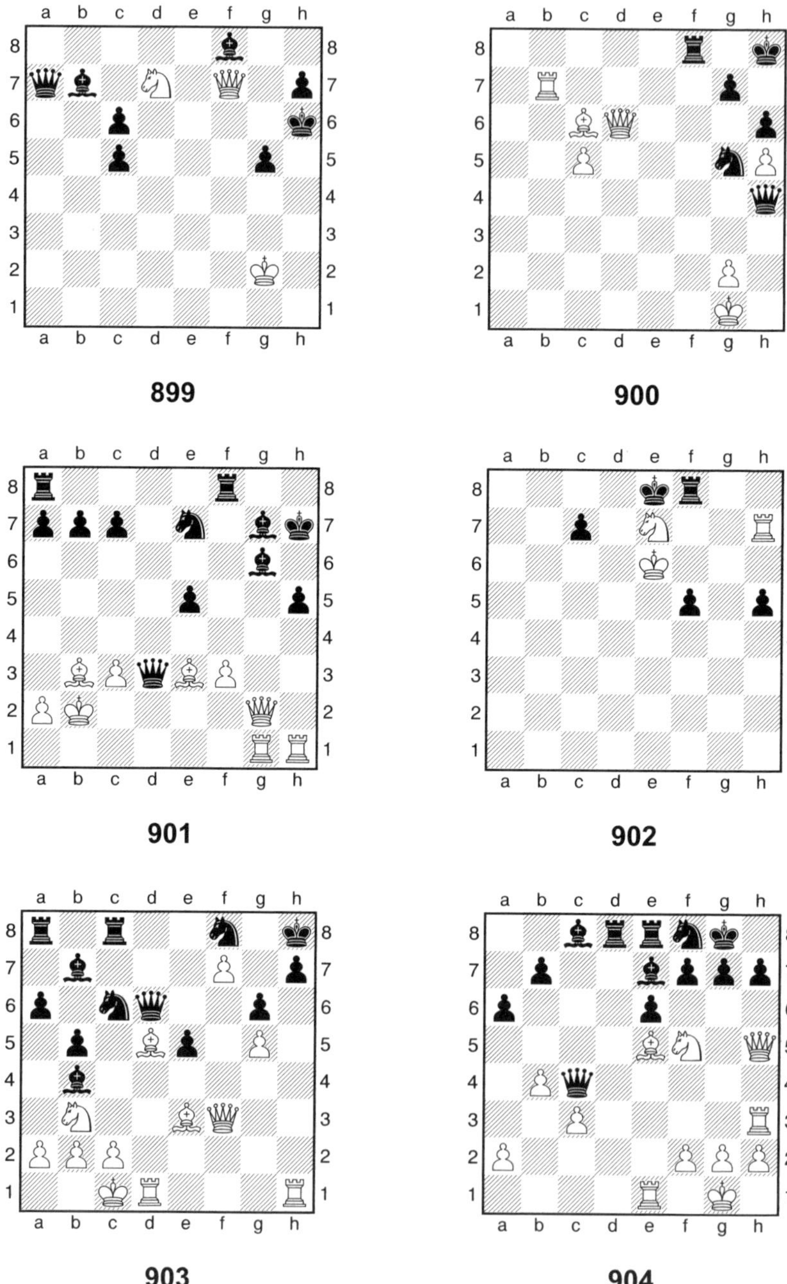

899

900

901

902

903

904

899. **1.♕f7xf8+ ♚h6-h5 2.♕f8-f7+ ♚h5-h6**
[2...♔h5-h4 3.♕f7xh7+ ♔h4-g4 4.♘d7-f6+ ♔g4-f4 5.♕h7-e4#]
3.♕f7-e6+ ♔h6-h5 4.♘d7-f6+ ♔h5-g6 5.♘f6-e8+ ♚g6-h5 6.♘e8-g7+ ♔h5-h4 7.♕e6-h3#
Maricic - Ende einer Studie 1999

900. 1...♘g5-h3+ 2.g2xh3 ♕h4-f2+ 3.♔g1-h1 ♕f2-f1+ 4.♔h1-h2 ♖f8-f2+ 5.♔h2-g3 ♕f1-g1+ 6.♗c6-g2 ♕g1xg2+ 7.♔g3-h4 ♕g2-g5#
Heim - Honfi, Baden-Baden 1989

901. 1.♖h1xh5+ ♗g7-h6 2.♖h5xh6+ ♔h7-g7 3.♖h6-h7+ ♔g7xh7 4.♖g1-h1+ ♔h7-g7 5.♗e3-h6+ ♔g7-h7/h8 6.♗h6xf8+ ♗g6-h5 7.♖h1xh5#
Rogers,I - Arapovic (Variante), Biel 1985

902. 1.♘e7-c6 ♖f8-g8 2.♖h7-e7+ ♔e8-f8 3.♘c6-e5 ♖g8-g7 4.♘e5-d7+ ♔f8-g8 5.♘d7-f6+ ♔g8-h8 6.♖e7-e8+ ♖g7-g8 7.♖e8xg8#
Zimmer - Studie 2008

903. **1.♖h1xh7+ ♘f8xh7** [1...♔h8xh7 2.♕f3-h3+ ♔h7-g7 3.♕h3-h6#]
2.♖d1-h1 ♗b4-d2+
[2...♔h8-g7 3.♖h1xh7+
(3.f7-f8♕+ ♖c8xf8 4.♖h1xh7+ ♔g7xh7 5.♕f3-h3 + ♔h7-g7 6.♕h3-h6#)
3...♔g7-f8 4.♕f3-f6 ♕d6xf6 5.g5xf6 ♗b4-d2+ 6.♔c1xd2 ♘c6-e7 7.♗e3-h6#]
3.♘b3xd2 [3.♗e3xd2] **3...♔h8-g7 4.♖h1xh7+ ♚g7-f8**
[4...♔g7xh7 5.♕f3-h3+ ♔h7-g7 6.♕h3-h6#]
5.♕f3-f6 ♕d6xf6 6.g5xf6 g6-g5 7.♖h7-h8# [6...♘c6-e7 7.♗e3-h6#]
Hellers - Djukic, Malmö 1989

904. **1.♕h5-h6 ♕c4-g4**
[1...g7xh6?? 2.♘f5xh6#; 1...♗e7-f6 2.♗e5xf6 g7xf6 3.♕h6-g7#]
2.♖h3-g3 e6xf5 [2...♗e7-f6 3.♗e5xf6 e6xf5 4.♕h6xg7+ ♕g4xg7 5.♖g3xg7+ ♔g8-h8 6.♖g7-g5#]
3.♖g3xg4 ♗e7-f6 4.♕h6xf6 ♘f8-e6 5.♖g4xg7+ ♔g8-h8 6.♖g7-g6+ ♘e6-g7 7.♕f6xg7#
Schmittdiel - Ernst, Gausdal 1987

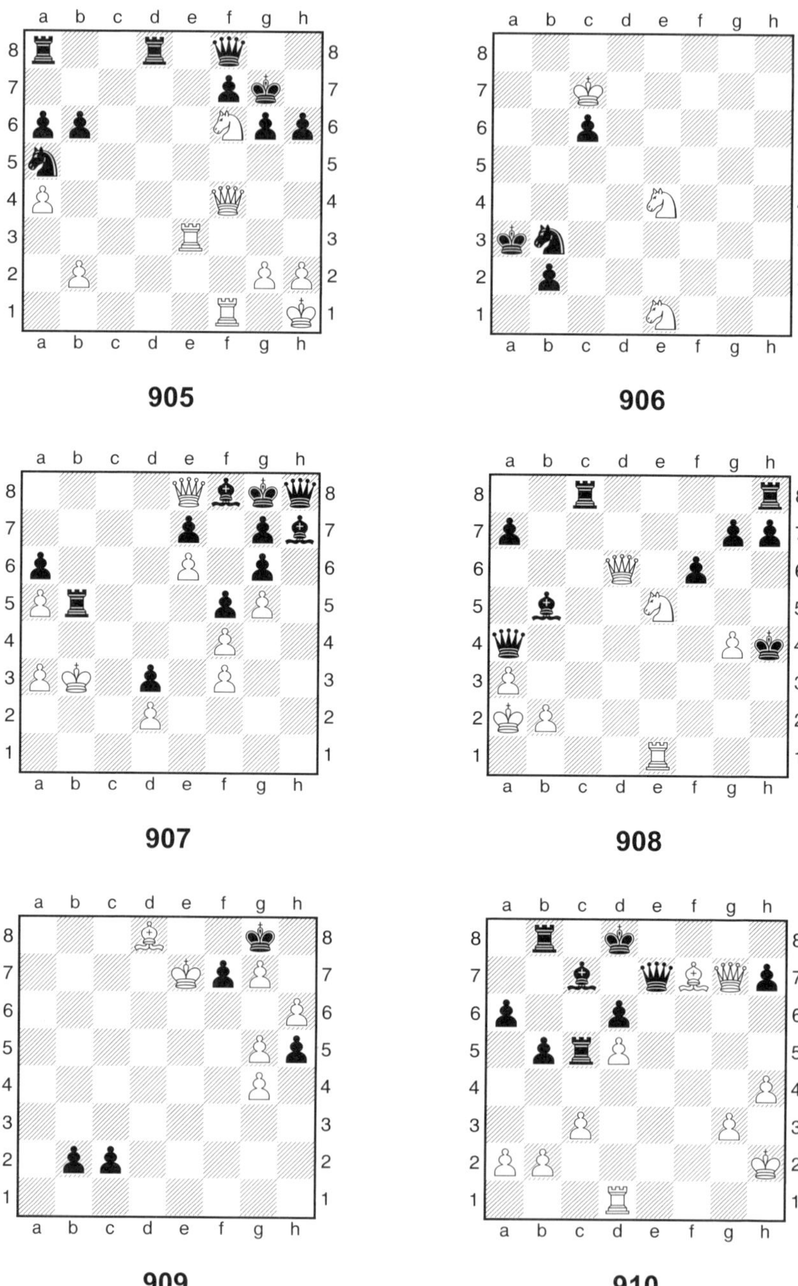
905
906
907
908
909
910

905. **1.♕f4xh6+ ♔g7xh6 2.♖e3-h3+ ♔h6-g5**
[2...♔h6-g7 3.♖h3-h7#] **3.♘f6-e4+ ♔g5-g4 4.g2-g3 g6-g5**
[4...♔g4xh3 5.♘e4-f2#; 4...♕f8-e7 5.♖f1-f4+ ♔g4xh3 6.♘e4-f2#]
5.♖h3-h7 ♕f8-h6 6.♖h7xh6 -- 7.h2-h3#
Pugachov - Pospelov, Russland 1992

906. **1.♘e1-c2+ ♔a3-a4** [1...♔a3-a2 2.♘e4-c3#]
2.♔c7-b6 b2-b1♘ 3.♔b6-a6 c6-c5 4.♔a6-b6 c5-c4
5.♔b6-a6 c4-c3 6.♔a6-b6 ♘b1-d2 7.♘e4xc3#
[6...♘b3-d2 7.♘e4-c5#]
Dvizov - Studie 2000

907. 1.♕e8xb5 a6xb5 2.a5-a6 b5-b4 3.a6-a7 b4xa3 4.a7-a8♕ a3-a2
5.♕a8-e8 a2-a1♘+ 6.♔b3-a2 -- 7.♕e8-f7#
Zidek - Studie 2000

908. **1.♖e1-h1+ ♔h4-g3** [1...♔h4-g5 2.♕d6-d2+ ♕a4-f4 3.♖h1-h5#]
2.♘e5-c4+ ♔g3-g2 [2...♔g3xg4 3.♖h1-g1+ ♔g4-f5 4.♕d6-d5+
♔f5-f4 5.♕d5-d4+ ♔f4-f5 6.♕d4-g4#; 2...♔g3-f3 3.♕d6-d3+
♔f3-f4 4.♕d3-f5+ ♔f4-g3 5.♖h1-g1+ ♔g3-h2 6.♕f5-f2+ ♔h2-h3
7.♕f2-g3#]
3.♕d6-h2+ [3.♖h1-h2+ ♔g2-f3 4.♕d6-d3+ ♔f3xg4
*(4...♔f3-f4 5.♕d3-f1+ ♔f4-e4 6.♕f1-f5 + ♔e4-d4 7.♖h2-d2+ ♔d4xc4
8.♕f5-d5#)* 5.♖h2-g2+ ♔g4-h4 6.♕d3-g3+ ♔h4-h5 7.♕g3-h3#]
3...♔g2-f3 4.♖h1-f1+ ♔f3-e4 5.♕h2-f4+ ♔e4-d3
6.♕f4-f5+ ♔d3xc4/d4 7.♖f1-f4#
Zelcic - Gleizerov, Cutra 2000

909. 1.h6-h7+ ♔g8xg7 [1...♔g8xh7 2.♔e7xf7 -- 3.g7-g8♕#]
2.h7-h8♕+ ♔g7xh8 3.♔e7xf7 c2-c1♕ 4.♗d8-f6+ ♔h8-h7
5.g5-g6+ ♔h7-h6 6.g4-g5+ ♕c1xg5 7.♗f6-g7#
Kudelich - Studie 2000

910. **1.♕g7-g8+ ♔d8-d7 2.♗f7-e6+ ♕e7xe6 3.♕g8xe6+ ♔d7-d8 4.♖d1-e1**
[4.♖d1-f1 ♗c7-a5 5.♖f1-f8+ ♔d8-c7 6.♕e6-e7+ ♔c7-b6 7.♖f8xb8#]
4...♗c7-a5 5.♕e6-e8+ ♔d8-c7 6.♖e1-e7+ ♔c7-b6 7.♕e8xb8#
Ionica – Jianu, Open Bukarest 2001

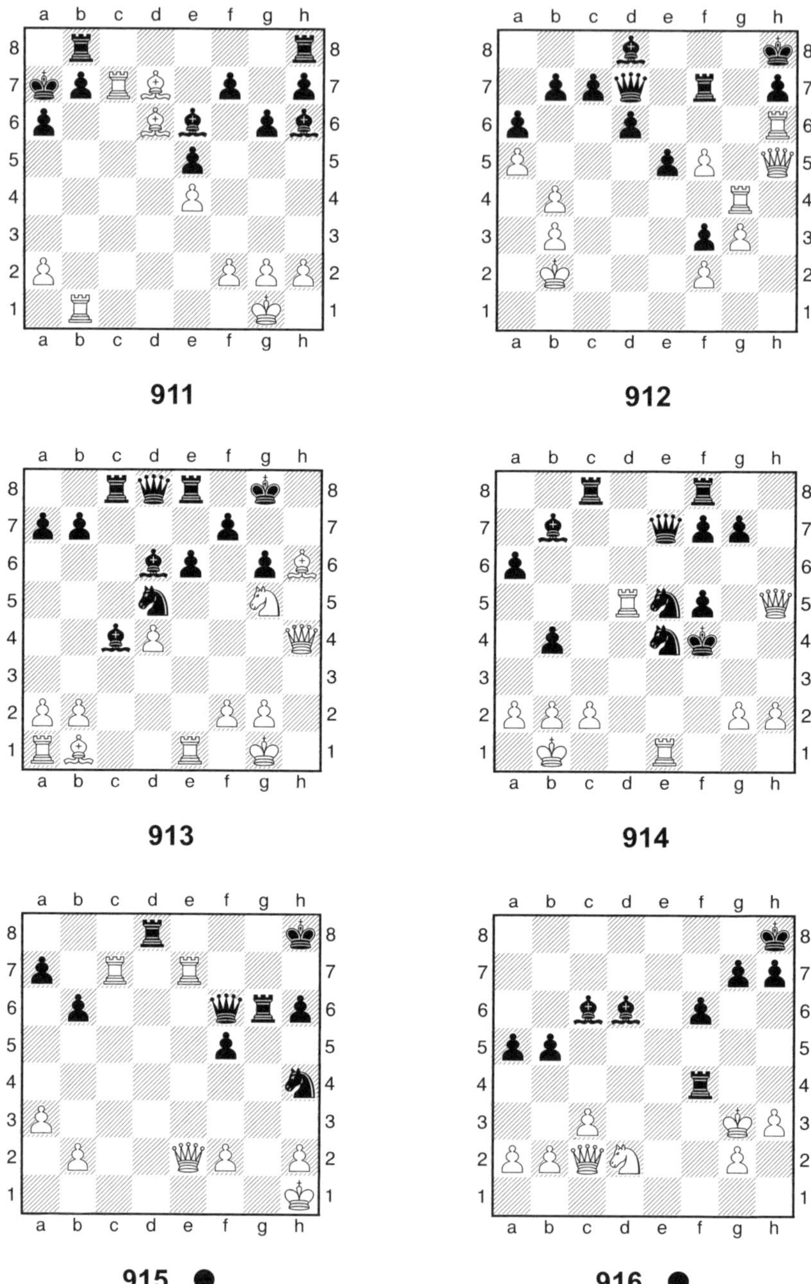

911
912
913
914
915
916

911. **1.♗d7–c6 ♔a7–a8** [1...♗e6–c8 2.♗d6–c5+ ♔a7–a8 3.♖b1–b6 b7xc6 4.♖b6xa6+ ♗c8xa6 5.♖c7–a7#]
2.♖c7xb7 ♖b8xb7 3.♗c6xb7+ ♔a8–a7 4.♗b7–c6 ♗e6–b3 5.♖b1xb3 a6–a5 6.♗d6–c5+ ♔a7–a6 7.♗c6–b7#
Cohnen – Kessler, Troisdorf 2007

912. **1.♖h6–g6 ♖f7–f8**
[1...♕d7–e8 2.♖g6–g7 ♖f7xg7 3.♕h5xe8+ ♖g7–g8 4.♕e8xg8#]
2.♕h5–h6 ♖f8–e8 3.♖g6–g7 ♕d7xf5 4.♖g7xc7 ♗d8–f6 5.♖c7xh7+ ♕f5xh7 6.♕h6xf6+ ♕h7–g7 7.♕f6xg7#
Molner – Becerra, Marshall Chess Club Turnier New York 2008

913. 1.♗h6–g7 ♔g8xg7 2.♕h4–h7+ ♔g7–f6 3.♕h7xf7+ ♔f6xg5 4.♕f7xg6+ ♔g5–h4
[4...♔g5–f4 5.♖e1–e4# / 5.♕g6–g3#]
5.♕g6–h6+ ♔h4–g4 6.f2–f3+ ♔g4–g3 7.♕h6–h2#
Melia – Charchalaschwili, Tschiburdanize Cup Tiflis 2009

914. **1.♖e1–f1+ ♔f4–e3** [1...♘e4–f2 2.♖f1xf2+ ♔f4–e4 3.♖d5–d2]
2.♖f1–f3+ ♔e3–e2 3.♖f3xf5+ ♔e2–e3 4.♖d5–d3+ ♘e5xd3 5.♕h5–f3+ ♔e3–d2 [5...♔e3–d4 6.♕f3xd3#]
6.♕f3xd3+ ♔d2–e1 7.♖f5–f1#
Nadanian – Martirosian, Armenien 1993

915. **1...♖g6–g1+ 2.♔h1xg1 ♕f6–g5+ 3.♔g1–f1 ♕g5–g2+ 4.♔f1–e1 ♘h4–f3+** [4...♕g2–g1+ 5.♕e2–f1 ♖d8–d1+ 6.♔e1xd1 ♕g1xf1+ 7.♔d1–c2 ♕f1xf2+, ...]
5.♕e2xf3 ♕g2–g1+ 6.♔e1–e2 ♕g1–d1+ 7.♔e2–e3 ♕d1–d2#
Yordanov – Nikolov, Bulgarien 2004

916. **1...♖f4–f1+** [1...♖f4–f5+] **2.♔g3–g4**
[2.♔g3–h4 g7–g5+ 3.♔h4–g4 ♗c6–d7+ 4.♔g4–h5 ♗d7–e8+ 5.♔h5–h6 ♗d6–f8#]
2...♗c6–d7+ 3.♔g4–h5 ♗d7–e8+ 4.♕c2–g6 h7xg6+ 5.♔h5–g4 f6–f5+ 6.♔g4–h4 g6–g5+ 7.♔h4xg5 ♗d6–e7#
Ibanez - Almeida, Kuba 1998

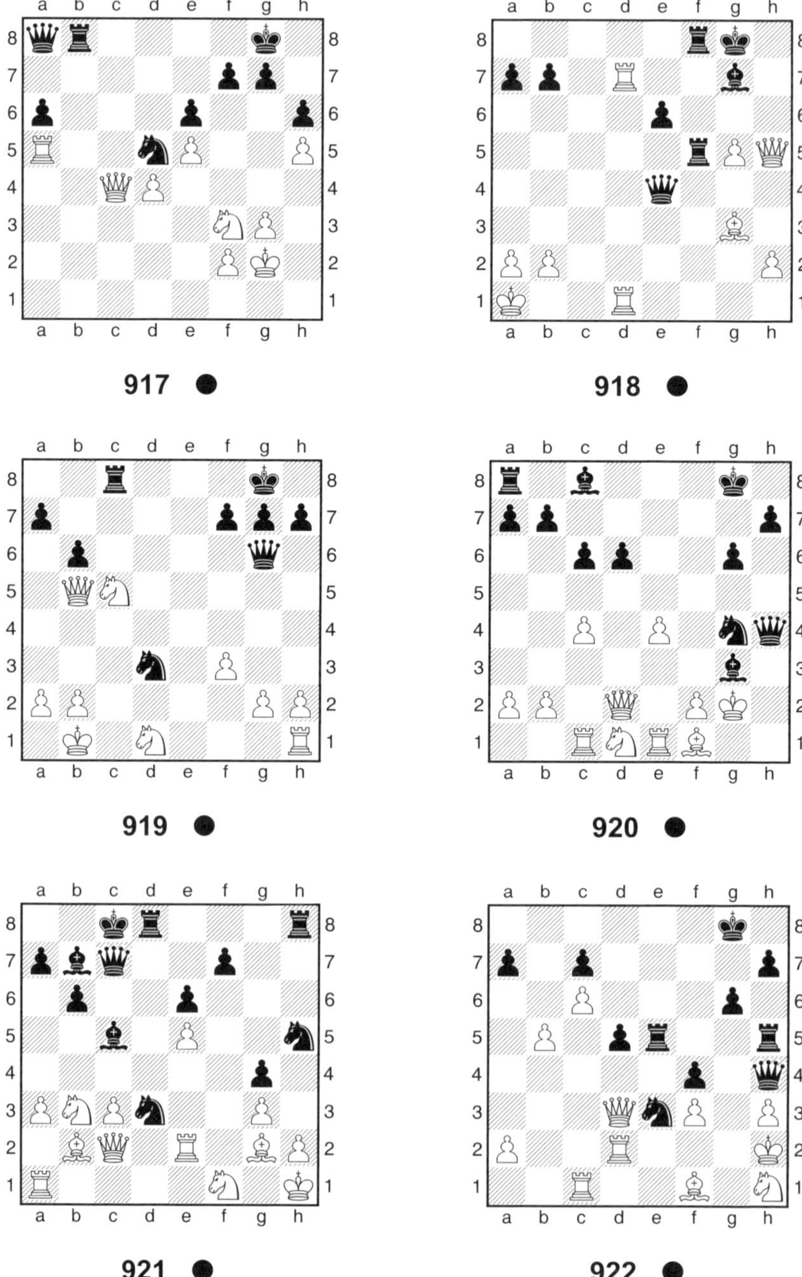
917
918
919
920
921
922

917. **1...♘d5–e3+ 2.f2xe3**
[2.♔g2–h3/h2 ♕a8xf3 3.f2xe3 ♕f3xh5+ 4.♔h3–g2 ♖b8–b2+, ...]
2...♖b8–b2+ 3.♔g2–h3 ♕a8xf3 4.♕c4–c8+ ♔g8–h7 5.♕c8–d8 ♕f3–f5+ [5...♕f3–f1+] **6.g3–g4 ♕f5–f3+ 7.♔h3–h4 ♖b2–h2#**
Gulko – Adams, Internet 2000

918. **1...♗g7xb2+ 2.♔a1xb2 ♕e4–b4+ 3.♔b2–c2**
[3.♔b2–a1? ♕b4–c3+ 4.♔a1–b1 ♖f5–b5#]
3...♖f5–c5+ 4.♔c2–d3 ♖c5–c3+ 5.♔d3–d2
[5.♔d3–e2 ♕b4–e4+ 6.♔e2–d2 ♕e4–e3#]
5...♕b4–b2+ 6.♔d2–e1 ♖c3–e3+ 7.♕h5–e2 ♖e3xe2#
Skripchenko - Lautier, Corus B Wijk aan Zee 2002

919. 1...♘d3xc5+ 2.♔b1–a1 ♘c5–b3+ 3.a2xb3 ♖c8–c1+ 4.♔a1–a2 ♕g6–b1+ 5.♔a2–a3 ♕b1–a1+ 6.♔a3–b4 a7–a5+ 7.♕b5xa5 ♕a1xa5#
Shimanov – Vidit, Junioren WM Chennai 2011

920. **1...♕h4–h2+ 2.♔g2–f3 ♘g4–e5+ 3.♔f3–e2** [3.♔f3–e3 ♕h2–h6+ , ...]
3...♗c8–g4+ [3...♕h2–h5+ 4.♔e2–e3 ♕h5–g5+ ...]
4.♔e2–e3 ♕h2–h6+ 5.f2–f4 ♕h6xf4+ 6.♔e3–d4 ♕f4xd2+ 7.♗f1–d3 ♕d2xd3#
Blagojevic - Cabrilo, Jugoslawien 2000

921. **1...♘h5xg3+ 2.♘f1xg3 ♖h8xh2+ 3.♔h1xh2 ♖d8–h8+ 4.♘g3–h5 ♖h8xh5+ 5.♔h2–g3 ♗c5–f2+ 6.♖e2xf2**
[6.♔g3xg4 ♖h5–h4+ 7.♔g4–g5 ♕c7–e7#/d8#]
6...♕c7xe5+ 7.♔g3xg4 ♕e5–g5# [7.♖f2–f4 ♕e5xf4#]
Skoberne - Hari, Slowenien 2002

922. **1...♕h4xh3+ 2.♗f1xh3 ♖h5xh3+ 3.♔h2–g1** [3.♔h2xh3 ♖e5–h5#]
3...♖e5–g5+ 4.♘h1–g3 [4.♔g1–f2 ♖g5–g2+ , ...]
4...♖g5xg3+ 5.♔g1–f2 ♖g3–g2+ [5...♖h3–h2+]
6.♔f2–e1 ♖h3–h1+ 7.♕d3–f1 ♖h1xf1#
Martin - Pelaez, Kuba 1999

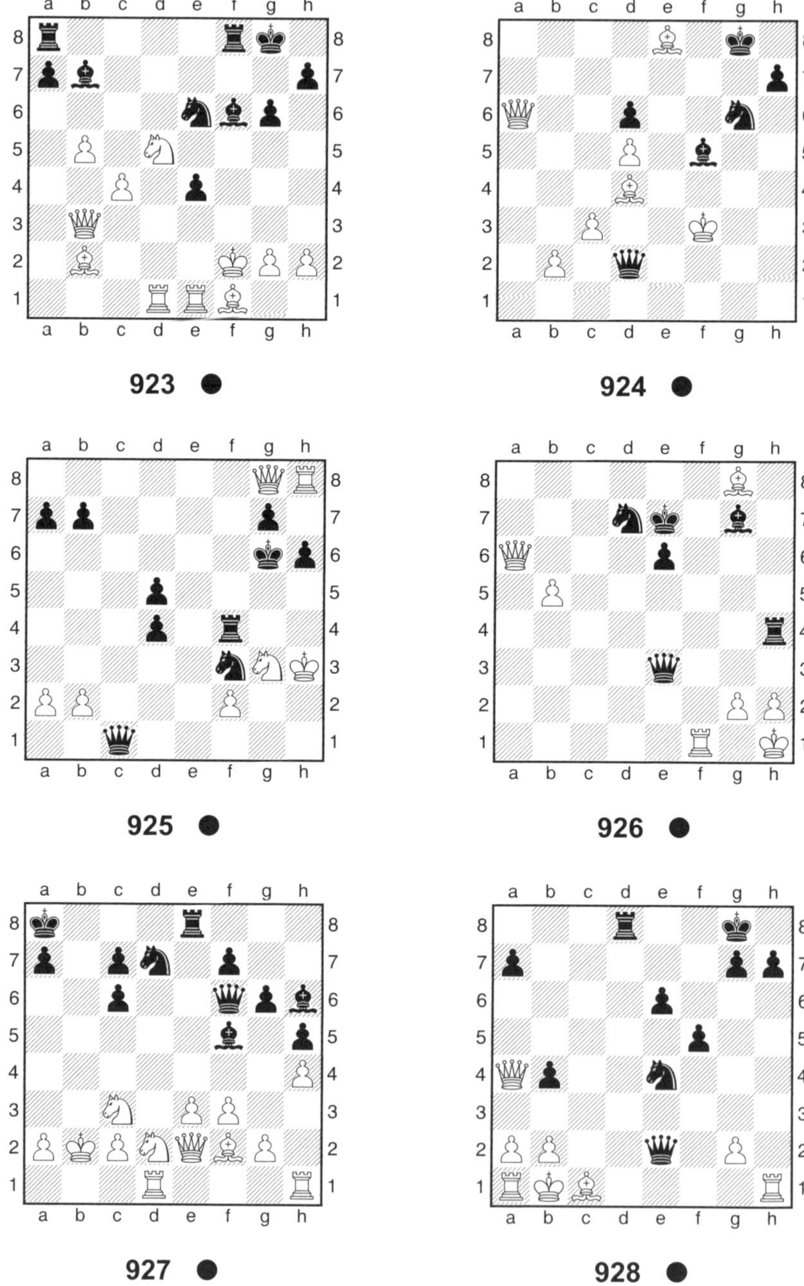
923
924
925
926
927
928

923. **1...♗f6–d4+ 2.♔f2–g3** [2.♔f2–e2 ♖f8–f2#]
2...♗d4–f2+ 3.♔g3–h3 [3.♔g3–g4 h7–h5+ 4.♔g4–h3 ♘e6–g5#]
3...♘e6–g5+ 4.♔h3–g4 ♗b7–c8+ 5.♔g4xg5 ♖f8–f5+ 6.♔g5–g4
[6.♔g5–h6 ♖f5–h5#]
6...h7–h5+ 7.♔g4–h3 ♖f5–f3#
Morales,A - Gonzalez,Y Kuba 1999

924. 1...♘g6–h4+ 2.♔f3–g3 ♕d2–g2+ 3.♔g3–f4 ♕g2–e4+
4.♔f4–g5 ♕e4–g4+ 5.♔g5–h6 [5.♔g5–f6 ♕g4–g7#]
5...♕g4–f4+ 6.♔h6–h5 ♗f5–g6+ 7.♗e8xg6 h7xg6#
Szalanczy - Horvath, Balatonleele 2006

925. **1...♖f4–h4+ 2.♔h3–g2 ♘f3–e1+ 3.♔g2–g1**
[3.♔g2–f1 ♘e1–d3+ 4.♔f1–g2 *(4.♔f1–e2 ♕c1–e1+*
5.♔e2xd3 ♕e1–d1#) 4...♘d3–f4+ 5.♔g2–f3 ♕c1–d1+
6.♘g3–e2 ♕d1xe2+ 7.♔f3–g3 ♕e2–g4#]
3...♘e1–d3+ 4.♘g3–f1 ♖h4–g4+ 5.♔g1–h2 ♕c1–f4+
6.♘f1–g3 ♕f4xf2+ [6...♖g4–h4+ 7.♔h2–g1 ♕f4xf2#]
7.♔h2–h1 ♖g4–h4#
Roberts - Pedersen, 4NCL Div 2a, 2009

926. 1...♖h4xh2+ 2.♔h1xh2 ♗g7–e5+ 3.♔h2–h1 ♕e3–h6+
4.♔h1–g1 ♗e5–h2+ 5.♔g1–f2 ♕h6–d2+ 6.♔f2–f3 ♘d7–e5+
7.♔f3–e4 ♕d2–d3#
Negi – Schomonjew, Aeroflot Open Moskau 2012

927. **1...♕f6xc3+ 2.♔b2xc3 ♗h6–g7+ 3.♔c3–c4**
[3.♔c3–b4 ♖e8–b8+ 4.♔b4–a3, ...]
3...♗f5–e6+ 4.♔c4–b4 ♖e8–b8+ 5.♔b4–a3 ♗g7–b2+
6.♔a3–a4 ♘d7–c5+ 7.♔a4–a5 ♗b2–c3#
Diaz - Gongara, Kuba 1996

928. **1...♘e4–c3+ 2.b2xc3 b4xc3 3.♗c1–a3** [3.a2–a3] **3...♖d8–b8+**
4.♕a4–b3 ♕e2–d3+ 5.♔b1–c1 ♕d3–d2+ 6.♔c1–b1 c3–c2+
7.♔b1–b2 c2–c1♕#
Wells,P - Yoshiharu Habu [Shogi (japan. Schach) Weltmeister]
Hoogeveen Open 2005

❑ / ■ Matt in 8 Zügen

Viele dieser Aufgaben werden die meisten Leser wahrscheinlich gar nicht mehr direkt lösen können, denn die Varianten sind nun schon so lang, dass es schwer fällt, sie gedanklich im Griff zu behalten. Aber denken Sie daran: Der Weg ist das Ziel! Die konzentrierte Anstrenung löst vielleicht nicht jede Aufgabe, stärkt aber auf jeden Fall Ihr analytisches Können und Verständnis!

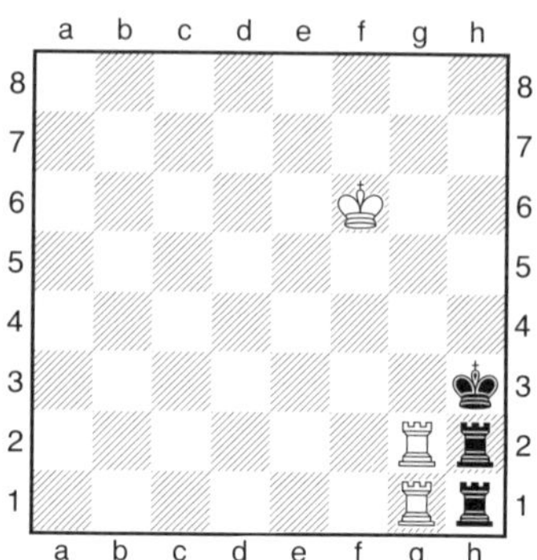

929

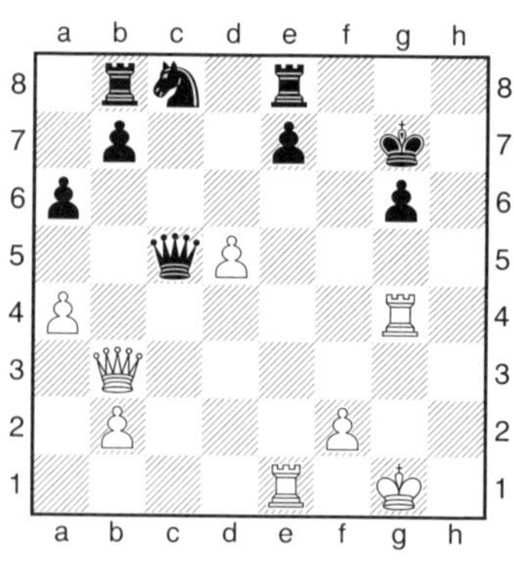

930

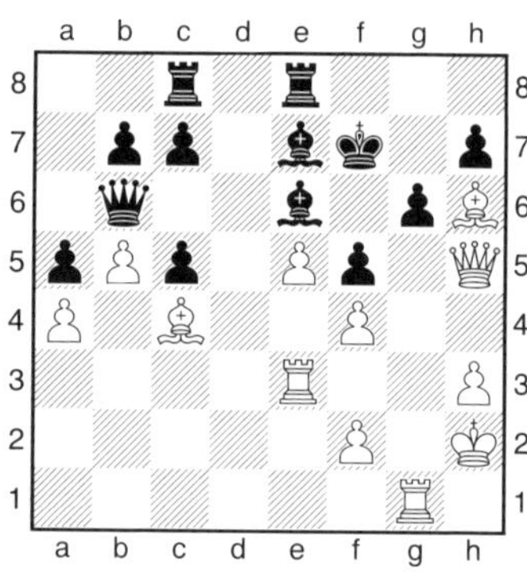

931

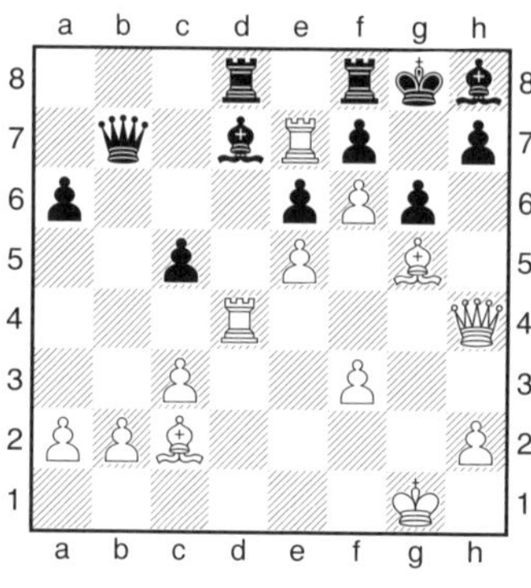

932

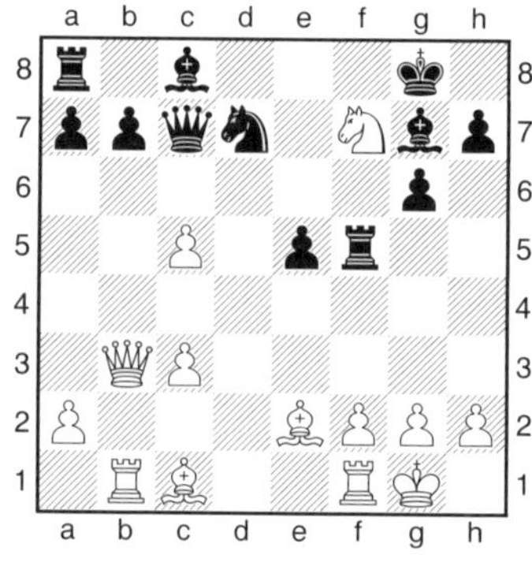

933

929. 1.♖g2-g3+ ♔h3-h4 2.♖g3-g4+ ♔h4-h5 3.♖g4-g5+ ♔h5-h6
4.♖g5-g6+ ♔h6-h7 5.♖g6-g7+ ♔h7-h8 6.♖g7-g8+ ♔h8-h7
7.♖g1-g7+ ♔h7-h6 8.♖g8-h8#
Vandecasteele - Studie 2010

930. **1.♖g4xg6+ ♔g7xg6 2.♖e1-e6+ ♔g6-g7**
[2...♔g6-f7 3.♕b3-f3+ ♔f7-g7 4.♕f3-g4+ ♔g7-f8
5.♕g4-f5+ ♔f8-g8 6.♖e6-g6+ ♔g8-h8 7.♕f5-h5#]
3.♕b3-g3+ ♔g7-f8 [3...♔g7-h7; 3...♔g7-f7]
4.♕g3-f4+ ♔f8-g7 5.♕f4-g5+ ♔g7-f8 6.♕g5-f5+ ♔f8-g7
7.♖e6-g6+ ♔g7-h7 8.♕f5-h5#
Kurajica - Subasic (Variante), Sarajewo 1998

931. **1.♕h5xf5+ g6xf5 2.♖g1-g7+ ♔f7-f8 3.♖e3-g3 ♗e6xc4**
4.e5-e6 ♗e7-g5
[4...♕b6xe6 5.♖g7-g8+ ♔f8-f7 6.♖g3-g7+ ♔f7-f6 7.♗h6-g5#]
5.♖g7-f7+ ♔f8-g8 6.♖g3xg5+ ♔g8-h8 7.♗h6-g7+ ♔h8-g8
8.♗g7-c3# / ...
Perez,J - Rey, Kuba 1997

932. **1.♕h4xh7+ ♔g8xh7 2.♖d4-h4+ ♔h7-g8 3.♗c2xg6 f7xg6**
[3...♖f8-e8 4.♗g6xf7+ ♔g8-f8 5.♖h4xh8#;
3...♗h8-g7 4.♗g6-h7+ ♔g8-h8 5.f6xg7+ ♔h8xg7 6.♗g5-f6#]
4f8xf7 6.♖h7xh8+ ♔g8-g7 7.♖h4-h7#]
5.e5xf6 [5.♗g5xf6? ♗d7-c6]
5...♗d7-c6 6.f6-f7+ ♖f8xf7 7.♖h7-h8+ ♔g8-g7 8.♖h4-h7#
De la Paz - Oneldis, Santa Clara 1995

933. **1.♘f7-h6+ ♔g8-f8 2.♕b3-g8+ ♔f8-e7 3.♘h6xf5+ g6xf5**
4.♕g8xg7+ ♔e7-d8 [4...♔e7-e8 5.♗e2-h5+ ♔e8-d8 6.♗c1-g5+
♘d7-f6 7.♗g5xf6+ ♕c7-e7 8.♕g7xe7#]
5.♗c1-g5+ ♘d7-f6 6.♗g5xf6+
[6.♕g7xf6+ ♔d8-e8 7.♗e2-b5+ ♕c7/♗c8-d7 8.♕f6-e7#]
6...♔d8-e8 7.♗e2-h5+ ♕c7-f7 8.♕g7xf7#
Lang - Walter (Variante), Blindsimultan Europarekord 2011

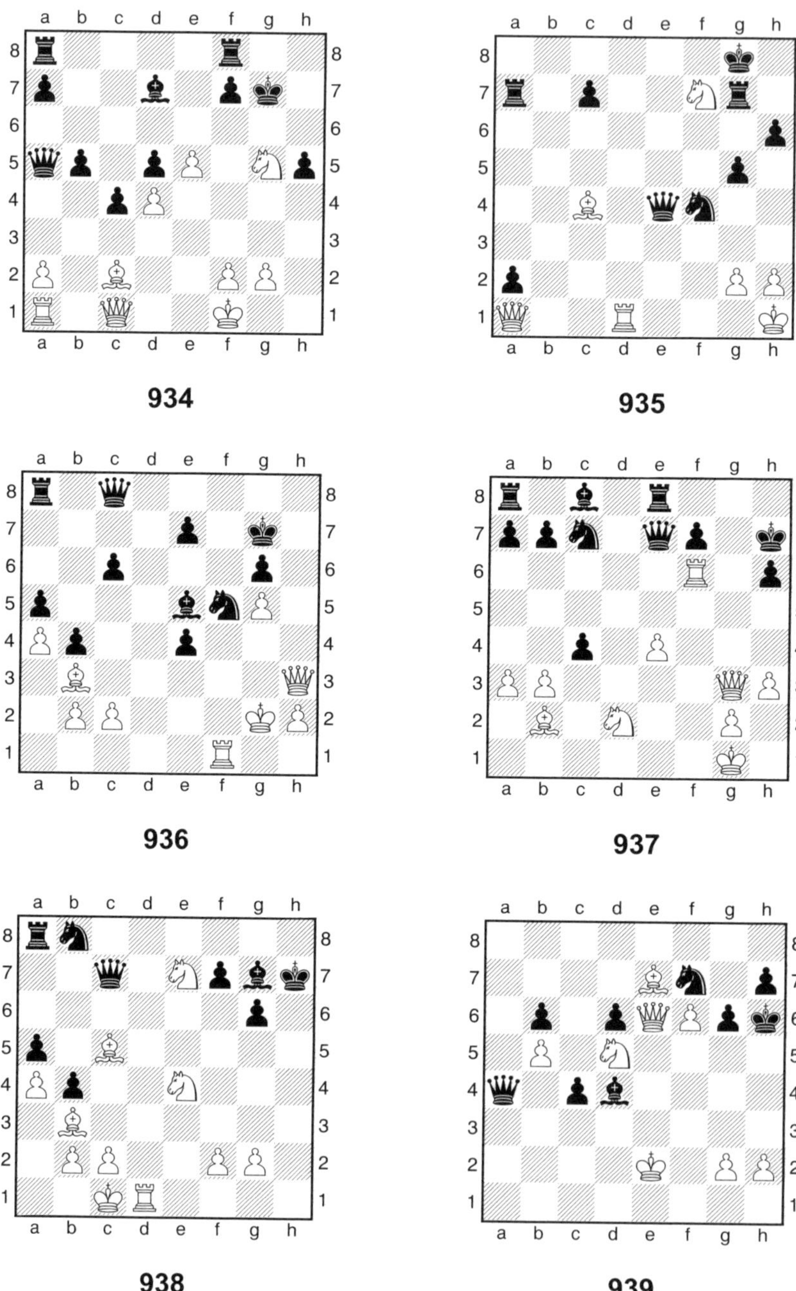
934
935
936
937
938
939

934. **1.♘g5–e6+ f7xe6**
[1...♗d7xe6 2.♕c1–g5+ ♔g7–h8 3.♕g5–h6+ ♔h8–g8 4.♕h6–h7#]
2.♕c1–g5+ ♔g7–f7 3.♕g5–f6+ ♔f7–e8 4.♗c2–g6+ ♖f8–f7 5.♗g6xf7+ ♔e8–f8 6.♗f7xe6+ ♔f8–e8 7.♕f6–f7+ ♔e8–d8 8.♕f7xd7#
Medina - Padron, Kuba 1994

935. **1.♖d1–d8+ ♔g8–h7 2.♖d8–h8+ ♔h7–g6 3.♖h8xh6+ ♔g6–f5 4.♖h6–f6+ ♔f5–g4 5.♕a1–d1+ ♘f4–e2**
[5...♕e4–e2 6.♗c4xe2+ ♘f4xe2 7.♕d1xe2+ ♔g4–h4 8.♖f6–h6#]
6.♕d1–d7+ ♕e4–f5 7.♗c4xe2+ [7.♕d7xf5+ ♔g4–h4 8.♖f6–h6#]
7...♔g4–f4 8.♕d7–d4# [7...♔g4–h4 8.♖f6–h6#]
Korobov - Maximov (Variante). Poltawa 2009

936. **1.♖f1xf5 e7–e6**
[1...g6/♕c8xf5 2.♕h3–h6#; 1...♕c8–h8 2.♖f5–f7+ ♔g7–g8 3.♖f7xe7+ ♔g8–f8 4.♖e7–f7+ ♔f8–g8 5.♖f7–f6+ ♔g8–g7 6.♕h3–d7#]
2.♕h3–h6+ ♔g7–g8 3.♖f5–f8+ ♕c8xf8 4.♗b3xe6+ ♕f8–f7 5.♕h6xg6+ ♗e5–g7 [5...♔g8–h8 6.♗e6xf7 ♗e5–g7, ...]
6.♕g6xf7+ ♔g8–h8 7.♕f7–h5+ ♗g7–h6 8.♕h5xh6#
Afek - Gershav, Israel 1999

937. 1.♖f6xh6+ ♔h7xh6 2.♕g3–g7+ ♔h6–h5 3.♕g7–h7+ ♔h5–g5 4.♘d2–f3+ ♔g5–f4 5.♗b2–c1+ ♔f4–g3 6.♕h7–g7+ ♕e7–g5 7.♕g7xg5+ ♗c8–g4 8.♕g5xg4#/h4#/f4# [8.♗c1–f4#]
Prelevic - Djordjijevic, Novi Beograd 2000

938. **1.♘e4–g5+ ♔h7–h6**
[1...♔h7–h8 2.♖d1–h1+ ♗g7–h6 3.♗c5–d4+ ♕c7–e5 4.♗d4xe5+ f7–f6 5.♗e5xf6#]
2.♘g5xf7+ ♔h6–h7 3.♖d1–h1+ ♕c7–h2 4.♖h1xh2+ ♗g7–h6+ 5.♖h2xh6+ ♔h7–g7 6.♖h6xg6+ ♔g7–h7 7.♘f7–g5+ ♔h7–h8 8.♗c5–d4# [8.♖g6–g8#] **Miliutin - Kolesnikov**, Fernpartie 1995

939. **1.♕e6–h3+ ♔h6–g5 2.♕h3–g3+ ♔g5–f5** [2...♔g5–h6?? 3.♕g3–h4#]
3.♕g3–f4+ ♔f5–e6 4.♕f4–e4+ ♘f7–e5
[4...♗d4–e5 5.♘d5–f4+ ♔e6–d7 6.♕e4–c6#]
5.♘d5–f4+ ♔e6–d7 6.♕e4–b7+ ♔d7–e8 7.♕b7–c8+/b8+ ♔e8–f7 8.♕c8–f8# **Lalic - Valdes**, Sevilla 2003

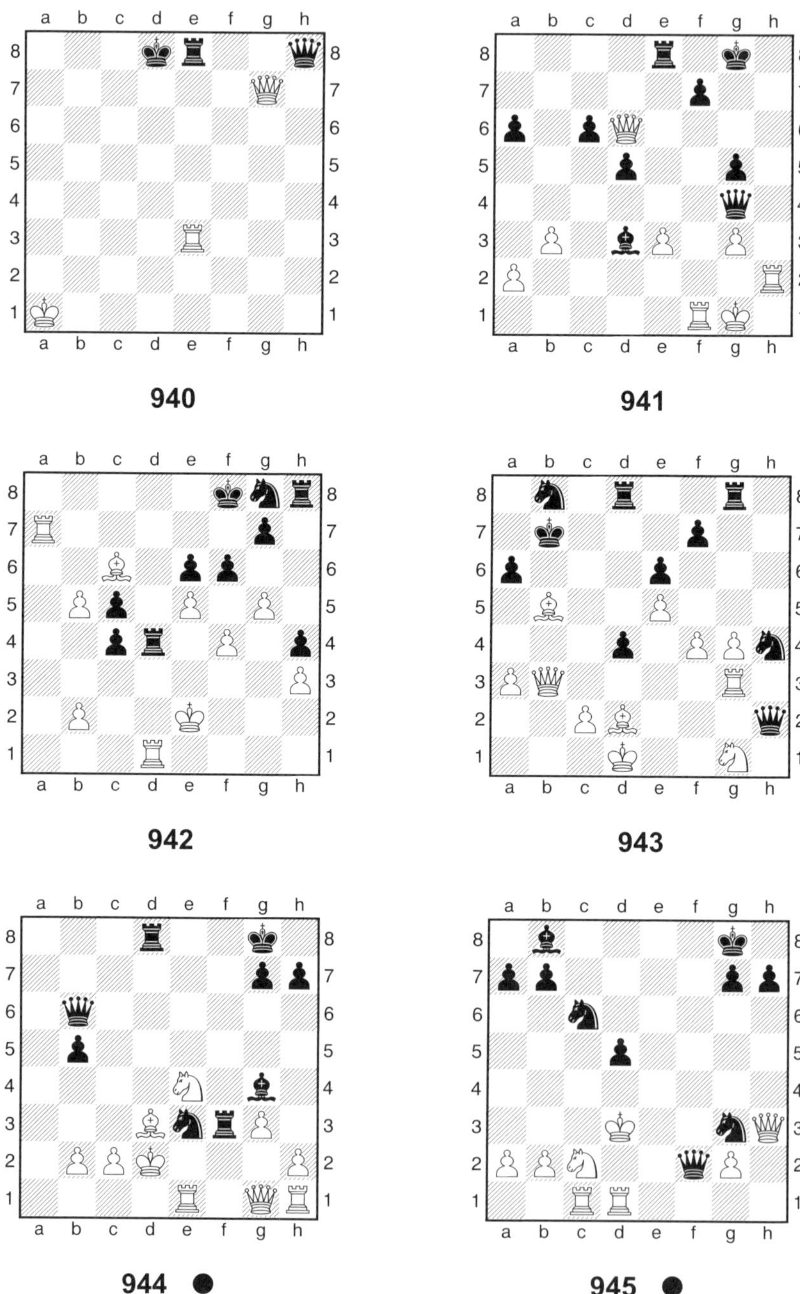

940

941

942

943

944 ●

945 ●

940. 1.♖e3-d3+ ♔d8-c8 2.♖d3-c3+ ♔c8-b8 [2...♔c8-d8?? 3.♕g7-c7#]
3.♕g7-c7+ [3.♕g7-g3+? ♕h8-e5 =]
3...♔b8-a8 4.♕c7-a5+ ♔a8-b7 5.♕a5-b4+ ♔b7-a7
6.♕b4-a3+ ♔a7-b7 7.♕a3-b2+ ♔b7-a8 8.♖c3-a3#
Damentreppe - Lehrbeispiel

941. 1.♖h2-h8+ ♔g8xh8 [1...♔g8-g7?? 2.♕d6-h6#]
2.♕d6-f6+ ♔h8-g8 3.♕f6xf7+ ♔g8-h8 4.♕f7xe8+ ♔h8-h7
5.♖f1-f7+ ♔h7-g6 6.♕e8-g8+ ♔g6-h5 7.♖f7-h7+ [7.♕g8-h8+]
7...♗d3xh7 8.♕g8xh7#
Jianu - Najer, Europmeisterschaft Dresden 2007

942. ***1.♖d1xd4*** c5xd4 2.g5-g6 ♘g8-h6 [2...f6xe5 3.♖a7-f7#]
3.♖a7-a8+ ♔f8-e7 4.♖a8xh8 f6xe5 5.f4xe5 d4-d3+
6.♔e2-d1 ♘h6-g8 7.♖h8xg8 c4-c3 8.♖g8-e8#
1.g5-g6 ♘g8-h6 2.♖a7-a8+ ♔f8-e7 3.♖a8xh8 ♖d4-e4+ 4.♗c6xe4
f6xe5 5.f4xe5 ♘h6-f5 6.♖d1-d8 ♘f5-d6 7.♗e4-c6 c4-c3 8.♖d8-d7#
Papaionnou - Boulos, Europa Team Cup 2011

943. 1.♗b5xa6+ ♔b7xa6 2.♕b3-c4+ ♔a6-a7 3.♕c4-c5+/c7+ ♔a7-a6
4.♕c5-a5+ ♔a6-b7 5.♖g3-b3+ ♔b7-c8 6.♕a5-c5+ ♔c8-d7
7.♖b3-b7+ ♔d7-e8 8.♕c5-e7#
Donlan – Robbins, Fernpartie 1996

944. **1...♛b6-a5+ 2.c2-c3 ♜d8xd3+ 3.♔d2-e2** [3.♔d2xd3 ♕a5-d8+
4.♔d3-e2 ♖f3-f1+ 5.♔e2xe3 ♖f1-f3+ 6.♔e3-e2 ♕d8-d3#]
3...♜f3-f7+ 4.♔e2xd3 ♛a5-d8+ 5.♘e4-d6 ♛d8xd6+ 6.♔d3xe3
[6.♔d3-e4 ♖f7-e7#]
6...♜f7-e7+ 7.♔e3-f2 ♛d6-d2+ 8.♖e1-e2 ♛d2xe2#
Guirao II Galceran - Suarez Real, Balaguer Open 2005

945. 1...♕f2-e2+ 2.♔d3-c3 ♕e2-c4+ 3.♔c3-d2 ♗b8-f4+
4.♘c2-e3 ♕c4-e2+ 5.♔d2-c3 ♗f4-e5+ 6.♖d1-d4 ♗e5xd4+
7.♔c3-b3 ♕e2xb2+ 8.♔b3-a4 b7-b5# [8...♕b2-b4#]
Budnikov - Vuckovic (Variante), Erewan 1999

Matt in 9, 10 oder 11 Zügen ❑ / ■

Unter dem Diagramm finden Sie in Klammern jeweils die Anzahl der Züge bis zum Matt. Solche Situationen kommen in der Praxis sehr selten vor und werden noch seltener am Brett gefunden, denn selbst Meister kommen hier an ihre Grenzen und müssen sich auf ihre Intuition verlassen.

In der Klammer finden Sie jeweils die Zahl der Züge bis zum Matt.

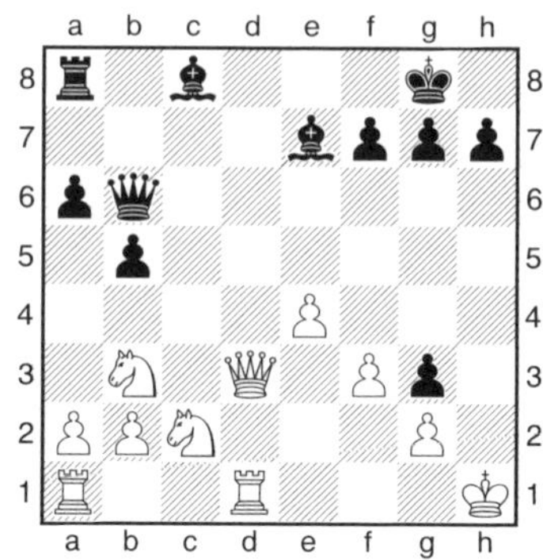

946 ● (m 9)

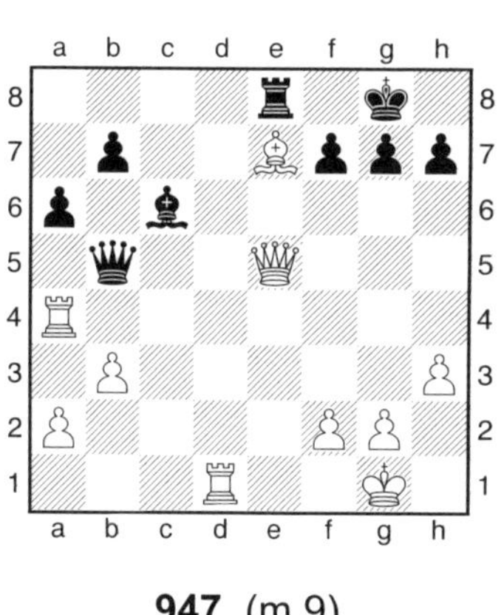

947 (m 9)

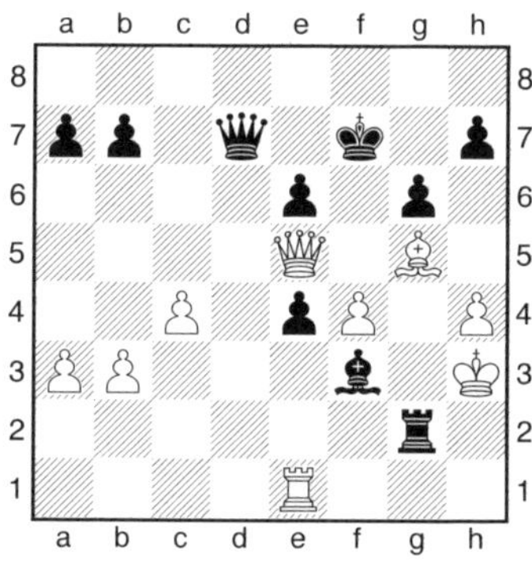

948 ● (m 9)

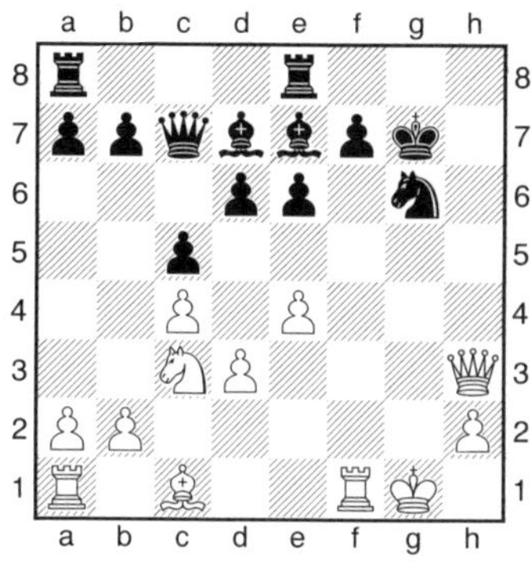

949 (m 9)

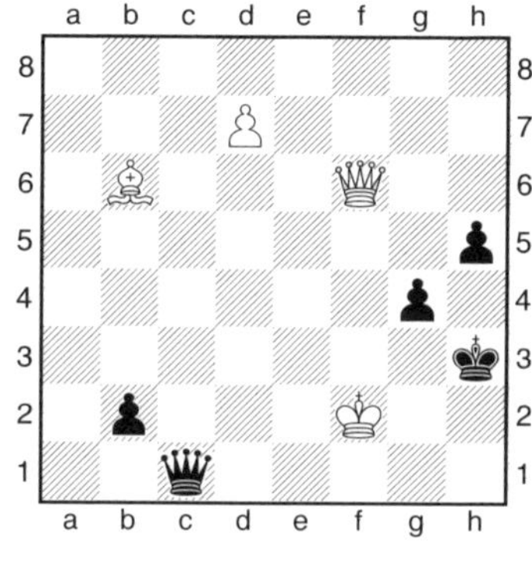

950 (m 10)

946. 1...♕b6-h6+ 2.♔h1-g1 ♕h6-h2+ 3.♔g1-f1 ♕h2-h1+ 4.♔f1-e2 ♕h1xg2+ 5.♔e2-e3 ♕g2-f2+ 6.♔e3-f4 g7-g5+ 7.♔f4-e5 f7-f6+ 8.♔e5-d5 ♕f2-b6 9.♕d3-e3 ♗c8-e6# [oder 9.e4-e5 ♗c8-b7#] **Amarapata - Tandrup**, Politiken Cup 2011

947. **1.♕e5xg7+ ♔g8xg7 2.♖a4-g4+ ♔g7-h6** [2...♔g7-h8?? 3.♗e7-f6#] **3.♖d1-d6+ f7-f6 4.♖d6xf6+ ♔h6-h5 5.♖g4-h4+ ♔h5-g5** [5...♔h5xh4?? 6.♖f6-h6#] **6.f2-f4+ ♔g5xh4 7.♔g1-h2 ♔h4-h5 8.g2-g4+ ♔h5-h4 9.♖f6-h6#** **Shteinikov - Yaskhov**, UdSSR 1988

948. **1...♗f3-g4+ 2.♔h3xg2 ♕d7-d2+ 3.♔g2-g3** [3.♔g2-f1 ♗g4-h3+ 4.♔f1-g1 ♕d2-g2#; 3.♔g2-g1 ♕d2xe1+ 4.♔g1-g2 ♗g4-f3+ 5.♔g2-h2 ♕e1-h1+ 6.♔h2-g3 ♕h1-g2#] **3...♕d2-d3+ 4.♔g3-g2** [4.♔g3xg4 h7-h5# / ♕d3-f3#; 4.♔g3-f2 ♕d3-f3+ 5.♔f2-g1, ...] **4...♕d3-f3+ 5.♔g2-g1 ♕f3-g3+ 6.♔g1-f1 ♗g4-h3+ 7.♔f1-e2 ♕g3-d3+ 8.♔e2-f2 ♕d3-f3+ 9.♔f2-g1 ♕f3-g2# #** **Pihajlic - Gaprindashvili**, Jugoslawien 1997

949. **1.♖f1xf7+ ♔g7xf7 2.♕h3-h7+ ♔f7-f6 3.e4-e5+ ♔f6xe5** [3...d6xe5 4.♘c3-e4+ ♔f6-f5 5.♕h7-h3#] **4.♗c1-f4+ ♔e5-f5** [4...♔e5xf4 5.♖a1-f1+ ♔f4-e3 6.♕h7-h3+ ♔e3-d2 7.♖f1-f2+ ♔d2-c1 8.♕h3-f1#] **5.♖a1-f1 ♗e7-h4** [5...♔f5-g4 6.h2-h3+ ♔g4-f5 7.♗f4xd6+ ♔f5-g5 8.♘c3-e4#; 5...e6-e5 6.♗f4-e3+ *(6.♕h7-h3+ ♔f5-f6 7.♗f4xe5+ ♔f6xe5 8.♕h3-e3#)* 6...♔f5-g4 7.h2-h3+ ♔g4-g3 8.♘c3-e4#] **6.♗f4-e3+ ♔f5-g4 7.♕h7xg6+ ♗h4-g5 8.♕g6xg5+ ♔g4-h3 9.♖f1-f3#** [9.♕g5-g3#] **Daudzvardis – Bogdanovic**, UdSSR 1989

950. **1.♕f6-h4+ ♔h3xh4 2.d7-d8♕+ ♕c1-g5** [2...♔h4-h3 3.♕d8-d3+ ♔h3-h2 4.♕d3-g3+ (3...♔h3-h4 4.♗b6-d8+ ♕c1-g5 5.♕d3-g3#)] **3.♔f2-g2 b2-b1♕ 4.♗b6-f2+ g4-g3 5.♕d8-d4+ ♕b1-e4+ 6.♕d4xe4+ ♕g5-g4 7.♕e4-e7+ ♕g4-g5 8.♗f2xg3+ ♔h4-g4 9.♕e7-e 4+ ♕g5-f4 10.♕e4xf4#** **Razumenko** - Studie 1999

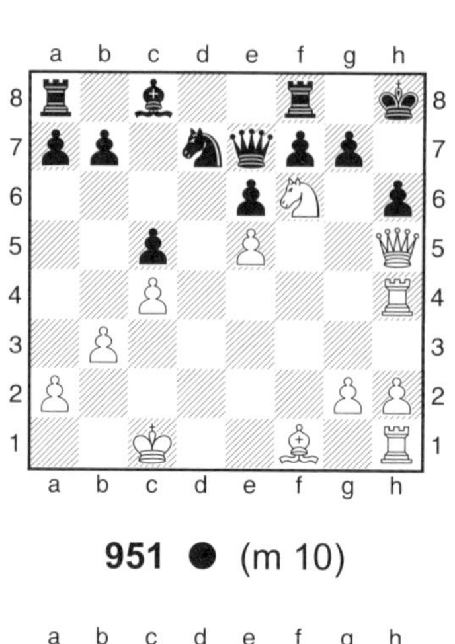

951 ● (m 10)

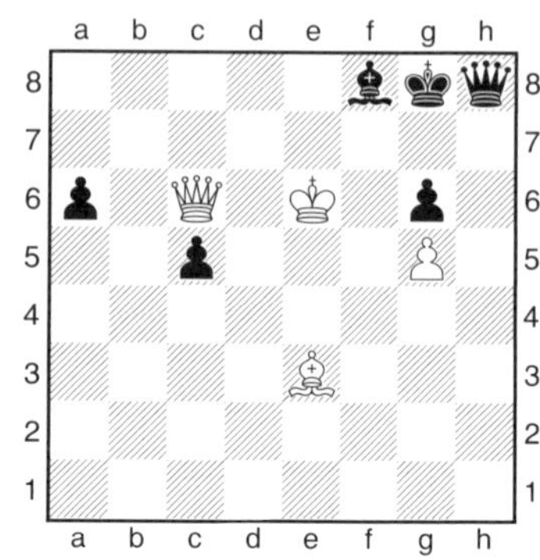

952 ● (m 10)

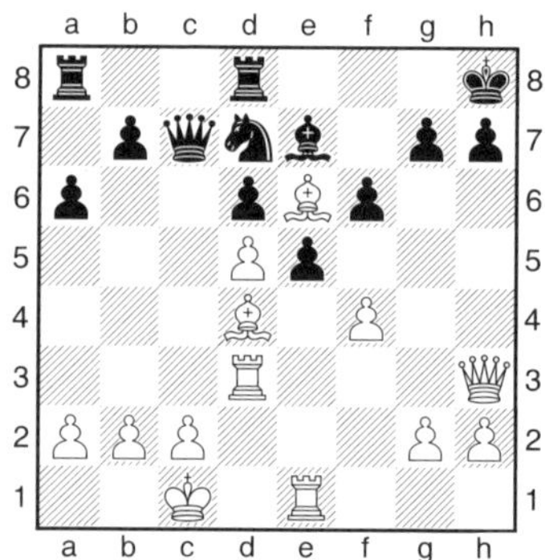

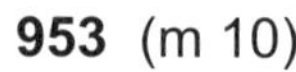

953 (m 10)

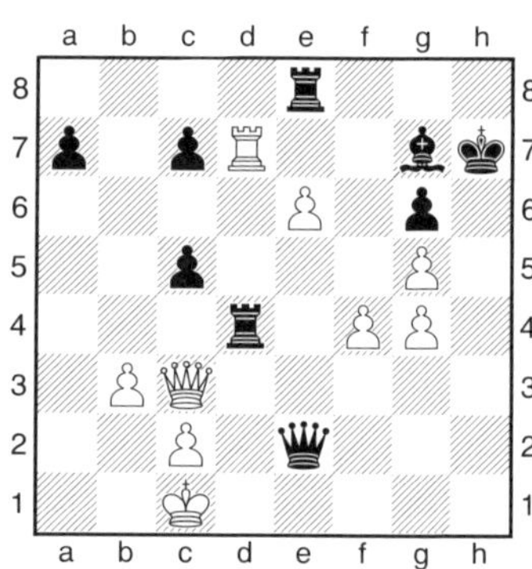

954 (m 10)

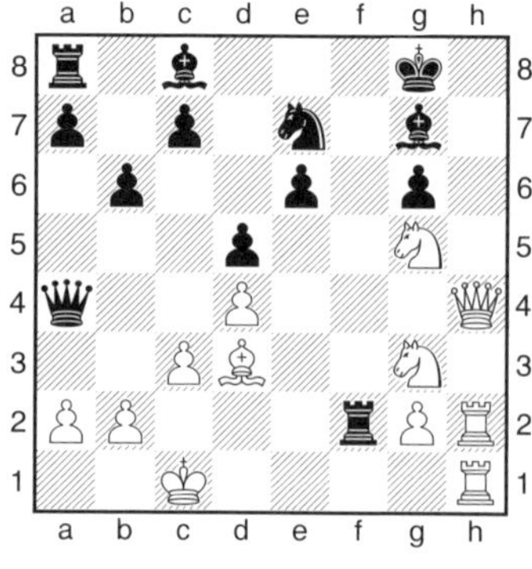

955 (m 11)

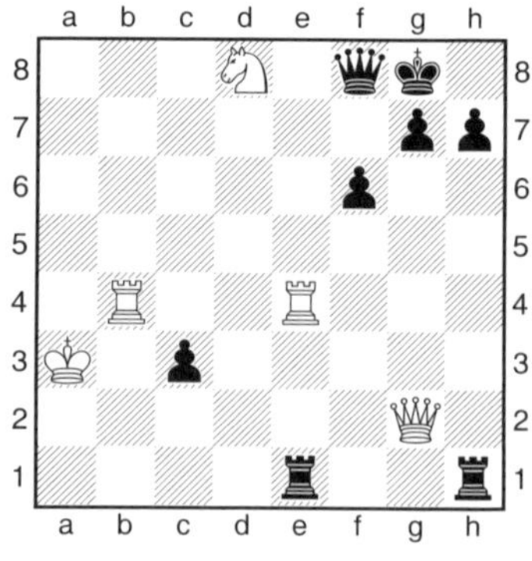

956 (m 11)

951. **1.♕h5xh6+ g7xh6 2.♖h4xh6+ ♔h8-g7 3.♖h6-h7+ ♔g7-g6 4.♗f1-d3+ ♔g6-g5 5.♖h7-h5+ ♔g5-f4 6.♔c1-d2** [6.♖h1-f1+ ♔f4-e3
A) 7.♘f6-g4+ ♔e3xd3
(7...♔e3-d4 8.♔c1-d2 ♕e7-g5+ 9.♖h5xg5 ♘d7-f6 10.♖f1-f4+ ♘f6-e4+ 11.♖f4xe4#) 8.♖h5-h3+ ♔d3-d4 9.♖f1-f4#;
B) 7.♖f1-f3+ ♔e3-d4 8.♔c1-d2 ♕e7xf6 9.e5xf6 ♘d7xf6 10.♖f3-f4+ ♘f6-e4+ 11.♖f4xe4#]
6...♕e7xf6 7.♖h1-f1+ ♔f4-g4 8.♗d3-e2+ ♕f6-f3 9.♗e2xf3+ ♔g4-f4 10.g2-g3# **Rodriguez,N - Estevez**, Fernschach 1997

952. **1...♕h8-h3+ 2.♔e6-d5** [2.♔e6-e5/f6 ♕h3-f5#]
2...♕h3-f5+ 3.♔d5-c4 ♕f5-c2+ 4.♔c4-d5 ♕c2-d3+ 5.♗e3-d4 ♕d3xd4+ 6.♔d5-e6 ♕d4-g4+ 7.♔e6-d5 ♕g4-f5+ 8.♔d5-c4 ♕f5-c2+ 9.♔c4-d5 ♕c2-d3+ 10.♔d5-e6/e5 ♕d3-f5#
Aronian - Kamsky (Variante), Wijk aan Zee 2006

953. **1.♕h3xh7+ ♔h8xh7 2.♖d3-h3+ ♔h7-g6 3.f4-f5+ ♔g6-g5 4.♗d4-e3+ ♔g5-g4 5.♖h3-g3+ ♔g4-h5** [5...♔g4-h4 6.♗e3-g5+, ...]
6.♗e6-f7+ g7-g6 7.♗f7xg6+ ♔h5-h4 8.♗e3-g5+ f6xg5 9.♖g3-h3+ ♔h4-g4 10.♖e1-e4#
Romero Holmes - Cuadras Avellana, Torrelavega 1986

954. **1.♕c3-h3+ ♔h7-g8 2.♖d7xg7+ ♔g8xg7 3.♕h3-h6+ ♔g7-g8 4.♕h6xg6+ ♔g8-h8 5.♕g6xe8+ ♔h8-g7 6.♕e8-f7+**
[6.♕e8-e7+ ♔g7-g8 7.♕e7-f7+ ♔g8-h8 8.♕f7-f8+ ♔h8-h7, ...]
6...♔g7-h8 7.♕f7-f8+ ♔h8-h7 8.g5-g6+ ♔h7xg6 9.♕f8-f7+ ♔g6-h6 10.g4-g5# **Granara – Liascovich**, Villa Ballester 2006

955. **1.♕h4-h8+ ♗g7xh8 2.♖h2xh8+ ♔g8-g7 3.♖h1-h7+ ♔g7-f6 4.♘g5-e4+ d5xe4 5.♘g3xe4+ ♔f6-f5 6.♖h7-f7+ ♔f5-g4 7.♘e4xf2+ ♔g4-g3** [7...♔g4-g5 8.♘f2-e4+ ♔g5-g4 9.♗d3-e2#]
8.♖h8-h3+ [8.♘f2-e4+ ♔g3xg2 9.♖f7-f2+
(9.♗d3-f1+ ♔g2-g1 10.♖h8-h1+ ♔g1xh1 11.♘e4-g3+ ♔h1-g1 12.♘g3-e2+ ♔g1-h1 13.♖f7-h7#)
9...♔g2-g1 10.♖h8-h2 ♕a4-d1+ 11.♔c1xd1 -- 12.♖f2-g2#]
8...♔g3xg2 9.♗d3-e4+ ♔g2-f1 10.♖h3-h1+ ♔f1-e2 11.♗e4-d3+ ♔e2-e3 12.♖h1-h3#/e1# **Molnar – Jusko**, Kosice 2010

956. 1.♕g2-a2+ ♔g8-h8 2.♘d8-f7+ ♔h8-g8 3.♘f7-d6+ ♔g8-h8 4.♖b4-b8 ♕f8xb8 5.♘d6-f7+ ♔h8-g8 6.♘f7-d8+ ♔g8-h8 7.♖e4-e8+ ♖e1xe8 8.♘d8-f7+ ♔h8-g8 9.♘f7-h6+ ♔g8-h8 10.♕a2-g8+ ♖e8xg8 11.♘h6-f7# **Stavrietsky** - Studie 1999

Weitere Bücher aus unserem Verlag

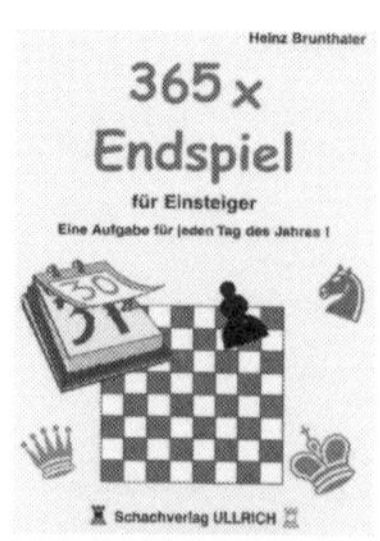

Heinz Brunthaler – 365 x Endspiel für Einsteiger

128 Seiten, kartoniert, Großformat

Das Endspiel ist einer der schwierigen Bereiche des Schachspiels und schreckt mit seinen vielen Techniken und Methoden und den variantenreichen Positionen viele Schachfreunde ab. Das ist sehr schade, denn schon ein kleiner Fehler im Endspiel verdirbt oft sofort den im Verlauf einer Partie mühsam erkämpften Vorteil. Doch nur wenige Schachspieler trainieren das Endspiel, schon weil sie sich den scheinbar großen Zeitaufwand, der damit verbunden ist, einfach nicht leisten.

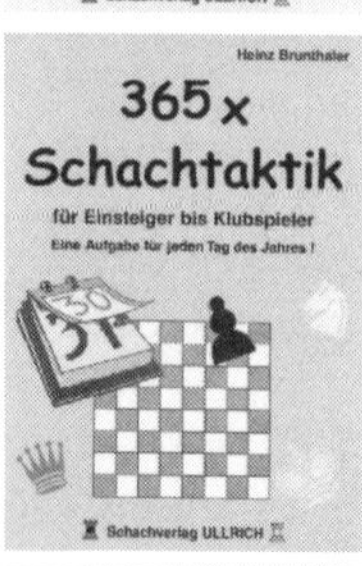

Heinz Brunthaler – 365 x Schach-Taktik für Einsteiger

128 Seiten, kartoniert, Großformat

365x Schachtaktik – für Einsteiger bis Klubspieler“ von Autor Heinz Brunthaler präsentiert für jeden Tag des Jahres eine Schachaufgabe. Die 365 Aufgaben enthalten viele wichtige Kombinationsmotive und werden dem Leser nach und nach vorgestellt und erläutert. Auf jeder Seite laden sechs Diagramme zum nachdenken und lösen ein, im zweiten Teil des Buches folgen dann ausführliche Lösungsbesprechungen.

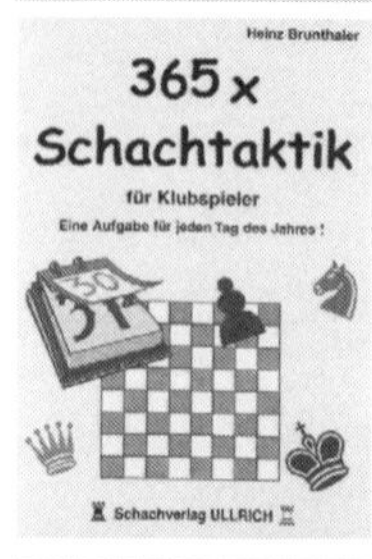

Heinz Brunthaler – 365 x Schach-Taktik für Klubspieler

128 Seiten, kartoniert, Großformat

Der Band "Für Einsteiger bis Klubspieler" ist für Hobbyspieler und Klubspieler unterer Spielklassen gedacht sowie für alle Schachfreunde, die sich bislang wenig mit der Schachtaktik befasst haben und dies nachholen möchten. Das Buch beginnt mit einfachen Aufgaben, so dass der Einstieg problemlos möglich ist. Viele wichtige Kombinationsmotive werden dem Leser nach und nach vorgestellt und erläutert.

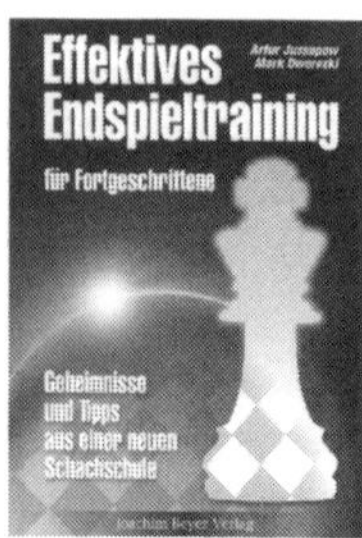

Artur Jussupow / Mark Dworezki – Effektives Endspieltraining

188 Seiten, 238 Diagramme, gebunden

Das dritte Trainingswerk der russischen Erfolgsautoren und Trainers erscheint jetzt in einer neuen Auflage. Zeitgemäße Veränderungen, Ergänzungen und Erweiterungen wurden vorgenommen. Durch veränderte Reglemente im Turniersport, muss eine Entscheidung des Partieverlaufs am Schachbrett während des Turniers gefällt werden. Ohne ausgezeichnete Kenntnisse und ohne das Verständnis der Endspielgesetze ist es schwer, diese Aufgabe zu bewältigen.

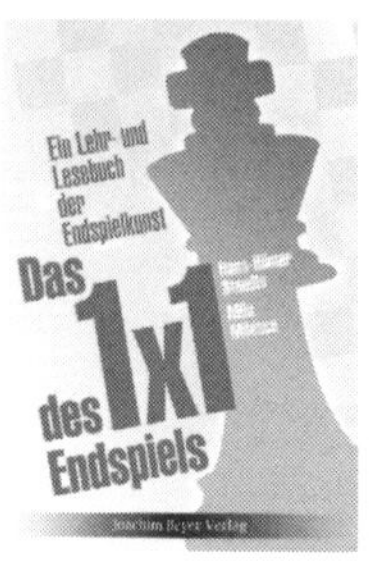

Hans Hilmar Staudte / Milu Milescu – Das 1 x 1 des Endspiels

Ein Lehr- und Lesebuch der Endspielkunst

228 Seiten, 296 Diagramme, gebunden

Ein vergnügliches Buch mit einer klug getroffenen Auswahl von Beispielen. Deren Vergleich mit bestimmten Endspielregeln gestalten das Buch ungemein anregend und lehrreich.

„.....Wer dieses Buch mit Anteilnahme studiert, der ist im 1 x 1 des Endspiels ein gutes Stück voran gekommen...“ (Kurt Richter)